A Elsa:
... quien le apasiona
la historia e
invita a conocer
mejor la que vivimos.

de Vanessa,
quien te quiere
y admira...
con cariño, el
de (¨)
¡Siempre!

Marzo.
2008

ARMAS Y LETRAS

MÉXICO
Y LA GUERRA
CIVIL ESPAÑOLA

MARIO OJEDA REVAH

TURNER

A Mario Ojeda Gómez, Tilda Revah y Renée Revah.
A Mariana González Reyes, a quien este libro pertenece.

ÍNDICE

INTRODUCCIÓN

*M*éxico y la Guerra Civil española examina un episodio central en el desarrollo de las relaciones entre México y España que marcó, más allá de cuestiones meramente administrativas, un nuevo signo de las relaciones de España con sus ex colonias americanas: la ayuda prestada por el gobierno mexicano a la República española, especialmente en el período de guerra (1936-1939) y en los años posteriores. En paralelo a este motivo central, este libro descubre la forma en la que México, a través de esta actitud solidaria y otras de carácter diplomático sobre diferentes conflictos coetáneos, defendió sus intereses nacionales en un marco político internacional altamente polarizado que desembocó en la Segunda Guerra Mundial.

¿Qué relación existió entre la política interna mexicana y los cambios experimentados por el escenario internacional entre 1936 y 1939? La respuesta ha de buscarse dentro del desarrollo específico de la relación bilateral hispano-mexicana antes, durante e inmediatamente después de la Guerra Civil española.

Lejos de posturas meramente ideológicas o románticas, mi estudio revela que la ayuda mexicana a la República española constituyó un esfuerzo consciente y deliberado que propició un notable desarrollo de la autonomía política y económica de México en el período en el que las doctrinas fascista, comunista y liberal libraban un conflicto mundial sin cuartel por la hegemonía.

Por otra parte, dicha solidaridad fue la oportunidad para que el régimen revolucionario mexicano se opusiera en el frente interno a una derecha en ascenso, aparentemente imparable, que, exaltada por los acontecimientos en España, amenazaba con repetirlos en México. España facilitó al régimen revolucionario mexicano la oportunidad de equiparar a la derecha local con la imagen de su homóloga española dentro de una "batalla cultural" por las mentes y los corazones de los mexicanos.[1] La derecha mexicana había usurpado la imagen de España por medio de la manipulación del discurso hispanista.[2] En contrapartida, el surgimiento de una nueva España después de 1931 representó una defensa para la Revolución mexicana, al menos desde la perspectiva de sus dirigentes. El gobierno de Lázaro Cárdenas (1934-1940) comunicó su entera solidaridad con la República acosada y declaró el apoyo oficial a su causa. A lo largo de todo el conflicto, México, solo entre las naciones y en contra de las principales potencias de la época, permaneció tenazmente con los leales.

A escasas semanas de que Franco se amotinase, Cárdenas ordenó a su ministro de Guerra enviar a España un cargamento con 20.000 rifles y 20.000.000 de balas. Muchos otros envíos se sucedieron hasta el fin de la guerra. Cuando la industria armamentista mexicana fue insuficiente para cubrir las necesidades crecientes de la República, Cárdenas instruyó a sus agentes diplomáticos en el exterior para que intermediaran en operaciones de compra de armas realizadas por el gobierno legítimo de España en terceros países. Asimismo, los representantes diplomáticos mexicanos asumieron la defensa de la República española ante la Sociedad de Naciones en contra del Pacto de No Intervención impuesto por Francia y Gran Bretaña. Cuando la República fue derrotada y cientos de miles de refugiados huyeron de España, México recibió en su territorio a tantos como le fue posible,[3] y fue en México, que se negó a reconocer al régimen de Franco, donde se estableció el gobierno de la República en el exilio.

Este episodio de la historia diplomática mexicana constituye, por diversas causas, un acontecimiento singular. En primer lugar, porque representó una tentativa sin precedentes, por parte de una nación periférica y subordinada, de intervenir en asuntos fuera de su territorio, en franca oposición a las grandes potencias de la época. Rara vez, o acaso nunca, México se había involucrado en conflictos internacionales, y era considerado, más bien, como el "patio trasero" de los Estados Unidos, dócilmente sometido a su tutela. De hecho, los nexos de México con el exterior se habían limitado a resistir la intervención norteamericana en sus asuntos. En 1914, los Estados Unidos ocuparon el puerto de Veracruz. Dos años después, una expedición de castigo con 10.000 soldados, comandada por el general John Joseph Pershing,* penetró en

---

* General norteamericano (1860-1948) que estuvo al mando del cuerpo expedicionario de su país en Francia durante la Primera Guerra Mundial.

territorio mexicano como represalia a una incursión de Pancho Villa en una población fronteriza de Nuevo México. Durante los siguientes 13 años, los sucesivos gobiernos de la Revolución mexicana se enfrentaron a duras presiones y amenazas de acción militar por parte de los Estados Unidos. Al mismo tiempo, la agitación social provocada por la Revolución y el estallido de la Primera Guerra Mundial aislaron aún más a México de Europa.

En 1931, con el patrocinio español, México fue admitido en la Sociedad de Naciones. El organismo internacional dio a México la oportunidad de hacer oír su voz más allá de las conferencias panamericanas, que eran, por otra parte, un espacio hegemónico de los Estados Unidos. Desde esta nueva tribuna, México fue capaz de llevar a cabo una política exterior promoviendo su doctrina de un orden internacional más justo.

> Bajo Cárdenas, México consiguió, de una manera callada y modesta, ampliar sus horizontes, ver y ser visto, lejos y más allá de la opresiva influencia del "coloso del norte" –epíteto con el que los Estados Unidos es conocido en las repúblicas del sur del continente americano–. Cárdenas no titubeó al pronunciarse ante las controversias mundiales, pues sentía que 20 millones de mexicanos, en cuyo nombre hablaba, tenían derecho a ser escuchados.[4]

En Ginebra, sede de la Sociedad de Naciones, México alzó su voz contra la agresión japonesa en Manchuria y se opuso con vehemencia a la invasión italiana de Abisinia fundamentándose estrictamente en argumentos jurídicos y legales. En el caso español, esa perspectiva doctrinal fue desbordada al acompañarse de ayuda material en forma de armas, materias primas y dinero. Que un país pobre y menor afirmara sus derechos y los de otros países semejantes tuvo pocos imitadores, si acaso alguno, y constituyó una afrenta para las potencias totalitarias de la década de 1930, así como para los conservadores europeos, que lo acusaron de entrometerse en los asuntos internos de Europa.[5]

La nueva postura mexicana puede definirse como el primer intento de tomar parte activa en la política internacional y de influir sobre los acontecimientos antes que padecerlos. La ayuda del presidente Cárdenas a la República española inauguró una política exterior activa. Como un comentarista de la época observó:

La política exterior de México se opuso tenazmente a los conservadores en todo el mundo. Fue, sin lugar a dudas, la diplomacia progresista más arrojada y decidida de su tiempo.[6]

Sin embargo existen pocas referencias sobre la contribución mexicana al esfuerzo bélico de la República española,[7] demasiado pocas si atendemos a la dimensión y calidad del gesto, con el agravio añadido de que se han dedicado libros enteros a la intervención soviética en el conflicto español y a sus intrigas dentro del bando republicano,[8] por no hablar de la proliferación de volúmenes recientemente aparecidos acerca de la supuesta participación en la guerra española de países con una conexión infinitamente más endeble o remota con España y su conflicto que la que tuvo México.[9] La intensidad y continuidad de la ayuda mexicana a la República hasta el final de la guerra hacen que tal ausencia de atención hacia ella resulte, cuando menos, asombrosa.

Con respecto a la bibliografía precedente, debe decirse que, mientras gran cantidad de trabajos han sido consagrados al tema del exilio español en México, se ha hecho una referencia insuficiente al papel jugado por el gobierno de Cárdenas en apoyo al esfuerzo bélico del gobierno de Manuel Azaña. Las excepciones a tal olvido han sido el estudio de Lois Elwyn Smith, *Mexico and the Spanish Republicans*, de 1955, y el libro de T. G. Powell, *Mexico and the Spanish Civil War*, publicado en 1981. Ambos trabajos presentan considerables limitaciones, y son, en gran medida, la justificación de este libro.

La obra de Smith es pionera en la materia. Se trata del primer intento serio por contar de manera rigurosa la reacción y respuesta mexicana a la Guerra Civil española. Antes de su publicación existían una serie de misceláneas o memorias de parte, sin ninguna pretensión de objetividad, con todas las limitaciones propias de la propaganda o de la expiación, escritas bien por republicanos o por franquistas. Pese a sus muchas aportaciones, 40 años más tarde de haber sido escrito, *México and the Spanish Republicans* resulta anacrónico. No sólo han surgido nuevas fuentes, sino que la obra de Smith, pese a sus virtudes, carece, por contigüidad temporal con su objeto de estudio, de la perspectiva histórica necesaria.

El libro de Powell adolece de una inhabilitadora ofuscación anticardenista, que recuerda la histeria anticomunista de la Guerra Fría, lo que hace de su trabajo un alegato ideológico más que un ensayo académico.

Al tiempo trasluce una revisión superficial de fuentes primarias, fruto, sin duda, de una investigación apresurada. Powell intenta minimizar la ayuda mexicana a la República española haciéndola pasar por un mito creado por el régimen de la Revolución mexicana con el fin de legitimarse como democrático. Sus argumentos carecen de rigor y pueden ser fácilmente desechados a partir de sus prejuicios culturales o bien de sus aversiones personales.[10]

Más extraño es el hecho de que este tema haya sido abordado sólo accesoriamente tanto por españoles como por mexicanos, pese a su evidente importancia y pertinencia en la historia nacional e internacional de ambos países. La mayoría de las investigaciones realizadas en México sobre este asunto estaban destinadas a intervenciones (conferencias, cursos) en facultades de Derecho o de formación diplomática, ensayos que se han dedicado preferentemente al estudio de aspectos jurídico-internacionales de la diplomacia mexicana ante la guerra española o bien al papel desarrollado por México en la Sociedad de Naciones.[11] Una excepción notable a esta tendencia la constituye *México ante la República española*, compilación de José Antonio Matesanz que resulta una valiosa colección de documentos que abarca casi cinco décadas; una utilísima herramienta para el investigador que, sin embargo, queda lejos de constituir una relación exhaustiva del episodio.[12]

¿Qué pudo haber inducido a Lázaro Cárdenas a apoyar sin ambages a la República española en un momento en el que la tendencia mundial era exactamente la opuesta? La pregunta queda lejos de haber sido contestada. La respuesta repetida con insistencia acerca de la conducta oficial mexicana respecto a la República puede resumirse en las palabras de Hugh Thomas:

> El gobierno mexicano fue desde el principio un fervoroso adepto de la República española, como bien cabía esperar de un país cuya constitución había derivado también de un levantamiento popular contra el privilegio aristocrático y clerical.[13]

También para Ángel Viñas la ayuda "decidida" de México a la República fue una consecuencia natural del paralelismo ideológico entre ambos regímenes, aunque, al mismo tiempo, un medio utilizado por el gobierno mexicano para fortalecer su posición internacional.[14] Así, aquella política

habría servido al doble propósito de ayudar a un gobierno ideológicamente afín en su hora de mayor necesidad, y para tratar de convencer
a las grandes potencias (en especial a los Estados Unidos) de que apoyaran
el precepto de un sistema internacional más equitativo que pusiera fin a
la agresión imperialista.

Con todo, la decisión del presidente mexicano de apoyar a la República debe ser explicada con argumentos más plausibles. A diferencia de
la alianza entre los trabajadores y su gobierno, la nacionalización del
petróleo o la vasta reforma agraria emprendida bajo su mandato, el
alineamiento con la República española nunca ha sido considerado
uno de los momentos estelares del cardenismo. Más bien como una
decisión irracional, sin fundamento, atribuible, en todo caso, a la voluntad arbitraria del presidente y a la facultad constitucional que le otorga
plenos poderes sobre política exterior.[15] Esta percepción contrasta
vivamente con la generada por su decisión unánimemente elogiada de
traer a México una numerosa comunidad de exiliados, en particular
académicos.[16]

Hay, pues, un vacío historiográfico que debe ser cubierto y de una
paradoja que justifica la necesidad de emprender una investigación. Por
lo demás, las razones que llevaron a Cárdenas a apoyar a la República
están lejos de haber sido elucidadas. En primer lugar, resulta sorprendente que el presidente mexicano lanzara, de manera consciente, a un
país pobre y con tantas limitaciones a las turbulentas aguas de un conflicto
transcontinental. El gobierno de Cárdenas ha pasado a la historia por
la nacionalización de los intereses petroleros británicos y norteamericanos
en 1938. Antes de la expropiación, el gobierno mexicano había sido
tachado por la prensa inglesa y norteamericana de pro comunista o de
coquetear con el bolchevismo. La respuesta a la nacionalización fue el
boicot de ingleses y norteamericanos al petróleo mexicano, por lo que
Cárdenas reorientó las exportaciones hacia Alemania, Italia y Japón.
Fue entonces cuando la prensa controlada por los antiguos consorcios
petroleros acusó al mismo gobierno de dar un viraje hacia el fascismo.[17]
Esto revela hasta qué punto el cardenismo ha sido objeto de una con-
ceptualización negligente.

No es aventurado afirmar que ninguna interpretación histórica del
período cardenista podrá ser completa si no toma en cuenta la intervención oficial mexicana en la Guerra Civil española. Dicho episodio dio

al régimen mexicano una dimensión exterior de la que carecía hasta el momento y, junto con la defensa de Abisinia, Austria, Checoslovaquia y Finlandia, le otorgó un prestigio internacional.

Surge naturalmente la pregunta acerca de qué pudo haber llevado a Cárdenas a comprometer a un país débil como México en una aventura internacional en un escenario lejano, sin un consenso interno que apoyase sin reservas su decisión y sin ningún beneficio aparente para el interés nacional. En realidad, el apoyo mexicano a la República estuvo muy lejos de ser unánime. Aparte del presidente, la burocracia gubernamental, los sindicatos y el Partido Comunista Mexicano, la causa republicana tuvo pocos seguidores. Las clases media y alta eran mayoritariamente adictas a Franco y, más tarde, pro Eje. Esto último tuvo más que ver con el prejuicio arraigado entre estos sectores a favor del ideal hispanista, así como con un violento antiamericanismo, más que con una simpatía real por el credo nacionalsocialista.

Se han planteado diversas hipótesis para explicar o justificar la decisión del presidente Cárdenas con respecto a España. El argumento oficial de la época sostenía que México pagaba de ese modo la deuda contraída con la España republicana –después de que ese país hubiera construido varios barcos para la Armada de México–, y que debía ayudar a un gobierno legítimo y amigo con el que sostenía relaciones diplomáticas normales, sobre todo después de que éste hubiera requerido auxilio.[18] De esta manera, el gobierno mexicano pudo defender ante su frente interno el envío de armas a España como una mera transacción comercial; medida que ni siquiera los descontentos de la derecha mexicana pudieron objetar.

Por otra parte, el hecho de que la República pagara a México por el material bélico –objeción planteada a menudo por los críticos izquierdistas de Cárdenas y su gobierno– en nada resta mérito a la postura del presidente mexicano. Otros países no hubieran siquiera enviado armas a la España leal. Así, mientras la Unión Soviética exigía a la República que pagara las armas en oro y al tipo de cambio fijado por los rusos, México aceptaba el pago en divisa española, y al tipo de cambio prevaleciente en los mercados, es decir, una peseta muy devaluada.[19]

La versión oficial, mantenida por los sucesivos gobiernos mexicanos (al menos hasta 1976), descansó sobre principios legalistas y retóricos, tales como el acatamiento de México al derecho internacional y a los "tradicionales" principios de su política exterior, que imponen, hasta la fecha, respeto a la soberanía nacional y a la autodeterminación de los pueblos.[20] Tal retórica permitió al entonces partido oficial legitimar su gobierno como democrático y progresista. No obstante, estos mismos principios autorizaron a los detractores de Cárdenas a impugnar su política hacia España como una infracción a la Doctrina Estrada,*[21] precepto que ha guiado buena parte de la política exterior de México, por lo menos desde 1930.

Para la derecha mexicana, el apoyo de Cárdenas a la República fue la prueba última de su asociación siniestra con la conspiración "judeo-masónica-comunista".[22] Por lo demás, tanto los conservadores españoles como los mexicanos coincidieron en la acusación de que el apoyo oficial mexicano a la República no fue más que una conjura para apoderarse del tesoro del *Vita*.**

De acuerdo con el historiador mexicano José Fuentes Mares, citando al propio presidente, lo que realmente motivó a Cárdenas fue "el hecho de que los españoles pertenezcan a nuestra raza" y que la República española representara "la tendencia hacia la emancipación social y económica del pueblo español".[23] Otros autores han intentado explicar la decisión de Cárdenas en forma casi hagiográfica, como parte de su idealismo y romanticismo. Desde luego, tales diatribas o apologías en poco han contribuido a esclarecer las motivaciones reales que se ocultan detrás de una determinación tan complicada. Si algo pusieron de

---

* La Doctrina Estrada, del 23 de septiembre de 1930, está desarrollada en el comunicado expedido por el entonces secretario de Relaciones Exteriores, Genaro Estrada, y llegó a constituir la piedra angular de la diplomacia mexicana. Dicha doctrina estipula que, ante el establecimiento de gobiernos de facto en otros países, México no es partidario "de otorgar reconocimientos porque considera que ésta es una práctica denigrante, que sobre herir la soberanía de otras naciones, coloca a éstas en el caso de que sus asuntos puedan ser calificados, en cualquier sentido, por otros gobiernos, quienes de hecho asumen una actitud crítica al decidir favorable o desfavorablemente sobre la legalidad de regímenes extranjeros", de ahí que la posición de México se restrinja a "mantener o retirar cuando lo crea procedente a sus agentes diplomáticos y a continuar aceptando, cuando también lo considere procedente, a los similares agentes diplomáticos que las naciones respectivas tengan acreditados en México, sin calificar ni precipitadamente ni a posteriori el derecho que tengan las naciones extranjeras para aceptar, mantener o sustituir a sus gobiernos o autoridades". En suma, la Doctrina Estrada dice que México no debe juzgar, ni para bien ni para mal, los gobiernos ni los cambios en el gobierno de otras naciones porque implicaría una intromisión en su soberanía.

** El velero *Vita*, de bandera estadounidense y tripulación española, trajo a Veracruz buena parte del tesoro español en piedras preciosas y objetos de valor decomisados a los nacionalistas y sirvió para financiar la entrada de refugiados en México.

manifiesto tales versiones, es cuánta pasión y debate generó aquella decisión.

Otros estudios –particularmente aquellos surgidos de los centros de investigación norteamericanos–, han incurrido, no obstante su mayor seriedad, en la tentación de menospreciar los logros diplomáticos de Cárdenas, caricaturizándolos como "mitología nacionalista" o "patriotismo jactancioso".[24]

Ciertamente, los factores internos debieron tener un peso considerable. En cualquier caso, la ayuda oficial mexicana a la República española se dio en un momento de espectacular progreso de la oposición conservadora, impulsado, sin duda, por el radicalismo del programa político del propio Cárdenas. Desde 1929, el régimen revolucionario se enfrentó al desafío creciente de una derecha radical, primero religiosa y después secular. El ascenso del fascismo en la escena mundial agravó tal amenaza y obligó a la adopción de nuevas estrategias, tanto en el frente interno como de cara al exterior, a fin de hacer frente a los riesgos planteados por una floreciente oposición de derechas. La guerra española repercutió de manera profunda en la política mexicana, alentando el surgimiento de organizaciones pro fascistas, las cuales intentaron explotar desde el principio las tensiones políticas y sociales en el interior del Estado mexicano. En el frente externo, ello exigió la diversificación de relaciones a fin de afianzar la política de seguridad colectiva.

En 1936, el gobierno de Cárdenas, aun no consolidado tras su enfrentamiento con el antiguo hombre fuerte de la Revolución mexicana, Plutarco Elías Calles, sospechaba un golpe derechista. Más tarde, cuando la suerte de la República comenzó a declinar, Cárdenas temió que la victoria de Franco pudiera coligar a sus adversarios derechistas bajo organizaciones estilo Falange o, incluso, intentar un alzamiento equivalente al de España en México.[25] Peor todavía, Cárdenas temía que una potencial subversión fascista en México pudiera servir de pretexto a los Estados Unidos para repudiar la política del "Buen Vecino"* y preparar el terreno para un renovado intervencionismo norteamericano en el continente. A este respecto, nuevas fuentes históricas han revelado cómo la alarma

---

* Política seguida por las administraciones de Herbert Hoover y Franklin D. Roosevelt de abstenerse de llevar a cabo intervenciones armadas en América Latina.

de Washington ante las actividades fascistas en México llevó al gobierno norteamericano a considerar la posibilidad de intervenir militarmente en México con el propósito de impedir que lo hicieran los países del Eje.[26]

Aunque la contingencia de una algarada falangista para imponer un Estado títere en México o un protectorado abierto pueda parecernos hoy descabellada, esa posibilidad fue una preocupación real para el gobierno de México y para los servicios de inteligencia estadounidenses. Los archivos, bibliografía, prensa y artículos de la época testimonian ampliamente los temores norteamericanos.[27]

Los empresarios, las clases medias descontentas e incluso amplios sectores del campesinado que habían sido afectados por las reformas radicales del gobierno de Cárdenas apoyaban abiertamente al Eje, aunque lo hacían más por puro sentimiento anti yanqui que por identificación real con el credo nazi. El franquismo, con su atractivo para el catolicismo local, adalid de familia y tradición, representaba un peligro incluso mayor para el régimen revolucionario mexicano que el nazismo, en la medida en que las masas podían identificarse más fácilmente con él, en virtud de las históricas afinidades culturales. Como un testigo de la época observó:

> El Hispanismo de Franco no es otra cosa sino un fascismo español adaptado para el consumo de América Latina. Es un nazismo criollo.[28]

Dichos temores aumentaron cuando en el Desfile de la Victoria del 19 de mayo de 1939 en Madrid, el general Franco a la cabeza de 250.000 soldados españoles, alemanes e italianos, apareció rodeado por los estandartes de los conquistadores españoles de América. Debe recordarse asimismo que el tercer punto de las normas programáticas de la Falange Española declaraba sin ambages:

> Tenemos vocación de Imperio. Afirmamos que la plenitud histórica de España es el Imperio. Reclamamos para España un puesto preeminente en Europa. No soportamos ni el aislamiento internacional ni la mediatización extranjera. Respecto a los países de Hispanoamérica, tendemos a la unificación de cultura, de intereses económicos y de Poder. España alega su condición de eje

espiritual del mundo hispánico como título de preeminencia en las empresas universales.

Recuérdense también los diversos pronunciamientos hechos por varios jerarcas franquistas inmediatamente después del fin de la Guerra Civil acerca del "destino de España en lo universal" para entender cuán justificadas eran las aprensiones oficiales mexicanas.[29] Así, por ejemplo, José María Pemán y Pemartín, jefe nacional de Educación Secundaria y Universitaria del primer gobierno de Franco, al alabar la magnificencia del movimiento nacionalsocialista alemán, afirmó que uno de los imperativos de la nueva España era:

> Extender y expandir nuestra jurisdicción política, antes que nada, sobre los países sudamericanos, de lengua y alma españolas.

En vena similar, Julián María Rubio, rector de la Universidad de Valladolid, afirmó en un artículo aparecido en el número de marzo de 1939 de la revista *Spain*, publicada en los Estados Unidos:

> La España Nacional está ligada a la América Hispana por un triple vínculo: el pasado, el presente y el futuro. Porque queremos vencer y conquistar en nuestra guerra, a fin de compartir nuestra victoria con nuestros hermanos del otro lado del Atlántico, y, si es necesario, ofrecérselas, para que puedan ser redimidos.

El mariscal Goering hizo una declaración aún más ominosa al *Nationale Zeitung* de Essen en vísperas de la victoria de Franco, que fue reproducida por cable el 18 de febrero de 1939 en el *Chicago Daily News*:

> España es la cuestión clave de dos continentes. La victoria de Franco habrá de decidir entre el caos y la reconstrucción en ambos hemisferios. Sólo su triunfo podrá preservar para las naciones iberoamericanas su auténtica tradición y cultura españolas. Si éstas se perdieran, entonces el continente americano acabaría más o menos rendido a la influencia de los yanquis y los moscovitas, quienes marchan hombro con hombro, especialmente en el Nuevo Mundo.

España, ahora lo sabemos, era demasiado débil; México, demasiado remoto. El poderío industrial y militar de los Estados Unidos hubiera hecho altamente improbable, si no imposible, que tales designios pudieran ser realizados. No obstante, poseemos el beneficio de la perspectiva histórica, y nadie en 1939 hubiera podido asegurar que España permanecería al margen del Eje, primero como potencia neutral y más tarde como no beligerante durante el transcurso de la guerra mundial. ¿Qué pudo haber sucedido de haber entrado Franco en alianza con Hitler? Tal interrogante ha sido objeto de inagotables especulaciones, particularmente en lo que se refiere a sus ambiciones sobre las posesiones francesas en el norte de África; sin embargo, se ha prestado poca atención a sus aspiraciones hispanoamericanas. No es intención de este libro conjeturar acerca de lo que hubiera podido suceder; pero estos factores deben ser tomados en cuenta al intentar comprender los motivos de Cárdenas.

Si bien muchos estudiosos mexicanos han tratado de minimizar la penetración fascista en grupos e intrigas domésticas,[30] nuevos datos dan fe de que la España franquista sí envió agentes secretos a México antes y durante la elección presidencial de 1940, con el propósito de apoyar al candidato opositor Juan Andreu Almazán y desestabilizar la sucesión de Cárdenas, cuando el propio Almazán buscaba emular al caudillo, por quien profesaba abierta admiración.[31] Otros estudios especializados han revelado hasta qué punto tales intenciones fueron reales y no producto de la febril imaginación de la prensa sensacionalista de la época.[32] Que la amenaza era lo suficientemente cierta como para preocupar al gobierno estadounidense puede inferirse de las palabras de Roosevelt:

> El siguiente paso, perfectamente obvio, que el *hermano* Hitler sugirió en su discurso de ayer [30 de enero de 1933], sería Centro y Sudamérica. [...] Estos son factores que debierais considerar. ¿Qué tan lejos está Yucatán de Nueva Orleans o de Houston? ¿Qué tan lejos Tampico de Saint Louis o de Kansas City? ¿Qué tan lejos? Ahora bien, no digáis que esto es quimérico. ¿Cuántos entre vosotros hubierais podido afirmar hace seis años cuando este hombre, Hitler, llegó al poder [...] que Alemania habría de dominar Europa completa y absolutamente? Por eso no podemos

permitirnos estar sentados aquí y decir que esto no es sino un espejismo. Se trata del cerco gradual de los Estados Unidos mediante la eliminación de sus primeras líneas de defensa.[33]

En cualquier caso, la decisión de ayudar a la República no fue irreflexiva. Tampoco fue una decisión personal. La existencia de un presidencialismo fuerte, como rasgo principalísimo del sistema político mexicano, así como las facultades constitucionales que confieren amplios poderes al Ejecutivo en lo relativo a la política exterior han dado credibilidad a estas versiones.

Al igual que el experimento republicano, el cardenismo fue un intento radical de transformación social en una era caracterizada por grandes perturbaciones y de considerable experimentación política. Sus reformas desencadenaron un enfrentamiento violento con las clases acomodadas y la aparición de numerosas organizaciones de extrema derecha. Esos grupos adoptaron una actitud vociferante que presagiaba un conflicto civil semejante al que se libraba en España.

Los acontecimientos españoles produjeron una reacción profunda en la política interna de México e influyeron sobre su curso mucho más de lo supuesto hasta ahora. De hecho, la rebelión militar española acercó a las hasta entonces dispersas organizaciones ultraderechistas y les permitió converger. La irrupción y el espectacular crecimiento de la Unión Nacional Sinarquista durante los años de la Guerra Civil española demuestra el ímpetu de esta influencia. De igual forma, la fundación del Partido Acción Nacional, principal partido conservador mexicano, se produjo bajo el influjo de la rebelión franquista.

La hipótesis central de este libro es que Cárdenas apoyó a la República española con el fin de conjurar cualquier posibilidad de que la derecha mexicana intentara un levantamiento semejante al de España. Es así como debe leerse la frase recurrente de Cárdenas: "al defender a España, defendemos a México". Su insistencia en el derecho de la República a defenderse a sí misma era una llamada a las grandes potencias, y muy particularmente a los Estados Unidos, para que apoyasen a su gobierno e impidieran una reedición de los sucesos españoles en México.

Al final, fue el apoyo de Roosevelt a Cárdenas lo que evitó el éxito de una insurrección derechista en México. Con todo, esto no fue suficiente para amparar la continuidad de su política. El precio que Cárdenas tuvo que pagar para garantizar la supervivencia de su régimen fue un viraje hacia un mayor conservadurismo.

En el rompecabezas de la política exterior mexicana de los años treinta faltan muchas piezas. Si la política del "Buen Vecino" de Roosevelt permite entender la mayor autonomía relativa de que gozó el gobierno de Cárdenas para llevar a cabo la expropiación de la industria petrolera, no aclara en modo alguno la tolerancia e incluso el consentimiento norteamericano al sostén de México a la República española. Roosevelt no sólo menospreció a la Sociedad de Naciones en 1932 como un organismo ineficaz, sino que también fue bajo su segundo mandato, en 1937, cuando ésta aprobó una Ley de Neutralidad que favorecía por omisión a los insurrectos y perjudicaba gravemente a la República.[34] Es verdad que ello ocurrió bajo una coyuntura internacional particular, cuando los Estados Unidos comenzaban a abandonar su aislacionismo, permitiendo que Cárdenas abrazara una firme postura nacionalista. A medida que la Guerra Mundial se acercaba, los Estados Unidos toleraron una política disidente en México para contribuir a la estabilidad interna de ese país, estabilidad que convenía al interés nacional de los Estados Unidos.

Otra peculiaridad digna de ser tomada en cuenta fue que México y la Unión Soviética –los dos únicos países que socorrieron a la República– no mantuvieron relaciones diplomáticas mientras duró la Guerra Civil española. En la década de 1920, ambos regímenes revolucionarios iniciaron un acercamiento que los llevó a establecer relaciones diplomáticas. La primera embajada soviética en el hemisferio occidental fue la de Ciudad de México, abierta en 1924.[35] La creciente identificación entre revolución y comunismo a partir de 1917 hizo que la Revolución mexicana se volviera extremadamente vulnerable a los ataques de la prensa norteamericana, que acusaba a los gobiernos emanados de ella de coquetear con el bolchevismo. La inexistencia de vínculos entre ambos países entre 1929 y 1941 no impidió que los diplomáticos mexicanos acreditados ante la Sociedad de Naciones coordinaran sus esfuerzos en defensa de la República con los de la delegación soviética encabezada por Maxim Litvinov.[36] Dichas peculiaridades necesitan ser aclaradas.

Por otra parte, una cronología cruzada entre el cardenismo y el período republicano español revela una coincidencia sorprendente entre las acciones más importantes del gobierno mexicano y las sucesivas etapas del proceso en España. Cárdenas llegó al poder poco después de la Revolución asturiana de octubre de 1934. Su rechazo de la tutela de Calles se dio a escasos días del alzamiento de las guarniciones de Marruecos. La expropiación petrolera que marcó el momento de mayor tensión de su gobierno fue paralela a la fallida ofensiva del Ebro. Tras esta medida radical, el experimento cardenista concluyó, y la política de Cárdenas dio un giro hacia la moderación. Su elección de Manuel Ávila Camacho frente al más radical Francisco Múgica como su sucesor fue simultánea a la derrota de la República. En las siguientes páginas examinaré y expondré la interacción entre estos acontecimientos desde una perspectiva mexicana con mayor detalle de lo que se ha hecho hasta ahora.

Este trabajo también analiza la repercusión de la Guerra Civil española en México y cómo aquélla determinó el curso posterior de la Revolución mexicana; esto es, la relación entre la política interna de México y los acontecimientos españoles. En las páginas siguientes se apreciará el modo en que los conservadores mexicanos fueron galvanizándose a medida que se sucedían las victorias de Franco, y cómo el entonces novel régimen revolucionario mexicano llegó a ligar su suerte a la del legítimo gobierno de España.

El libro está organizado en siete capítulos. El primero ofrece un balance de las relaciones hispano-mexicanas desde la Independencia hasta el establecimiento de la República española en 1931. El segundo capítulo considera la relación bilateral en el período anterior a la Guerra Civil. Las relaciones entre ambos países habían decaído inexorablemente desde que México obtuvo su independencia en 1821. El dominio español había sido sustituido por intereses franceses y británicos, pero, sobre todo, por la hegemonía norteamericana. La proclamación de la República española trajo un nuevo entusiasmo fundado en la imagen de modernidad que proyectó el nuevo régimen. Así, la República española se convirtió en una suerte de faro que avalaba, a los ojos de los revolucionarios mexicanos, la validez del rumbo emprendido. Los lazos culturales fueron renovados e incluso estrechados. España se transformó en la relación privilegiada de México en su política exterior. Lo que había parecido un país reaccionario y anacrónico se convirtió en un aliado respetable e influyente en la escena internacional, así como en modelo a seguir.

El tercer capítulo trata específicamente el tema del apoyo oficial mexicano a la República con ayuda material y solidaridad diplomática, y

analiza las causas de esta actitud. Examina también las reacciones que
la ayuda mexicana generó en la zona republicana, la crisis de los refugiados
en las embajadas latinoamericanas en Madrid, particularmente la
provocada por aquellos que se acogieron a la protección de la embajada
mexicana y el breve distanciamiento que eso motivó en la relación
bilateral. El capítulo cuarto intenta establecer, en la medida de lo posible,
la magnitud de la ayuda militar mexicana a la República. Todavía que-
dan por hacer cálculos más precisos de los envíos de material bélico de
México a España. La dificultad para establecer con certeza la envergadura
de esta cooperación tiene que ver con la propia naturaleza clandestina
de las operaciones.

El quinto capítulo aborda la cuestión de los voluntarios mexicanos que
participaron en la Guerra Civil española. Se calcula que cerca de
ochocientos mexicanos combatieron bajo las filas republicanas. El hecho
de que compartieran lengua y cultura con los soldados republicanos facilitó
su inclusión en las filas del ejército regular antes que en las Brigadas
Internacionales. Como se verá también en dicho capítulo, también hubo
mexicanos que se alistaron en el bando nacional.

El capítulo sexto indaga en el impacto que tuvo la Guerra Civil española
en la escena política mexicana, particularmente en la aguda polarización
que provocó entre izquierdas y derechas. El capítulo séptimo y último
se ocupa del fin de la guerra, la llegada de los refugiados españoles y la
forma en que la victoria de Franco repercutió en la política mexicana
hasta las históricas elecciones presidenciales de 1940.

La conclusión de este estudio es que la valoración que hizo Cárdenas
de la Guerra Civil española como una etapa más en el conflicto
generalizado entre fascismo y democracia fue un análisis certero, y que
los acontecimientos posteriores lo confirman. La mayoría de los países
miembros de la Sociedad de Naciones se limitaron a presenciar el
sangriento enfrentamiento civil con la esperanza de que permaneciera
como un problema exclusivamente español. No así el gobierno mexicano,
que interpretó el conflicto español como el primer acto en la ofensiva
mundial de las fuerzas anti democráticas. El 17 de junio de 1937, Cárdenas
escribía en su diario:

De triunfar los rebeldes en España, no es remoto que Alemania
e Italia, juntamente con la casta militar española, asuman una

actitud altanera, aun para los pueblos de América. Fácilmente llegarían a un arreglo con Japón y harían todo lo posible para arrastrarlo a una guerra contra los Estados Unidos; por el contrario, si el gobierno español ganase, la suerte de los pueblos alemán e italiano podría fácilmente cambiar.

Estas palabras muestran al mejor Cárdenas, tanto el idealista resuelto como el estadista visionario. En ambas facetas, los acontecimientos posteriores le darían la razón a él y a su generación.

I
¿UN MISMO RUMBO?
LAS RELACIONES HISPANO-MEXICANAS 1821-1931

*L*os círculos gobernantes mexicanos acogieron la proclamación de la República española, el 14 de abril de 1931, con un entusiasmo sin precedentes. La Revolución mexicana estaba entrando en su undécimo año desde el fin del conflicto armado, y la perspectiva de un gobierno amigo en Europa fue motivo de júbilo para una administración hasta entonces aislada internacionalmente. Resulta paradójico que un régimen que, en gran medida, había basado su estrategia para construir una nación en el discurso educativo de la hispanofobia y en la exaltación del elemento indígena abrazara con tal fruición la causa de la España republicana. No obstante, así fue, y la única explicación posible podría ser una mezcla de identidad ideológica y consideraciones pragmáticas que permitieron a ambos gobiernos superar recelos mutuos históricamente arraigados.

Las relaciones entre México y España distaban de ser cordiales desde la Independencia, y de hecho cayeron a su punto más bajo después del estallido de la Revolución. El intento fallido de reconquista de la antigua colonia para la Corona española en julio de 1829, encabezado por el brigadier Isidro Barradas, así como el consiguiente decreto de expulsión de todos los españoles de territorio mexicano promulgado por el gobierno de Vicente Guerrero dejaron un difícil legado de enemistad mutua.[1] Los rencores se agudizaron aún más a consecuencia de la negativa de España a reconocer al México independiente hasta 1836.[2]

El primer embajador español no llegó a México hasta diciembre de 1838. Aunque las controversias bilaterales fueron parcialmente dirimidas a través del reconocimiento diplomático y por medio de acuerdos sobre la deuda en los años de 1844, 1847, 1851 y 1853. Las viejas inquinas saltaron de nuevo a la palestra con el reconocimiento que concedió España al imperio mexicano de Maximiliano de Habsburgo en 1862.[3] Este hecho condujo a la ruptura de relaciones diplomáticas decretada por el presidente Benito Juárez en 1867, vínculo que no volvería a establecerse hasta 1871.

Bajo la dictadura de Porfirio Díaz (1877-1911), las relaciones mejoraron notablemente, de modo insignificante, no obstante, comparadas con las que se mantenían con Francia, Gran Bretaña, los Estados Unidos e incluso Alemania. El comercio fue exiguo debido al atraso relativo, a la posición marginal de ambos países en la economía internacional y a su alta dependencia del capital foráneo. Un factor adicional que impidió el crecimiento del intercambio bilateral fue, sin duda, el hecho de que sus economías fueran competitivas antes que interdependientes. Ninguno de los dos países había alcanzado una industrialización sólida en el siglo XIX, y mantenían sus economías orientadas a la agricultura y la minería. Así, el intercambio comercial, pese a haber crecido considerablemente bajo el gobierno de Díaz, se mantuvo en niveles modestos. México recibía menos del 5% de sus importaciones de España, mientras que enviaba entre el 0,8 y el 2% de sus exportaciones hacia ese pais.[4] México le compraba a España vino, comestibles, textiles (en una cantidad mínima), en tanto que le vendía fibra de sisal, maderas, añil y garbanzos.[5]

La política de colonización seguida por el gobierno de Díaz alentó una importante inmigración española a México, que fue muy apreciada por el gobierno español de la época.[6] Con todo, el número de españoles que emigraron a México nunca alcanzaría las proporciones de los que fueron a la Argentina, Brasil, Chile o Uruguay. El gobierno mexicano, a diferencia de otros sudamericanos, no ofrecía sufragar los gastos de viaje. Sin embargo, la colonia española creció de 6.380 en 1877 a 29.541 en 1910; un número superior, incluso, a la colonia estadounidense.

Durante la guerra hispano-norteamericana de 1898, México se mantuvo neutral pese a las simpatías populares y gubernamentales hacia la "madre patria". El gobierno norteamericano se encargó de presionar lo suficiente para que Díaz se mantuviera al margen del conflicto. Pese a ello, el Casino Español de México logró reunir, a través de colectas públicas, cerca de 800.000 dólares, que se enviaron a Madrid como contribución al esfuerzo bélico.[7]

Tras la derrota española, México se convirtió, de acuerdo con Carlos Illades, en una prioridad para la política exterior española, en un auténtico "dique de contención ante la avasalladora influencia estadounidense sobre Iberoamérica".[8] Díaz, por su parte, también fue sensible a la política hispanista impulsada por España desde la segunda mitad del siglo XIX, en la medida en que coincidía con su política de apoyarse en Europa para contener el expansionismo norteamericano. El hispanismo afirmaba la existencia de una familia hispánica de naciones ligada por lazos comunes de raza, cultura, lengua, visión del mundo y, no menos importante, por la religión.[9] Esto se puso de manifiesto en las festividades organizadas por España con ocasión del Cuarto Centenario del Descubrimiento de América, en las que México participó con "pompa y munificencia".[10] Pero fue el "desastre" de 1898 el que acercaría a las repúblicas americanas, y muy especialmente a México, a la "madre patria" derrotada, en la medida en que fueron conscientes de que la verdadera amenaza provenía ahora del norte. Las raíces hispánicas cobraron así nuevo valor como un factor de unidad común para hacer frente a la "sajonización de América".

Durante el gobierno de Díaz, y con Justo Sierra en el Ministerio de Instrucción Pública, el apoyo mexicano a la hispanidad recibió un nuevo impulso, con la intensificación de los intercambios culturales. En este contexto, la visita de Rafael Altamira y Crevea (1866-1951) al frente de una misión de académicos españoles que impartió conferencias en la Universidad Nacional de México inició un proceso de redescubrimiento mutuo y de diálogo sin precedentes entre ambos países. Se hicieron planes grandilocuentes para instituir una cátedra española en la Universidad Nacional y un magisterio mexicano en la Universidad de Madrid. La Revolución mexicana echó por tierra esas intenciones. Treinta años más tarde, Altamira regresaría a México, esta vez como exiliado republicano.[11]

Otro hecho, menos práctico pero más simbólico, coincidió con el Centenario de la Independencia de México, en 1910, cuando España regaló al gobierno de Díaz el uniforme de campaña de José María Morelos –héroe nacional mexicano– capturado como trofeo de guerra por las tropas virreinales durante la Guerra de la Independencia. El gesto se interpretó en la época como un paso hacia la completa reconciliación entre dos pueblos estrechamente emparentados, que habían sufrido, no obstante, un alejamiento prolongado.[12] Por otra parte, el embajador español, el general Camilo García de Polavieja, condecoró al presidente Porfirio Díaz con el collar de la Orden de Carlos III.[13] Polavieja había recibido a su llegada:

[...] la más estruendosa ovación jamás dedicada a diplomático alguno. Fue una de las pocas veces que una multitud mexicana ovacionaba espontáneamente y con semejante entusiasmo a un extranjero, como si fuera uno de los hijos predilectos de la República.[14]

Tal aclamación no habría de perdurar. Con el estallido de la Revolución mexicana, la relación bilateral se deterioró rápidamente. La imagen de España en México desde la independencia de éste había sido negativa. La ruptura de la relación colonial dañó el prestigio de España tanto en México como en el resto de las naciones hispanoamericanas. De igual forma, la influencia de las ideas de la Ilustración, del modelo republicano estadounidense y de las doctrinas liberales en general acentuaron ese rechazo. Se repudió la era colonial como proyecto histórico y la dominación española pasó a representar todo aquello que los hispanoamericanos no querían ser.[15] Al resentimiento histórico se sumó la desconfianza social y económica. La hispanofobia se convirtió de este modo en una suerte de ideología de Estado para una nación que aspiraba a diferenciarse interna e internacionalmente.

Las manifestaciones de hostilidad contra los españoles se volvieron particularmente pronunciadas en el norte de México. Cuando cerca de 40 españoles fueron asesinados en abril de 1911, la colonia española envió una petición al rey Alfonso XIII informándole de la "deplorable situación" e instándolo a tomar medidas extremas.[16] Por otra parte, la equívoca actitud del embajador español, Bernardo Jacinto Cólogan y Cólogan, respecto a los acontecimientos que condujeron al asesinato del presidente Francisco I. Madero,[17] así como los perjuicios causados a la propiedad y vidas españolas por el tumulto revolucionario, reavivaron la mutua animadversión. Resurgieron con fuerza inusitada viejos prejuicios y agravios sobre la superioridad del español sobre los "bárbaros" aborígenes o acerca de la "leyenda negra" de la Conquista o de la despiadada explotación del "egoísta" encomendero español.

Este nuevo nacionalismo iniciado por la Revolución ha llevado a diversos estudiosos del tema a debatir sobre si la Revolución mexicana fue o no intrínsecamente xenófoba. Se ha afirmado que, si bien los acontecimientos revolucionarios efectivamente afectaron a las comunidades extranjeras residentes en México, la Revolución no fue de naturaleza xenófoba ni estuvo dirigida contra un grupo en particular.[18] Los españoles se vieron afectados, pero sólo por que eran la comunidad extranjera más numerosa. Los intereses estadounidenses y británicos fueron, con mucho, los objetivos principales tanto de los desórdenes como de las medidas más radicales decretadas por los gobiernos revolucionarios.

Las percepciones mutuas entre mexicanos y españoles siguieron dominadas por los viejos estereotipos y prejuicios. El hecho de que los españoles controlaran el comercio del licor y por lo general fueran los dueños de los almacenes en los pueblos pequeños los hacía particularmente propensos a la pérdida de propiedad, inclinados al recurso de la protección diplomática, y por ende vulnerables al resentimiento xenófobo.

De modo que el español fue rápidamente equiparado en el imaginario popular con el abacero codicioso, un tópico que debía mucho a la preponderancia de la colonia española en el comercio tanto mayorista como al por menor. El "abacero" español también sucumbía a la tentación de la usura, lo cual puede ayudar a explicar por qué mucha de la animosidad popular fue dirigida contra esa comunidad. Otros prejuicios generalizados incluían al español como brutal capataz en las haciendas del Porfiriato, más cruel con los peones que el propio hacendado, el regente de tabernas y burdeles, el traficante de drogas o el cazadotes.

Como resultado del opresivo sistema de castas, legado de la era colonial pero aún en vigor bajo el porfiriato, el español se sentía cultural y racialmente superior al indio y al mestizo. Ramón del Valle-Inclán, quien entusiastamente respaldó la Revolución mexicana, dio buenos ejemplos de tales prejuicios en su célebre novela *Tirano Banderas*, en la cual un prestamista responde a las quejas de una niña en los siguientes términos:

> Para mentar a mi tierra, límpiate la lengua con un cardo. No amolarla, hijita, que si no andáis con plumas se lo debéis a España.[19]

En sus obras, Valle-Inclán esbozó un retrato demoledor de la corrupción que a menudo subyacía en la acumulación de fortunas amasadas con urgencia por el indiano en el Nuevo Mundo. Valle-Inclán despreciaba al inmigrante español venido al Nuevo Mundo a "hacer la

América",* con su deshonroso oficio de tendero, laborioso pero ignorante, representante de la manida España "de pandereta". Este tipo de
españoles –afirmaba Valle-Inclán– hacían poco para granjearle admiración a España.

El odio a los españoles tuvo su origen en los tiempos de la colonia. David
Brading evoca cómo, al inicio de la independencia de México, la multitud
congregada por el padre Hidalgo gritaba: "¡Viva Fernando VII! ¡Viva
la Virgen de Guadalupe! ¡Abajo los gachupines!". *Gachupín*, un término
de origen desconocido, pasó a ser la forma despectiva para referirse a los
españoles en México.[20] Esa aversión aumentó bajo la dictadura de Díaz,
en la medida en que la percepción sobre una identidad común entre las
clases dirigentes y el elemento español fue arraigando en el imaginario
popular. La frase, a menudo repetida, de que México bajo Díaz se había
vuelto "la madre de los extranjeros y la madrastra de los mexicanos"
destaca la relación directa que la mayor parte de los mexicanos sentían
entre el trato preferencial acordado a los extranjeros en general, y a los
españoles en particular, y su propia exclusión de la representación
porfirista de comunidad nacional. Por ende, esta doble asociación pudo
haber producido una animosidad popular contra los españoles durante
la Revolución, de acuerdo con Illades.[21]

La historiadora mexicana Josefina MacGregor discrepa de esa opinión
y se remite al cálculo de Moisés González Navarro sobre el número de
extranjeros muertos durante la Revolución mexicana. Si bien los ejércitos
revolucionarios, particularmente los encabezados por Villa y Zapata,
cometieron excesos contra los residentes españoles, incluyendo asesinatos
y saqueos, otras comunidades estuvieron igualmente expuestas a tales
ultrajes en razón de sus posiciones de privilegio. De nuevo según dicho
cómputo, 1.477 extranjeros perdieron la vida entre 1910 y 1919. De estos,
471 eran de nacionalidad china, 209 españoles, 550 estadounidenses, 14
franceses y 38 británicos.[22] En ese sentido, MacGregor sostiene que sería
injusto, además de falso, definir la Revolución como xenófoba, y mucho
menos como hispanofóbica.[23] En realidad, a diferencia de los chinos o
los norteamericanos, los españoles fueron blancos menos frecuentes del
odio de la población, en la medida en que no eran tan fácilmente
identificables.

---

* Expresión que llegó a significar, literalmente, "hacerse rico".

No obstante, para el historiador conservador y campeón de la hispanidad José Fuentes Mares, desde 1913 en adelante la Revolución sí adoptó una postura claramente anti española, por lo menos desde una perspectiva doctrinal.[24] La inveterada presteza con la que los grandes terratenientes españoles pedían protección consular, al tiempo que financiaban levantamientos armados de las distintas facciones beligerantes siempre que sentían que sus intereses pudieran estar en entredicho, en poco contribuyó a granjearles la estima de los sucesivos gobiernos revolucionarios. Así, al sentimiento antiespañol generado por su identificación con el pasado colonial y por su prominencia económica se sumaba ahora un nuevo factor político: la asociación que entre los españoles y la contrarrevolución estableció el imaginario popular.

Venustiano Carranza, líder de la revolución constitucionalista que derrocó a Huerta, rompió relaciones con todas aquellas potencias que habían otorgado reconocimiento diplomático al gobierno golpista y ordenó la expulsión de sus agentes diplomáticos de territorio mexicano. Tal sería el caso del recién nombrado sucesor de Cólogan, Manuel Walls y Merino, emplazado a abandonar territorio federal en 1914.[25] Paralelamente, Carranza ordenó la disolución del servicio diplomático mexicano en el exterior,[26] lo que a su vez llevó al exilio en España a varios antiguos agentes del huertismo como Amado Nervo y Salvador Díaz Mirón. Carranza acusó a España de haber apoyado al dictador, aseveración que ganó credibilidad cuando Huerta obtuvo asilo diplomático en España y se estableció en Barcelona. Las relaciones diplomáticas entre ambos países se reanudaron meses después, pero los funcionarios españoles hubieron de negociar con las distintas facciones en pugna.

En estricta justicia, debe reconocerse el hecho de que varios españoles pelearon en las filas de la Revolución, principalmente en los ejércitos de Villa, Zapata y Obregón, entre ellos, aparentemente, Luis Araquistáin.[27] No obstante, ello contribuyó en poco a reparar la mala imagen dejada por un siglo de amargo prejuicio y la asociación fijada en el imaginario popular entre los explotadores de la dictadura y el elemento español. Igualmente cierto es que la Revolución mexicana debe gran parte de sus orígenes intelectuales a la influencia de las ideas anarquistas, originadas principalmente en España y llevadas a México por inmigrantes españoles llegados con las grandes oleadas migratorias de fin de siglo.[28]

INTELECTUALES Y DIPLOMÁTICOS

Pese a los vaivenes de la relación bilateral hispano-mexicana, existió un intercambio cultural continuo que pudo haber preparado el terreno para la ulterior intervención mexicana en la Guerra Civil española. Aun cuando no es el objeto de este capítulo explorar en profundidad la naturaleza de tales relaciones, vale la pena referirse a algunas a fin de apreciar hasta qué punto los contactos personales pudieron traducirse en compromisos institucionales.

Las conexiones y amistad entre importantes personajes de los círculos políticos e intelectuales de ambos países fueron proverbiales. A la amistad entre Obregón y Valle-Inclán debe sumarse la que hubo entre Calles y Álvarez del Vayo, o la casi simbiótica entre Manuel Azaña y el escritor Martín Luis Guzmán.[29]

Desde que el poeta nicaragüense Rubén Darío encabezara el movimiento modernista a finales del siglo XIX, los intelectuales latinoamericanos comenzaron a ser vistos en España como iguales y no como artistas exóticos de regiones remotas. A partir de entonces, varios literatos y artistas latinoamericanos comenzaron a participar en el debate de ideas y en la renovación estética de la antigua metrópoli. El ensayista dominicano Pedro Henríquez Ureña (1884-1946) tuvo el mérito de congregar muchos círculos distintos en ambos lados del Atlántico y de estrechar tales contactos.

Un grupo de emigrados políticos había hecho sentir su presencia en la península Ibérica desde finales de la década de 1910. Entre ellos estaban el historiador Carlos Pereyra, los escritores Salvador Díaz Mirón, Amado Nervo, Luis G. Urbina y Alfonso Reyes, así como el magistrado Rodolfo Reyes –estos últimos, hijos del general Bernardo Reyes–. De 1914 a 1919 Alfonso Reyes colaboró junto con Américo Castro, Federico de Onís, Tomás Navarro Tomás y Ramón Menéndez Pidal en el prestigioso Centro de Estudios Históricos de Madrid, dirigido por este último, contribuyendo ampliamente con su *Revista de Filología Hispánica*.

Posteriormente, Reyes ayudaría a la República española desde diversas instancias, ya como embajador ante la Argentina, donde sumó esfuerzos con organizaciones locales de izquierda o progresistas para recaudar fondos para la República, ya brindando apoyo legal y financiero al hostigado embajador republicano en Buenos Aires, Enrique Díez Canedo.

Su principal contribución a la República, no obstante, fue posterior a la Guerra Civil, cuando convenció al presidente Cárdenas de que brindase asilo a los intelectuales españoles y abriese un centro de investigación para ellos en México.[30]

También el poeta y diplomático Jaime Torres Bodet, funcionario de menor rango en la embajada de México en Madrid a finales de los años veinte, jugó un papel crucial en la evacuación de los refugiados españoles en suelo francés una década después. Como primer director general de la UNESCO en 1948, Torres Bodet contribuyó también al sostenimiento de la causa republicana, al promover diversas condenas al régimen franquista y boicotear su ingreso en las Naciones Unidas.

Estos expatriados prefiguraron de algún modo al exilio español en México de dos décadas después en su participación activa en la cultura española. Sus puntos de vista coincidirían con la línea divisoria que escindió a los intelectuales españoles a lo largo de las trincheras de izquierdas y derechas. De ese modo, Pereyra y Rodolfo Reyes permanecerían en España después de la guerra, convirtiéndose en prominentes miembros de la *intelligentsia* del franquismo.

Por otra parte, la tradición mexicana de conceder puestos diplomáticos a intelectuales y artistas permitió a diversos escritores mexicanos establecer vínculos estrechos con sus colegas españoles. Semanarios como *España* y *La Pluma* y sociedades intelectuales como el Ateneo de Madrid contribuyeron poderosamente a tal encuentro de ideas. Así, por ejemplo, Azaña y su cuñado Cipriano Rivas-Cheriff se hicieron amigos íntimos de Urbina y del poeta Enrique González Martínez, quien posteriormente sería embajador de México en España. Otros casos dignos de mención incluyen a los historiadores Daniel Cosío Villegas y Silvio Zavala, el diplomático y escritor Genaro Estrada y los pintores Diego Rivera y David Alfaro Siqueiros, todos los cuales tuvieron, en algún momento u otro, puestos diplomáticos menores en la representación mexicana en Madrid, becas en España o comisiones especiales del gobierno mexicano en ese país.

A diferencia del anglosajón, el intelectual latino en general e hispánico en particular ha ejercido históricamente una enorme influencia que ha derivado a menudo en el ejercicio de alta función pública.[31] La mayor parte de los miembros del primer gabinete de la República fueron intelectuales, y lo mismo ocurría en un amplio segmento del cuerpo diplomático mexicano. Muchos de los futuros líderes de México representaron a su país en el extranjero en uno u otro momento, y varios fueron enviados a España o establecieron contactos cercanos con diplomáticos españoles. La camaradería entre ambos grupos fue constante y productiva. Tales asociaciones probarían ser cruciales en la forja de una relación estrecha entre México y España en 1931, como se verá a continuación.

ESPAÑA Y LA REVOLUCIÓN MEXICANA

Durante la década de 1920 las relaciones hispano-mexicanas se caracterizaron por una profunda falta de entendimiento mutuo. Los diplomáticos españoles veían a la facción triunfante de la Revolución, en el mejor de los casos, con desdén; en el peor, con franca repugnancia. El contraste entre la respetabilidad ganada por el régimen de Díaz y los rústicos advenedizos que habían tomado el poder tras el conflicto armado resultó insuperable para los conservadores españoles, que veían la Revolución como el resultado de las influencias masónicas y protestantes originadas desde los Estados Unidos. Más aún, para muchos de estos conservadores, México, al igual que la naciente Rusia bolchevique, era el ejemplo principal de la nueva amenaza al catolicismo representada por doctrinas "ajenas a la tradición hispánica", como el comunismo y el socialismo. En ese sentido, la Revolución mexicana pasó a verse también como un desafío a la propia "unidad espiritual" propugnada por el hispanismo conservador.[32]

En distintas ocasiones, los liberales españoles condenaron también el nuevo nacionalismo mexicano surgido del proceso revolucionario. Dicho nacionalismo combinaba elementos de anticlericalismo, indigenismo –o exaltación del elemento nativo en detrimento de la raíz española– y liberalismo norteamericano; los tres execrables a los ojos de los tradicionalistas españoles. Estos tres factores se convirtieron en los principales argumentos esgrimidos por los conservadores españoles para rechazar la Revolución mexicana y para negar cualquier tipo de legitimidad a los sucesivos gobiernos nacidos al calor de ésta.

El indigenismo era, por razones evidentes, igualmente repugnante a los liberales españoles. Especialmente célebre fue el caso del escritor valenciano, entonces en boga, Vicente Blasco Ibáñez, quien después de haber disfrutado de la alta estima y mecenazgo del gobierno de Álvaro Obregón, publicó una serie de artículos en la prensa estadounidense, más tarde reunidos en un volumen, en los que denunciaba a la camarilla revolucionaria como un hatajo de rufianes cleptómanos, inclinados al bandolerismo y a la insurrección continua. Por verídicas que fueran estas acusaciones, el encono hispanista del libro es innegable, particularmente cuando se refiere al sentimiento nacional promovido por la elite revolucionaria o a la arremetida de ésta contra los intereses españoles por medio de la reforma agraria.[33] Así, muchos lectores de prensa española, incluso aquellos de diarios de tendencias liberales o socialistas, pudieron perfectamente preguntarse si los revolucionarios mexicanos no eran más que una caterva de bandoleros.[34]

Curiosamente, en ese período surgió una notable amistad entre el escritor español Ramón del Valle-Inclán y el nuevo hombre fuerte de la Revolución, el general Álvaro Obregón. Durante su segunda visita a México, en octubre de 1921, Valle-Inclán elogió con entusiasmo la reforma agraria y abiertamente alabó a su amigo Obregón por "abrir una nueva vía para América".[35] Asimismo, escribió sobre él:

> Hombres libres como Madero y Obregón han hecho la Revolución Mexicana.
> Hombres que sintieron la necesidad de redimir al indio, antes de que el indio sintiera la necesidad de redimirse a sí mismo.[36]

Esta amistad en poco contribuyó a contrarrestar los prejuicios generalizados, no sólo en España sino en el resto del "mundo civilizado" acerca de los nuevos gobernantes mexicanos. Lejos de ello, Valle-Inclán escandalizó al embajador español y a la comunidad residente en México con sus invectivas contra el gachupín y sus demostraciones de apoyo a favor de la Revolución.[37]

A esas alturas, la confiscación de vastas extensiones de tierra agrícola en manos de españoles por parte del gobierno de Obregón, llevadas a cabo bajo el espíritu de la nueva ley agraria, que entró en vigor en 1921, se convirtió en el principal punto de fricción en la relación bilateral. De acuerdo con el entonces embajador español en México, Luis Martínez de Irujo, el 95% de las propiedades agrícolas de México en manos de extranjeros pertenecían a súbditos españoles, lo que los hacía particularmente vulnerables a los planes forzosos de redistribución de la tierra.[38] Aun cuando Martínez de Irujo reconoció que las incautaciones de tierras afectaban en mucha menor medida a los propietarios españoles que a los estadounidenses o británicos, intentó detener las expropiaciones de tierras por todos los medios posibles, incluso a través de la presión diplomática conjunta con otras legaciones y embajadas. Además, el enviado de Alfonso XIII era proclive a seguir los dictados del gobierno estadounidense al demandar amplia compensación por las tierras arrebatadas a sus súbditos. En algunas instancias, Madrid parecía ser más intransigente en sus reclamaciones que la misma Washington.

Esto a su vez produjo una exacerbación de la hispanofobia que fue utilizada por diversos caudillos regionales para servir a sus intereses particulares o simplemente para ganar popularidad entre las masas. El discurso público se infectó de explicaciones xenófobas acerca de los males sufridos por México. Pronto siguieron ataques contra vidas y propiedades españolas. Hubo ocupaciones de tierras, detenciones arbitrarias, hostigamientos de todo tipo y, peor aun, secuestros, violaciones y asesinatos. El español se convirtió en el chivo expiatorio de muchos políticos y caciques locales. En 1921 hubo varias agresiones en lugares tan diversos como Acapulco, Puebla, Yucatán o Coahuila. Una muestra de ese sentimiento generalizado puede encontrarse en las delirantes declaraciones del candidato al gobierno del estado de Coahuila, Aurelio Mijares, consignadas por Martínez de Irujo en un despacho enviado a Madrid: "nuestro objetivo es matar a todos los gachupines y tomar sus haciendas".[39]

Mientras la reforma agraria seguía su curso, un nuevo embajador español, Saavedra y Magdalena, amenazó con suspender la correspondencia entre su embajada y el gobierno mexicano. Obregón reaccionó rápida y duramente al ultimátum, no sólo haciendo del diplomático español objeto de "groseros comentarios", sino también amenazándolo con expulsarlo del territorio mexicano.[40]

El gobierno mexicano comenzó a percibir a España como una fuerza esencialmente hostil a la revolución nacional; una potencia que, de haber tenido los medios para hacerlo, hubiera seguido una política intervencionista, semejante a aquella asociada con el poderoso vecino del Norte. Hasta 1925 no pudo firmarse un acuerdo bilateral para poner fin a las reclamaciones de la colonia española. Las demandas de títulos de propiedad fueron tan numerosas que hubo que negociar en 1930. La hispanofobia surgida en 1913 parecía extenderse de las masas populares a los círculos gubernamentales.[41]

Sin embargo, ante un nuevo aumento de las presiones de los Estados Unidos sobre México, el presidente electo, Plutarco Elías Calles, vio la necesidad de iniciar un acercamiento con Europa.[42] En un esfuerzo por diversificar los nexos de México con el exterior, Calles realizó una gira por Europa en 1924, y acudió en visita oficial a Berlín y a París. Aunque la gira no incluyó a España, como parte de aquella política se intentaron toda suerte de estrategias para reavivar la relación bilateral.

Ese mismo año, la dictadura de Miguel Primo de Rivera nombró a José Gil Delgado y Olazábal, marqués de Berna, embajador plenipotenciario en México.[43] La cooperación entre ambos países pareció aumentar. Tal fue el caso, particularmente en lo referente a planes agrícolas, donde, por ejemplo, la introducción del cultivo de la piña y otras frutas tropicales con ayuda mexicana fue compensada con asistencia técnica de España a los productores agrícolas mexicanos. También hubo un incremento notable del comercio en ese mismo período.[44]

En esos años pudo haberse dado una curiosa muestra de "solidaridad hispánica". Se dice que Obregón envió a Primo de Rivera un destacamento de 200 indios yaquis después del "desastre de Annual" para que combatieran al lado de las tropas coloniales españolas en la llamada Guerra del Rif. Según dichas versiones, estos hombres entraron en combate y fueron altamente elogiados por sus superiores españoles por su "temeridad y valentía".[45]

ESPAÑA Y EL CONFLICTO RELIGIOSO EN MÉXICO

Otra fuente de discordia en la relación bilateral fue sin duda el implacable anticlericalismo practicado por los gobiernos de Obregón y Calles. La entrada en vigor de la Constitución de 1917, con su capítulo relativo a la religión y a las relaciones Iglesia-Estado, generó una tensión creciente entre el gobierno mexicano y la jerarquía católica. La cuestión había sido espinosa desde que Benito Juárez declarara la separación entre

Iglesia y Estado e impusiera una radical secularización con sus Leyes de Reforma de 1857. En 1923, los enfrentamientos alcanzaron su máxima tensión cuando Obregón expulsó al nuncio apostólico por haber desafiado la prohibición entonces vigente de celebrar actos religiosos al aire libre. A la deportación del enviado vaticano siguió la expulsión de varios sacerdotes católicos, en su mayoría españoles, por su participación en actos religiosos no autorizados, y por el hecho de no ser mexicanos, una condición prescrita por ley. Lejos de expresar su desaprobación con la medida, la legación española se limitó a enviar un cablegrama a Madrid en el que atribuía la expulsión de los religiosos al resentimiento de los clérigos locales contra la mejor educación de los sacerdotes españoles y a su "diáfana" vocación por los votos religiosos. El comunicado es excepcional en la medida en que revela el racismo y chovinismo impúdicos de los enviados españoles en México antes de la República:

> El clero mexicano está formado en su mayoría por indios, con todos los defectos concomitantes a esa raza ignorante y degenerada; de moral dudosa, y, como todos los indios apática, susceptible, envidiosa y reacia a la disciplina.[46]

De 1926 a 1929 se suspendieron todos los servicios religiosos en México y estalló una guerra civil en el centro del país entre las tropas gubernamentales y campesinos "guerrilleros de Cristo Rey" o cristeros, instigados por la Iglesia.[47] En su punto culminante hubo 50.000 cristeros en pie de guerra. Se estima que las bajas en ambos bandos sumaron 90.000.[48] Como era predecible, el conflicto religioso mexicano horrorizó a los católicos españoles, que vieron en él la revocación de la "misión civilizadora" de España en México y dejado allí como su más "precioso" legado.

El "impío" gobierno mexicano fue repetidamente tachado en despachos diplomáticos por el enviado español de "bolchevizante", "deicida", "bandidaje institucionalizado" y un largo etcétera; términos, en todo caso, no muy distintos de los utilizados por otros gobiernos y la prensa de otros países para referirse a México en la misma época.[49] El conflicto religioso provocó la alarma entre los conservadores españoles; muchos de ellos vieron en él un anuncio de lo que podría llegar ocurrir en España. La fuerza de tales aprensiones puede verse en la casi diaria cobertura de los acontecimientos mexicanos en los periódicos españoles en una época en la que las noticias latinoamericanas muy raramente alcanzaban los titulares de la prensa internacional. Al mismo tiempo, la prensa católica española comenzó a utilizar el conflicto religioso mexicano para criticar de forma indirecta cualquier medida política tendente a separar la Iglesia del Estado o a promover la secularización en España. Así, en una manifestación en defensa del catolicismo mexicano celebrada en Valencia, a la que la prensa de Madrid dio gran cobertura, el orador principal bramó amenazador:

> La persecución contra los católicos en Méjico representa para nosotros un aviso de la Providencia. Nuestra tranquilidad de hoy no es sino un paréntesis. Nosotros, los católicos españoles, debemos organizarnos, si no queremos llorar un día como mujeres la pérdida de lo que como hombres no han podido defender los desgraciados mexicanos.[50]

Se celebraron numerosas misas y mítines en solidaridad con los católicos mexicanos en distintas ciudades españolas, mientras la prensa se hacía eco en sus polémicas de las posturas en conflicto entre católicos y secularizadores. El conflicto religioso mexicano sirvió a los diarios españoles para reflexionar y debatir acerca de los asuntos internos de España, en un modo similar en el que, una década más tarde, los periódicos mexicanos discutirían problemas mexicanos a través del prisma de la Guerra Civil española.

Durante el verano de 1926, el periódico católico español *El Debate*, dirigido por Ángel Herrera, se enzarzó en una controversia con *El Liberal*, en la cual el primero pedía "solidaridad con nuestros hermanos de la Nueva España" y el segundo justificaba y defendía la conducta del gobierno de Calles.[51]

Para los hispanistas, la persecución religiosa significaba, de manera más ofensiva, un intento subrepticio, si bien deliberado, por parte de la Norteamérica protestante por diluir lo poco que quedaba de la identidad española en México como paso previo al asalto final de aquel país. Por lo tanto, la defensa de la religión equivalía a la defensa de su identidad, la misma que la "madre patria" le había legado cuatro siglos atrás:

En el Nuevo Continente se hallan frente a frente dos razas: la hispana y la anglosajona. Luchan pacífica y constantemente por el predominio. Un avance del idioma inglés, una adulteración por infiltración de una expresión inglesa en el idioma corriente hispanoamericano, una reforma legislativa o una alteración religiosa, es una victoria anglosajona y una derrota hispánica. La religión es el enlace más preciado entre España y las repúblicas hispanoamericanas. Favorecer al protestantismo o perseguir al catolicismo equivale a ser enemigo de la tendencia hispanoamericana. Méjico es el país hispanoamericano más directamente amenazado por los norteamericanos, cuya garra despedazó ya su territorio, y sin embargo, son ahí frecuentes las revoluciones que tanto facilitan las intervenciones yanquis: persiguieron en el pasado al elemento español y ahora persiguen a los católicos.[52]

Varias organizaciones católicas pidieron a Primo de Rivera que usara sus buenos oficios para poner fin a los actos de persecución y "barbarie" de que los cristianos eran objeto en México.[53] No obstante, pese a sus ansiedades, el gobierno español se abstuvo de adoptar posición oficial alguna ante el tema, y mucho menos de llevar a cabo algún tipo de protesta de cara al gobierno mexicano. La documentación oficial del Ministerio de Estado español revela escasa simpatía por los cristeros, a los que tachaba de "mera descendencia del bandidaje mexicano", por lo que difícilmente podían ser considerados un remedio a los males originales de los gobiernos revolucionarios.[54] En cualquier caso, la posición del gobierno español respecto a México era menos catastrofista que la de los católicos españoles o, incluso, que la de su embajador. Es probable que el gobierno de Primo de Rivera no quisiera agitar las aguas de la relación bilateral cuando cuestiones más urgentes, como los acuerdos sobre la deuda generada por la expropiación de tierras, estaban en juego. En suma, la relación bilateral se mantuvo distante pero lejos del conflicto abierto.

Por entonces dos importantes sucesos atrajeron la atención de la prensa y la diplomacia españolas hacia México de una manera sin precedentes. El primero fue el asesinato del presidente electo, Álvaro Obregón, por un católico descontento el 18 julio de 1928; el segundo, la elección presidencial de 1929, en la que el célebre intelectual hispanista y antiguo ministro de Educación, José Vasconcelos, perdió contra todo pronóstico, frente al recientemente creado Partido Nacional Revolucionario (PNR). El asesinato de Obregón pareció sorprender a todos, incluyendo a la embajada española, que había anticipado una sucesión presidencial sin problemas. Todo indicaba que el caudillo había logrado imponer su reelección, pese a que la no reelección había sido precisamente uno de los principios fundamentales de la Revolución mexicana, consagrado incluso en la Constitución de 1917. El 30 de junio, dos semanas antes del asesinato, el embajador español en México, Manuel de Figuerola, marqués de Rialp, informó a Madrid que:

> La toma de posesión de Obregón se producirá seguramente sin mayor obstáculo y de un modo pacífico y normal.[55]

Un mes más tarde, con Obregón intentando frenéticamente estabilizar una situación preocupante y con los obregonistas furiosos ante lo que consideraban un complot de Calles para convertirse en el nuevo hombre fuerte de la Revolución, Rialp informaba a Madrid:

> El asesinato del general Obregón puede ser considerado la más severa crisis política que haya vivido Méjico desde la caída del gobierno del general Porfirio Díaz. Con Obregón desaparece la principal figura militar y política de Méjico, mientras que su muerte representa el fin de una etapa de la Revolución Mejicana que se inició con el asesinato de Carranza. A lo largo de esta etapa, Obregón fue el alma y árbitro supremo de la vida pública mejicana.[56]

Una vez más, la prensa española, católica y liberal, se enfrascó en una polémica acerca de las posibles motivaciones del asesino y sobre si la Iglesia había tenido algo que ver con el magnicidio; estos argumentos no hacían más que reflejar diferencias en el interior del contexto político español. Así, mientras *El Sol* deploró el crimen, insinuando que los rebeldes católicos eran los principales sospechosos,[57] *El Debate* y el ABC rechazaron cualquier conexión entre el asesinato y la Iglesia católica.[58] Más aún, *El Debate* editorializó duramente al día siguiente (el 20 de julio de 1928): "Obregón muere asesinado por el mismo régimen de violencia que él contribuyó a crear". Provocó así la inmediata respuesta del periódico liberal *El Heraldo de Madrid*, que no sólo rechazó tal versión de los sucesos, sino que también condenó oblicuamente la apología de la violencia sostenida por *El Debate* en una andanada premonitoria de la actitud asumida por la derecha española precisamente ocho años después:

> Predican ley y orden, cuando el orden es el que ellos quieren y la ley se interpreta a favor suyo. Pero apenas surge un poder que busca imponer un orden de cosas distinto, esos mismos guardianes del "orden" se lanzan sin vacilar, a todas las violencias y recurren a todos los medios, fanatizando a sus masas e infundiéndoles un espíritu de venganza y encono.[59]

Por lo que respecta a la elección presidencial, tanto la legación española en México como los católicos en España saludaron la candidatura de Vasconcelos como un desarrollo conveniente para el futuro político de México. Los hispanistas depositaban grandes esperanzas en un hombre con el que coincidían en el antiamericanismo y en la defensa de los valores hispánicos. Su promesa de restaurar la "libertad de conciencia" tuvo además el efecto de congraciarlo con la intelectualidad católica española, que vio en él una esperanza para poner fin a la "barbarie atea" que asolaba a México. Con todo, estos valedores eran, al mismo tiempo, muy pesimistas sobre las posibilidades de Vasconcelos de lograrlo, precisamente por el carácter tan radical de sus posturas:

> La poderosa República del Norte no puede tolerar que al frente de los destinos de Méjico se encuentre un hombre que no sea un muñeco de paja del gobierno de Washington y de su Embajador, el señor Morrow.[60]

Los despachos de la embajada española se volvieron cada vez más hostiles a Calles y más favorables a Vasconcelos. Después de las elecciones, la legación española acusó en sus informes confidenciales a Madrid al gobierno mexicano de fraude electoral, atribuyendo la derrota de Vasconcelos a la "apatía" del pueblo mexicano, una nación "sin estructura", así como a los impulsos "malignos" de Calles:

Ortiz Rubio (el candidato del PNR, vencedor en la elección) no es otra cosa que un instrumento en manos de Calles. Éste debe considerarse la figura más nefasta en la política de Méjico, y todavía más para los intereses españoles, pues toda su actuación política se ha señalado por el odio a todo cuanto es español.[61]

Por último, cabría preguntarse si el régimen corporativo de Primo de Rivera no influyó de algún modo en Calles y su creación del Partido Nacional Revolucionario en 1929. Ciertamente, muchos mexicanos admiraban los pasos dados por el dictador español hacia la modernización económica y su enfoque reformista, reflejado en su trato con los sindicatos socialistas, por lo que bien pudieron intentar emularlos.

EL HISPANISMO Y LA EXALTACIÓN DEL INDIO
POR LA REVOLUCIÓN MEXICANA

En 1921, Obregón restableció el Ministerio de Educación con José Vasconcelos (1882-1959) al frente. Vasconcelos fue un gran entusiasta de los aspectos culturales de la Revolución e implicó a los artistas mexicanos en la educación del país. Sostenía la tesis de que el indio debía ser "redimido" y que había que educar a las masas. A comienzos de 1921 se abrieron escuelas rurales, normales para maestros y misiones culturales en todo el país. En medio de este gran resurgir del orgullo nacional nació una escuela mexicana de pintura: los muralistas, cuya inspiración provenía directamente del pueblo. El movimiento nacionalista en pintura dejó su huella en mercados, escuelas, edificios gubernamentales y otros espacios públicos. La música popular mexicana también recibió un nuevo empuje.

La exaltación del elemento nativo impulsada por los gobiernos de Obregón y de Calles, que pasó a ser conocida como "indigenismo", chocó directamente con el hispanismo y suscitó amargas quejas entre los diplomáticos españoles destinados en México en los años veinte y treinta. El movimiento muralista, que ensalzaba las virtudes de los indios, representaba a los conquistadores como seres viles, degenerados y sifilíticos. Los libros de texto presentaban la conquista de México por España como la principal causa de atraso, y a los españoles como brutos codiciosos.

Estas imágenes coincidirían en el tiempo con la adopción por parte del régimen de Primo de Rivera de la doctrina del hispanismo.

En ese contexto, el marqués de Rialp se lamentó de la publicación de un libelo hispanófobo editado por el Ministerio de Educación mexicano. El libro en cuestión era *Los gobernantes de México desde Agustín de Iturbide hasta el general Plutarco Elías Calles,* escrito por un tal Roberto D. Fernández.[62] El autor del pasquín se devanaba los sesos para demostrar cómo España había legado a México su atraso y su pobreza, mientras incurría en el manido estereotipo del tendero avaricioso en pasajes como el siguiente:

> Muchas fueron las causas de la independencia mexicana: el ejemplo dado por los Estados Unidos, los principios proclamados por la Revolución Francesa y sobre todo la odiosa opresión impuesta por 70.000 extranjeros sobre 7.000.000 de mexicanos. Opresión sin otro fundamento que el injusto privilegio de haber nacido en España.

O:

> Los españoles han conseguido convencer a nuestro pueblo de que por la venta de kilos de 800 gramos, metros de 90 centímetros, adulteración de artículos de primera necesidad, fabricación de venenos llamados licores, se necesita una técnica muy especial que sólo es posible adquirir en España.

El texto llamaba a la expulsión inmediata de todos los españoles de México y a la confiscación de todas sus propiedades. Además, exigía que se prohibiera la inmigración española y se vetara la concesión de la nacionalidad mexicana a los españoles hasta 1950. Pese a las protestas de Rialp, el libro siguió circulando por lo menos hasta 1932, distribuido en escuelas, guarniciones militares y universidades, con aparente "complicidad oficial".[63]

La intelectualidad hispanista mexicana, que incluía a Vasconcelos y a reconocidos derechistas como Alfonso Junco y Querido Moheno, reaccionó rápida y decididamente contra las embestidas indigenistas. No sorprendió, pues, la aparición de una réplica, *España en los destinos de*

México, escrita por el hispanista católico José Elguero como una reivindicación urgente de la "patria espiritual". El autor llamaba a una revaloración del legado cultural español como respuesta a la creciente amenaza norteamericana. En opinión de Elguero, un México antiespañol corría el riesgo de convertirse en un "México yanqui". La raíz española debía ser el arma idónea para hacer frente al enemigo real: Estados Unidos, en razón de los superiores valores culturales y morales de la civilización hispánica". Gradualmente, esta idea comenzó a ganar aceptación y crédito incluso entre algunos intelectuales mexicanos de izquierda.

La década cerró con la Exposición Iberoamericana en Sevilla, inaugurada el 10 de mayo de 1929, a la que México, de acuerdo con la de otro modo hostil prensa católica española, "acudió debidamente, como una obediente hija americana".[64] Las anteriores diatribas contra México cedieron paso en la prensa conservadora española al elogio abierto a los logros culturales e industriales de México, "brillantemente" expuestos en el pabellón de ese país.

Por lo que respecta a la relación bilateral, los lazos oficiales alcanzaron un punto ínfimo al final de los años veinte debido a la falta de acuerdo sobre las reclamaciones españolas motivadas por la Revolución. Eran muchos los españoles que habían amasado cuantiosas fortunas bajo el porfiriato, que incluían vastísimas haciendas e intereses comerciales e industriales. Muchas de estas propiedades habían sido dañadas, saqueadas o destruidas en los largos años de desorden.[65] Y a pesar de los diversos esfuerzos bilaterales, los dos gobiernos habían sido incapaces de resolver satisfactoriamente las reclamaciones resultantes. Por lo demás, la colonia española en general no estaba en buenos términos con la Revolución y continuaba apoyando abiertamente a los enemigos del gobierno mexicano. Todo ello generó un círculo vicioso de nuevos ataques contra sus vidas y propiedades y nuevas exigencias de compensación.[66]

La caída de Primo de Rivera coincidiría con el fin de la era de los caudillos en México y el inicio de la era de las instituciones, como lo constata la creación del PNR. Los dos países se embarcaron a la vez en transiciones políticas que los llevarían, si bien muy brevemente, a una estrecha asociación desconocida desde los tiempos coloniales.

II

EL AMIGO EUROPEO

LAS RELACIONES DE MÉXICO CON LA ESPAÑA REPUBLICANA

ANTES DE LA GUERRA CIVIL

*E*n 1931, México era poco más que un paria internacional. Su mala fama revolucionaria lo había condenado a un aislamiento similar al que padecía la Rusia soviética. Ambos países fueron a menudo comparados por su ingobernabilidad, anarquía y ateísmo. El nacionalismo económico de la Revolución mexicana fue frecuentemente equiparado con el comunismo por la prensa occidental, mientras que las relaciones del gobierno mexicano con los Estados Unidos y Gran Bretaña fueron marcadamente tensas. Después de la crisis de 1929, el gobierno del presidente Herbert Hoover ordenó la repatriación forzosa de más de 300.000 trabajadores mexicanos.

México también tenía relaciones tirantes con su vecino del sur, Guatemala, donde la dictadura ultraderechista de Jorge Ubico entraba en su tercer año. Los demás países latinoamericanos, en su mayoría presididos por gobiernos conservadores, veían a México con recelo y desprecio. Las relaciones con Perú y Venezuela estaban rotas y con Argentina se habían enfriado a un mínimo. En 1930, México canceló también sus relaciones diplomáticas con la Unión Soviética a causa de la agitación comunista entre el campesinado y a su supuesta interferencia en una huelga de los trabajadores ferroviarios.[1] Los vínculos oficiales con España habían alcanzado también un límite a principios de 1931 como consecuencia de las reclamaciones españolas por daños provocados por la Revolución. Después de que las elecciones municipales de febrero de 1931 concedieran una victoria arrolladora a la fórmula republicana, obligando al rey Alfonso XIII a exiliarse, la clase política mexicana, hasta entonces introspectiva, volvió su mirada hacia España. La reacción del gobierno mexicano al advenimiento de la República fue inusualmente entusiasta, considerando la práctica de aislamiento establecida por la Doctrina Estrada. El embajador mexicano en España, Enrique González Martínez, fue el primer agente diplomático en acercarse al presidente Niceto Alcalá Zamora y transmitirle el beneplácito de su país por la constitución del nuevo gobierno. El 16 de abril, a escasos días de su proclamación, México fue el primer país, junto con Uruguay, en reconocer a la República española. La satisfacción mostrada por el gobierno mexicano a la hora de establecer relaciones con el nuevo gobierno de Madrid no surgió de la nada. Una reacción tan resuelta y apasionada induce a creer que el gobierno mexicano había seguido de cerca los acontecimientos españoles al menos desde agosto de 1930, cuando varios partidos antimonárquicos se habían reunido en San Sebastián. La amistad que muchos funcionarios, diplomáticos e intelectuales tenían con los dirigentes de la Junta Revolucionaria, así como sus afinidades ideológicas, llevaron a México a tomar partido por ellos mucho antes de su llegada al poder.

Un episodio de la época revela el grado de implicación de los funcionarios mexicanos en los asuntos españoles. El 12 de diciembre de 1930 las tropas gubernamentales del general Berenguer sofocaron una revuelta republicana. Cuando varios republicanos destacados fueron detenidos, Azaña buscó refugio en la casa de Guzmán, en la calle Velázquez, donde González Martínez le ofreció protección diplomática en la embajada de México. Azaña declinó por razones no aclaradas, cambiando de escondite antes de que la policía registrara la casa de Guzmán.[2] El incidente muestra hasta qué punto la legación –y por extensión el gobierno mexicano, pues González Martínez no hubiera podido actuar sin su consentimiento– estaban comprometidos en los acontecimientos españoles.

Para la clase política mexicana, la República española se convirtió en una suerte de reconocimiento de la Revolución, en la medida en que siguió su ejemplo de abolición de los privilegios feudales. Distintos funcionarios y sindicalistas expresaron abiertamente su satisfacción con la transformación política española. Su entusiasmo fue correspondido por declaraciones similares por parte de sus homólogos españoles. Esta consideración mutua fue expresada por un gesto adicional de buena voluntad: la misión española en Ciudad de México fue elevada de legación a embajada por decreto parlamentario. El gobierno mexicano hizo otro tanto a los pocos días. La medida fue mucho más que un gesto simbólico. Como Friedrich Schuler ha señalado:

Treinta y cuatro naciones sostenían relaciones diplomáticas con el gobierno mexicano en 1935, pero sólo ocho de ellas consideraban a México lo suficientemente importante como para darle a su representación en ese país el rango de embajada. Siete pertenecían a naciones americanas: Argentina, Brasil, Chile, Cuba, Guatemala, Perú y los Estados Unidos. Sólo la octava pertenecía a un país europeo: el gobierno republicano de España.[3]

Casi todos los diarios mexicanos dedicaron sus titulares a la proclamación de la República española, en tanto que sus editoriales analizaban las posibles implicaciones que tal acontecimiento podía tener para México. Los periódicos conservadores como *El Universal* y *Excélsior* (21 y 22 de abril de 1931), aun cuando expresaron un cauto optimismo hacia el nuevo régimen, prefirieron dedicar sus páginas a la suerte corrida por la depuesta familia real. La abdicación del rey Alfonso XIII y su exilio fueron presentados como un gesto noble y digno. Además, diversos artículos y editoriales por reconocidos autores de ambos lados del Atlántico intentaban interpretar los acontecimientos para los lectores mexicanos. El órgano oficial del gobierno mexicano, *El Nacional*, elogió a la República, envió corresponsales especiales a España y buscó y consiguió que comentaristas, políticos y académicos españoles contribuyeran de manera regular en sus páginas.[4]

Estas muestras de simpatía fueron ampliamente correspondidas. Muchos republicanos españoles habían seguido la Revolución mexicana con admiración, resaltando la similitud de los desafíos y soluciones de los dos países. Julio Álvarez del Vayo describió al gobierno mexicano como "un ejemplo y un estímulo para la España actual".[5] El ministro de Justicia Fernando de los Ríos tuvo parecido encomio para la Revolución mexicana cuando afirmó:

Existe una gran semejanza entre vuestra revolución y la nuestra. Enfrentamos idénticos problemas agrarios, sociales, religiosos y económicos. Considero que el estudio que he hecho de vuestras leyes me será de gran utilidad.[6]

El escritor y diplomático Salvador de Madariaga (1886-1978), republicano de toda la vida, se encontraba en México cuando se proclamó la República. Había llegado allí como profesor visitante en la Universidad Nacional y a la cabeza de una misión técnica de la Sociedad de Naciones.

El 14 de abril de 1931, *Excélsior* lo entrevistó acerca de los recientes desarrollos en su país:

> El triunfo de la República es la sanción de los errores de la monarquía. La restauración pudo haber arraigado más en España si se hubiera preocupado de crear una clase agraria próspera. En vez de esta labor, la monarquía prefirió apoyarse en la fuerza. El reinado de Don Alfonso ha sido, desde el principio hasta el fin, un reinado militar. La revolución española es el último esfuerzo que la España liberal hace para civilizar, es decir, desmilitarizar, la vida pública. Con este esfuerzo, puede decirse que termina el siglo XIX español.

Es interesante observar cómo, para Madariaga, la llegada de la República significaba el encuentro definitivo de España con la modernidad, una idea que se volvería recurrente tanto entre españoles como entre mexicanos. La idea de dos Españas ganó popularidad en México como una manera de contrarrestar la usurpación por parte de los conservadores de la noción de la "España eterna".

Durante y después de la Revolución, la herencia española se había convertido en la bandera de unidad de la derecha mexicana, que veía en ella el origen de los privilegios que buscaba preservar. A la inversa, para los revolucionarios, la herencia española representaba todo aquello que querían desechar, principalmente religión y propiedad. Los dos "Méxicos" ideológicamente antagónicos se veían a sí mismos y a sus adversarios a través de esa lente. En esa oposición, la imagen de una España detenida en el tiempo fue exagerada por ambos campos de una manera caricaturesca.

La llegada de la República reveló a los liberales mexicanos la existencia de una España distinta a la de los conquistadores, los comerciantes, los capataces o los terratenientes, una España de hombres con problemas y esperanzas similares a los suyos. A partir de entonces, la controversia no se vería limitada a abrazar o rechazar el legado español, sino a actuar como herederos de una u otra España. En conjunto, el gobierno mexicano y sus partidarios vieron en la República la oportunidad perfecta para reconciliarse con España sin tener que aceptar la herencia enarbolada por los tradicionalistas.

En sus *Memorias*, Madariaga dejó una estampa de las respuestas populares al establecimiento de la República que presenció durante su estancia en México:

> El mensaje de Alfonso XIII al pueblo español y las noticias de España ocupaban la primera página y mucho más. Incluso relegaron los mensajes presidenciales acerca del panamericanismo a las páginas del fondo. La efervescencia en México era cosa inverosímil: sustos, carreras y heridos más de 50. Por muy íntimamente unida que se tuviera nuestra colonia, me parecía que los nuestros exageraban, y así se lo dije por teléfono a (Genaro) Estrada, pero él me puso en autos: sí 50 heridos lo menos. Pero ninguno es español.[7]

Efectivamente, había habido una trifulca entre monárquicos y republicanos españoles junto a las oficinas del semanario pro republicano *España Nueva*, órgano del grupo hispano Acción Republicana, en la calle Madero, justo en el centro de Ciudad de México. Varios ciudadanos mexicanos tomaron partido por uno y otro bando y fue necesaria la intervención de la policía para separar a los revoltosos.[8] El incidente demostró el grado de implicación de la sociedad mexicana en los acontecimientos españoles.

Otra muestra menos impetuosa del impacto que la proclamación de la República española tuvo en la vida cotidiana y en la cultura popular de México es, sin duda, la aparición de un corrido musical, "La República en España", compuesto por el célebre autor yucateco Guty Cárdenas en 1931. El corrido, pleno de humor e ironía, revela una manifiesta inclinación antimonárquica y pro republicana:

> A contarles vengo la última noticia
> Que en el mundo entero la atención merece,
> Hoy la vieja España es republicana
> Y ya no es monarca Don Alfonso XIII
>
> Después del gran triunfo de las elecciones
> Y por el camino de la acción civil
> Los republicanos que ya eran legiones
> Tumbaron el trono el 14 de abril

– CORO –
España, España,
tu valentía,
la monarquía
ya destruyó
España, España
Tu vieja historia
Tiene otra gloria
Por tu valor

Sin haber desorden, sin algarabía
Cuando en el destino se llegó la hora
En la paz completa, a la monarquía
Derrotó con votos Alcalá Zamora
Cuando la derrota era irremediable
Dicen que el monarca dijo a los barones
La parcela patria es lo indispensable
Me voy al destierro con mis tradiciones

Y gallardamente se fue don Alfonso
Aceptando el fallo de la democracia
Y por toda España se cantó un responso
Como funerales de la aristocracia
Al subir a bordo oyó en una barca
a un grupo de obreros, gritando con saña
¡Muera Alfonso XIII, abajo el monarca!
Y el rey destronado dijo ¡Viva España!

España resurge, otra vez despierta
A las realidades que impone la historia
España renace, España está alerta,
Y de nuevo marcha en pos de la gloria.[9]

Dentro de los círculos oficiales mexicanos, la llegada de la República fue percibida como el amanecer de una nueva era, el nacimiento de algo propio y entrañable. España estaba más cerca que nunca de los países americanos y del sentimiento revolucionario mexicano. La República significaba al fin la llegada de un régimen liberal y progresista, varias veces entrevisto desde 1812, pero jamás materializado. Se trataba de la culminación de un proceso revolucionario de más de un siglo, lleno de reveses, y la expresión de las mismas aspiraciones y esperanzas contenidas en el tránsito de México desde su independencia a lo largo de su Reforma y su Revolución.[10]

Varios mexicanos asistieron en España a la proclamación de la República. Roberto Núñez y Domínguez, corresponsal de *Excélsior* en Madrid, retrató este momento histórico en su libro *Cómo vi la República española*. Su testimonio es un ejemplo más del sentimiento mexicano ante los acontecimientos españoles. Núñez describió la euforia en Madrid tras el anuncio de los resultados electorales de abril. La legación mexicana abandonó todo protocolo diplomático y participó abiertamente de la celebración. El embajador mexicano, Enrique González Martínez, confirmó las impresiones de Núñez de haber llegado a España en un momento histórico:

> Éste es uno de los momentos más definitivos de la historia española, pues España ha alcanzado al fin la modernidad.[11]

También estaba en España el historiador Silvio Zavala, quien había recibido una beca para investigar en el Archivo de Indias en Sevilla, y que cubrió para *El Nacional* los debates de la Asamblea Constituyente. La constitución proyectada despertó considerable interés en los círculos políticos mexicanos, para los que su semejanza conceptual con varios artículos de la Constitución de 1917 fue digna de amplia ponderación. Se prestó especial atención a los capítulos relativos a la separación Iglesia-Estado, la reforma agraria y las garantías individuales. La incorporación del derecho de amparo, que protegía los derechos del individuo frente a los excesos de la autoridad, produjo satisfacción entre muchos juristas mexicanos en tanto que se consideraba una contribución mexicana a los derechos individuales.[12]

El 6 de junio de 1931, Julio Álvarez del Vayo, primer embajador de la República española en México, arribó en el buque *Spagne* al puerto de Veracruz. Una crónica de la época describe con gran retórica la recepción dada al nuevo embajador:

Los barcos surtos en la bahía izaron la bandera de la República española, la bandera rojo morado y gualda, y tendieron de proa a popa, gallardetes y banderolas con los colores de todas las naciones. El Trigésimo Batallón, encabezado por el general Durazo, entonó las notas marciales del Himno de Riego.

El antiguo embajador de México ante la Unión Soviética, Jesús Silva Herzog, pronunció un discurso en nombre del Bloque de Obreros e Intelectuales, en el que afirmó que los representantes del México revolucionario, que estaban creando una nueva patria, se habían reunido para recibirle:

> Los aquí reunidos discrepan con [sic] la existencia de una minoría privilegiada. Consideramos que todos los campesinos poseen un sacro e indisputable derecho a un pedazo de tierra. Consideramos que todos los trabajadores tienen derechos y deberes, tal y como lo consagra la Constitución. Este México recibe al primer Embajador del pueblo español. Estos revolucionarios coinciden con las aspiraciones del pueblo español. Los hombres están insatisfechos con la malversación que llevan a cabo las minorías privilegiadas, con la acumulación de las tierras, con la explotación de la clase trabajadora.[13]

Silva Herzog y Álvarez del Vayo habían coincidido antes, cuando ambos representaban a sus países ante la Unión Soviética. Años después, Álvarez del Vayo definiría su misión como una labor destinada a superar un largo período de malentendidos entre "dos pueblos igualmente sensibles sobre la valentía personal e igualmente celosos de su independencia".[14] En palabras de Álvarez del Vayo, ésta no era una misión de mero protocolo. La Revolución mexicana con su reforma agraria había afectado los intereses de los españoles residentes en México, cuyas vastas propiedades habían sido expropiadas para ser distribuidas entre los campesinos sin tierra. A la llegada de Álvarez del Vayo existían cerca de 300 reclamaciones sin resolver, se habían dado incontables muertes por venganza y existía una aguda tensión entre Madrid y Ciudad de México. Al final de su gestión, muchos de estos agravios se habían resuelto, al menos aparentemente, en tanto que la tirantez entre ambos países se había relajado en forma sensible.[15]

Trece días después de su llegada, Álvarez del Vayo presentó sus cartas credenciales al presidente mexicano Ortiz Rubio. Éste expresó su "especial satisfacción y emoción genuina" al recibir al enviado de la República:

> La simpatía entre nuestros pueblos y gobiernos, manifiesta en la elevación de nuestras respectivas representaciones, expresa, no sólo los fríos y afectados actos requeridos por la cortesía diplomática, sino, más bien, lazos más profundos y afectuosos. Estos sentimientos están arraigados tanto en la comunidad de ideales compartidos por México y la República española, como en la certitud de que estamos por inaugurar una nueva era en la relación entre nuestros dos países.[16]

Más allá de la acostumbrada retórica implícita en la práctica diplomática, vale la pena recalcar el énfasis puesto tanto por funcionarios españoles como mexicanos en el discurso de clase, la emancipación social y la reforma radical. En una era distinguida por el discurso y la práctica contrarrevolucionarios, e incluso la afrenta racista, éstas poseían una significación mucho más allá de la mera efusión y claramente reflejaban la identidad que ambos gobiernos compartían. Tales manifestaciones diferían, sin duda, de las proferidas por otros diplomáticos europeos residentes en México. Un buen ejemplo de ello son las palabras del embajador británico en México, Owen O'Malley Saint Clair, al dejar su misión en 1938, que merecen ser citadas íntegramente a fin de ilustrar, por vía de contraste, la refrescante novedad que la diplomacia republicana supuso para México:

> Ciudad de México es una combinación de lo siniestro y lo prostituido. Representa una respuesta de algún modo macabra a un problema biológicamente insoluble. Encuentro imposible creer que la mezcla de la sangre española con la sangre de numerosas tribus de indios degenerados pueda hacer algún tipo de contribución valiosa a la humanidad. Con todo el sol y brillo de su entorno, me pareció que los habitantes de Ciudad de México habían perdido la inocencia y belleza propia de los animales, sin posibilidad alguna

de llegar a comprender la vida del espíritu. Aunque uno pudiera simpatizar con sus dificultades y sus más bien estériles intentos por elevar su nivel de vida y cultura, les dije adiós con la misma sensación de alivio que tuve al terminar un viaje a través de Rusia en 1935.[17]

Mucho antes de que estallara la Guerra Civil, España, Rusia y México habían sido equiparados negativamente por los conservadores de todo el mundo, tal y como lo ejemplifica el epíteto de "Triángulo Rojo" lanzado por el papa Pío XII para referirse a las tres naciones segregadas.[18] La comparación fue avalada por izquierdistas de todas partes. En un célebre libro escrito en 1931, *¿Adónde va el siglo? Rusia, Méjico y España*, el ideólogo socialista español Teófilo Ortega planteaba que estas tres naciones representaban, en sus respectivas vías, la vanguardia de las mejoras sociales y el progreso radical de su tiempo. Ortega, no obstante, tuvo buen cuidado de enfatizar el paralelismo entre México y España mientras marcaba distancias con la Unión Soviética. En resumidas cuentas, el libro intentaba lanzar una "tercera vía", un tópico que ha sido constantemente buscado desde Tito y el Movimiento de los Países No alineados hasta Tony Blair.

El 28 de marzo de 1934, el entonces candidato presidencial del PNR, Lázaro Cárdenas, hizo profesión pública de su fe en el socialismo mientras rechazaba al comunismo como doctrina ajena a la idiosincrasia mexicana. Entre las razones que expuso para fundamentar su creencia, Cárdenas remarcó:

La principal acción de la nueva fase de la Revolución es la marcha de México hacia el socialismo, un movimiento que es igualmente distante de las normas anacrónicas del liberalismo clásico como de aquellas del comunismo, doctrina que posee su campo de experimentación en Rusia. El socialismo se disocia del liberalismo, pues éste ha sido incapaz de generar algo más que la explotación del hombre por el hombre. Se aparta igualmente del comunismo pues no está en la idiosincrasia de nuestro pueblo la adopción de un sistema que busca privarlo del disfrute integral de sus esfuerzos, y porque no desea sustituir a un patrón individual por un Estado patrón.[19]

El comité de ideología que redactó el plan sexenal del PNR en 1933 tuvo buen cuidado de subrayar inequívocamente el carácter nacional de la vía mexicana al socialismo:

La Revolución Mexicana progresa hacia el socialismo, un movimiento que se aleja de igual modo tanto de los principios superados del liberalismo clásico como de las normas del experimento comunista que está teniendo lugar en Rusia.

En realidad, tanto el México cardenista como la República española se ajustaron a la definición de socialismo propuesta por H. G. Wells en los siguientes términos:

El socialista común de nuestra época es lo que podríamos llamar un colectivista; ya que si bien permitiría una propiedad privada considerable, reservaría para un Estado altamente organizado la propiedad exclusiva de asuntos tan estratégicos como la educación, el transporte, la minería, la propiedad de la tierra, la mayor parte de la producción de artículos básicos y otros rubros semejantes.[20]

Precisamente estos ideales estaban consagrados tanto en la Constitución mexicana como en la española. El artículo primero de la Constitución española de 1931 proclamaba que España era una "República democrática de trabajadores de todas las clases". La legislación sobre la propiedad contenida en el artículo 44 de la Constitución española implicaba una evidente ruptura con los principios clásicos del liberalismo económico:

Toda la riqueza del país, sea quien fuere su dueño, está subordinada a los intereses de la economía nacional. La propiedad de toda clase de bienes podrá ser objeto de expropiación forzosa por causa de utilidad social mediante adecuada indemnización. Con los mismos requisitos la propiedad podrá ser socializada. Los servicios públicos y las explotaciones que afecten al interés común pueden ser nacionalizados en aquellos casos en que la necesidad social así lo exija. El Estado podrá intervenir por ley en la explotación y coordinación de empresas cuando así lo exigiera la racionalización de la producción y los intereses de la economía nacional.[21]

En forma parecida, el artículo 27 de la Constitución mexicana contemplaba la partición de los grandes latifundios y la dotación de tierras a aquellos que la trabajaran, esencialmente a los peones. Reafirmaba también la antigua ley española que prescribía que la riqueza del subsuelo era propiedad de la nación, un principio que fue invocado más tarde para justificar la expropiación petrolera. El artículo 123 de la misma Constitución fue, en su tiempo, la legislación laboral más avanzada en el mundo, pues establecía una jornada laboral de 40 horas, seguridad social, salario mínimo y el derecho del trabajador a negociar colectivamente y a ir a la huelga. Estas medidas se adelantaron tanto al *New Deal* de Roosevelt como a la tendencia general al Estado de Bienestar que tuvo su auge en la segunda posguerra.[22]

Sin duda había más diferencias que semejanzas entre España y México, pero existía un sentimiento de identificación entre ambos países que, aunque subjetivo, cimentó en ellos una sensación de rumbo compartido. En la década de 1930 y a pesar de las evidentes, y en ocasiones abismales, disparidades entre ambos países y entre sus respectivas clases políticas, los gobiernos mexicano y español eligieron ver un paralelismo en los desafíos sociales a que se enfrentaban y en las posibles soluciones a los mismos. Así, la insistencia de ambos gobiernos en reafirmar su identidad no debe ser menospreciada como mera palabrería, ni las analogías entre ambas realidades, minimizadas.

Las coincidencias en determinadas esferas como la reforma agraria o las relaciones Iglesia-Estado eran demasiado asombrosas como para ser ignoradas. México y España habían compartido tres siglos de historia común, y muchas de las estructuras sociales de las que el gobierno mexicano quería deshacerse, tales como el militarismo, los privilegios de casta o la intolerancia religiosa, habían sido heredadas de la dominación española.[23]

Aun cuando ciertas regiones, como Cataluña y el País Vasco en España o Nuevo León y Sonora en México, habían alcanzado altos niveles de desarrollo relativo, muchas otras permanecían atrapadas bajo modos semifeudales de producción. Cerca del 50% de la población económicamente activa (PEA) en España se dedicaba a la agricultura; sólo el 25% trabajaba en la industria; en México esta proporción era incluso menor. De una población total de 11 millones en 1936, 2 millones podían ser llamados clase media baja (comerciantes o pequeños artesanos); 4,5 millones, trabajadores agrícolas y de 3 a 4 millones, trabajadores industriales o mineros.[24]

Entre las regiones agrícolas, el norte, el noreste y la costa del Mediterráneo hasta Valencia estaban ocupadas por pequeñas granjas lo suficientemente grandes como para mantener a una familia. El resto de la España rural era pobre y subdesarrollada:

> En 1936, las condiciones en Andalucía y Extremadura eran muy parecidas a lo que habían sido en la Reconquista, o incluso bajo los romanos.[25]

No obstante, España, a diferencia de México, no era un país donde el fenómeno latifundista fuese pronunciado, ni donde la nobleza territorial o la Iglesia tuvieran un peso decisivo en la estructura de la propiedad agraria, tal y como acontecía en Europa oriental. Así, mientras que en México las propiedades con más de 1.000 hectáreas representaban el 62% del total, en España no eran más del 5%. Aunque restringido a una zona específica, el problema del latifundio existía todavía en España, pues si el 96% de la población agrícola poseía el 47% de las tierras rurales, el 3,5% controlaba más de la otra mitad. También abundaban en ambos países los braceros o trabajadores temporeros sin tierra.

Según el censo de 1938, México tenía 16.000.000 de habitantes, de los cuales, 5.000.000 constituían la PEA. El 70%, o 3.500.000, se dedicaban a la agricultura. La clase media mexicana suponía sólo el 8 o el 9% de la población total.[26] Se trataba todavía de un estrato bastante reducido, aunque inusualmente influyente, pues incluía a las profesiones liberales: periodistas, médicos y abogados.

México y España también compartían el reto que significaba la intrusión de la Iglesia católica en los asuntos de Estado, tema estudiado ampliamente en otras obras. Tal y como un sociólogo español ha afirmado recientemente:

> La coalición republicano-socialista de 1931-1933 llevó a cabo una serie de reformas en los campos de propiedad de la tierra, asuntos laborales, educación, libertad religiosa y organización militar que entrañaban cierta similitud de enfoque con los planes y las soluciones que habían sido intentadas en México. Así, fue sólo

lógico que se desarrollara una corriente de simpatía entre los cuadros de ambos países.[27]

Está fuera del alcance y los objetivos del presente libro abordar específicamente cada una de las reformas en cuestión, mucho menos intentar su análisis comparativo. Sin embargo, puede decirse que el deseo de lograr una secularización integral por medio de la educación, la reforma agraria, una legislación social radical y un enfoque desarrollista fueron algunas de las políticas compartidas por el México revolucionario y la España "revolucionaria".[28] El hecho de que muchos republicanos hablasen de la "revolución española" ofrece una afinidad adicional. En 1936, estas coincidencias se profundizó cuando tanto el Frente Popular español como el gobierno cardenista emprendieron sus respectivas vías de reformismo radical.[29]

Un lamentable punto de coincidencia entre ambos regímenes, particularmente agudo bajo Cárdenas y en el período que abarca desde la Revolución asturiana hasta la formación del Frente Popular en España, fue la utilización de un lenguaje radical violento, sin duda inspirado por la intoxicación con el comunismo soviético entonces en boga.[30] Tal uso resultó con frecuencia insultante para otras formaciones políticas e hizo de ambos gobiernos presas fáciles de histerias anticomunistas y de acusaciones exageradas por parte de sus oponentes nacionales o, más peligrosamente, por sus enemigos del exterior.

Tanto España como México eran países capitalistas, en el sentido de que la propiedad privada, al margen de cuán objetada pudiera estar, prevalecía y estaba consagrada por ley. En España, el empleo de una crispada retórica marxista fue evidente en el ala izquierda del Partido Socialista Obrero Español (PSOE), donde figuras como Francisco Largo Caballero, Luis Araquistáin y Julio Álvarez del Vayo, por citar unas cuantas, alardearon irresponsablemente de la llegada inevitable de una España socialista.

En México, Vicente Lombardo Toledano, Francisco Múgica y Narciso Bassols fueron igualmente imprudentes en sus expresiones. Esto, junto con el violento anticlericalismo en ambos países, produjo el alejamiento de importantes sectores, principalmente las clases medias y el campesinado conservador, que de otra forma hubieran podido ser favorables a sus proyectos de gobierno. El hecho de que las clases medias fueran más numerosas en España que en México significó que los peligros a que se enfrentaba la República fueran mayores.

Para los liberales mexicanos, la República representaba la "nueva" España, un país moderno y culto gobernado por una generación ilustrada, un desarrollo saludable comparado con la "vieja" España, idólatra y mojigata simbolizada cabalmente por *Doña Perfecta* de Pérez Galdós. La "vieja" España representaba todo aquello que los revolucionarios mexicanos más detestaban, con su odio a la libertad y su apego irracional a la Iglesia y el latifundio; la España de los "gachupines" y de los generales alzados, satirizada por Valle-Inclán.

En los círculos progresistas de Hispanoamérica, la República marcó un cambio radical en su percepción de España. Antes de ser republicana, España había tenido una imagen de país atrasado y decadente. Tras la independencia, las antiguas colonias españolas estuvieron expuestas por primera vez a otras influencias extranjeras. Esto también produjo un rechazo sistemático de la cultura española, que fue considerada anticuada y autoritaria. Los hispanoamericanos tendieron a considerar su antigua metrópoli como fanática, rancia e incluso hostil al progreso, y por tanto, sin nada que enseñarles. Hubo un sentimiento generalizado de desdén entre los hispanoamericanos, quienes, sin importar su país de origen, lo asumían como infinitamente más avanzado y progresista que España, la cual era acusada de no haber superado completamente la era de la Inquisición.[31] En su desprecio por España, las clases altas de América Latina comenzaron a ver a Francia como modelo cultural –París se convirtió en la capital intelectual por excelencia–; las clases medias pensaban en España como un país fanático gobernado por curas y las trabajadoras la odiaban como el origen y el apoyo de la opresión. En general, los liberales y los izquierdistas mexicanos habían sido históricamente adversos a:

> La España del militarismo, el clero y la aristocracia. Precisamente las tres estructuras que en la vida del México independiente habían representado el legado español.[32]

Tras la proclamación de la República esta visión se vio radicalmente alterada y las visitas de intelectuales y los políticos progresistas españoles ayudaron a los mexicanos a:

Identificarse con una España progresista, distinta de la tierra tradicional de la Iglesia y las corridas de toros.[33]

Después de 1931, España comenzó a recuperar parte de su imperio cultural perdido sobre América Latina. Los estudiantes de Hispanoamérica comenzaron a frecuentar de nuevo las universidades españolas en vez de inscribirse, como se había vuelto costumbre, en la Sorbona. De hecho, la infortunada Ciudad Universitaria, construida en las afueras del noroeste de Madrid, había sido concebida para atraer una clientela hispanoamericana.

Con todo, esta sensación de identidad compartida distaba de ser unánime. En España, la identificación con la Revolución mexicana parecía ser más pronunciada entre los socialistas que entre los liberales. Algunos socialistas españoles como Luis Araquistáin o Enrique Gómez Barrero fueron altamente entusiastas en sus alabanzas a la Revolución, como muestran sus habituales artículos en *El Sol* o el volumen del primero sobre el movimiento social mexicano, escrito en 1928.[34] Tras la supresión sangrienta de la insurrección asturiana, esta identidad se fortaleció aún más entre los socialistas. Así lo cuenta Antonio Ramos Oliveira, editor en jefe de *El Socialista,* quien escribió mientras estaba en prisión:

> La batalla de los republicanos para salvar a la República tiene que ser en España una repetición de la de Méjico. Los enemigos de la República española son los enemigos de la Revolución mejicana: el terrateniente y la Iglesia católica, aliada del terrateniente y terrateniente a su vez. Para vencer a la Iglesia y a la burguesía territorial –en México eran, en rigor, una y la misma– el general Calles se valió de un arma: la Constitución de Querétaro, promulgada en 1917. Con esta constitución, ni más democrática ni más revolucionaria que la española, los demócratas mejicanos han defendido a su país contra la piratería eclesiástica y contra la voracidad yanqui. Pero, ¿dónde está nuestro Calles? ¿Podría ser Azaña en un nuevo avatar? Un Calles sin la rudeza del mejicano. Un Calles literato, sin la voluntad testaruda, enérgica y campesina del otro.[35]

Los liberales españoles tenían más reservas sobre la Revolución mexicana que los socialistas. Algunos saludaron los rasgos anticlericales del movimiento social mexicano y elogiaron la Constitución de 1917 por haber puesto fin a todo vestigio de influencia clerical del ámbito secular. No obstante, muchos otros criticaron con acritud la actitud antiespañola desatada por el movimiento armado. Así, mientras *El Sol*, principal diario liberal de España, o la revista *Estampa* defendían a la Revolución mexicana, otras publicaciones liberales como *Revista de Ambos Mundos* o *Cultura Hispanoamericana* mostraban una hostilidad apenas disimulada contra el movimiento social mexicano.

La animosidad se agravó después de la elección presidencial de 1929, cuando el candidato oficial del PNR, Pascual Ortiz Rubio, derrotó al carismático candidato de la oposición José Vasconcelos en medio de acusaciones generalizadas de fraude electoral. Vasconcelos, quien había viajado a España el año anterior ganándose la admiración de muchos liberales españoles, era considerado como un auténtico adalid del liberalismo español en suelo mexicano por sus ideas ilustradas y su "espiritualidad". El hecho de que Ortiz Rubio hubiera ganado la elección por un margen exorbitante confirmaba a los ojos de los liberales españoles las acusaciones de fraude electoral y al régimen revolucionario como una autocracia. Irónicamente, Vasconcelos, amargado por su derrota, viró desde entonces hacia la derecha, a abrazar fanáticamente la causa del hispanismo conservador más rancio.

Diarios conservadores como *El Debate* o el *ABC*, con una circulación mucho mayor que la de sus competidores liberales, eran lógicamente opuestos al gobierno revolucionario, por lo que se dedicaron a atacarlo con dureza. Estos periódicos también intentaron establecer paralelismos negativos entre la República española y los gobiernos revolucionarios. En mayo de 1931, tras la presentación formal ante las Cortes del primer borrador de las leyes anticlericales de la República y después de que varios conventos fueran incendiados en Madrid, *El Debate* publicó: "Aquí como en Méjico, la persecución religiosa ha comenzado ya".[36] En tanto que el *ABC* editorializaba: "La violencia sectaria se cobrará más vidas aquí que en México".[37]

Algunos autores han señalado que los políticos republicanos evitaron criticar, ya bien por omisión o bien deliberadamente, las "peculiaridades" de la democracia mexicana, y que, a diferencia de la República que habían impulsado, el gobierno mexicano distaba de ser una democracia representativa. En ese sentido, arguyen, los republicanos no sólo evitaron denunciar la existencia de un partido hegemónico, el PNR, como anti-democrático, sino que muchos de ellos lo elogiaron como una salida al caos provocado por los caudillos regionales.

Esto, sin embargo, parece a todas luces una crítica retrospectiva. En 1931, el PNR llevaba tan sólo dos años de existencia y era bastante diferente del Partido Revolucionario Institucional (PRI), que le sucedió varios años después y que llegó a controlar los tres poderes del gobierno –Ejecutivo, Legislativo y Judicial– y gobernar virtualmente sin oposición durante más de 70 años. En realidad, su viabilidad distaba entonces de estar asegurada. Estudios recientes sugieren que los republicanos españoles no eran precisamente tan "democráticos" tampoco. Según Javier Tusell, Azaña no buscaba erigir un marco legal para la democracia bajo el cual distintas opciones políticas pudieran competir entre sí, sino más bien, un programa radical de transformación desde arriba. Una suerte de "despotismo de la libertad" o "jacobinismo sectario",* que recordaba en muchas maneras aquello que el PNR y su sucesor inmediato, el Partido de la Revolución Mexicana (PRM), buscaban imponer en México.[38]

En cualquier caso, sería injusto juzgar los acontecimientos de los años treinta con valores actuales. En aquella época, los gobiernos de todo el mundo concedían mayor importancia a la estabilidad que a la democracia, y en esto, tanto los republicanos españoles como los revolucionarios mexicanos no difirieron gran cosa de sus contemporáneos en otros países.

Durante su estancia en México, Álvarez del Vayo recorrió todo el país, estudió a fondo el sistema educativo mexicano y elogió las reformas emprendidas por la Revolución. En diversas ocasiones acompañó al secretario de Educación, Narciso Bassols –quien más tarde desempeñaría un papel clave en el apoyo de México a la República–, en sus giras por varias regiones del país, en las que dijo estar "vivamente impresionado" por los logros de las escuelas rurales, las magisteriales y las "misiones culturales", que tanto le recordaban a las misiones pedagógicas de la

---

* Jacobinismo entendido como una forma de política elitista radical dentro de la que una elite, creyéndose poseedora de un conocimiento político y social verdadero, se siente con el derecho y la obligación de hacerse con el poder y conservarlo en nombre del pueblo. El término "jacobino" también se utiliza a veces para describir las prácticas de aquellos que participan en la construcción de naciones, forjando la unidad nacional de pueblos diversos sin tener en cuenta sus intereses. Ambas definiciones pueden ser vistas como un paralelismo más entre la clase política mexicana y los republicanos españoles.

República.[39] Álvarez del Vayo y Narciso Bassols se reencontraron años más tarde como representantes de sus respectivos países ante la Sociedad de Naciones, donde unirían fuerzas para condenar la agresión fascista contra España. La embajada de España en México se convirtió en punto de reunión de muchos dirigentes mexicanos, como el diplomático Genaro Estrada, intelectuales como Daniel Cosío Villegas y Jesús Silva Herzog, o el líder sindical Vicente Lombardo Toledano. Álvarez del Vayo trabó también amistad con el ex presidente Plutarco Elías Calles y con el ministro de Guerra y futuro presidente, Lázaro Cárdenas.

En una de sus conversaciones privadas con el *hombre fuerte* de la Revolución mexicana, Álvarez del Vayo reparó en que Calles guardaba en su biblioteca un ejemplar del *Diario de Debates de las Cortes Constituyentes*. De acuerdo con Fuentes Mares, al inquirir Álvarez del Vayo acerca de la presencia del volumen allí, Calles le confesó que consideraba el espíritu del texto como "un ejemplo para las democracias americanas". Álvarez del Vayo se preguntó entonces si "las circunstancias y el espíritu de las Cortes de Cádiz y la consiguiente influencia de la Constitución de 1812 sobre el Nuevo Mundo no estarían repitiéndose".[40]

El embajador de España era un político y periodista bien conocido y respetado en México. Como se recordará, Álvarez del Vayo sería más tarde ministro de Estado durante la Guerra Civil. Desde ese cargo agradecería vivamente a México su ayuda a la República y evocaría a menudo sus "días en México".[41] Considerando estas transformaciones, bien puede afirmarse que Álvarez del Vayo instituyó un nuevo estilo para las relaciones hispanoamericanas. No en vano afirma Fuentes Mares que a principios de los años treinta México y España vivieron "una auténtica luna de miel".[42]

La relación bilateral mejoró notablemente no sólo por la corriente de simpatía mutua entre el embajador español y diversos funcionarios mexicanos, sino por un cambio total de actitud de la Segunda República con respecto a México. En efecto, la nueva República inauguró una era de respeto y trato equitativo hacia las repúblicas latinoamericanas, al desechar la actitud paternalista y condescendiente asumida por anteriores gobiernos españoles hacia las antiguas colonias. En opinión de la historiadora española María de los Ángeles Egido:

> Durante los primeros dos años de la República [la diplomacia española] intentó una política más realista hacia Hispanoamérica.

La vieja demagogia fue rechazada, mientras que un acercamiento económico, político y cultural fue iniciado –en el marco de la Sociedad de Naciones– buscando un plano de igualdad. Aquí también prevalecerían consideraciones políticas e ideológicas. Se desarrolló una relación más intensa con aquellas repúblicas que tenían regímenes democráticos, muy particularmente con México.[43]

La mediación republicana fue crucial para poner fin a la sangrienta Guerra del Chaco entre Bolivia y Paraguay (1932-1936), y decisiva para zanjar la disputa peruano-colombiana sobre la región de Leticia (1933-1934). En México, el cambio de enfoque de la diplomacia española se tradujo en un respeto inédito por sus tradiciones nacionales, particularmente las indígenas. De esta forma, un nuevo discurso emergería con menos referencia a la "superioridad" española y con mayor disposición a entender antes que imponer juicios de valor. Esto a su vez dio lugar a una considerable atenuación de la hispanofobia entre los liberales mexicanos.

Gracias al patrocinio español, México ingresó a la Sociedad de Naciones en 1931. Todo indica que el entonces ministro de Estado, Alejandro Lerroux, jugó un papel clave en la negociación.[44] La entrada de México a la Sociedad de Naciones le dio la oportunidad de ser oído más allá del ámbito de las conferencias panamericanas, donde su voz estaba constreñida por la hegemonía estadounidense. En una primera reunión entre las delegaciones española y mexicana ante la Sociedad de Naciones en Ginebra, se intercambiaron mutuos gestos de admiración y respeto. La delegación mexicana estaba compuesta por Emilio Portes Gil, primer representante mexicano ante la Sociedad de Naciones, el canciller Genaro Estrada y el embajador de México en Madrid, Alberto Pani. La misión española incluía a Alejandro Lerroux, Salvador de Madariaga y Manuel Pedroso. Pero no todo fueron cortesías y atenciones. Las añejas susceptibilidades y los orgullos nacionales en competencia no podían desaparecer de la noche a la mañana. Portes Gil dio su versión de ese encuentro, en el que describe un supuesto diálogo con Lerroux:

Lerroux: Felicito a México por haber aceptado la invitación que se le hizo para ingresar a la Sociedad de Naciones. Mi país ha dado una gran prueba de civismo. En 72 horas y sin derramamiento de sangre, hemos pasado de la Monarquía a la República. No es el caso de otros países, que han tenido que sacrificar miles de víctimas para realizar un cambio de gobierno.

Portes Gil: Yo felicito a la República española por el paso tan trascendental que se ha operado en ese país y la felicito sobre todo por no haber derramado una gota de sangre en este cambio. México no puede vanagloriarse de lo mismo, pero está orgulloso de haber derramado tanta sangre, porque ha sido en beneficio de mi patria, que ha encontrado el camino para lograr su grandeza y las reformas que requieren el actual estado de civilización que vive el mundo.

Portes Gil añadió que, en una conversación privada posterior, respondió a las reiteradas disculpas de Lerroux, quien pensaba haber ofendido a su interlocutor con sus comentarios muy poco diplomáticos, diciéndole:

Ojalá España no tenga que derramar sangre para cimentar la República, y ojalá que ustedes logren el éxito que México les desea para que la República española sea cada día más vigorosa.[45]

Puede ser que Portes Gil tuviera visión profética, no obstante, es más probable que su pronunciamiento fuera fruto del despecho nacionalista, delatando de ese modo el grado de sospecha mutua que todavía prevalecía entre ambas naciones.

Otro límite al, por otra parte, cordial acercamiento entre ambos países puede verse en el vehemente rechazo de los legisladores mexicanos a la propuesta de extender la ciudadanía española a todos los hispanoamericanos, aprobada por las Cortes en 1931. En México, la ley generó renovada controversia entre los conservadores y el gobierno. El nacionalismo en boga hacía difícil para los revolucionarios mexicanos aceptar la propuesta sin perder crédito acerca de su supuesta defensa de la soberanía ante la intromisión extranjera.

Es posible que el rechazo tuviera que ver también con quienes defendían la propuesta y lo que representaban. Los hispanistas conservadores, cuyos razonamientos para defender la oferta de las Cortes españolas incluían tanto consideraciones utilitarias como el argumento de las afinidades históricas y culturales, elogiaron con entusiasmo la ley. Para ellos, la doble nacionalidad podía llegar a erigirse como una barrera contra los designios imperiales norteamericanos y el "monroísmo" de los *yankófilos* nacionales, al crear un estatuto legal para la unidad iberoamericana que sería ventajoso no sólo para los países directamente afectados sino para "todo el mundo".

Es cierto que la idea de una ciudadanía hispanoamericana común hubiera significado un fuerte impulso para una cooperación y una integración largamente acariciadas; sin embargo, los propios argumentos utilizados por sus propagandistas de un "destino histórico común" o "el futuro del espíritu hispánico", al implicar una responsabilidad de la península sobre sus antiguas posesiones, olían a tutelaje.

Además, la Constitución mexicana excluía la posibilidad de la doble nacionalidad; un extranjero naturalizado debía renunciar a su antigua nacionalidad a fin de obtener la mexicana. La ley también prescribía la pérdida de la nacionalidad mexicana a quien obtuviera otra ciudadanía. Una vez aprobada por las Cortes, la ley de ciudadanía hispanoamericana generó diversas reacciones: algunos países latinoamericanos debatieron el principio en sus legislaturas y lo hicieron compatible con sus propias constituciones; el Congreso mexicano, en cambio, se negó incluso a considerarlo.[46]

En julio de 1931, Álvarez del Vayo dio una conferencia en el paraninfo de la Universidad de México sobre la situación política en España. Lo acompañaba el doctor Pedro Alba, célebre humanista mexicano y director de la Escuela Nacional Preparatoria, quien posteriormente habría de presenciar el estallido de la Guerra Civil en España. En la conferencia, una vez más, Álvarez del Vayo estableció paralelos entre los desafíos mexicano y español, y en las estrategias que ambos gobiernos habían adoptado para enfrentarlos. El embajador comenzó su disquisición haciendo una breve recapitulación de lo que literalmente llamó la "revolución española". Álvarez del Vayo denunció a los anteriores gobiernos españoles por haber seguido una política exterior mediocre, "servil a las grandes potencias, cuya benevolencia valoraban como prerrequisito para la perpetuación de la monarquía". Dicha política exterior –afirmó– había sido igualmente responsable de "un hispanismo retórico, estéril e insoportable que lejos de congraciarnos con las repúblicas americanas, hizo que se alejaran [de nosotros] con aversión".[47]

Calles y Álvarez del Vayo trabaron una muy estrecha amistad, que a su vez se tradujo en vínculos más estrechos entre ambos países. Fuentes Mares dijo sobre esta estima mutua que Álvarez sentía por Calles "un respeto que rayaba en la fascinación".[48] Desde la perspectiva de la derecha española, dicha amistad fue frecuentemente ridiculizada, como puede verse en un libelo escrito por el líder del Partido Nacionalista Español, el doctor José María Albiñana:

> Un cuñado de Araquistáin, Álvarez del Vayo [...] ha sido nombrado nuevo embajador en Méjico [sic]. ¡Nuestro "prestigio" diplomático avanza! Este personaje, un tonto, está ridiculizando a España con la iniciativa de organizar un homenaje a Calles. ¡Naturalmente, ha llegado la hora de pagar las pesetas que su cuñado le estafó! La diplomacia tiene sus secretos, y yo he revelado éste. Si tal homenaje tiene lugar, será una vergüenza para España.[49]

La relación de Álvarez del Vayo con la elite política mexicana estuvo en gran medida determinada por la admiración que el embajador sentía hacia el general y por la deferencia de Calles hacia Álvarez y la comunidad por él representada. Otros miembros del gabinete, como el ministro de Guerra, Lázaro Cárdenas, o el canciller José María Puig Casauranc, se interesaron profundamente por los asuntos españoles y frecuentaban con asiduidad al embajador. Tras su partida mantuvieron estrecha correspondencia.

Gracias a estas asociaciones y al acercamiento general entre gobiernos, se otorgó a España diversas concesiones, dándole así un trato de nación favorecida. A manera de ejemplo, en 1932, bajo patrocinio de Calles, La Ley Federal del Trabajo de México –que limitaba el número de extranjeros que podían trabajar en una empresa al 10% del total– fue derogada en casos en que pudiera afectar a trabajadores españoles. La medida fue adoptada pese a que la tasa de desempleo era elevada. Álvarez del Vayo reconoció la medida como un gesto de buena voluntad.[50] Tan estrecho fue el acercamiento oficial entre ambos gobiernos, que un cable enviado por el corresponsal de la Associated Press en México a los periódicos sindicados a la agencia en todo el mundo recalcaba que:

> la propaganda nacionalista extrema alentada por las organizaciones antiespañolas ha menguado bajo la influencia moderadora del gobierno mexicano. Este último parece visiblemente complacido con los acontecimientos del año pasado en España, que resultaron

en un cambio de régimen, y ha actuado en consecuencia, bajando el tono al discurso hispanófobo que anteriormente pareció haber sancionado.[51]

El nuevo clima reflejó el cambio de actitud de la diplomacia española hacia el gobierno revolucionario, cuyas políticas nacionalistas la embajada española llegó a respetar. Las anteriores relaciones entre España y México habían sido consideradas intervencionistas por los sucesivos gobiernos mexicanos, y este nuevo enfoque suponía un vivo contraste. Las protestas expresadas por anteriores emisarios españoles al gobierno mexicano respecto a los muralistas o los libros de texto fueron hechas ahora de un modo novedoso y constructivo. Álvarez del Vayo propuso erigir una estatua a Hernán Cortés en Cuernavaca, algo que equivalía entonces, y ahora, a un tabú nacional para la psique del mexicano. Extrañamente, el gobierno mexicano accedió al plan, e incluso ofreció contribuir a su puesta en práctica. Sin embargo, el proyecto, por razones no reveladas, nunca llegaría a cristalizar.

La relación pareció alcanzar su apogeo simbólico cuando el presidente español Niceto Alcalá Zamora fue invitado oficialmente por el gobierno de Abelardo L. Rodríguez a visitar México. El presidente español aceptó la invitación y la noticia fue recibida con revuelo, pues nunca ningún jefe de Estado español había pisado suelo mexicano.[52] Pese a la aceptación oficial, no existe mención ulterior sobre la visita de Estado, ni en la prensa ni en la documentación oficial de la época, privándonos de una explicación cabal de por qué nunca se produjo.

Con todo, asuntos más tangibles parecieron comenzar a rendir frutos. 1933 marcó un hito en la relación bilateral, cuando Álvarez del Vayo negoció la venta de 15 barcos españoles a México. Bajo su iniciativa se firmó un acuerdo entre el gobierno mexicano y la Sociedad Española de Construcción de Levante S.S. y Astilleros de Valencia y Cádiz para la construcción de 15 buques guardacostas.[53] La transacción probaría ser, con mucho, más trascendente de lo que inicialmente se supuso, pues brindaría posteriormente a Cárdenas, ya como presidente, la coartada perfecta para justificar la venta de armas a España. La intensidad alcanzada por la cooperación bilateral puede también verse en el hecho de que el primer ministro Azaña considerara seriamente la posibilidad de adquirir concesiones de petróleo mexicano.[54]

Pese a la recesión provocada por la crisis mundial, Álvarez del Vayo intentó también impulsar el comercio entre ambas naciones, logrando cierto éxito en algunos sectores. En 1932, a petición de Calles, Álvarez del Vayo cabildeó intensamente para aumentar las compras españolas de garbanzo mexicano, consiguiendo un incremento sustancial. Los productores de los estados norteños de Sinaloa y Sonora, por completo dependientes del mercado español para la venta de su producto, vieron crecer su producción de un modo espectacular. México seguiría proveyendo cerca del 60% del consumo de garbanzo en España hasta la desaparición de la República española. Asimismo, se convirtió en el tercer importador de bienes españoles en América Latina, sólo por detrás de Argentina y Chile, aunque se mantuvo como el cuarto proveedor a España en el subcontinente. La balanza comercial seguía siendo, pues, claramente desfavorable a México.[55]

Cuando la comunidad española renovó sus protestas contra la publicación de libros con contenido antiespañol, el embajador siguió una línea infinitamente más conciliadora e ilustrada que la de sus predecesores. El hispanismo a ultranza y los prejuicios arrogantes de la comunidad española habían contribuido a deteriorar la relación bilateral tanto como los libelos hispanófobos. En vez de pedir el secuestro de tales publicaciones a las autoridades mexicanas, el embajador intentó contrarrestar estos agravios solicitando al Ministerio del Estado español el envío de libros españoles para donar a bibliotecas y escuelas públicas, y así mejorar la imagen distorsionada que de España se tenía en México.[56] Pese a sus buenos oficios, el progreso fue escaso: al parecer, sólo 240 libros llegaron a su destino. Al final, su solicitud se perdió en los laberintos de la burocracia española.

Durante su gestión, Álvarez del Vayo llevó a cabo una eficaz labor diplomática. Con su intercesión, México y Perú reanudaron relaciones, rotas desde 1932, cuando México le concedió asilo diplomático al líder de la Alianza Popular Revolucionaria Americana (APRA), Raúl Haya de la Torre.[57] El balance de su gestión fue en gran medida fructífero, pues mejoró notablemente la relación bilateral y sentó las bases para el ulterior compromiso de México con la República. Por desgracia, Álvarez del Vayo tuvo que dejar su cargo de forma prematura, obligado por el cambio de gobierno en su país, el 30 de septiembre de 1933. Tras su partida, Álvarez del Vayo mantendría una intensa correspondencia con

Cárdenas. De hecho, años más tarde atribuiría al presidente mexicano haberle librado de la cárcel, cuando el telegrama que Cárdenas le envió invitándolo a su toma de posesión en Ciudad de México convenció a las autoridades españolas que pretendían detenerlo, después de los hechos de octubre de 1934, de que su arresto podría acarrear graves repercusiones internacionales.[58]

En España, el antiguo secretario mexicano de Hacienda, Alberto Pani, presentó sus cartas credenciales al presidente español, Niceto Alcalá Zamora, el 13 de agosto de 1931. En la ceremonia, Pani destacó también el paralelismo entre ambos gobiernos. Más interesante, quizás, fue que ambas partes manifestaran su voluntad de recuperar la doctrina Carranza de solidaridad hispánica contra la influencia creciente de los Estados Unidos en el hemisferio occidental. Así, mientras Pani recalcaba cómo la "solidaridad de raza", junto con la identidad ideológica, podría conformar la base de un nuevo acercamiento entre España y sus antiguas colonias, Alcalá Zamora defendía el lanzamiento por el gobierno republicano de una "política americana".

> De suerte que hemos sabido tener una política exterior y por primera vez (me atrevo a decirlo) una política americana que se salga de la solución verbalista y vaya a la realidad, dándoles a los pueblos del otro lado del Atlántico la sensación, no de una supremacía que pretendiera sujetarlos con el yugo de una institución, que ellos habían sacudido. Y sí la semejanza del ideario, fórmulas políticas y estructura social, que permitiera en una confraternidad (hispánica) de iguales, sin que hubiera más dificultad que aquella veneración que en ellos se mantiene, y en aquel amor que en nosotros es natural.[59]

Los contactos diplomáticos se intensificaron. El 4 de julio de 1931, Azaña, entonces ministro de Guerra, asistió a una recepción en el hotel Palace organizada por el agregado militar de México, Daniel Samuano López, para homenajear a un grupo de oficiales mexicanos recién graduados de la Academia Militar de Zaragoza. En aquella ocasión, Azaña "conversó plácidamente" con Jaime Torres Bodet, quien, como se ha dicho, jugaría posteriormente un papel instrumental en la evacuación de los refugiados españoles de territorio francés.[60] El acto no era excepcional, pues varios oficiales mexicanos habían sido enviados a España a cursar parte de su educación militar desde los años veinte. Aun cuando ambos ejércitos eran radicalmente distintos en origen y naturaleza, las relaciones entre ambos eran bastante cordiales. En 1930 se celebró una ceremonia en la embajada de México en homenaje al general Millán Astray, en tanto que en 1933 el gobierno mexicano condecoró a varios oficiales españoles. Una versión sin confirmar indica que, meses antes del alzamiento de 1936, el mismo general Franco fue condecorado en la embajada mexicana.[61]

Pani se impuso como deber diplomático, pero sobre todo como interés personal, la asistencia diaria a las sesiones de las Cortes, a fin de presenciar "los torneos de sabiduría y elocuencia que cristalizaron en la constitución de la República española".[62] Pani declaró su admiración por los altos valores de la intelectualidad republicana y su placer al escuchar que "repetidas veces se mencionara con elogio nuestra Constitución de 1917".[63] En una de esas visitas, el 26 de septiembre de 1931, el embajador mexicano asistió a las Cortes como "huésped distinguido". No fue una ocasión auspiciosa. La sesión de aquel día se había salido de cauce y Pani tuvo que soportar estoicamente continuas interrupciones y abucheos de los diputados de la derecha dirigidos a sus anfitriones republicanos.[64]

Pani dejó una valiosa descripción en sus memorias sobre lo que consideraba una amenaza inminente del antiguo orden contra el nuevo régimen español. En un apunte revelador describe cómo percibió, en esas sesiones parlamentarias, que la maquinaria administrativa de la burocracia unida a "la fuerza intacta de las viejas familias de sangre azul", representaban una carga para el gobierno, algo que le recordaba al infausto gobierno de Francisco I. Madero.

> España después de la huida de S. M. Alfonso XIII, quedó debiendo, como México después del Pacto de Ciudad Juárez –salvando las proporciones–, el precio en sangre, dinero y sufrimiento del cambio político producido. Pero como en el caso de España la brusquedad de este cambio fue mayor, dicho precio subió hasta el punto de no poder ser todavía acabado de pagar.[65]

Una vez más un político mexicano intentaba establecer un paralelo entre la breve experiencia democrática mexicana y la naciente República española, acaso por miedo de que pudiera derrumbarse de un modo igualmente brutal. En una anotación posterior, escrita *ex post facto* en 1945, Pani concluyó que la presión combinada de fuerzas conservadoras nacionales y la intervención extranjera había derrocado ambos proyectos democráticos.

La gestión de Pani habría de ser breve, pues fue nombrado secretario de Hacienda en el nuevo gabinete del presidente Abelardo L. Rodríguez. Genaro Estrada, el anterior secretario de Relaciones Exteriores, lo sustituyó, mostrando la importancia concedida por el gobierno mexicano a su misión en Madrid. Estrada –como se ha visto– era también el autor de la doctrina de no intervención que lleva su nombre. Los adversarios mexicanos de Cárdenas invocarían más tarde dicha doctrina para censurar su ayuda a la República. De modo interesado sería invocada también por los franquistas para cuestionar la negativa mexicana a otorgarle reconocimiento a su régimen.[66]

Estrada, que disfrutaba del reconocimiento y el respeto de los medios intelectuales españoles, desarrolló una intensa actividad intelectual, fundando la casa editorial de la embajada de México. El proyecto tenía la intención manifiesta de divulgar la imagen de México en España y de contrarrestar los estereotipos negativos generados durante la Revolución mexicana. En tan sólo dos años, 1933 y 1934, la embajada mexicana publicó 12 títulos sobre temas tan diversos como arte, comercio bilateral, arqueología, historia y literatura mexicanas, y economía.[67]

El estrecho contacto entre la elite revolucionaria mexicana y los republicanos españoles queda de manifiesto en la intensa correspondencia intercambiada por sus dirigentes y el mutuo consejo que se dispensaban, particularmente en momentos de apremio. En diciembre de 1931, tras una prolongada huelga en la Telefónica organizada por el sindicato de la CNT, el gobierno republicano consideró la posibilidad de nacionalizar sin compensación la compañía, entonces en manos de la American Telephone and Telegraph Company. Calles envió varias cartas al gobierno español aconsejándole que expropiara la empresa extranjera. La admonición no sólo prefiguraba la expropiación petrolera que llevaría a cabo México en 1938, sino que simbolizaba la perspectiva ideológica de ambos gobiernos en lo referente a la relación entre trabajo y capital, particularmente el capital de origen extranjero. Los sindicatos mexicanos y españoles mantuvieron correspondencia abundante sobre el asunto de la

Telefónica.[68] Al final, el gobierno español flaqueó ante la presión diplomática norteamericana.[69]

Otra circunstancia que motivó consultas se produjo poco después del fracasado levantamiento de Sanjurjo en agosto de 1932. En aquella ocasión, Calles olvidó el protocolo diplomático y envió un mensaje personal a Manuel Azaña:

> Si desea evitar un derramamiento de sangre y mantener viva la República, haga fusilar a Sanjurjo.[70]

Azaña desoyó el consejo e indultó al general insurrecto. Cuatro años más tarde, Sanjurjo sería una pieza clave entre los conjurados contra la República. La lenidad de Azaña alarmó a la clase política mexicana, que vio en ella una muestra de debilidad antes que una actitud pragmática y conciliadora. Sin duda, el antecedente de la caída trágica de Madero pesaba fuertemente en sus recelos. En sus memorias, Jesús Silva Herzog recuerda haberse sentido muy preocupado por la excesiva magnanimidad de la República hacia sus enemigos, y cómo sentía que esta actitud podría llegar, eventualmente, a resultarle perjudicial.[71]

Tras un episodio trágico, el acercamiento entre ambos pueblos se volvió emotivo. En junio de 1933, el aeroplano *Cuatro Vientos*, tripulado por el capitán Mariano Barberán y el teniente Joaquín Collar, dejó el aeródromo de La Tablada en Sevilla en misión de buena voluntad. La nave hizo una escala en La Habana y prosiguió su ruta hacia Ciudad de México, donde era esperada, cuando se perdió todo contacto. En ruta hacia la capital mexicana, el biplano se estrelló en algún lugar de la Sierra Madre oriental. Inmediatamente se organizó una expedición de más de 10.000 soldados y voluntarios para rescatar a sus tripulantes, lo que desató una impresionante respuesta del pueblo mexicano. A pesar de los esfuerzos realizados, no pudo darse con el lugar del siniestro; un misterio que ha alimentado numerosas teorías y especulaciones hasta el día de hoy. Se compusieron poemas y partituras para honrar a los pilotos caídos, a los que incluso se comparó con Cristóbal Colón. Miles de cartas de personas de todas las clases sociales inundaron la embajada española, expresando pesar y simpatía. El 16 de julio de 1933 hubo en Madrid una manifestación multitudinaria de gratitud al pueblo de México. Hasta los hispanistas más recalcitrantes tuvieron que reconocer que México había demostrado su "afecto amoroso por España".[72] En septiembre, el presidente Rodríguez impuso en forma póstuma el Águila Azteca –la máxima condecoración que otorga México a extranjeros– a los dos pilotos desaparecidos. Para Fuentes Mares, la tragedia del *Cuatro Vientos* marcó el punto más alto de hispanofilia jamás alcanzado.[73]

Aunque tales arrebatos de emoción pueden parecer hoy exagerados, debe tenerse en cuenta que ésta era la época romántica y pionera de la aviación, cuando los "ases" eran recibidos como portadores de buena voluntad entre los pueblos. Recuérdese, en ese sentido, las efusiones suscitadas por las expediciones de Charles Lindbergh, en su *Spirit of Saint Louis* y Amelia Earhart, o la sensación causada por Ramón Franco en su viaje a Sudamérica. El hecho de que Franco no hubiese incluido a México en su gira americana provocó enorme desilusión en aquel país.[74] De allí que las expectativas despertadas por la expedición fueran tan grandes y que los sentimientos que su desenlace trágico generó entre pueblos y gobiernos, tan intensos.

Hasta entonces, México había carecido de una auténtica política exterior. Virtualmente aislado del mundo, sus relaciones externas se habían limitado casi exclusivamente a las sostenidas con su poderoso vecino del Norte. En ese sentido pudo, por primera vez desde tiempos de Porfirio Díaz, equilibrar las vitales relaciones económicas con los Estados Unidos y la Gran Bretaña, con el desarrollo de importantes vínculos políticos y culturales con España, Francia y, en menor medida, Checoslovaquia.[75]

El acercamiento hispano-mexicano fue, no obstante, un breve idilio. Ya desde la campaña electoral española de 1933, un partido derechista español desplegó numerosos carteles que mostraban una España ensangrentada, atravesada por una lanza donde podía leerse "Moscú y México".[76] Con la derrota de la fórmula liberal republicana en la elección de 1933, las relaciones entre ambos países se deterioraron rápidamente.

Tras su llegada al poder, los conservadores españoles atacaron sin cesar a Calles por sus políticas anticlericales y supuestamente izquierdistas. Esto reintrodujo un elemento de tensión en la relación bilateral que parecía haberse superado. Durante el período 1934-1935, los diplomáticos mexicanos acreditados en España se quejaron amargamente de lo que consideraban "una campaña contra México" conducida por la prensa conservadora y la jerarquía católica españolas. Como Michael Alpert ha señalado:

La derecha española utilizó de modo consistente a México, donde el anticlericalismo era incluso más feroz que en la propia Madre Patria, como un ejemplo de los horrores de la revolución.[77]

Así, en diciembre de 1934, el diario madrileño *Informaciones* publicó un editorial en el que conminaba a los españoles a ponerse en guardia contra el comunismo, para evitar que España se convirtiera en "otro México".[78] Cuando los diplomáticos mexicanos pidieron derecho de réplica para contestar a los ataques, fueron desairados sin la menor consideración.[79]

Por una coincidencia irónica, al mismo tiempo que Lerroux y Gil Robles se dedicaban a revertir los programas de la República, México elegía como presidente a Lázaro Cárdenas, quien planeaba llevar a cabo las promesas incumplidas de la Revolución mexicana, muchas de las cuales se habían convertido en papel mojado. A medida que sus políticas divergían, ambos gobiernos enfriaban sus relaciones e intercambiaban críticas acerbas. Las relaciones diplomáticas entre ambos países no volverían a ser cordiales hasta poco antes del estallido de la Guerra Civil.

En abril de 1934, Lerroux nombró a Domingo Barnés Salinas, ministro de Instrucción Pública y Bellas Artes en su primer gobierno, nuevo embajador ante México. Poco se sabe de su actividad; sólo que condecoró a algunos generales mexicanos y que visitó Villahermosa (Tabasco), feudo del fiero anticlerical Tomás Garrido Canabal, para asistir a un congreso de campesinos y obreros. Barnés también presenció la elección de 1934 que otorgó la victoria a Cárdenas. Según su informe, la elección fue la más tranquila vivida por México en muchos años. No obstante, Barnés revivió el tono paternalista que había caracterizado a muchos de sus predecesores, al referirse a los comicios en los siguientes términos:

> La manera en que se entienden y practican las elecciones en este país constituye una demostración de lo incivilizado que es el pueblo mejicano.[80]

La misión de Barnés habría de ser breve, pues dejó su cargo en octubre de 1934 en protesta por la represión que siguió a la insurrección de Asturias.[81] El puesto estuvo vacante hasta marzo de 1935, por lo que la cancillería española tuvo que pedir a su embajador en Costa Rica, Luis Quer y Boule, que estuviera presente en la toma de posesión de Cárdenas en diciembre de 1934. Este hecho contrarió sobremanera al gobierno de México, que lo tomó como una franca descortesía. Meses más tarde, el gobierno de Lerroux nombró al diputado radical Emiliano Iglesias nuevo embajador.

Iglesias era una figura bastante desacreditada. Había estado envuelto en un escándalo de corrupción en 1931, cuando le ofreció 25.000 pesetas a su compañero de partido Jaume Simó Bofarull a cambio de que convenciera al grupo parlamentario radical de hacer la vista gorda ante las actividades ilegales de Juan March. Por dichos "servicios", March recompensó a Iglesias con 200.000 pesetas. Como resultado de esas corruptelas, las Cortes españolas impugnaron y desaforaron a Iglesias. En sus *Memorias*, Azaña se refiere a Iglesias como un "bárbaro", un "anticatalanista" y un "asno".[82] Se trataba, claramente, de un nombramiento inconveniente que fue tomado como un gesto hostil hacia México. El gobierno de Lerroux agravó aún más el deterioro de la relación bilateral al cancelar abrupta y unilateralmente las compras de garbanzo mexicano, dando lugar a numerosas quejas de parte de la prensa de ese país.[83]

La identificación oficial mexicana con el gobierno liberal de izquierdas de Manuel Azaña hizo a México particularmente vulnerable a los ataques de la prensa conservadora española. Así, la prensa católica puso fin a su tregua no declarada y reanudó sus ataques contra el "ateo" de Calles. Objeto de hostilidad especial fue la ley de educación socialista promovida por Narciso Bassols y puesta en vigor en julio de 1934. La ley, idealista y cándidamente, declaraba que la escuela socialista habría de ser "obligatoria, libre, mixta, integradora, progresista, científica, desfanatizante [sic], emancipadora y nacionalista".[84]

Para los católicos españoles, en cambio, la ley probaba, sin discusión, que México se había convertido en la "primera cabeza de playa del marxismo internacional en Hispanoamérica". Así, según el semanario jesuita español *Razón y Fe*, la democracia liberal había terminado por engendrar su retoño natural: "el socialismo ateo". De este modo, México se unía a Rusia como una de las "satanocracias" del mundo, al reemplazar la instrucción religiosa con educación sexual en todas las escuelas. Incluso afirmaban que los niños y las niñas de México eran obligados a bañarse juntos desnudos para despertar sus apetitos carnales.[85]

En vena similar, la prensa conservadora mexicana, encarnada marcadamente por *Excélsior*, utilizó la caída del gobierno de Azaña para dirimir sus controversias en el frente interno. Tras la fracasada Revolución de Octubre en Asturias, el periódico acusó a Azaña de intentar arrojar a España a las "garras del comunismo internacional y de la Unión Soviética" tal y como "otros" pretendían hacer con México. Diversos editoriales de octubre de 1934 vituperaron a los "rojos" por haber intentado establecer una "tiranía sin Dios" y por haber buscado ahogar a la "España inmortal" en un baño de sangre perpetrado por la "canalla ignorante y resentida".

Mientras tanto, Iglesias intentaba sobrellevar su encargo protestando continuamente contra lo que consideraba afrentas nacionalistas contra España. Así, denunció ante las autoridades mexicanas películas con contenido antiespañol y reprobó la publicación de libros y textos escolares que se entregaban alegremente a los trillados estereotipos de los "conquistadores sedientos de sangre" o el "avaricioso español".

Para empeorar aún más las cosas, estalló un escándalo cuando salió a la luz que los profesores de las escuelas públicas recibían guías de exámenes que contenían preguntas inequívocamente insultantes para España. Así, por ejemplo, una pregunta pedía a los alumnos que discernieran afirmaciones correctas entre las posibles respuestas para formar una lista:

(Durante su gobierno en México) los españoles (a) fomentaron la embriaguez entre los indios, (b) abrieron caminos para facilitar las comunicaciones, (c) fomentaron el robo entre los nativos, (d) acapararon todas las fuentes de producción, (e) los mantuvieron en la más completa ignorancia.

Otra pregunta rezaba:

Los españoles asesinaron en América durante 40 años a 15 millones de indios. Calcula el promedio por año.[86]

Como cabía esperar, Iglesias presentó una acalorada nota de protesta ante la cancillería mexicana en diciembre de 1935 por los contenidos de los libros de texto utilizados por las escuelas públicas. La nota sostenía que los libros alentaban el odio contra España y que dicho plan de estudios estaba "emponzoñando las mentes de los niños mexicanos y predisponiéndolos contra la sangre española que está en la raíz misma de sus orígenes".[87] A pesar de esos reproches, Lázaro Cárdenas intentó mantener una actitud amistosa. Se invitó al embajador español a asistir al Congreso mexicano y pronunciar un discurso que fue aplaudido cordialmente, aunque sin entusiasmo.

La embajada española estuvo prácticamente abandonada por los embajadores durante el llamado "bienio negro", y su control efectivo recayó en el primer secretario de la embajada, Ramón María de Pujadas, nombrado por Barnés en septiembre de 1934. A decir de Pérez Monfort, Pujadas revivió el estilo y el contenido reaccionarios en los despachos que habían sido característicos de la diplomacia monárquica. Él fue el principal responsable de los informes enviados a Madrid durante ese período. Pese a la presencia de Quer y Boule en la toma de posesión de Cárdenas, fue Pujadas quien envió el informe pertinente.

En éste, el primer secretario hacía notar la ausencia de militares en el nuevo gabinete y recalcaba en cambio la presencia de prominentes partidarios de Calles, lo cual confirmaba, en su opinión, la continuidad del patronazgo ejercido por el general sobre el nuevo gobierno. El nombramiento del enloquecido anticlerical Tomás Garrido Canabal* como ministro de Agricultura hizo que Pujadas compartiera en sus informes los temores de la derecha mexicana de que el nuevo gobierno pudiese desatar una nueva oleada de persecución religiosa:

La inclusión del licenciado Garrido Canabal da a este gobierno una nota más acentuada de radicalismo y de intransigencia en cuestiones religiosas, pues en Méjico son bien conocidas las disposiciones del citado funcionario, rabiosamente anticatólico durante los largos años de su permanencia al frente de Tabasco.[88]

En el mismo informe, Pujadas calificaba a Garrido Canabal de "organizador de los Camisas Rojas y uno de los máximos exponentes de la ideología socialista dentro del Partido Nacional Revolucionario".

* Máximo líder del regional Partido Radical Socialista, Garrido llegó a ser gobernador del estado de Tabasco. Desde ese cargo buscó socializar el estado y expulsar a la Iglesia fuera de los límites de Tabasco; sus leyes relativas al clero fueron las más estrictas en el país. El número de iglesias que podían funcionar fue drásticamente reducido. El radicalismo de Garrido, iniciado en nombre de la lucha contra el fanatismo católico, terminó por ser un nuevo fanatismo. Bajo su mandato se aprobaron decretos extravagantes: los religiosos debían estar casados para poder oficiar, haciendo imposible de este modo que llevaran a cabo sus deberes religiosos de forma legal. La quema pública de santos e imágenes religiosas se volvió una práctica común organizada desde el poder.

No se equivocaba, pues a finales de 1934 se produjo un sangriento enfrentamiento entre católicos y Camisas Rojas en el suburbio de Coyoacán, con un saldo de cinco feligreses y un camisa roja muertos. El incidente manchó la reputación del nuevo gobierno, y auguraba una nueva espiral de violencia religiosa. Por toda respuesta, Cárdenas acusó en su mensaje de Año Nuevo a "elementos clericales" de organizar "conspiraciones antipatrióticas desde el exterior". Los enfrentamientos continuaron y, a principios de 1935, los Camisas Rojas organizaron un nuevo altercado, ahora en el centro mismo de Ciudad de México. Esta vez el gobierno reaccionó con prontitud, prohibiendo las manifestaciones y expulsando a los Camisas Rojas a Tabasco.[89]

Pujadas informó a su ministerio de tales sucesos, puesto que entre los muertos de Coyoacán figuraba un español. El encargado de negocios se reunió con el secretario de Relaciones Exteriores, Emilio Portes Gil, exigiéndole un pronto esclarecimiento de los hechos y un "severo castigo" para quien resultase responsable.[90] Para Pujadas, el nuevo gobierno viraba sin remedio al comunismo, en la medida en que el gabinete estaba "fomentando huelgas y agitación en connivencia con elementos radicales rusos".[91]

En otro despacho, Pujadas criticó el nombramiento del general Manuel Pérez Treviño como nuevo embajador de México ante España, basándose en sus ataques a la Iglesia católica y en razón de su enriquecimiento inexplicable a la sombra de los gobiernos revolucionarios.

Si bien Cárdenas había declarado públicamente el fin de la persecución religiosa, la prensa católica española no sólo continuó sus ataques contra el gobierno mexicano, sino que denunció un recrudecimiento de la opresión contra los creyentes.[92] No obstante, a la luz de las declaraciones del presidente, el gobierno español se sintió obligado a intentar una mediación entre México y El Vaticano, estados que carecían de relaciones diplomáticas, a través de Pujadas y el embajador español ante la Santa Sede, Leandro Pita Romero.[93] De este modo y pese al renovado alejamiento entre ambos países, el gobierno conservador de Lerroux se sintió con la suficiente autoridad moral para hacer volver al México "impío" a la "familia hispánica de naciones" y a la senda del catolicismo de las que tan bruscamente se había apartado. Siguiendo instrucciones de su cancillería, Pujadas mantuvo una entrevista con el subsecretario de Relaciones Exteriores Ramón Beteta, en la que ofreció los buenos oficios de España para que México reanudase vínculos con la Santa Sede. Por toda respuesta, Pujadas obtuvo un silencio glacial. Según una carta posteriormente enviada por Pujadas a Pita, el gobierno mexicano buscaba:

> ...la sumisión completa del clero al poder civil, por lo que creo muy alejada la posibilidad de un acercamiento entre el gobierno de Méjico y la Santa Sede.[94]

En esa misma carta, Pujadas advertía sobre las peligrosas implicaciones que una insistencia de parte del gobierno español sobre el tema podría acarrear a la colonia española en México.

Desde 1931, el radicalismo de Calles había comenzado a menguar bajo la presión diplomática estadounidense. Bajo su égida como jefe máximo del régimen, se sucedieron varios presidentes títeres, abandonándose con ello muchas de las metas más radicales de la Revolución. No está del todo claro por qué Calles decidió escoger al joven general Cárdenas como candidato presidencial del PNR para la elección de 1934. Tal vez esperaba que éste se sometiera mansamente a su influencia como sus predecesores; el hecho es que, una vez en la presidencia, Cárdenas hizo todo lo posible por distanciarse de su antiguo protector y mentor.

Alarmado por las políticas radicales impulsadas por Cárdenas y por su éxito en generar apoyo popular entre las masas campesinas y obreras a las mismas, Calles inició un enfrentamiento con el nuevo presidente. Cuando una serie de huelgas sin precedentes estalló a lo largo de 1935, el viejo general protestó iracundo contra la supuesta complacencia del gobierno con la agitación, el desorden y la suspensión "antipatriótica" de actividades. En posteriores declaraciones a la prensa, Calles denunció las divisiones en el seno del Congreso, el "maratón de radicalismo" y las huelgas que estaban perturbando la paz de la nación. No contento con ello, dejó entrever la amenaza de que, de persistir el caos imperante, Cárdenas podría llegar a terminar su gestión en forma tan ignominiosa como lo había hecho Pascual Ortiz Rubio, el presidente pelele que había sucumbido bajo la hegemonía de Calles tres años antes.[95] Se trataba claramente de un desafío. Contra lo que pudiera parecer, las provocaciones anticlericales habían sido un ardid del mismo Calles en connivencia con su esbirro Garrido Canabal para desprestigiar a Cárdenas y demostrarle quién mandaba en realidad.[96]

En sus informes a Madrid, Pujadas atribuyó la ruptura entre Calles y Cárdenas a la "descarada" adopción por parte del nuevo presidente de la causa del comunismo, mientras que afirmaba que Cárdenas era demasiado débil como para sostenerse en el poder y desafiar la hegemonía del caudillo. Para Pujadas, el conflicto confirmaba el ascenso de una tendencia conservadora dentro del régimen, apoyada por Calles, que se oponía al radicalismo que Cárdenas propugnaba, particularmente en los ámbitos de la educación y las relaciones laborales. De forma por demás paradójica, Pujadas defendía ahora las declaraciones de Calles como una nota de "sensatez y cordura" frente a los excesos del nuevo presidente.[97]

Como es sabido, Cárdenas se apoyó en las organizaciones sindicales y campesinas para forzar un pulso final con Calles, depurar al gabinete y al Congreso de sus partidarios y expulsarlo del territorio nacional en abril de 1936. Dos incondicionales dentro del gabinete, Francisco Múgica y Gildardo Magaña, incitaron a Cárdenas a reafirmar su independencia. Para ellos, como para otros políticos dentro del PNR, las declaraciones de Calles eran una intrusión inadmisible en la viabilidad del gobierno. Para combatirla, fomentaron las huelgas obreras como demostración de fuerza para disuadir al viejo jefe de continuar la escalada contra el presidente.

En febrero de 1936, coincidiendo con el triunfo electoral del Frente Popular en España, Vicente Lombardo Toledano y Cárdenas impulsaron la creación de la Confederación de Trabajadores de México (CTM), una fuerte coalición de sindicatos que recibió apoyo y sustento financiero tanto por parte del PNR como del gobierno. La nueva alianza entre el gobierno y los sindicatos mexicanos dio al primero una fortaleza inédita que le permitiría en lo sucesivo hacer frente a los embates de sus oponentes internos. Con todo, Lombardo habría de desconcertar en numerosas ocasiones al gobierno y al propio Cárdenas con su incontinencia verbal. Tales excesos tendrían como efecto pernicioso alarmar a las clases medias y jugar con sus temores acerca de una toma violenta del poder por parte de los comunistas.

Irónicamente, Calles se había vuelto a los ojos de muchos conservadores mexicanos, al igual que para la derecha española, el único garante de la "ley y el orden" contra la radicalización llevada a cabo por Cárdenas. Desde su destierro en Tejas, el viejo cacique se pronunció ásperamente contra el nuevo gobierno al acusar a Cárdenas de querer socializar los medios de producción, desconocer los derechos de propiedad y establecer un sistema agrícola colectivista similar al de la Unión Soviética. Además, advirtió de manera amenazadora: "el comunismo no va a funcionar en México".[98]

En marzo, una nueva serie de huelgas llevó a la Confederación Patronal a protestar públicamente contra el "libertinaje" de los sindicatos y a amenazar con un cierre forzoso de las fábricas de sus agremiados. Cárdenas tomó partido abiertamente a favor de los sindicatos, e incluso amenazó con permitir que los trabajadores tomaran el control de las fábricas "en caso de que los empresarios se sientan demasiado cansados como para seguir".[99] Se propagaron con rapidez inusitada incesantes rumores acerca de un inminente golpe de Estado por parte de la derecha, encabezado por Calles. Pujadas envió numerosos informes acerca de esa crisis y aseguró a su Ministerio que:

> en las escuelas se organiza una sistemática preparación hacia el comunismo en México. En el ámbito de las relaciones laborales, Cárdenas, lejos de apaciguar los temores de los patronos, se burla abiertamente de ellos.[100]

Para Pujadas, se estaba produciendo claramente la convergencia de las fuerzas de la derecha hacia un nuevo frente común:

> La expulsión de Calles ha reforzado el *callismo*, que representa todo lo que hay de rebeldía en contra del general Cárdenas y su gobierno. Son los terratenientes, los industriales, los comerciantes, el pequeño rentista, en fin, todos aquellos que sufren las consecuencias de la política social mexicana.[101]

Para entonces, sin embargo, la propia España sufría una considerable agitación. El 12 de febrero de 1936, las elecciones generales concedieron una precaria victoria al Frente Popular, si bien lo suficientemente amplia para que la coalición de izquierdas formase gobierno. El resultado electoral fue recibido con agrado apenas disimulado en los círculos de Cárdenas, que vio en éste la llegada de un gobierno afín y el restablecimiento de la relación especial entre ambos países de una década atrás.

El enviado del nuevo gobierno, Félix Gordón Ordás, llegó a México en mayo de 1936 en medio de la aclamación de la clase política mexicana, que albergaba grandes expectativas sobre la relación bilateral. Los círculos gobernantes de México tenían sobrados motivos para ser optimistas, ya que el gobierno del Frente Popular había fijado como una de sus prioridades el fortalecimiento de la relación con México a través de una política de cooperación más intensa. En sus primeras declaraciones a la prensa mexicana, Gordón Ordás dejó claras las intenciones de su gobierno y resumió cuáles habrían de ser sus tareas en México:

> [Habremos de] trabajar intensamente porque las relaciones entre México y España sean cada vez más estrechas; orientar el problema creado por la negativa de los toreros españoles a alternar con los mexicanos en España, para resolverlo en el menor tiempo posible; realizar el proyecto de un tratado comercial entre México y España, y explicar la verdadera situación en la República Ibera.[102]

En una época caracterizada por un fuerte proteccionismo económico, una meta tan ambiciosa como un tratado de libre comercio refleja la importancia que concedía la República española al fortalecimiento de vínculos con México. Si la constitución de 1931 había prescrito una "expansión cultural de España en Iberoamérica" y el primer gobierno republicano se había comprometido a extender la ciudadanía plena a todos los hispanoamericanos, el gobierno del Frente Popular buscaba dotar de un nuevo sentido las relaciones con sus antiguas colonias por medio de una mayor cooperación económica.

En la ceremonia de presentación de sus cartas credenciales al presidente Cárdenas, el embajador español reiteró los sentimientos expresados cinco años atrás por Álvarez del Vayo. Más que nunca, dijo entonces, México y España están ligados por programas y filosofías sociales similares:

> Una vez más, nuestros destinos son hoy paralelos en la historia. Ambos pueblos, el mexicano y el español, tienen planteados con similar dramatismo problemas iguales y en los dos se siente la misma presión vivificante de las grandes masas por una mayor justicia social. Por ello la España republicana comprende profun-

damente los monumentales esfuerzos de México por realizar su destino histórico. Es sólo lógico, entonces, que el pueblo y el gobierno español aspiren fervientemente a que México pueda convertir en la más próspera realidad todo el idealismo de sus generosas aspiraciones.[103]

La respuesta de Cárdenas insistió del mismo modo sobre las afinidades ideológicas que ligaban a ambos gobiernos:

Comparto la visión de Su Excelencia sobre el mutuo destino histórico que une a México con España. Este paralelo se extiende ahora a una tarea social común, la cual estoy cierto habrá de ser pronta y efectivamente cumplida en ambas naciones, una unidad de objetivos y acciones que habrá de servir a nuestros pueblos, los cuales se han unido permanentemente para buscar la misma solución a nuestros problemas sociales.[104]

Desgraciadamente para ambos, la Guerra Civil española estalló exactamente 40 días más tarde.

III
EL MISMO COMBATE
AYUDA MATERIAL Y SOLIDARIDAD DIPLOMÁTICA
CON LA REPÚBLICA

*L*a Guerra Civil española atrajo la atención de la opinión pública internacional de un modo sin precedentes desde la Primera Guerra Mundial. Quizás ningún otro acontecimiento bélico haya provocado una reacción tan honda y emotiva. Esta respuesta fue, tal vez, más pronunciada en América Latina, donde la relación cultural y "racial" implicaba que se sintiera la guerra más pasionalmente que en ningún otro lugar.[1] Al mismo tiempo, la España de los años treinta aparecía a los ojos de muchos latinoamericanos como un espejo que reflejaba actitudes parecidas a las de sus propias sociedades. El hecho de que muchos latinoamericanos tuvieran familiares españoles o, por lo menos, ascendencia española significaba que ningún país hispanoamericano pudiera permanecer indiferente a los acontecimientos.[2]

En México, el desafío a un gobierno reformista radical lanzado por una rebelión militar fue sentido aún más profundamente que en otras naciones hispanoamericanas, en la medida en que sólo allí había un gobierno revolucionario. Desde el inicio de la contienda, las organizaciones de trabajadores congregadas bajo la recién creada Confederación de Trabajadores de México (CTM) vieron con alarma el conflicto español, temerosas de que pudiera extenderse en su país. Sus aprensiones fueron compartidas por el gobierno de Cárdenas, el cual intuía, correctamente, como el tiempo habría de demostrar, que los sucesos españoles podrían llegar a inspirar a los conservadores mexicanos. La continuidad y el éxito de un gobierno necesariamente habrían de tener un impacto sobre el otro, mucho más, en la medida en que ambos gobiernos se hallaban aislados internacionalmente.

En ese sentido, puede afirmarse que la diplomacia mexicana hizo de los asuntos españoles parte integral de los asuntos internos, en la medida en que la supervivencia de la República fue considerada esencial para la continuidad del programa de la Revolución mexicana.

No obstante, sería inexacto asumir que sólo el gobierno mexicano reaccionó ante el conflicto español. La guerra española ofreció a los conservadores mexicanos la oportunidad de descalificar a la República española como un bastión "rojo" y anticristiano, y de ese modo jugar con los sentimientos religiosos de las masas mexicanas, y con sus temores, producto de la Revolución rusa y de la propia Revolución mexicana, cuyos excesos anticlericales parecían ahora estar reproduciéndose en España.

Para muchos mexicanos, como para muchos occidentales, la guerra española era el campo de batalla decisivo entre democracia y autoritarismo. Para otros se trataba de la lucha entre fascismo y comunismo. Y para otros, un conflicto que enfrentaba a Iglesia y Estado, ejército y pueblo, república y dictadura. La complejidad misma de los bandos en pugna facilitó la identificación, por distintos motivos, de un amplio espectro de ideologías y orientaciones políticas, y puede decirse que los mexicanos de distintas posiciones políticas se apropiaron de la guerra española para hacer avanzar sus intereses en el frente interno. Tal y como observó el corresponsal de *The Times* de Londres en Ciudad de México:

La guerra española ha capturado, y sujetado firmemente la imaginación del pueblo de México; mucho más que la elección presidencial norteamericana, pues es en España, más que en Washington, donde México aguarda una indicación sobre su propio futuro político.[3]

Otro observador contemporáneo, el escritor británico Evelyn Waugh, desarrolló aún más esta impresión:

La guerra en España era mucho más real para ellos (los mexicanos) que cualquier otro episodio de historia contemporánea; más real que el New Deal de Roosevelt. Entendían el problema español en términos españoles, sin ninguna confusión inglesa, francesa o norteamericana, y tenían fuertes sentimientos respecto a aquel, en uno u otro sentido. Era como si fuese parte de sus propias vidas.[4]

MÉXICO EN VÍSPERAS DE LA GUERRA CIVIL ESPAÑOLA

La afirmación de Waugh describe con fidelidad no sólo la respuesta mexicana a la guerra española, sino también la efervescencia comparable que México vivía bajo su influencia: los enfrentamientos internos se asemejaban a aquellos que habían precedido al levantamiento de los nacionales en España, y la profunda polarización de la sociedad mexicana iba mucho más allá de la división entre derechas e izquierdas. Así, según el corresponsal de *The Times* de Londres en Ciudad de México:

> Más allá de la afinidad racial y cultural de la antigua colonia respecto a la Madre Patria, el pueblo mexicano se siente dividido por la misma fractura que ha hecho de España un campo de batalla.[5]

Cuando Cárdenas asumió la presidencia heredó una situación que se había estabilizado hasta cierto punto, pero que todavía poseía un potencial altamente explosivo. El futuro político de México se hallaba lejos de ser seguro. Se había conseguido cierto grado de estabilidad en el proceso de sucesión presidencial desde 1920. La creación del PNR había logrado dar cohesión y disciplina a la elite gobernante. Además, desde fines de los años veinte, el Ejército había sido crecientemente profesionalizado y apartado de la participación directa en la política. No obstante, en 1934 el futuro del régimen revolucionario estaba muy lejos de estar afianzado, y en realidad muy pocos eran conscientes de que vivía una peligrosa fractura.

En la convención nacional del PNR en 1933, un enfrentamiento interno entre renovadores y conservadores había salido a relucir desde la inauguración. Mientras Calles y sus acólitos se habían vuelto cada vez más conservadores frente a asuntos como la reforma agraria o la militancia sindical, otros sectores del grupo revolucionario exigían al régimen un viraje la izquierda.

Ante el conservadurismo creciente del gobierno, o por lo que muchos consideraban el agotamiento de los ideales originales de la Revolución, varios cuadros del partido buscaron la revitalización de la Revolución mexicana a través de la ideología marxista. No resulta sorprendente que optaran por esa vía, dado el prestigio de que por entonces gozaba la Unión Soviética, y dado que el propio Calles había promovido la experimentación a partir de los modelos fascista y soviético, sobre todo después de la crisis de 1929.[6] El surgimiento de un ala izquierda en el interior del PNR generó a su vez una proliferación de camarillas dentro del mismo a partir de 1930.

Contra lo que sus críticos afirman, el PNR distaba de ser un ente monolítico. Había nacido como una coalición diseñada para articular las demandas en competencia de las diversas facciones revolucionarias dentro de un régimen que aspiraba a la consolidación. No obstante, las divergencias en el seno del partido saltaron a la palestra durante la Convención.

La redacción de un Plan Sexenal, de evidentes resonancias soviéticas, se convirtió en el campo de batalla entre los partidarios del statu quo revolucionario y aquellos que buscaban radicalizar al movimiento. En la Convención, el bloque izquierdista logró imponer sus posiciones a los partidarios de Calles. En ningún aspecto fue más claro que en los ámbitos de la educación y de la reforma agraria. Entre otras resoluciones, el Congreso acordó reformar el artículo tercero de la Constitución mexicana a fin de impartir educación "socialista" obligatoria en las escuelas públicas.[7] El significado del concepto eludía incluso a sus proponentes. No obstante, clarificó la necesidad de renovar la Revolución. Calles y el presidente en funciones, Abelardo L. Rodríguez, intentaron, en vano, impedir la aprobación del nuevo texto por todos los medios.

Dos destacados miembros del gabinete presidencial, los generales Lázaro Cárdenas y Manuel Pérez Treviño, ministros de Guerra e Interior respectivamente, surgieron como precandidatos preferidos del partido a la presidencia. El primero estaba identificado con el ala izquierda del partido, en tanto que el segundo representaba claramente a su sector más conservador. Al final, Calles nombró candidato a Cárdenas, tal vez en razón de su lealtad hacia él, o, como ha sido sugerido, porque carecía de un historial político importante previo, y porque quizás lo creyó más fácil de manipular.[8]

La elección presidencial de 1934 enfrentó al PNR con una oposición profundamente dividida tanto por la izquierda como por la derecha. El Partido Comunista Mexicano (PCM) consideraba al izquierdista Cárdenas como otro esbirro de Calles, y por lo tanto presentó su propio candidato, su secretario general, Hernán Laborde. Los comunistas mexicanos parecían estar justificados en su análisis, pues una de las luminarias del ala izquierda del PNR, el coronel Adalberto Tejeda, gobernador del estado de Veracruz, decidió lanzar su propia candidatura al margen del partido oficial, a través del Partido Socialista de las Izquierdas.[9] Para Tejeda, al igual que para otros veteranos izquierdistas de la Revolución, el círculo próximo a Calles había experimentado una actitud de "regresión revolucionaria" desde 1929, mientras que el PNR "ya no representaba los intereses de los trabajadores y campesinos".[10]

Del mismo modo, la derecha mexicana se mostraba incapaz de zanjar sus diferencias y presentar una candidatura única. Desde su exilio, Vasconcelos aconsejó a sus seguidores abstenerse en la elección, a fin de deslegitimar al régimen. Pese a sus admoniciones, un segmento considerable de la derecha, representado principalmente por el Partido Antireeleccionista (PNA) y la autodenominada Confederación Revolucionaria de Partidos Independientes (CRPI), se movilizó para competir por la presidencia.[11] Una efímera coalición de ex revolucionarios descontentos, católicos y ex cristeros, junto con propagandistas abiertos del fascismo, como Diego Arenas Guzmán, editor del tabloide ultraderechista *El Hombre Libre*, unieron fuerzas para elegir un candidato.

Las figuras más importantes en liza fueron Luis Cabrera, ex ministro de Finanzas; Gilberto Valenzuela, del confusamente llamado Partido Social Demócrata, y el general Antonio I. Villarreal, desafecto al régimen.[12] Tras vacilaciones iniciales, Cabrera declinó ser candidato alegando no ver el sentido a las elecciones cuando Calles controlaba al ejército y la burocracia. Su decisión causó gran resentimiento entre los sectores más a la derecha, con Cabrera y Villarreal intercambiando acusaciones de colusión con el régimen.

Al final, Villarreal organizó su propio partido y repudió a los antireeleccionistas, quienes habían lanzado previamente la candidatura de Román Badillo. Así, la derecha participó en la elección con dos candidatos distintos. Al igual que la campaña de Vasconcelos cinco años atrás, la oposición encabezada por Villarreal incluía a muchos conservadores ultramontanos. La jerarquía católica, ansiosa por alcanzar un modus vivendi con el gobierno, se distanció de la coalición. Además, la negativa de Vasconcelos a respaldar la campaña de Villarreal dañó aún más sus escasas posibilidades.

La escandalosa disparidad de fuerzas y el incesante hostigamiento de la alianza derechista por parte del aparato del PNR dominaron la campaña de 1934. La desconfianza y apatía generalizadas, producto del fraude electoral de 1929, se encargaron del resto, y la participación electoral fue escasa. El recuento oficial de votos dio una victoria demoledora al PNR, con un inverosímil margen de 2.200.000 votos para Cárdenas, 24.000 para Villarreal, 16.000 para Tejeda y 1.118 para Laborde. Se cruzaron las habituales acusaciones de fraude y circularon rumores de que Villarreal se disponía a iniciar una insurrección desde Tejas, pero al final nada ocurrió.

La toma de posesión de Cárdenas, el 1 de diciembre de 1934, se produjo menos de dos meses después del octubre rojo español, suceso que había sacudido a las clases medias y altas de México. La estricta censura impuesta por el gobierno de Alejandro Lerroux durante el estado de emergencia supuso que los periódicos mexicanos sólo pudieran reproducir los informes del gobierno español que eran, evidentemente, adversos a los revolucionarios.

La prensa mexicana más conservadora, favorecida por las clases medias, echaba leña al fuego a través de inflamados editoriales que presentaban a los revolucionarios españoles como violadores de monjas y asesinos de curas. La prensa y los noticieros cinematográficos retrataban a un proletariado radicalizado que había sucumbido a "excesos homicidas", sin duda manejado por la "siniestra mano de Moscú".[13] La agitación obrera y las huelgas en México, directamente alentadas por el nuevo presidente, auguraban para muchos una reedición de estos acontecimientos en México.

Por su parte, el gobierno mexicano seguía de cerca los sucesos de Asturias como parte de "la lucha" que habría de definir el curso de la "soberanía popular".[14] El gobierno consideraba como propio el combate que se libraba contra la "reacción" y así lo consignaba en sus documentos.

Esta visión –probablemente exagerada– de los acontecimientos españoles era previsible dadas las orientaciones políticas abiertamente izquierdistas de Cárdenas. En su discurso inaugural, Cárdenas había anunciado que la intervención estatal en la economía sería "más grande, profunda e incesante". El nuevo presidente advirtió que aspiraba a gobernar con el concurso del pueblo y para las masas populares:

Juzgo muy difícil efectuar los postulados del Plan Sexenal sin la participación de los trabajadores y campesinos, organizados, disciplinados y unificados.

Cárdenas anunció también que su gobierno habría de asumir las tareas que "el sector privado no desea o no pueda afrontar".

Cárdenas proclamó su voluntad de resolver, de una vez por todas, la cuestión agraria, particularmente en aquellas regiones donde el reparto de tierras había sido suspendido. El candidato expresó también su temor sobre las profundas divisiones del movimiento obrero mexicano y exhortó a los trabajadores mexicanos a formar un frente único. Finalmente, llamó a la unidad del ejército con las masas populares en las distintas fases de la lucha de clases, esperando sentar una base para la creación de una guardia nacional que permitiera al gobierno "eliminar el último bastión de la reacción organizada, representada por las guardias blancas y los intereses corruptos defendidos por éstas".[15]

Sus palabras desataron un giro general a la izquierda por parte del régimen. La retórica marxista impregnó el discurso público de una manera nunca antes vista.[16] Al mismo tiempo, el nuevo gabinete presidencial incluía, además de a Bassols y Garrido Canabal, a una serie de radicales como Juan de D. Bojórquez, un anticatólico furibundo que fue nombrado ministro del Interior, y a Francisco Múgica e Ignacio García Téllez, dos conocidos jacobinos, como ministros de Economía y Educación, respectivamente. Este último declaró que habría de esforzarse por "borrar a la Iglesia católica de México", inauguró el Primer Congreso del Niño Proletario y decretó que en todas las escuelas públicas se remplazara la palabra *adiós* por un *salud, camarada*.[17] Para el estratégico Departamento del Trabajo, Cárdenas eligió a Silvano Barba González, otro ateo contumaz.

Así, al igual que en España, la utilización irresponsable de una retórica radical por parte de ciertos políticos generó una respuesta extremista de parte de sus adversarios. La intoxicación con el pensamiento marxista sufrida por muchos de los cuadros del PNR fue comparable a la radicalización experimentada por el ala izquierda del PSOE español en la misma época. La provocación irresponsable produjo una reacción anticomunista entre los conservadores mexicanos, comparable a aquella que llevaría dos años más tarde a sus equivalentes españoles a la sublevación. Una aguda polarización fue, sin duda, la nota dominante del período presidencial de Cárdenas.

Para empeorar las semejanzas, se reanudó la persecución religiosa en México. El 10 de mayo de 1934, los Camisas Rojas de Garrido Canabal profanaron el templo de San Francisco en Ciudad de México, justo tres años después de las primeras quemas de iglesias y los primeros brotes de violencia anticlerical en España. Al igual que en España, la policía mexicana hizo la vista gorda ante las provocaciones sin intervenir siquiera. Es lógico que, ante estos hechos, muchos mexicanos comenzaran a preguntarse si Cárdenas estaba dispuesto a liderar una revolución izquierdista similar a la que recientemente había convulsionado España.[18] No hay duda de que los excesos brutales cometidos por los Camisas Rojas debieron haber recordado a muchos católicos mexicanos la *justicia* de la turba en España.

Más aún, la reforma del artículo tercero de la Constitución mexicana imponía la educación socialista obligatoria en las escuelas públicas. Ello, unido a una ley anterior que ordenaba el cierre de las escuelas parroquiales, enardeció a los católicos. El decreto, que había sido debatido y aprobado apresuradamente por el Congreso en octubre de 1934, se convirtió instantáneamente en semilla de discordia, incluso dentro del PNR.[19]

La enmienda sólo sirvió para agravar a amplios sectores de la población, que en su inmensa mayoría ignoraba el significado de la palabra *socialismo*, pero que no obstante le tenía un terror cerval. La vaguedad de la ley reformada reflejaba también las diferencias entre los que propugnaban un "socialismo a la mexicana" y los que aspiraban a ajustarse a la doctrina marxista pura. Tales minucias ideológicas escapaban al entendimiento de los sectores más tradicionales de la sociedad, los mismos que, como era previsible, se alarmaron ante lo que consideraban un adoctrinamiento comunista de sus hijos. La introducción de la educación sexual en los programas escolares por parte del Ministerio enfureció a las asociaciones de padres de familia, a quienes la extrema derecha pretendía hacer creer que sus hijos estaban siendo iniciados en la masturbación y otras prácticas depravadas.[20]

Al igual que en España, la política educativa del régimen revolucionario alimentó la oposición conservadora más extrema. Los obispos mexicanos condenaron la educación socialista declarándola hostil a la religión. Como resultado de su implantación hubo motines y manifestaciones violentas. Los católicos se insubordinaron contra la nueva ley en los estados centrales de Jalisco, Michoacán y Guanajuato. El arzobispo primado, Pascual Díaz, fue encarcelado por sedición.[21]

En los centros urbanos, legiones de padres de familia enardecidos se manifestaron en torno a proclamas tales como "¡Muerte a la política educativa del PNR!". En Ciudad de México, Guadalajara y Monterrey, la policía reprimió violentamente a los manifestantes que fomentaban disturbios y organizaban huelgas escolares. El decreto también provocó violencia en las zonas rurales. Entre septiembre y diciembre de 1936, pobladores de aldeas asesinaron a 37 maestros rurales e hirieron a cientos más, a menudo incitados por párrocos locales. En total, 223 maestros rurales fueron objeto de violencia entre 1931 y 1940.[22]

La doctrina de la educación socialista nunca fue satisfactoriamente explicada o definida. El concepto mismo fue a menudo intercambiable con el de "educación racionalista" o "escuela moderna", dentro de los documentos producidos por la comisión. Las escuelas privadas y confesionales se encontraban ya en declive, lo que hizo la medida incongruente fuera del conflicto interno del PNR.[23]

El conflicto adquirió, pues, tintes religiosos y, más peligrosamente, implicaciones de confrontación con la Iglesia. No en vano el movimiento cristero, que había sumido a México diez años atrás en una guerra civil, revivió. Hubo nuevos enfrentamientos, y muertos en Durango, Jalisco y Michoacán. La segunda Cristiada, que alcanzó su apogeo en 1935, tuvo infinitamente menos éxito que su antecesora. En su fracaso mucho tuvo que ver que la Iglesia le negara cualquier apoyo. Además, el Ejército, equipado con tecnologías modernas como aviación militar y equipos de radiocomunicación, pudo sofocar la rebelión rápidamente. No obstante, la insurrección puso de manifiesto la inestabilidad que las medidas radicales del nuevo gobierno podían llegar a propiciar.[24]

Al igual que en España, la discordia religiosa se convirtió en fuente de inestabilidad para México. Un mes después de la toma de posesión de Cárdenas, un grupo de Camisas Rojas fuertemente armados dispararon contra un grupo de católicos que salían de misa en el barrio de Coyoacán. Cinco feligreses y un Camisa Roja murieron. Cárdenas ordenó que los Camisas Rojas fueran disueltos y que Garrido Canabal fuera desterrado a Costa Rica. Aun así, la imagen pública del presidente se vio empañada por las acusaciones que le lanzaron los católicos mexicanos de encabezar la persecución.

Tras la derrota de los cristeros, muchos conservadores llegaron a la conclusión de que cualquier intento de resistencia armada sería inútil. No obstante, el rechazo generalizado de éstos al régimen revolucionario se mantuvo invariable. Los católicos mexicanos, horrorizados con lo que consideraban el asalto final del comunismo contra México, propiciaron la organización de movimientos católicos, como la Unión Nacional Sinarquista (1937) y el Partido Acción Nacional (1939), nombre este último que, no por coincidencia, fue el mismo que usó Gil Robles para el antecesor de la Confederación Española de Derechas Autónomas (CEDA).

El antiguo gobernador del Banco de México y ex Rector de la Universidad Nacional, Manuel Gómez Morín, organizó el nuevo partido que, con el tiempo, habría de convertirse en la oposición más importante al partido oficial. El PAN surgía como una organización abiertamente confesional; el concepto de "salvación" colmaba pródigamente su programa y documentos oficiales. La subsidiaridad y el corporativismo se hallaban en la raíz misma de su doctrina. Se trató de la primera expresión de organización católica en un partido político mexicano desde el siglo XIX.[25]

La radicalización de la clase obrera bajo el gobierno de Cárdenas fue otro factor que recordaba los acontecimientos españoles de 1934, y que, por ende, disparaba todas las alarmas entre las clases altas y medias de México. Alentados por el presidente, los obreros mexicanos enfrentaron a la patronal para obtener incrementos salariales y mejores condiciones de trabajo.

En febrero de 1936, coincidiendo con el triunfo del Frente Popular en España, el abogado marxista Vicente Lombardo Toledano fundó la Confederación de Trabajadores de México (CTM), con la aprobación de Cárdenas. La carta estatutaria de la CTM condenaba a la "sociedad burguesa" como promotora del fascismo, en tanto que Lombardo invitaba abiertamente a los miembros del PCM a asumir cargos prominentes dentro de la organización. Por lo demás, Lombardo buscó con afán la autorización del presidente para formar milicias obreras armadas para defender las "conquistas de la Revolución" de un ataque fascista al estilo de Franco, cuya inminencia nunca se cansó de proclamar. Sin embargo, Cárdenas desoyó sus peticiones, frenado por el rechazo que los planes de Lombardo inspiraban en el ejército.[26]

Entre 1934 y 1936, el número de huelgas se disparó de 202 a 675.[27] En ese contexto, la tensión provocada por una huelga general en la ciudad industrial de Monterrey obligó al presidente a hacer acto de presencia allí para calmar los ánimos. Estos disturbios recordaban a muchos la violencia sindical desatada bajo el breve período del Frente Popular en 1936, y provocó la indignación de las clases acomodadas. El caos había contribuido a precipitar la guerra civil en España y pocos mexicanos estaban dispuestos a olvidarlo mientras Lombardo permaneciera a la cabeza del movimiento obrero.

Otra política diseñada para alcanzar la justicia social y reforzar el apoyo político al gobierno fue la redistribución de la tierra. Ésta, al igual que el impulso a la clase obrera, provocó el descontento y el rechazo, no sólo de los grandes terratenientes, sino también de los pequeños propietarios, que vieron en ella una amenaza a sus intereses. Cárdenas repartió más tierra que todos sus predecesores juntos. Así, mientras que en el período comprendido entre 1915 y 1934 el régimen distribuyó menos de 8.000.000 de hectáreas, Cárdenas entregó más de 20.000.000 en seis años.[28]

Para colmar los paralelismos, cobraron nuevos ímpetus organizaciones extremistas locales que reflejaban los conflictos que polarizaban Europa. El Partido Comunista Mexicano, que había sufrido hostigamiento y persecución por parte del régimen, fue rehabilitado por Cárdenas, lo que ahondó el descontento de los segmentos más tradicionales de la sociedad. En efecto, el PCM había sido proscrito en 1931, después de que el régimen revolucionario mexicano rompiera relaciones con la Unión Soviética. Su eslogan electoral de 1934, "Ni con Calles ni con Cárdenas", los había dejado sumidos en el más completo aislamiento. Como muchos otros, los comunistas mexicanos estaban convencidos de que Cárdenas sería otro títere en manos de Calles, y que éste seguiría dictando la política del régimen.

Hernán Laborde, secretario general del PCM, rechazó sistemáticamente los intentos de conciliación ofrecidos por Cárdenas hasta 1935, cuando el poder soviético dispuso que lo hiciera. En el Séptimo Congreso del Komintern, su presidente, George Dimitrov, expuso la estrategia del Frente Popular. Ésta llamaba a que la unidad comunista se hiciera extensiva a los antiguos enemigos, ya bien socialdemócratas, liberales o demócratas, sin que importaran su ideología o creencias políticas, para resistir el avance del fascismo. El resultado neto de dicha estrategia sería la formación de amplias coaliciones político electorales o "frentes populares".[29]

Los comunistas mexicanos Laborde, Miguel A. Velasco y José Revueltas, presentes en el Congreso, respaldaron la adopción de la nueva línea y llamaron a la creación de un Frente Popular mexicano que incluyera a las organizaciones obreras, campesinas y, principalmente, al PNR para hacer frente al "reto" combinado del imperialismo, la reacción, la guerra y el fascismo.[30] Por otra parte, consideraciones estrictamente internas también jugaron un papel determinante en la adopción por parte del partido de la nueva línea.

El surgimiento en 1934 de un movimiento fascista local, las Camisas Doradas, apelativo popular de Acción Revolucionaria Mexicanista (ARM), apremió al PCM a seguir la ruta dictada por la Komintern.

Los Camisas Doradas eran una organización paramilitar creada según el modelo de los Camisas Pardas alemanes y los Camisas Negras de Mussolini. Su ideología se caracterizaba por un violento antisemitismo y anticomunismo. Sus actividades principales consistían en romper huelgas y apalear a los comerciantes judíos establecidos en el centro de Ciudad de México. Para 1936, el grupo había experimentado un crecimiento tan espectacular que muchos empresarios y comerciantes comenzaron a financiarlos. Al mismo tiempo, la Alemania nazi, que había iniciado actividades subversivas en México, consideró oportuno subsidiar al grupo a través de su legación, como se verá más adelante. El gobierno mexicano descubrió también que agentes japoneses entregaban de manera clandestina fondos a la organización. De este modo, la nueva estrategia del frentepopulismo obligaría al PCM a colaborar con el PNR.

Auspiciado por Cárdenas, el PCM llegó a ejercer una influencia considerable dentro de su gobierno, especialmente en las secretarías de Educación y Comunicaciones.[31] Bajo la estrategia del Frente Popular, los comunistas mexicanos jugaron un papel destacado en la política pro republicana del presidente durante la Guerra Civil española. Con todo, Cárdenas fue capaz de mantener su distancia e independencia respecto al PCM. Sus mediocres dirigentes demostraron no tener la capacidad suficiente como para equiparársele en términos de autoridad, ya bien moral o bien política.

De este modo, pese a los altos cargos obtenidos, el PCM siguió siendo débil e incapaz de conseguir un crecimiento duradero. Pese a que su alianza coyuntural con el PRM y la CTM alarmó a las clases medias, que vieron en ello un inminente asalto del bolchevismo en México, lo cierto es que nunca logró penetrar el aparato estatal mexicano. Sin embargo, muy pocos entre los adversarios del régimen comprendieron esto, y existió un temor exagerado, si bien verdadero, de un posible asalto comunista al poder en México. El mismo Calles se aprovechó de estos temores, utilizándolos para desacreditar a Cárdenas.[32]

Todos estos factores se combinaron para crear un entorno de considerable agitación interna. En este contexto estalló la Guerra Civil española, que de inmediato se convirtió en un foco de atención ante el cual todas las organizaciones derechistas mexicanas podían deponer sus mutuas diferencias y agruparse para desafiar al gobierno.

LA GUERRA ESPAÑOLA EN MÉXICO

La guerra española tuvo un impacto inmediato entre las clases urbanas mexicanas. En la capital, los escaparates de los grandes almacenes exhibían mapas de gran tamaño que señalaban día a día los avances de las tropas franquistas o leales con banderitas y alfileres.[33] En los cines, cuando los noticieros mostraban escenas del frente español, una tormenta de rechiflas y contrarrechiflas revelaba la profundidad de sentimiento de los partidarios de uno y otro bando.[34]

El 18 de julio de 1936, Cárdenas estaba de gira por el estado de Coahuila y una huelga de electricistas había sumido a Ciudad de México en la oscuridad. A su regreso a la capital no hizo ninguna declaración sobre la rebelión en España, ni se fijó una postura oficial. La primera reacción oficial fue la del PNR, que en un mensaje declaró su "solidaridad absoluta" con el gobierno "socialista" de España. De forma reveladora, el comunicado intentaba establecer un paralelo entre la circunstancia española y el golpe de Estado que había derrocado a Madero en 1913. El mensaje firmado por el presidente del partido, Emilio Portes Gil, poseía el tono ideologizado de la época:

> El Partido Nacional Revolucionario, defensor de regímenes identificados con las clases trabajadoras, expresa su deseo de que la consolidación definitiva del gobierno español, en este momento

en que es amenazado por la deslealtad de los militares. La victoria democrática de un gobierno que amenaza los antiguos privilegios consumaría las reformas sociales que unen a nuestras naciones, íntimamente ligadas por el destino histórico y por la lucha contra toda forma de explotación inhumana.[35]

Aparte del PNR, las primeras organizaciones en reaccionar ante los acontecimientos españoles serían el PCM y la CTM. Esta última convocó a una manifestación general a favor de la República a menos de una semana de la sublevación y envió un mensaje de adhesión a la UGT:

> En nombre del proletariado mexicano, la CTM expresa su completa solidaridad con el proletariado español en este momento de tribulación y espera el triunfo del pueblo español oprimido.[36]

El texto estaba firmado por el secretario general de la CTM, Vicente Lombardo Toledano. La solidaridad obrera con la República asediada fue inmediata. Los sindicatos hicieron donaciones con cargo a sus salarios al embajador español[37] y enviaron mensajes de simpatía y amistad a las instituciones homólogas españolas por su "magnífica hazaña contra el fascismo".[38]

Esa misma semana se habló por vez primera de la posibilidad de establecer un Frente Popular mexicano, y de armar a los trabajadores ante la amenaza del fascismo. En un mitin en el Zócalo, un orador improvisado habló sobre la "urgente necesidad de organizar milicias armadas iguales a las de España para hacer frente a la reacción", desatando la protesta airada e inmediata de las organizaciones conservadoras más conspicuas, como la Confederación de la Clase Media (CCM) o la Unión Nacional de Veteranos de la Revolución (UNVR).[39] Con todo, el gobierno mexicano permanecía reservado acerca de la crisis española y sólo reaccionó tras ser interrogado por la prensa, como se verá a continuación.

LA EMBAJADA ESPAÑOLA EN MÉXICO

Félix Gordón Ordás, veterinario de profesión y radical socialista por afiliación que había sido ministro de Industria y Comercio bajo el tercer gobierno de Azaña, se hizo cargo de la embajada. A su llegada se impuso la tarea urgente de arreglar el alboroto que la controversia de los toreros había suscitado tanto en México como en España, y que había degenerado en un boicot a los toreros mexicanos por parte de los españoles:

> La huelga de toreros derivó del gran éxito obtenido aquel verano por dos toreros mexicanos que habían lidiado mano a mano aquel año. Las referencias periodísticas que sugerían que los toreros mexicanos eran más valientes que los españoles provocaron resentimiento y críticas sobre el gran número de contratos otorgados a los extranjeros. Los toreros españoles decidieron entonces irse a la huelga hasta que las autoridades se encargaran de controlar los contratos de trabajo concedidos a los mexicanos.[40]

La disputa, inflamada patrioteramente por la prensa sensacionalista, provocó una nueva escalada de hispanofobia en México, con grupos radicales llamando a una expulsión de los "indeseables" españoles como represalia contra la discriminación de los toreros mexicanos en España. A instancias de Gordón Ordás, las autoridades españolas intentaron resolver la disputa, aunque con escaso éxito. Así, en vísperas de la Guerra Civil, añejas antipatías y nuevos desacuerdos amenazaban la renovada cordialidad entre la España republicana y México.[41]

Gordón, hombre irascible y propenso a la imprudencia y a los excesos verbales, pronto se granjeó la enemistad de la comunidad española residente en México y de la prensa conservadora. De hecho, Powell sugiere que estuvo muy cerca de ser cesado por su incompetencia e insinúa que el mismo Cárdenas pidió su relevo al gobierno español.[42] Azaña valida esa conjetura en sus *Memorias de guerra*, al mencionar que, en 1938, el consejo de Estado había nombrado a Indalecio Prieto embajador ante México sin consultarlo.[43] No obstante, Gordón se las arregló para permanecer en su cargo hasta el final de la guerra, tomando parte en episodios cruciales como las compras de armamento en los Estados Unidos, como se verá posteriormente. En su descargo debe decirse que a menudo tuvo que tomar iniciativas y asumir responsabilidades sin la ayuda de la burocracia republicana, que repetidamente ignoró sus peticiones, incluso cuando eran desesperadas. Cárdenas elogió al embajador y lo distinguió como invitado de honor en diversos actos oficiales. El testimonio de Gordón apunta una relación estrecha con el presidente mexicano.

Como muchos otros diplomáticos republicanos, Gordón tuvo que hacer frente a una revuelta interna de sus subordinados y emplearse a fondo para mantener el control de su embajada. El 29 de julio, el primer secretario, Ramón de Pujadas, intentó cuestionar su autoridad y hacerse con la embajada, respaldado por la Junta de Burgos, la cual "despidió" a Gordón y nombró a Pujadas nuevo embajador. Como Gordón se negara a entregar su investidura, Pujadas "mudó la embajada" a su domicilio particular. Acto seguido, se presentó en la Secretaría de Relaciones Exteriores con los despachos que había recibido de la zona rebelde acreditándolo ante el gobierno mexicano. Una nota redactada por el propio Pujadas acompañaba al expediente:

> Tengo la honra de poner en conocimiento de Vuestra Excelencia que el presidente de la Junta de Defensa Nacional me encarga le comunique al gobierno de Méjico que el día 23 de los corrientes quedó constituido el nuevo gobierno español con residencia en Burgos. Dicho gobierno ha adoptado el título de Junta de Defensa Nacional. El presidente de la Junta, Sr. general D. Miguel Cabanellas, me encarga de modo muy especial que transmita a V.E. y al gobierno mejicano los más sinceros deseos del Gobierno Español de continuar como en el pasado sosteniendo las mismas constantes y cordiales relaciones de amistad entre Méjico y España.[44]

El ministro Eduardo Hay desestimó enseguida los documentos anotando al pie de los mismos: "Al archivo por no reconocerse ninguna personalidad al firmante".[45] El órgano oficial del gobierno mexicano, *El Nacional*, fue más allá todavía al expresar la opinión de que sólo por cortesía del Ministerio se había evitado que Pujadas recibiera una respuesta más rotunda:

> La cuestión planteada ayer por el Sr. Pujadas esta más allá de la mínima consideración. El gobierno mexicano no reconoce, y no puede reconocer otro gobierno en España que el legítimo, que preside el señor Azaña.[46]

Otros periódicos intentaron obtener un pronunciamiento oficial por parte de la Secretaría, sin conseguirlo. *Excélsior* informó que varios miembros de la comunidad española habían establecido contacto con Pujadas. El intento de éste por repetir en México la usurpación de los generales de la legítima representación de la República fue tal vez el caso más sonado, pero no el único. Gordón tuvo que despedir a todos los vicecónsules a mediados de agosto de 1936. Dos de ellos se tomaron la molestia de escribir a *Excélsior* informando que habían tenido que renunciar, antes de ser despedidos, en razón de su total desacuerdo con las políticas del gobierno de Azaña.

A partir de entonces, la prensa conservadora comenzó a fustigar sin tregua al gobierno español acusándolo de comunista. Por toda respuesta, la embajada española echó más leña al fuego. En una declaración más bien torpe, Gordón Ordás se refirió a las inclinaciones fascistas de la insurrección y, dejándose llevar por el entusiasmo, declaró que "los auténticos republicanos preferirían la llegada del comunismo antes que aceptar un régimen militar".[47] La prensa conservadora se valdría de este pronunciamiento posteriormente, una y otra vez, para justificar sus ataques propagandísticos contra la República.

LA DECISIÓN DE AYUDAR
A LA REPÚBLICA

En 1936 hubo golpes de Estado que concluyeron en la formación de gobiernos militares en Bolivia, Nicaragua y Paraguay. México reaccionó ante dichos acontecimientos aplicando de forma estricta la Doctrina Estrada, sin pronunciarse acerca de los cambios de régimen ocurridos en esos países. La acostumbrada práctica diplomática mexicana se limitaba al "llamado a consultas" del embajador designado en el país en cuestión y la abstención de juicio sobre el cambio político que había tenido lugar.[48] ¿Por qué fue la reacción de México a la insurrección de Franco tan distinta?

Diversos estudios sobre el tema, particularmente aquellos surgidos de la versión oficial del antiguo régimen mexicano, han intentado explicar la decisión de Cárdenas en términos de moralidad y de defensa altruista de los principios de democracia y justicia internacional.[49] El historiador israelí Tziv Medin ha definido la política exterior de Cárdenas como "antiimperialista", en el sentido de que sus políticas socioeconómicas lo llevaron necesariamente al enfrentamiento con intereses extranjeros preponderantes en la economía mexicana.[50] Siempre según Medin, la diplomacia mexicana era también antitotalitaria, en el sentido de que se opuso de manera constante al expansionismo totalitario sin importar de qué signo fuera este. México y la Unión Soviética fueron los dos únicos países que enviaron ayuda a la República. Sin embargo, esto no impidió que México denunciara a la Unión Soviética en 1939 cuando esta invadió Finlandia.[51] Esto desmintió la acusación, frecuentemente esgrimida por sus detractores, de que Cárdenas estaba en connivencia con la Unión Soviética y que buscaba llevar a México al comunismo.

Incluso un autor tan poco sospechoso de parcialidad hacia Cárdenas como es Powell ha aceptado que, a pesar de haber asumido una postura fuertemente ideológica con respecto a España, el gobierno mexicano:

> [...] también protegió los intereses vitales de México, cuando ciertas formas de ayuda a los republicanos pudieron haber puesto en entredicho esos intereses.[52]

El enfrentamiento entre Cárdenas y Calles a lo largo del bienio 1935-1936 es también relevante para entender los motivos que llevaron a Cárdenas a socorrer a la República. En 1934, Calles buscó poner a otro pelele en la presidencia, pero, contra todo pronóstico, Cárdenas lo desafió al poco tiempo de ser nombrado. El antiguo hombre fuerte de la Revolución fue sometido y enviado al exilio; sin embargo, la amenaza de un golpe de Estado asomó largo tiempo después de su destierro. Tan sólo tres meses después de la expulsión de Calles, Franco desafió a la República con un levantamiento armado.

Un enfoque más doctrinal sugeriría que fue una decisión unilateral de Cárdenas. Existen fundamentos jurídicos que apoyarían tal perspectiva, ya que la constitución de 1917 concede amplios poderes a la Presidencia mexicana en lo que se refiere al diseño y ejecución de la política exterior. Así, no es sorprendente que se haya atribuido a Cárdenas todo el mérito por el apoyo de México a la República.[53] No obstante, todo parecería indicar que se trató de una decisión en la que distintas figuras de su gabinete tuvieron una influencia y participación muy destacadas, como se verá más adelante.

El 10 de agosto de 1936, Cárdenas anotó en sus diarios:

> El gobierno republicano de España solicitó del gobierno de México, por conducto del C. Embajador D. Félix Gordón Ordás, le proporcionase la mayor cantidad de armas que le sea posible para su defensa. Se autorizó a la secretaría de Guerra y Marina para que ponga en el puerto de Veracruz, a disposición del propio C. Embajador, 20.000 fusiles siete milímetros y 20.000.000 de cartuchos del mismo calibre. Todo esto de fabricación nacional.[54]

Cárdenas explicó así sus motivos:

> El Gobierno de México está obligado moral y políticamente a dar un apoyo al gobierno republicano de España, constituido legalmente y presidido por el señor don Manuel Azaña. La responsabilidad interior y exterior está a salvo. México proporciona elementos de guerra a un gobierno institucional con el que mantiene relaciones. Además, el gobierno republicano de España tiene la simpatía del gobierno y sectores revolucionarios de México. Representa el presidente Azaña las tendencias de emancipación moral y económica del pueblo español. Hoy se debate en una lucha encarnizada, fuerte y sangrienta, oprimido por las castas privilegiadas.[55]

El idealismo y la probidad moral del presidente mexicano han sido citados hasta la saciedad para explicar la coherencia de la diplomacia mexicana en una era de claudicación. En su célebre libro sobre la Guerra Civil española, el historiador Dante Puzzo considera que:

> Era muy poco, si acaso algo, lo que México hubiera podido esperar obtener de su ayuda a la República, ya bien en influencia política, posición estratégica o ventaja económica de su postura pro republicana. Así, México no fue movido por propósitos ulteriores, sino exclusivamente por simpatía por el régimen de Madrid.[56]

Si los beneficios eran pocos, las repercusiones que la ayuda a la República podía suponer para el gobierno de Cárdenas eran potencialmente graves. Su postura pro republicana acarreó a México serios reveses diplomáticos, particularmente en su relación con los Estados Unidos. El apoyo a la República había buscado impulsar un objetivo prioritario de la política exterior de México: lograr que los Estados Unidos y las demás grandes potencias se comprometieran con los principios de no agresión y antiimperialismo. Por desgracia, la postura mexicana logró muy poco en ese sentido. Las grandes potencias, en especial Gran Bretaña y los Estados Unidos, fueron hostiles a la asistencia militar que Cárdenas brindaba a la República y le presionaron vigorosamente para que mantuviera esa cooperación al mínimo o que la suspendiera por completo. Esto aumentó aún más el aislamiento diplomático de México, dejándolo con España como único aliado.

La postura del Ejército mexicano respecto a la política española fue de respaldo permanente y sin reservas, si bien su alto mando resistió todo intento de reproducir la interferencia de los sindicatos o de los partidos políticos en aquél, como había sucedido en España y como pretendieran Lombardo Toledano y el PCM.[57]

Claramente, las simpatías de Cárdenas hacia la República fueron determinantes en la política exterior mexicana. Ahora bien, otros funcionarios ejercieron considerable influencia para que ese apoyo se materializase. Fue el caso del subsecretario de Relaciones Exteriores, Ramón Beteta, quien, pese a ser subordinado nominal del general Eduardo Hay, secretario del despacho, era quien conducía en realidad la cancillería mexicana. Bereta era el integrante más joven del gobierno y, se decía, el que mayor influencia ejercía sobre Cárdenas. Graduado con honores por la Universidad de Texas, el joven tecnócrata fue responsable del diseño de la política exterior mexicana de la época, y como tal, artífice de la solidaridad incondicional de México con la República.[58]

Isidro Fabela, delegado de México ante la Sociedad de Naciones, también jugó un papel instrumental a la hora de convencer a Cárdenas de que ayudará a la España leal. Fabela creía que España daba una oportunidad a México para apuntalar su declinante posición internacional, pues sostenía que, a través de la defensa de República, las potencias occidentales podrían ser persuadidas de que la guerra española era otro caso más de agresión externa contra países más débiles y que ponía en peligro la paz mundial ("fascismo en marcha").[59]

La experiencia histórica comprometía a México en el impulso al principio de seguridad colectiva. Los Estados Unidos habían aceptado la no intervención en la Conferencia Panamericana de Buenos Aires, dejando atrás una era de atropellos contra sus vecinos del Sur. La posibilidad de convencer a otras potencias de aceptar esa actitud podría comprometerlas a salvar a la República y, al mismo tiempo, a oponerse por principio a cualquier intervención imperialista. Tal desarrollo beneficiaría claramente a México, cuyo nacionalismo económico le hacía altamente vulnerable a la agresión extranjera.

Mucho antes de la Guerra Civil española, México había presionado a favor de la seguridad colectiva en el seno de la Sociedad de Naciones. Cuando el entonces delegado mexicano ante el organismo, Narciso Bassols, solicitó ayuda para Etiopía, Cárdenas emitió una serie de decretos en noviembre de 1935 destinados a cumplir con las sanciones impuestas por la Sociedad de Naciones contra Italia, esencialmente, un embargo de petróleo. Tras la caída de Etiopía, Bassols dejó clara la postura mexicana durante la crisis abisinia en términos perfectamente aplicables a la posterior postura de México ante la Guerra Civil española:

> No es meramente el apego a los principios abstractos del derecho internacional lo que nos llevó a actuar del modo en que lo hicimos. A lo largo de su historia como nación independiente, el pueblo mexicano ha llegado a conocer, más de una vez, el brutal significado de las invasiones y conquistas del imperialismo. Por ello, el respeto por la independencia y la integridad territorial de una nación es un elemento esencial de nuestra sensibilidad nacional y una exigencia fundamental de nuestro pueblo.[60]

Hubo, efectivamente, un factor ideológico, e incluso emocional, en la respuesta mexicana al conflicto español. Las supuestas semejanzas entre el golpe de Estado que terminó con la vida del presidente Madero en 1913 y el levantamiento patrocinado desde el extranjero contra el gobierno español fueron frecuentemente evocadas por figuras del gobierno mexicano. Entonces, las maquinaciones del embajador norteamericano, Henry Lane Wilson, junto con la complicidad de la mayor parte del cuerpo diplomático acreditado en México, habían sido decisivas en el derrocamiento de un gobierno legítimo. Ahora, las acciones de Italia y Alemania parecían cruciales en la victoria de Franco. La analogía sería reiterada, una y otra vez, por los funcionarios mexicanos al justificar el apoyo oficial a la República.

Recíprocamente, resulta asombroso observar cómo muchos de los antiguos asociados de Huerta –el golpista que depuso y mandó asesinar a Madero– se opusieron tenazmente a la política española de Cárdenas. Hombres como Querido Moheno, Nemesio García Naranjo o Rodolfo Reyes, todos ellos figuras destacadas en el gabinete de Huerta, escribieron virulentas diatribas contra la República en *Excélsior* o *El Hombre Libre*. Estos conservadores evocaron también la analogía entre la nueva República y el intento idealista de Madero por establecer una democracia en México, si bien por razones completamente opuestas. A poco de proclamada la República, un editorial del diario conservador *El Universal* resumía esa perspectiva:

> La España de 1931 recuerda demasiado al México de 1911. México se precipitó a la violencia anárquica. España parece estar haciendo exactamente lo mismo.[61]

Para el gobierno de México, la asonada franquista no era el típico golpe de Estado. La división entre las dos Españas trascendía su dimensión local. La flagrante injerencia italiana y alemana en el conflicto tenía todos los visos de una agresión externa. En ese sentido, la "nueva" España representaba a la democracia y el gobierno legítimo, mientras que la "vieja" España personificaba el fascismo y la agresión. No resulta del todo claro si Cárdenas habría demostrado tanto interés en el conflicto de no haber sido éste, al menos parcialmente, un pulso entre fascismo y socialismo. Como quiera que fuera, al menos desde su punto de vista, y ya que una victoria del fascismo en España podría incitar a los conservadores mexicanos a redoblar su oposición al progreso del "socialismo" en México, las razones de su comportamiento resultan evidentes.

Para funcionarios como Beteta, Bassols y Fabela existía un notable parecido entre las metas y los objetivos de la República española y los de la Revolución mexicana. Permitir el sacrificio de la "revolución" española podría sentar un precedente peligroso para el movimiento social mexicano, siempre expuesto a la intervención foránea. En ese sentido, un informe del embajador de México en España, Ramón P. Denegri, a Cárdenas en 1937 ayuda a elucidar las motivaciones subyacentes de la postura oficial mexicana:

> La ligazón de la Iglesia de España y del capital español con los de México es tan estrecha, que la lucha española se proyecta a nuestro país y en este mismo momento los capitalistas y los católicos mexicanos están ya en conexión con los españoles para minar y, si es posible, derrumbar al gobierno popular de México. El triunfo de Franco determinaría una ofensiva inmediata y poderosa contra todas las fuerzas revolucionarias de México. El gobierno de México al ayudar al de España no sólo está con la legalidad, la justicia y la tradición popular mexicana, sino que sostiene su propia causa en la avanzada que es la pugna de la Península. Por eso para México el gobierno de Franco no es, ni puede ser nunca, aunque alcanzara el triunfo, otra cosa que el faccioso y el enemigo histórico. Una batalla en el Jarama o un cañoneo en el Mediterráneo, pueden repercutir mañana mismo en México.[62]

Los paralelismos entre la República española y los gobiernos revolucionarios de México, muy especialmente el de Cárdenas, han sido a menudo evocados. Ambos países eran sociedades económicamente atrasadas, con pequeños enclaves de industrialización en medio de zonas rurales semifeudales. Ambos tenían clases medias relativamente pequeñas y sus niveles de analfabetismo seguían siendo elevados; la unidad nacional era débil o inexistente. Caciques regionales todavía dominaban la política local, las instituciones democráticas eran más bien débiles, mientras que los sordos conflictos entre católicos y anticlericales eran un reflejo de profundas divisiones sociales.

Los dos gobiernos reformistas buscaban llevar a cabo programas sociales radicales a fin de sacar a sus respectivos países del atraso y la dependencia. Aunque el proyecto de Cárdenas era mucho más radical que el programa republicano, ambos gobiernos se identificaron profundamente, pues compartían un objetivo: la redención social.

Por último, existía el poderoso elemento de una cultura y una lengua comunes y de una tradición común. Podrá argumentarse que eran muchas más las diferencias que las similitudes; no obstante, la identidad y la unidad de objetivos perseguidos por ambas elites gobernantes refuerzan la idea de la coincidencia. Si Calles, Cárdenas o Bassols creían que España estaba siguiendo el rumbo fijado por México, muchos republicanos estaban convencidos exactamente de lo contrario.

Arnold Toynbee consideraba que México era el gobierno ideológicamente más cercano a la República,[63] en tanto que Samuel Guy Inman hizo notar que la Constitución española de 1931 había sido elaborada a partir de la carta magna mexicana de 1917.[64] Tal vez dichas aseveraciones formuladas por observadores coetáneos fueran exageradas. En cualquier caso, otros estudiosos, como Frank Sedwick o Ramón Tamames, han reiterado la idea de que la constitución española estuvo en gran medida inspirada en la de México.[65] El hispanista Carlos M. Rama comparte esa opinión al asegurar que la constitución de Querétaro representó "un valioso precedente de reconstrucción política y social", y que la Constitución mexicana era, con la del Uruguay (también de 1917), el único referente "demoliberal" en el mundo hispánico.[66]

Las simpatías del gobierno cardenista por la España leal fueron expresadas de las formas más variadas. Además de las provisiones de armamento, apoyo diplomático, envíos de dinero, medicinas y alimentos, se dio refugio a 500 huérfanos de guerra e intelectuales republicanos. El apoyo moral se brindó siempre que fue posible. Sin amigos en el exterior, los republicanos españoles aceptaron, sin cuestionarla, la ayuda mexicana.

México llegó al extremo de permitir que barcos españoles ondearan la bandera mexicana para evitar que fueran atacados.[67] Diversos funcionarios españoles fueron provistos con pasaportes mexicanos para encubrir sus misiones secretas en el exterior o bien para poder viajar con seguridad a través de países aliados de Franco. Así, el subsecretario de Aviación del Ministerio de Defensa, Ángel Pastor Velasco, recibió un pasaporte mexicano bajo el nombre de "Alfredo Palacios" para encubrir sus actividades en el extranjero en relación con el mandato republicano de compra de armamentos.[68] En París, el embajador Adalberto Tejeda dio a Juan Simeón-Vidarte un pasaporte mexicano para que cumpliera sus misiones en el exterior sin riesgos. De este modo, Vidarte se convirtió en un tal "Juan Valdez", de Veracruz, personaje inventado por el propio Tejeda.[69] Todavía en junio de 1940, Juan Negrín, Francisco Méndez Aspe y Santiago Casares Quiroga pudieron abandonar la Francia ocupada hacia Inglaterra gracias a pasaportes mexicanos con identidades falsas, proporcionadas por la embajada de México.[70]

Al estallar la rebelión, gran parte del personal del servicio exterior español adscrito en el extranjero se situó al lado de los insurrectos. En muchos casos, México se hizo cargo de los intereses republicanos. Tras la ruptura de relaciones entre la República y Uruguay, en febrero de 1937, México se hizo cargo de los archivos de la embajada española, a fin de evitar que cayeran en manos de los facciosos. Además, asumió la representación de los intereses republicanos en Montevideo[71] y la custodia de las misiones diplomáticas españolas en Costa Rica y Perú.[72] Siempre que fue posible, los agentes diplomáticos y consulares mexicanos actuaron como correos o enlaces de los republicanos cuando los canales de comunicación de estos habían quedado bloqueados. México intentó también proteger los intereses republicanos en Italia, Alemania y Portugal, aunque esto demostró ser una tarea casi imposible.

Un ejemplo de dichas tentativas puede verse en la hostilidad enfrentada por Daniel Cosío Villegas durante su gestión como encargado de negocios interino en Lisboa. Cosío Villegas sería más tarde el autor de la idea de traer académicos e intelectuales a México para que continuaran su labor, lejos del desgarrador conflicto de su país. En Portugal, Cosío se encontró casi desde el principio con la hostilidad abierta de las autoridades y la prensa portuguesas. Esta última se refería socarronamente a su persona como *o ministro vermelho*: "el embajador rojo". Su chófer y ama de llaves espiaban cada uno de sus movimientos. Cuando el gobierno lusitano congeló las cuentas del embajador español Claudio Sánchez Albornoz, el gobierno mexicano envió dinero e instruyó a Cosío Villegas para que pagase con él al personal español asignado en Lisboa, esquivando así, al menos temporalmente, el incesante hostigamiento de Salazar contra la embajada republicana.[73]

En febrero de 1937, Cosío Villegas envió un cable a la Secretaría de Relaciones Exteriores, en el que informaba que varios prominentes falangistas se le habían acercado, junto con el cónsul de Guatemala en Lisboa, solicitando los buenos oficios de México para auspiciar conversaciones de paz con Azaña. Haciendo gala de una ingenuidad digna de mejor causa, el diplomático mexicano aconsejaba a su Ministerio apoyar dicha petición. La Secretaría de Relaciones Exteriores respondió inmediatamente con una negativa categórica, en la que sostenía que cualquier intento de mediación constituiría una injerencia inadmisible en los asuntos internos de España, y en la que conminaba al embajador mexicano a abandonar todo contacto confidencial con los sediciosos, pues el gobierno español podría considerarlo, con toda justicia, como un gesto inamistoso y un reconocimiento tácito de los rebeldes como beligerantes.[74]

Otro ejemplo digno de mención es el del embajador mexicano en Buenos Aires, Alfonso Reyes, quien de manera abierta y tenaz apoyó a su colega español, Enrique Díez Canedo, ante la abierta hostilidad de las autoridades argentinas. Reyes, en clara infracción del protocolo diplomático, asistió a varios mítines a favor de la República, afrentando particularmente al gobierno del general Agustín P. Justo al asistir a una concentración organizada por el Partido Comunista Argentino en el Luna Park.[75] Reyes también apoyó a Díez Canedo en las negociaciones que condujeron a la devolución del buque mercante *Cabo San Antonio*, que había sido incautado por el gobierno argentino.[76]

REACCIONES ESPAÑOLAS
A LA SOLIDARIDAD MEXICANA

La España republicana manifestó su gratitud por estos gestos a través de la prensa, en manifestaciones públicas y enviando figuras distinguidas para alimentar aún más la actitud de por sí amistosa de su antigua colonia. La importancia de tales deferencias puede verse en la decisión del gobierno español de nombrar a un batallón del Ejército republicano en honor del presidente Cárdenas. Cuando se le pidió consentimiento, fiel a su proverbial modestia, respondió:

> Si bien aprecio profundamente el honor que me ha sido ofrecido, ruego al comandante de la división que me permita declinarlo. Estoy convencido de que no se puede hacer un juicio final respecto a hombres que todavía ejercen responsabilidades de carácter público, sino hasta que su tarea ha concluido y la historia la haya juzgado en toda profundidad.[77]

Los mexicanos que viajaban a España eran cálidamente recibidos, festejados e incluso exhibidos por las bases republicanas. Muchas baladas populares de la guerra se referían a la postura pro republicana de México:

> Hoy es día de fiesta camaradas
> México, nación hermana, nos envía rifles
> Victoriosos en la revolución de Villa,
> En la explosión agraria de Zapata
> ¡Viva el pueblo mexicano!
> ¡Tres hurras para el pueblo mexicano
> y tres vítores para Cárdenas!
> Defensor del soldado, el trabajador
> y el campesino.[78]

O bien:

> ¡España no te amilanes
> Aunque te echen al italiano
> contigo está la justicia
> y todos los mexicanos![79]

Mientras duró la contienda, diversas organizaciones de la zona republicana enviaron saludos y mensajes de agradecimiento al gobierno y a organizaciones fraternas de México. Las Cortes y los partidos transmitían con frecuencia saludos al "noble" pueblo de México. Se celebraron homenajes y varias calles fueron rebautizadas con el nombre de México como muestra de aprecio y agradecimiento. El Ayuntamiento de la ciudad de Barcelona pidió permiso a Cárdenas para dedicarle una calle. Este declinó el honor una vez más y propuso que, en su lugar, los catalanes eligieran a algún personaje histórico mexicano. A instancias del cónsul mexicano en esa ciudad, José Rubén Romero, se decidieron por Benito Juárez. Un batallón fue nombrado en honor de Pancho Villa.[80]

En septiembre de 1937, los gobiernos español y mexicano patrocinaron una exposición itinerante de arte español para conmemorar la independencia de México. La muestra pudo ser vista en Madrid, Valencia y Barcelona, antes de partir hacia París, donde fue exhibida en la Exposición Universal de ese mismo año. Diversos actos multitudinarios rindieron homenaje a México. Entre los más destacados cabe mencionar los realizados en el cinc Palacio de la Música,[81] en el Teatro de la Zarzuela, en el Palau de la Música catalán y en el Teatro Principal de Valencia.[82] Según la prensa española de la época, en estos mítines y festivales, la muchedumbre gritaba encendidos vítores a México y al general Cárdenas. El Frente Popular lanzó la iniciativa de una Sociedad de Amigos de México afiliada al Departamento de Propaganda, que tenía distintas secciones en el territorio republicano. Según varios mexicanos que estuvieron en España durante la guerra, ser mexicano se convirtió en una suerte de salvoconducto o *ábrete sésamo*.

El 11 de diciembre de 1936, las Cortes Españolas agradecieron al pueblo y al gobierno de México su ayuda y solidaridad incondicionales. La declaración decía:

> El parlamento español, reunido en Valencia, ha acordado de manera unánime, en medio de clamorosas demostraciones en favor de México, expresar al pueblo mexicano su profunda gratitud por su conducta ejemplar de solidaridad internacional y la ayuda desinteresada que ha prestado a España. Una España que combate hoy por la defensa de los mismos ideales de paz y libertad, que son norma y esencia de la gran nación mexicana. El presidente de las Cortes. Diego Martínez Barrio.[83]

El apoyo moral de México a España adoptó otra modalidad con el refugio brindado a 500 niños españoles para sacarlos de los horrores de la guerra. Como las hostilidades no perdonaban ni siquiera a la población civil, provocando en cambio matanzas sin precedentes, muchos padres de familia estaban ansiosos por evacuar a sus hijos de la zona de conflicto. La guerra había dejado a muchos niños en la orfandad, sin nadie que los cuidara. A partir de 1937, el gobierno español comenzó a evacuar a esos niños hacia otros países. Casi 1500 fueron enviados a la Unión Soviética, donde la mayoría fueron obligados a permanecer muchos años después de terminada la guerra española. Alrededor de 500 fueron enviados a México.[84] Otros grupos menos importantes fueron a Bélgica, Gran Bretaña y Francia.

Los niños llegaron a México en junio de 1937, donde recibieron una gran atención por parte de una opinión pública no muy favorable a la causa republicana. No obstante, varias familias acomodadas de origen español, sin la menor simpatía por la República, se ofrecieron a adoptarlos. Pese a tales ofertas, el gobierno mexicano decidió reservarse para sí la tutela de los niños y educarlos en los valores izquierdistas por los que sus padres habían combatido o seguían haciéndolo. El gobernador de Michoacán, Gildardo Magaña, ofreció alojamiento y educación para los niños en la capital de su estado, Morelia, y Cárdenas aceptó la oferta. Un viejo convento, que recibió el nombre "Colegio México-España", fue habilitado como internado con el personal español que había acompañado a los niños combinado con maestros locales como tutores.

La mayoría de los niños provenía de medios muy modestos, lo cual dificultó la adaptación a su nuevo entorno. Ha habido un debate interminable acerca del fracaso o el éxito de la operación, pues los niños causaron considerables problemas por indisciplina y no lograron integrarse nunca al posterior exilio español, que de hecho los consideró con desdén como una partida de inadaptados.

Un mes después se dio un nuevo paso para la acogida de republicanos en México, cuando Cosío Villegas hizo pública una invitación del presidente Cárdenas a que los intelectuales y científicos españoles viniesen a México a continuar sus ocupaciones lejos de las privaciones de la guerra. Cosío Villegas y el subsecretario de Educación de la República, Wenceslao Roces, fueron los encargados de poner en práctica el plan.

Por decreto presidencial, se fundó una institución académica, la Casa de España, para alojar a los distinguidos visitantes. Muchos de estos profesores no contribuían al esfuerzo bélico y de hecho representaban una carga logística y financiera para el gobierno de Valencia. El proyecto de Cosío tuvo una gran acogida por parte de intelectuales mexicanos como Alfonso Reyes, Eduardo Villaseñor y Genaro Estrada, quienes, como se ha visto, habían trabado una estrecha amistad con muchos de sus colegas españoles.

Así, de modo previsible, Cárdenas nombró a los dos primeros, junto con Cosío, miembros de la Junta de Gobierno de la Casa. El gobierno de México acordó hacerse cargo de los gastos de transporte y manutención de los letrados. A cambio, los académicos debían de impartir cátedra en las universidades mexicanas y dictar conferencias y cursos especiales en la Casa.

Siguiendo este plan y mientras duró la guerra, llegaron a México 35 profesores.[85] En 1940, cuando fue evidente que Franco no sería fácilmente derrocado, el estatuto del la Casa de España fue revisado, transformándose en El Colegio de México, institución que fue liberada del control gubernamental. Se contrató un claustro permanente de profesores españoles y mexicanos para impartir cursos regulares y programas de grado. En los años posteriores, El Colegio de México pudo integrar a distinguidos académicos de España, México y América Latina. Desde entonces se ha convertido en uno de los más respetados centros de investigación y educación superior en Latinoamérica.[86]

LA EMBAJADA DE MÉXICO EN MADRID

Las relaciones entre España y México habían distado de ser cordiales durante el llamado "bienio negro". Después de la victoria del Frente Popular, pese a la llegada de un gobierno afín, Cárdenas se abstuvo de nombrar a un nuevo embajador. El embajador de México, general Manuel Pérez Treviño, había sido enviado a España en enero de 1935, donde permaneció hasta ser remplazado, exactamente dos años después. Con el nombramiento de Pérez Treviño, Cárdenas hizo honor a la práctica de los viejos gobiernos revolucionarios de asignar embajadas y misiones en el exterior a disidentes potenciales o enemigos declarados, como una forma de mantenerlos lejos de la política interna, o bien para instalarlos a la lealtad por medio de su permanencia dentro del presupuesto nacional.

En el momento del alzamiento, Pérez Treviño se encontraba, al igual que el resto del cuerpo diplomático, disfrutando de sus vacaciones veraniegas en San Sebastián.[87] Su primera reacción fue establecer provisionalmente la embajada en Fuenterrabía, donde esperó recibir nuevas instrucciones. Pérez Treviño no podía regresar a Madrid por la misma ruta que había tomado para llegar al País Vasco, pues Navarra había caído en manos del insurrecto general Mola.[88] Desde Fuenterrabía, Pérez Treviño instruyó a su equipo para que asegurara la protección de los mexicanos en suelo español. Entre ellos estaban los miembros de la delegación mexicana que iba a participar en los Juegos Olímpicos de

Berlín, quienes habían quedado atrapados en La Coruña, desde donde iban a viajar rumbo a Hamburgo.

El primer informe confidencial enviado por Pérez Treviño contenía una relación pormenorizada acerca de los asesinatos del diputado conservador Joaquín Calvo Sotelo y del jefe socialista de la policía de Madrid, el teniente José Castillo. El parte describía en gran detalle el clima de creciente polarización que envolvía a España en los días previos al alzamiento. Como respuesta, Pérez Treviño recibió la orden de la cancillería de regresar de inmediato a Madrid, adonde llegó el 24 de agosto de 1936. Fue el primer diplomático en volver a la capital española, vía Francia, Barcelona y Valencia.[89] El resto de los embajadores prefirió permanecer a buen recaudo en Hendaya, donde se estableció provisionalmente el cuerpo diplomático acreditado ante España.[90] El asunto no era menor, pues fue premonitorio de la actitud de desdén y desaire que mantendrían posteriormente muchas misiones extranjeras ante el gobierno legítimo de España. De hecho, los dos únicos gobiernos cuyos jefes de misión permanecieron cerca del gobierno español a lo largo del conflicto, siguiéndole de Madrid a Valencia, y luego a Barcelona, fueron los de la Unión Soviética y México. Los demás países que sostenían relaciones con la República se limitaron a dejar como encargados de despacho a funcionarios de bajo perfil en sus embajadas o legaciones.

A esas alturas, varios mexicanos residentes en España buscaban escapar de las hostilidades. Se les dio cobertura diplomática, al igual que se brindó, desde el principio, asilo diplomático a monárquicos españoles y otras personas con vínculos, sospechados o comprobados, con la insurrección. Un caso interesante fue el de Rodolfo Reyes –hijo de Bernardo y hermano de Alfonso, del mismo apellido–, abogado, ex ministro de Gobernación con Huerta (1913-1914) y exiliado mexicano en España. Habitual de los círculos aristocráticos de Madrid, Reyes asumió la defensa de varios aristócratas ante los "tribunales populares" creados al calor de las revueltas. Cuando inquirió a sus captores, le respondieron que los presos habían sido "liberados incondicionalmente", eufemismo que escondía sus muertes. Cuando Reyes protestó contra el "salvajismo" de la justicia republicana, los Guardias de Asalto le respondieron que eso era la "revolución", y que él como mexicano debía de saberlo. Reyes rechazó los argumentos, pues aunque en México había habido crueldades, "el propio Villa mataba a plena luz del día y explicando la razón por la que lo hacía".[91]

El 6 de septiembre, Reyes fue arrestado en su despacho porque "aparecía en varias fotografías, acompañado de generales, abogados y obispos, y porque tenía en su poder libros escritos por burgueses y aristócratas, muchos de ellos firmados. Reyes les explicó que las fotos eran de una reunión de la Unión Nacional de Abogados a la que había asistido como miembro destacado, y añadió con sorna: "si ser abogado de la burguesía me convierte en un burgués, entonces sí, soy un burgués".

Tras un breve arresto, Reyes fue liberado y obtuvo protección diplomática inmediata de la embajada mexicana para él y su familia. El caso de Reyes es simbólico por la manera en que su familia reflejó la división de los españoles en guerra. Reyes tenía cuatro hijos, dos nacidos en México y dos en España. El contraste entre ellos, aparte del cronológico, era abismal. El mayor era miembro del servicio exterior mexicano, y como tal, fiel defensor de la República; los menores, fervorosos falangistas, que incluso participaron en la defensa del Cuartel de la Montaña, y por ese hecho fueron brevemente encarcelados antes de que Reyes moviera sus hilos para liberarlos. Dentro de la misión, los Reyes se volvieron una pesadilla constante para el embajador y el personal acreditado, pues provocaban a los guardias de asalto apostados en las inmediaciones cantando el *Cara al sol* y lanzando consignas a favor del alzamiento.[92]

Con el fracaso del alzamiento en Madrid, muchas personas de conocidas simpatías por el Ejército, el Rey, la CEDA o la Falange debieron pasar a la clandestinidad. Muchos se ocultaron, algunos lograron escapar a Francia o Portugal, y varios más buscaron refugio en las embajadas extranjeras. Para octubre de 1936, 800 personas habían obtenido asilo en la embajada de México, mientras que otras 24.000, la mayoría con inclinaciones fascistas, lo conseguían en otras 30 legaciones, produciéndose en ellas hacinamiento y condiciones insoportables.[93]

LA CRISIS DE LOS REFUGIADOS

Como cabía esperar, el tema del asilo político pronto se volvió una controversia entre el gobierno republicano y las embajadas. El gobierno español sostenía que, en caso de levantamiento militar, el derecho de asilo no tenía validez, y pidió que se entregara a todos los asilados a las autoridades competentes. En la calle se hablaba de la "Quinta Columna" que llevaba a cabo operaciones contra los leales desde dentro de las embajadas, escudada en la inmunidad diplomática. Algunos refugiados, de hecho, portaban armas y realizaron espionaje y actividades terroristas bajo cobertura diplomática.

En un célebre incidente, las milicias tomaron por asalto la embajada finlandesa, lo que dio lugar a vivas protestas del cuerpo diplomático, incluido Pérez Treviño. En diciembre de 1936, el ministro de Estado, Julio Álvarez del Vayo, desechó una propuesta de la Sociedad de Naciones que pedía la evacuación de los refugiados hacia otros países, entre ellos México. La crisis alcanzó su clímax después de que el embajador español en Francia, Luis Araquistáin, publicara una nota en la que cuestionaba la legitimidad del asilo diplomático:

> Esto no es una cuestión humanitaria como pretende el señor D'Ormesson. Es un abuso inconcebible y sin precedentes del llamado derecho de asilo. No es el caso de dos o veinte hombres derrotados en una revolución, que buscan refugio, como dicta la práctica tradicional del asilo. Un derecho, por cierto, en desuso en Europa y sólo practicado por algunas naciones sudamericanas. Por lo tanto, cuando una residencia diplomática acoge a 1.000 enemigos de un gobierno, eso deja de ser asilo y se convierte en una guarnición. Además cuando una zona diplomática protege a 5.000 personas hostiles al gobierno, entonces esa zona se vuelve una avanzada militar. Se trata de un acto de intervención por parte del cuerpo diplomático acreditado en Madrid.[94]

En realidad, la doctrina del asilo, una tradición en América Latina postulada por acuerdos continentales tales como el Tratado de Montevideo de 1889 o las resoluciones de la Conferencia Panamericana de La Habana de 1929, distaba de ser universal. Los embajadores latinoamericanos pedían a Madrid que respetara ese derecho, pese a que España jamás había ratificado tales acuerdos. Esto dio lugar a tensiones importantes entre el gobierno republicano y la embajada mexicana.

Por lo demás, el derecho de asilo se aplicaba a jefes de Estado, derrocados por revoluciones y pronunciamientos, o bien a dirigentes y personalidades notables. No era el caso de los refugiados en las embajadas en Madrid. En el mejor de los casos, se trataba de gente acomodada que temía por sus vidas o por lo que veían como el terror desatado por el fermento revolucionario en la zona republicana. En el peor, se trataba de conocidos partidarios de la insurrección bajo sospecha razonable de conspiración contra el gobierno establecido. Muchos casos representaban infracciones flagrantes al derecho de asilo, incluso como era entendido en Latinoamérica.

> En las embajadas se instalaron radiotransmisores, se organizó el espionaje, se negoció el mercado negro, se acumulaban armas, se disparó desde las ventanas, y se comió y bebió mejor que en ninguna otra parte.[95]

No obstante, Pérez Treviño defendió con celo el derecho a dar protección a estos individuos, aun a costa del alejamiento que esto le supondría, a la postre, del presidente Cárdenas. Entre los asilados más notables estaban Emiliano Iglesias, embajador de Lerroux en México; Alberto Martín Artajo, quien posteriormente sería nombrado ministro de Exteriores de Franco; y, al parecer, el entonces comandante de submarino Luis Carrero Blanco, futuro jefe de gobierno, que encontró refugio brevemente en la embajada mexicana antes de pasar a zona nacional en San Sebastián en junio de 1937, vía Toulon.[96] Las milicias acusaron a estos refugiados de apoyar a la Quinta Columna y empezaron a ejercer presión contra la embajada, amenazando incluso con tomarla por asalto.

Cuando la capital española fue sitiada por los nacionales, varios republicanos prominentes buscaron también refugio dentro de la embajada. Entre ellos estaban Ramón Menéndez Pidal; Gregorio Marañón, que poco después abandonaría la causa republicana; el ex alcalde de Madrid, Pedro Rico; y la familia del subsecretario de Guerra, José Asensio. La llegada de los republicanos provocó fricciones con los conservadores que recordaban a las que estaban teniendo lugar en las trincheras.

Con las disputas subiendo de tono, Pérez Treviño comenzó a temer la posibilidad de un enfrentamiento sangriento en la embajada. El descontento en Madrid contra lo que se percibía como complacencia con los refugiados, en contraste con las privaciones soportadas por la capital sitiada, fue tanto que el embajador mexicano sintió la necesidad de hacer aclaraciones por medio de la prensa. En una inserción pagada en el diario *ABC* de Madrid, Pérez Treviño declaró que la concesión de asilo no implicaba una intromisión en los asuntos españoles, y garantizaba que los asilados en la embajada no estaban armados ni envueltos en actividades subversivas:

> Mi condición de revolucionario mexicano y mi firme convicción como amigo de las causas populares son una garantía adicional de mi lealtad hacia el pueblo de España.[97]

El 6 de noviembre de 1936, al tiempo que el gobierno abandonaba Madrid y se trasladaba a Valencia, Aurelio Núñez Morgado, embajador de Chile y decano del cuerpo diplomático, propuso la evacuación de las embajadas y el traslado de los funcionarios y asilados al puerto levantino. El gobierno republicano consideró inaceptable la propuesta, agudizándose aún más la crisis diplomática. Bajo instrucción de su cancillería, Pérez Treviño se opuso a la iniciativa de Núñez Morgado y rehusó abandonar la capital. Con todo, el gesto de Pérez Treviño resultó insuficiente, pues no pudo convencer al gobierno republicano de la supuesta justicia de la postura mexicana respecto al asilo diplomático.[98]

En un momento determinado la embajada llegó a alojar a más de 1.000 asilados. Cuando la casa del número 17 de la calle Fortuny quedó pequeña, se habilitaron nuevas sedes bajo protección diplomática mexicana. De este modo, el palacete ubicado en el número 3 de la calle Hermanos Bécquer, sede actual de las oficinas del banco francés Paribas, y que por entonces pertenecía al excéntrico aristócrata hispano-mexicano Carlos –*Charles*– de Béistegui, el cual había abandonado España hacia un autoexilio en Biarritz, se convirtió en albergue para cientos y cientos de personas. El hacinamiento se volvió insoportable, y se propagaron epidemias de fiebre tifoidea y de difteria entre los asilados.

La crisis de los refugiados hizo ostensibles las desavenencias dentro del gobierno de Cárdenas así como la falta de coordinación entre sus diferentes instancias respecto al tema. Por una parte, México había aplicado históricamente el derecho al asilo, si bien sólo bajo los supuestos a los que había hecho referencia Araquistáin, y varios funcionarios mexicanos, principalmente aquellos pertenecientes a la cancillería, consideraban irreprochable la protección de los asilados. Por otra, funcionarios mexicanos inclinados a la izquierda como Beteta, Múgica, Bassols y el presidente consideraban inaceptable la salvaguarda de señalados fascistas, pero no podían impedirla sin desprestigiarse ante el resto de los gobiernos latinoamericanos.

Chile, y más señaladamente Argentina, por medio de su embajador, el Premio Nobel de la Paz de 1936, Carlos Saavedra Lamas, no sólo resistieron las presiones del gobierno republicano, sino que amenazaron con una ruptura conjunta de relaciones de toda América Latina con la República española.[99]

La cuestión del asilo colocó a México en un equilibrio ambiguo y peligroso: por un lado prestaba ayuda a la República por todos los medios a su alcance; por otro, protegía a sus enemigos dentro de su propia embajada. Esta aparente contradicción debe atribuirse en exclusiva a Pérez Treviño, cuya decisión de otorgar asilo diplomático a quienquiera que lo solicitara, siguiendo "consideraciones de estricta humanidad",[100] puso en entredicho al gobierno mexicano frente a las autoridades españolas.

Las relaciones de Cárdenas y Pérez Treviño distaban de ser cordiales. No en vano Pérez Treviño había sido un notable hombre de Calles que además tenía reputación de conservador y contrarrevolucionario entre la elite gobernante de México. Además había sido el principal contrincante de Cárdenas en la lucha por la presidencia en 1933, y como tal fue enviado a España, como un modo de alejarlo de la vida política nacional. Las divergencias entre el presidente y el embajador se agudizaron a raíz del embarazoso tema de los asilados, por lo que, en un hecho cantado, Pérez Treviño fue cesado en forma ignominiosa y trasladado a Chile en plena crisis bilateral, el 18 de diciembre de 1936.

Tras la derrota de la República, el escritor mexicano de fuertes tendencias izquierdistas Andrés Iduarte escribió una violenta diatriba en contra de la gestión de Pérez Treviño como embajador, acusándolo de parcialidad manifiesta a favor de los franquistas:

En Málaga, el consulado mexicano ocultó a 200 enemigos de la República. Lo que fue olvidado cuando entraron los franquistas: algunos intelectuales de izquierda que el cónsul había asilado, fueron aprehendidos y varios de ellos fusilados. ¡Qué lástima que el general Pérez Treviño no pueda ejercitar ahora, en dirección contraria, su vocación franciscana![101]

En México, la crisis de los refugiados tuvo también repercusiones inmediatas, incluso en el ámbito de los espectáculos, con el estreno y posterior éxito en taquilla de la película *Refugiados en Madrid*, del director Alejandro Galindo y con diálogos de Celestino Gorostiza. Protagonizada por María Conesa, Arturo de Córdova y los hermanos Soler, entre otras estrellas de la época, la película narra en clave melodramática la suerte de un grupo de asilados dentro de una embajada no identificada en Madrid, pero que evidentemente aludía a la de México.[102]

Tras una correspondencia prolongada entre cancillerías, el gobierno español cedió parcialmente y acordó evacuar hacia Francia a algunos de los asilados albergados en las instalaciones de la embajada mexicana. Una primera ronda de refugiados fue evacuada y transportada hacia Francia por el buque *Durango*.

En febrero de 1937, en plena crisis de los refugiados y cuando la guerra ingresaba en una nueva etapa, Cárdenas nombró a Ramón P. Denegri nuevo embajador. Las razones de dicho nombramiento permanecen poco claras, aunque seguramente tuvieron mucho que ver con la manera en que Pérez Treviño manejó el problema del asilo. Versiones contradictorias entre sí describen a Denegri ya como un astuto agente comunista, un espía nazi, un arribista y traficante de influencias enquistado en el gobierno mexicano, ya como un funcionario eficiente y honrado.[103]

Desde Madrid, Denegri informó a Cárdenas sobre la "escandalosa" actitud mostrada por varios asilados, quienes habían conspirado con impunidad desde el interior de la embajada, estaban armados, habían construido barricadas y se expresaban en términos denigrantes tanto sobre el gobierno español como el mexicano, mientras se entregaban en la sede diplomática a toda suerte de prácticas religiosas, infamando de este modo el derecho de asilo.

Amenazan con exponernos en cualquier momento a un conflicto similar al que tuvo lugar dentro de la embajada finlandesa. Puede usted estar seguro de que habré de actuar con energía para poner fin a esta embarazosa situación.[104]

Desde su llegada, la breve gestión de Denegri (enero de 1937 a julio del mismo año) se vio envuelta en toda clase de escándalos. En un acto de absoluta descortesía diplomática, Denegri dejó transcurrir dos meses antes de asumir su cargo. En la ceremonia de presentación de sus cartas credenciales ultrajó a los republicanos formalmente ataviados, al aparecer vestido de paisano y acompañado de dos matones vestidos de charros mexicanos, y armados con pistolas. Dándoselas de radical y de compañero de ruta, el nuevo embajador se entregó alegremente a hostigar a los asilados más visiblemente derechistas. Hubo rumores insistentes de que Denegri participaba en actos de corrupción y chantaje, que expedía pasaportes oficiales de México a sus secuaces, mientras intentaba conseguir dinero de los refugiados más pudientes a cambio de negociar su salida de territorio español bajo protección oficial mexicana.[105] Según un testimonio, Denegri cayó bajo la maligna influencia de su hijastro Carlos, propenso a la bebida y a arranques de ira –excesos que aparentemente derivaron en un asesinato en la embajada–.[106]

Durante su gestión, Denegri mantuvo con Azaña diversas reuniones, una de ellas crucial. Fue en Valencia, poco antes de que Denegri partiera a México para informar a Cárdenas sobre la situación española. Sin mayor preámbulo, el embajador mexicano preguntó a Azaña si quería enviar algún mensaje a Cárdenas, e inquirió acerca de qué podría hacer México a favor de la República, no sólo por sus propios medios sino también en consenso con otras repúblicas americanas y los Estados Unidos. Denegri insistió en el hecho de que México estaba en buenos términos con los "yanquis" gracias a Roosevelt. Azaña le respondió que era necesario detener la guerra, en la medida en que la República no debía apostar ciegamente por la posibilidad de derrotar a Italia y Alemania. Esa actitud podría prolongar el conflicto indefinidamente, consumiendo así las energías españolas hasta el punto de que nada quedara salvo ruinas. El primer paso debía ser la repatriación de todos los combatientes extranjeros, y sólo entonces se podría declarar la suspensión de hostilidades. Esta, a su vez, podría favorecer una iniciativa, por parte de alguna república hispano-americana o del propio Roosevelt, para pacificar a España. Azaña recalcó que no se trataría de una mediación o una intervención, sino de una llamada a la pacificación, dirigida no sólo a los españoles sino también a las potencias europeas, basada en consideraciones humanitarias y en sentimientos de fraternidad hispanoamericana. El presidente español insistió en que ningún acuerdo que supusiera la disolución de la República legítima sería aceptable.[107]

Denegri ofreció comunicar estas ideas a Cárdenas, a fin de que éste las transmitiera a Washington; por otra parte, aceptó que el resultado de la guerra española podría llegar a afectar gravemente al continente americano, y que una victoria de Franco podría desatar un movimiento fascista similar en México.[108] Los dos hombres se reunieron dos días después para ultimar detalles sobre el plan. El 9 de octubre, Azaña, mientras reflexionaba sobre el reciente discurso de Roosevelt sobre la situación española, recordó su conversación con Denegri, del cual nunca volvería a saber. De este modo, la opción de una solución arbitrada al conflicto español pareció haberse esfumado.[109] No existe registro alguno de la conversación entre Denegri y Azaña en los archivos mexicanos o españoles, de manera que resulta imposible saber cuál fue la respuesta de las autoridades mexicanas a la propuesta de Azaña, si es que hubo alguna.

Al final de la crisis, 807 refugiados fueron evacuados de la embajada hacia Valencia, el 14 de marzo de 1937, por 40 camiones de la Junta de Madrid y del Departamento de Seguridad, facilitados por el general Miaja, "pese a las necesidades de guerra" y sólo porque "concernía a México"; fueron escoltados por 200 guardias de asalto en motocicletas.

En el último momento las organizaciones de trabajadores exigieron que se les entregaran cuatro asilados, acusados de graves imputaciones por la justicia revolucionaria. Eran el teniente de aviación e instructor de vuelo Antonio Montes Castañola; José Molina Castiglione, antiguo alto cargo del Ministerio de Marina; el marqués José Alonso Pesqueira y un tal capitán *Santiago*, consignado como ex Director General de Seguridad bajo el gobierno de Lerroux, y uno de los principales jefes policiales responsables de la represión que siguió a la rebelión asturiana".[110]

Los cuatro oficiales estaban ya a bordo del barco que habría de evacuarlos y 120 asilados todavía aguardaban a ser embarcados. Como los trabajadores descontentos amenazaron con amotinarse, Denegri en persona subió al buque y convenció a los cuatro de que bajaran y permanecieran en Valencia bajo su custodia. Denegri aseguró a las autoridades españolas de que los asilados no se llevarían con ellos secretos militares para transmitirlos a la zona franquista. Denegri se quejó amargamente a Cárdenas de las "lamentables circunstancias de haber tenido que proteger a los enemigos del pueblo"; no obstante le aseguró que les brindaría toda suerte de garantías. Así, puso a los cuatro oficiales bajo su protección y los llevó de regreso a Madrid, donde se vieron obligados a permanecer durante varios meses antes de recibir un salvoconducto para su traslado a Francia.

Los restantes 803 asilados dejaron Valencia en el vapor *Medi II*, escoltado por un buque de guerra francés, con destino a Marsella. La tripulación del *Medi II*, compuesta mayoritariamente por comunistas franceses e italianos, se dedicó a hostigar a los refugiados hasta que llegaron a su destino.[111] Una vez en Marsella, los asilados continuaron su camino hasta llegar a la España nacional, incumpliendo de este modo el compromiso que habían contraído con Denegri.

El 30 de abril, el gobierno español se negó a que los cuatro militares, quienes para entonces habían expresado su deseo de emigrar a México, abandonaran territorio español. A esas alturas, México había cerrado todas sus instalaciones diplomáticas, salvo un edificio en Madrid, y el embajador mexicano había seguido al gobierno republicano hacia Valencia, donde se estableció una embajada provisional. Esto a su vez hizo extremadamente difícil para México albergar, alimentar y proteger a sus asilados. Finalmente, el 7 de agosto de 1937, el gobierno español dio su autorización a México y a otros países que todavía tenían asilados en sus embajadas para que los evacuaran hacia Francia o el norte de África. Entre ellos estaban los cuatros militares retenidos.

A partir de ese momento, el gobierno español obligó a todas las embajadas y legaciones a cerrar sus puertas a refugiados. La mayor parte de los gobiernos acreditados ante Madrid había cerrado sus embajadas en la capital española y sólo algunos siguieron al gobierno hasta Valencia.

Muchos diplomáticos mexicanos expresaron a título personal su alarma ante el terror que reinaba en Madrid durante las primeras etapas de la guerra. Entonces, auténticos escuadrones de la muerte erraban por las calles atacando sin más a personas que suponían fascistas. Aunque el gobierno republicano no autorizaba tal violencia, varios diplomáticos, entre ellos Pérez Treviño, consideraban que hacía poco o nada por evitarla. El gobierno mexicano optó por no censurar públicamente al gobierno español, pero en privado urgió a los republicanos a detener la violencia.[112]

Poco después de la evacuación de los asilados, la cancillería mexicana retiró abruptamente a Denegri, dejando al general Leobardo Ruiz como encargado de negocios. Nuevamente, es materia de especulación por qué Cárdenas decidió destituir a Denegri, si por su falta de etiqueta diplomática o bien por su fanatismo ideológico. En cualquier caso, fue evidente que Cárdenas no se sentía representado por él.

El 25 de octubre de 1937 Ruiz visitó a Azaña para hacerle entrega de una condecoración del gobierno mexicano y refrendarle la buena voluntad de Cárdenas hacia su gobierno. Asimismo, le hizo entrega de la carta que Cárdenas le enviara instruyéndolo acerca de la naturaleza precisa de sus deberes políticos como encargado de negocios.[113] Ruiz desempeñó sus tareas de modo eficiente, y al parecer fue muy estimado en la zona republicana.

En un episodio ampliamente publicitado, Ruiz dejó su misión en Valencia acompañado de su plana mayor para visitar Madrid, "la ciudad mártir", con el propósito declarado de fraternizar con sus "masas heroicas". Acudió a los barrios obreros de Vallecas y Carabanchel para observar directamente la destrucción provocada por los "embates del fascismo" y expresar su solidaridad con los heridos y los familiares de las víctimas de guerra. Durante su estancia en Madrid, Ruiz visitó al general Miaja –a quien presentó sus respetos y con quien intercambió condecoraciones– y a los voluntarios mexicanos que combatían en las filas republicanas. La visita, de acuerdo con los periódicos locales de la época, "unió, aún más, la misión diplomática mexicana con el pueblo español".[114]

COMUNISTAS CONTRA CÁRDENAS

La decisión de Cárdenas de conceder asilo diplomático a León Trotski en 1937 provocó un enfriamiento de las relaciones entre México y un gobierno español crecientemente dominado por el PCE. Acosado por los servicios secretos de Stalin, el "profeta desarmado" fue obligado a salir de Noruega con rumbo desconocido. A instancias de Diego Rivera y movido por consideraciones humanitarias, Cárdenas anunció la decisión de conceder protección oficial mexicana al bolchevique caído en desgracia el 7 de diciembre de 1936.[115]

La izquierda mexicana reaccionó con virulencia. Tanto el PCM como la CTM se opusieron con dureza. Lombardo Toledano encabezó vociferante las protestas, aumentando con ello su alejamiento del presidente. De forma por demás predecible, el PCM, a través de su órgano oficial, expresó con sorna su postura respecto al anuncio:

> ¿Después de esto a quién le ofrecerá ahora México asilo? ¿A Franco, a Queipo de Llano o a Mola?[116]

La reacción en la zona republicana no fue menos cáustica. Tras la llegada de la ayuda soviética, el hasta entonces insignificante PCE aumentó su influencia sobre el gobierno republicano al punto de ejercer un control indirecto sobre sus decisiones. A partir de entonces, los comunistas españoles asumieron una actitud de franca hostilidad contra México, minimizando su ayuda frente a la solidaridad soviética. Cuando la periodista mexicana Blanca Trejo intentó entrevistar a La Pasionaria, su petición fue ásperamente rechazada en los siguientes términos: "Para México, ¡nada!".[117] La hostilidad de los comunistas españoles hacia México alcanzó proporciones grotescas. Todo miembro del partido fue obligado a reconocer a Rusia como la única nación amiga:

> No permitiremos que ningún otro país que no sea Rusia aparezca como ejemplo de la revolución.[118]

A pesar del resentimiento comunista contra México, agudizado por el asilo a Trotski o tal vez precisamente por ello, la CNT mantuvo sus simpatías hacia México.[119] Así, aun cuando periódicos controlados directamente por el PCE, como el *ABC* o *Frente Rojo*, reproducían servilmente las feroces diatribas lanzadas contra México por *Pravda* o *L'Humanité*, otras voces, destacadamente la del general Miaja, reconocían que "México ha sido la primera nación que en forma desinteresada brindó ayuda a España".[120]

Si el asilo a Trotski ahondó la escisión de la izquierda mexicana, su asesinato destruyó de forma irreparable todo esfuerzo por la unidad entre comunistas y cardenistas. Tras un segundo intento contra el viejo bolchevique, saldado con éxito el 20 de agosto de 1940, que involucró a varios comunistas españoles y mexicanos, Cárdenas declaró traidores a México a todos aquellos que habían tramado el atentado, en inequívoca referencia al PCM. Toda perspectiva de una coalición nacional izquierdista semejante al Frente Popular español quedó a partir de entonces cancelada. No deja de ser una ironía que un exiliado español, Ramón Mercader, quien recibió asilo del gobierno de Cárdenas, fuera el brazo ejecutor de la operación. Por lo demás, la firma del pacto germano-soviético el 22 de agosto de 1939 ya había contribuido en forma significativa al descrédito de los comunistas a los ojos de Cárdenas y su gobierno.

Cuando se planteó finalmente la cuestión sobre quién debía ser el embajador de México en España, la primera opción de Cárdenas fue Narciso Bassols. Según Siqueiros, el presidente mexicano le pidió que intercediera ante Bassols para que aceptara el encargo. Siempre según Siqueiros, Bassols reaccionó airadamente a la petición, alegando que Cárdenas lo había puesto en ridículo al conceder asilo a Trotski. De acuerdo con esta versión, durante su gestión como delegado de México ante la Sociedad de Naciones, Bassols habría entrado en diálogo con Maxim Litvinov para explorar la posibilidad de reanudar relaciones diplomáticas entre México y Moscú. Entonces Litvinov habría protestado ante la decisión de México de conceder asilo diplomático a Trotski. Aparentemente, Bassols no había sido informado por la cancillería de la medida, y la noticia le fue comunicada por el propio Litvinov. En aquella ocasión, Bassols, un filosoviético recalcitrante, renunció a su puesto; ahora, fiel a su naturaleza explosiva, le habría dicho a Siqueiros:

> Dígale a Cárdenas que se busque a otro idiota. A mí no me vuelve a hacer lo mismo.[121]

Finalmente, en diciembre de 1937, el coronel Adalberto Tejeda, antiguo embajador de México en Francia y figura clave en la ayuda militar mexicana a los leales, fue nombrado embajador de México en España. Para entonces, como se ha visto, la relación no estaba exenta de fricciones. A pesar de la solicitud de Tejeda de presentar sus cartas credenciales ante Azaña, debieron transcurrir tres largos meses para que la ceremonia tuviera lugar. La tardanza de las autoridades españolas para ajustarse al protocolo diplomático y cumplir la diligencia parece haber derivado, al menos parcialmente, de los escándalos de Denegri. El factor determinante, sin embargo, fue, al parecer, la animadversión existente entre Tejeda y el embajador español en México, Gordón Ordás. Tejeda, exasperado por la tardanza, hizo pública su decisión de declinar su cargo. Hasta el 6 de marzo de 1938 no pudo presentar sus cartas credenciales. En la ocasión, pronunció un apasionado discurso, en el que, una vez más, reiteró la identidad de miras entre la Revolución mexicana y la República española:

> España y México siguen caminos convergentes hacía un mismo ideal. [...] En esta lucha, los defensores de la República son al mismo tiempo los defensores de las libertades humanas. Así, es de esperar que sus heroicos sacrificios decidan a las democracias a rectificar el criterio impuesto sobre ellas por un análisis superficial acerca de los motivos y naturaleza del presente conflicto. [...] No puedo terminar sin antes expresar a Su Excelencia [...] mis votos más sinceros por el triunfo de las armas republicanas, como la conclusión necesaria de este capítulo glorioso de su historia. Un capítulo escrito con la sangre generosa y fructífera del valiente pueblo español. Una nación que lucha por el advenimiento de una era de paz y progreso basados en la justicia y en los derechos de la clase trabajadora.[122]

Pese a su buena voluntad, las tareas diplomáticas de Tejeda fueron más bien ceremoniales, limitándose a las acostumbradas visitas a fábricas, hospitales y escuelas, así como al envío de informes detallados a Cárdenas acerca de la situación española. Para ese entonces, la ayuda mexicana a la República española había, en la práctica, cesado.

LA EXPROPIACIÓN DEL PETRÓLEO EN MÉXICO, ESPAÑA Y LA INMINENTE GUERRA MUNDIAL

Doce días después del nombramiento de Tejeda, Cárdenas nacionalizó el petróleo mexicano, hasta entonces en manos de las compañías Shell y Standard Oil –británica y holandesa, y norteamericana, respectivamente–, en la que ha sido considerada la decisión más relevante de su gobierno. Ningún otro presidente mexicano ha recibido un apoyo tan generalizado de su ciudadanía, ni antes ni desde entonces, como tuvo Cárdenas después de la entrada en vigor del decreto de expropiación.

Incluso la Iglesia, antagonista histórica de los gobiernos revolucionarios, respaldó al presidente; hasta el arzobispo primado conminó a los feligreses a contribuir en la colecta nacional promovida por el gobierno para pagar la compensación exigida por las compañías petroleras. Las corporaciones, en especial la British Eagle Corporation, consideraron el decreto ilegal, y la nacionalización como un "robo al amparo de la ley", parafraseando la frase acuñada por su propagandista a sueldo, el célebre escritor antifranquista, Evelyn Waugh, e impusieron un estricto bloqueo al petróleo mexicano.[123]

En la tarde del 13 de mayo de 1938, el gobierno mexicano sorprendió a muchos al anunciar que acababa de romper relaciones diplomáticas con Gran Bretaña.[124] La medida fue consecuencia de un acre intercambio de notas diplomáticas. En un soez comunicado, el Foreign Office se burlaba de los ofrecimientos de México de pagar compensación inmediata por la expropiación:

> cuando ni siquiera puede pagar las deudas pendientes causadas por daños a propiedades británicas durante los disturbios de la Revolución.

Al día siguiente, el canciller Hay llamó al embajador británico, Owen O'Malley St. Clair, para hacerle entrega de un cheque por la suma exacta de la deuda mexicana con el Reino Unido, acompañado de una nota en la que se le recordaba al Foreign Office sus deudas impagadas a los Estados Unidos, contraídas desde la Primera Guerra Mundial, al tiempo que le informaba que México retiraba su representación diplomática de Londres.[125]

Las reacciones norteamericanas a la expropiación distaron de ser uniformes. Así, mientras los conservadores republicanos, los intereses petroleros y el *lobby* católico pedían una intervención armada al viejo estilo para frenar a Cárdenas, los liberales dentro y fuera del gobierno norteamericano pedían moderación a fin de no poner en peligro la política del Buen Vecino.

También el gabinete de Roosevelt estaba dividido entre los que querían represalias y quienes deseaban en cambio perseverar en la política de no intervención y convocar el apoyo del hemisferio ante el inminente conflicto mundial. Entre estos últimos se destacaban el secretario de Estado, Cordell Hull; el secretario del Tesoro, Henry Morgenthau, y el embajador de los Estados Unidos en México, Josephus Daniels. Los tres, temerosos de los progresos del fascismo internacional, y de una posible embestida de éste contra México, convencieron a Roosevelt de que no interviniera por miedo a que el Eje tomara posiciones.[126]

Tras la expropiación petrolera, la presión económica sobre México se tornó abrumadora. Hubo una fuga masiva de capitales, tanto locales como extranjeros; las compañías petroleras impusieron un boicot asfixiante que pronto observaron las compañías navieras y aseguradoras. Fue sólo por mera contingencia que el gobierno mexicano pudo resistir la acometida.

En un intento desesperado por romper el bloqueo, Eduardo Villaseñor, gobernador del Banco de México, viajó a España y a Francia. La España republicana parecía ser una buena opción. La República poseía 17 buques cisterna que podrían transportar el petróleo mexicano por todo el mundo. El gobierno republicano debía al de Cárdenas más de un favor político, como el apoyo ante la Sociedad de Naciones o los envíos de armas. No obstante, a su llegada a la España devastada por el conflicto bélico, Villaseñor comprendió que la República sitiada estaba completamente absorbida por el esfuerzo bélico, imposibilitada, por tanto, para ayudar a México a romper su aislamiento.[127] El propio Cárdenas dio una pista de la importancia que le concedía a la relación con un gobierno ideológicamente afín en medio de un mar de hostilidad. En julio de 1938 escribió en su diario:

> A mi gobierno toca encauzar el desarrollo de la industria petrolera en manos de los mexicanos, y a conseguirlo pondré todo mi esfuerzo. Posiblemente España pueda ayudarnos pignorando nuestro petróleo. Interesa esto a todos los pueblos de Hispanoamérica. Si México se viera abandonado en la lucha contra el capitalismo imperialista, se extinguiría aquí por hoy la democracia político económica que empieza a nacer en los pueblos de América, y esto perjudicaría seriamente a la España republicana. Escribí al Sr. presidente Azaña.[128]

Posiblemente, a esas alturas, meses antes del desplome del frente del Ebro, Cárdenas consideró a la República todavía capaz de ganar la guerra. Una República triunfante podría utilizar su prestigio y contactos para romper el bloqueo y apoyar a la consolidación de la industria petrolera de México. Huelga decir que, a esas alturas, la República no estaba en condiciones de ayudar a México. Y no obstante, la anotación es reveladora de la importancia material que Cárdenas confería aún a la relación con España. Parece extraordinario que, en pleno bloqueo, persistiera –si bien en proporciones cada vez menores– la ayuda mexicana a la República.

En vista de la situación, México aceptó una oferta de la Alemania nazi para comprar su petróleo. Hubo una primera transacción, equivalente a 17.000.000 de dólares, en forma de muy necesitadas divisas estables y productos manufacturados en octubre de 1938. Se dio entonces la paradoja de que México suministraba armas y alimentos a la República, mientras que proveía a los aliados de Franco con un artículo estratégico para la guerra. Incluso se ha sugerido que en ese momento el petróleo mexicano comenzó a fluir hacia la España nacionalista a través de la Alemania nazi y la Italia fascista.[129]

Este caso ilustra plenamente hasta qué punto la política exterior de Cárdenas estuvo guiada por consideraciones pragmáticas antes que por motivaciones ideológicas, y cómo tuvo que recorrer una delgada línea entre su compromiso con España y su propia supervivencia. Pese a la repugnancia ideológica que pudieran sentir los políticos mexicanos, no cabe duda de que llegaron a considerar la cooperación y las inversiones alemanas como una salida hacia el desarrollo sin dependencia.[130]

Esto no quiere decir, en modo alguno, que el gobierno mexicano se convirtiera en pro fascista o pro alemán de la noche a la mañana, como muchos le imputaron en ese momento. Simplemente muestra que, obligado por exigencias económicas apremiantes, no permitió que consideraciones ideológicas se sobrepusieran a las necesidades reales. En realidad, la relación bilateral germano-mexicana se enfrió considerablemente como resultado de la postura mexicana respecto a España, y se deterioró aún más tras la condena de México a la anexión de Austria por parte de Alemania, en marzo de 1938.[131] Para despejar cualquier duda sobre su actitud, Cárdenas rechazó públicamente una condecoración ofrecida por el gobierno alemán.[132]

Cuando el mariscal Pétain le preguntó al embajador de México ante Vichy, Luis I. Rodríguez, acerca de la determinación de Cárdenas de ayudar a los republicanos a cualquier precio, él mismo se contestó, sin esperar respuesta de su interlocutor: "Demasiado sentimiento y muy poca experiencia internacional".[133] Sin duda, la postura mexicana hacia España fue motivada por una herencia cultural e histórica común, una novedosa afinidad ideológica y supuestas semejanzas entre las metas y los objetivos de ambos gobiernos. Con todo, este apoyo nunca permitió que la emoción se antepusiera a las necesidades objetivas o que pusiera en peligro el interés nacional de México. Lejos de ello, la ayuda redundó en beneficio de México, si bien de maneras no previstas, como se verá más adelante.

IV
ARRIESGADA GENEROSIDAD
LA AYUDA MILITAR DE MÉXICO A LA REPÚBLICA

La nación de México fue desde el primer momento
nuestra más fiel aliada, la que sin ruidos nos prestó
en los momentos más angustiosos su decisiva ayuda.
Todas estas entregas, no las guiaba ningún interés
de predominar en nuestro país, nada más lejos
de su intención en aquellos momentos.

COMANDANTE JOSÉ MELENDRERAS
DE LA FUERZA AÉREA REPUBLICANA

*S*in duda, el gesto más arriesgado y comprometido del gobierno de
Cárdenas en ayuda de la República española fue suministrarle armas en
un momento en que todos los demás países se negaban a hacerlo.
Desde el principio, el gobierno mexicano puso a disposición de la
República la producción total de su Fábrica Nacional de Armamentos.

Se enviaron de inmediato todas las piezas disponibles en las bodegas
del Ejército mexicano e incluso se desmontaron unidades completas de
artillería para llevarlas a España.[1] Las fábricas militares mexicanas aumentaron el número de trabajadores, así como los turnos de éstos, para
poder entregar más ametralladoras, fusiles y municiones. Cuando este
esfuerzo resultó insuficiente, México actuó como pantalla de las operaciones secretas entre la República y otros países. Este apoyo seguiría,
en diversos grados, durante todo el conflicto, dejando a México como
el único proveedor de armamento fiable para la República española,
aparte de la Unión Soviética.

No se ha podido comprobar el volumen exacto de esa ayuda ya que
la información es variable y confusa. Hugh Thomas la valoró en dos
millones de dólares.[2] A su vez, T. G. Powell, basándose en el informe
presidencial de Cárdenas de 1937, reconoció que la venta de armas de
México a España sobrepasaba los 8.000.000 de pesos (lo que al tipo de

cambio de entonces, de 3,60 pesos por dólar, equivaldría a 2.225.000 dólares).[3] Sin embargo, este cálculo equivale únicamente al armamento enviado entre septiembre de 1936 y septiembre de 1937, y deja sin aclarar los demás cargamentos efectuados entre septiembre de 1937 y octubre o noviembre de 1938.

Por otra parte, la determinación del gobierno mexicano de vender armamento cuando todos los demás países rehusaban hacerlo también puede considerarse una política diseñada para fijar un precedente moral digno de ser imitado por otros países. Sin embargo, la administración de Cárdenas fracasó rotundamente en este cometido. A pesar de las diversas peticiones que realizó su gobierno en foros internacionales a través de sus emisarios, ningún otro país, salvo la Unión Soviética, que ya lo hacía, mostró disposición de vender armas a la República, por lo menos no de forma abierta.

Del primer ataque de los insurgentes y la correspondiente resistencia de las fuerzas republicanas, en julio de 1936, resultó un virtual empate. Los nacionalistas ocupaban alrededor de una tercera parte del territorio español y la República mantenía un control incierto sobre los dos tercios restantes. Carecían del equipamiento y las armas necesarias para someter al adversario de un solo golpe y, menos aún, para resistir una larga guerra. Faltos de una alternativa inmediata para salir de esta situación y sin la esperanza de llegar a un acuerdo, ambos contendientes buscaron pronto ayuda exterior.

Desde el comienzo de las hostilidades, los rebeldes contaron con la ayuda militar de Italia y el respaldo de Portugal. A sólo tres días del levantamiento, los nacionales se aseguraron el apoyo alemán, que inicialmente fue de 20 aerotransportes pesados *Junker 52*. Con éstos se estableció un puente aéreo entre Tetuán y Sevilla para doblegar el bloqueo impuesto por la flota republicana al grueso de las tropas franquistas que habían quedado varadas en las guarniciones africanas. Poco después, recibieron un apoyo masivo.[4]

En estas primeras horas de la Guerra Civil, el gobierno republicano buscó ayuda militar del gobierno ideológicamente cercano de la vecina Francia para poder sofocar el levantamiento militar. Para justificar la legalidad de su petición, el gobierno español invocó un acuerdo franco-español, firmado en 1935, mediante el cual se estipulaba en una cláusula secreta que España compraría armamento francés por el equivalente de

20.000.000 de francos.[5] Al principio, Francia pareció honrar tal acuerdo; pero muy pronto los efectos de las disputas en el gabinete de Blum, combinados con una campaña artera por parte de la prensa de derecha y la abierta coerción del gobierno de Baldwin, la hicieron retractarse de sus compromisos previos.

Blum se desdijo de sus promesas, cediendo ante las presiones y denegando el envío a España de las armas solicitadas. Blum en persona comunicó al enviado de Cárdenas, Isidro Fabela, su pesar por esta decisión y los riesgos que, de respetar su compromiso con España, podría llegar a acarrearle a su país.

> Ayer, el embajador británico vino a comunicarme que en caso de que el gobierno francés decidiera enviar armas a España, Gran Bretaña se mantendría estrictamente neutral en el evento de un conflicto europeo.[6]

Para entonces, un escándalo se había desatado dentro del gabinete de Blum entre aquellos que, como el ministro de Aviación, Pierre Cot, insistían en honrar el compromiso de Francia y aquellos que, como el ministro de Defensa, Édouard Daladier, no sólo aborrecían al gobierno español en particular, sino que también querían mantener a Francia al margen de una nueva guerra. Blum encontró una solución intermedia para apaciguar tanto a la oposición interna como a la prensa conservadora y aun así enviar los aviones prometidos. La venta en apariencia se cancelaría, y, mientras tanto, se podrían mandar cargamentos secretos a través de un gobierno interpuesto, como el de México, hasta entonces el único en el mundo que había declarado abiertamente su apoyo a la República española.

Entretanto, Fernando de los Ríos, que había sido nombrado precipitadamente embajador de España en Francia,* se acercó al embajador de México en ese país, el coronel Adalberto Tejeda, para presentar una solicitud formal mediante la cual el gobierno mexicano compraría armas y municiones en Francia en nombre de la República española. La compra aparecería como efectuada por México aunque en realidad su destino

---

* Debido a la deserción de Juan Francisco de Cárdenas a la facción franquista.

sería España.[7] Sin consulta previa, Tejeda mandó un telegrama a la Secretaría de Relaciones Exteriores de México informando a Hay de la solicitud urgente planteada por De los Ríos.[8] A los pocos días llegó la respuesta. La Secretaría de Relaciones Exteriores de México autorizaba sin reservas la iniciativa, aunque con la condición de que no se suscitaran complicaciones internacionales de ningún tipo con el gobierno francés. El comunicado enfatizaba: "Bajo ninguna circunstancia debemos engañar a gobiernos amigos".[9]

El 1 de agosto de 1936, el gobierno mexicano recibió, por medio de Tejeda, una petición más del gobierno español, en esta ocasión para adquirir armas ya fuera en Bélgica o en Gran Bretaña. En el material solicitado se incluían de 10 a 12 bombarderos, 25.000 bombas, 1.500 ametralladoras y varios millones de cartuchos. Fue el propio Fernando de los Ríos quien formuló esta petición. De nuevo, la compra aparecería como realizada por México.[10]

En primera instancia, la transacción fracasó debido a que, el 26 de agosto, Gran Bretaña rehusó categóricamente expedir licencias para la venta de una cantidad no especificada de rifles, ametralladoras y munición a México, por temor a que fuera reenviada a España. Esto, a pesar de las promesas hechas por el embajador de México en Londres, Primo Villa Michel, de que el material sería para uso exclusivo del Ejército mexicano.[11]

En cuanto a la conexión belga, la clandestinidad de la operación hace difícil determinar con certeza sus resultados. El 19 de septiembre, la policía belga irrumpió en la sede del Partido Socialista Revolucionario, donde encontró documentación en la que se implicaba al embajador de México en Bruselas, Carlos Darío Ojeda, en un pedido de 200.000 granadas de mano enviadas a España. Este descubrimiento fortuito condujo a que tres días más tarde se registrara el *SS Raymond*, donde se encontró un cargamento de varias cajas de madera que contenían 800 rifles con bayoneta, 320 carabinas y 210.000 cartuchos, supuestamente destinadas a la legación mexicana, pero con rumbo final a España.[12] No existen registros oficiales, ni mexicanos ni belgas, que confirmen otras empresas, y sólo podemos inferir que hubo más a través de los testimonios indirectos de los actores directamente involucrados en su ejecución.

En lo tocante a la operación en Francia, se sabe con certeza que diplomáticos mexicanos se pusieron en contacto con el ministro de

Aviación de Francia, Pierre Cot, y obtuvieron su completa aprobación para cerrar el trato.[13] Así, el 2 de agosto de 1936, con México como tapadera, se enviaron a la República 30 aviones de reconocimiento y bombarderos, 15 aviones caza y 10 aviones de transporte y de entrenamiento. Los bombarderos eran de la clase Potez 54.[14] Hay varias versiones contradictorias acerca de la cantidad real de aviones que a fin de cuentas llegaron a Barcelona. Hugh Thomas enumera 55 en total, Schwartz habla de 37 entre fines de julio y el 17 de agosto, Miguel Sanchís reduce esta cifra a 25 bombarderos Potez 54, 13 de los cuales se transportaron por mar el 26 de julio y el resto por aire.[15]

Una referencia explícita del convenio aparece en los diarios de Cárdenas, en la anotación correspondiente al 20 de agosto de 1936:

> Habiendo también solicitado el gobierno de España que México adquiera armamento y aviones para integrar dos regimientos que necesita con urgencia y que el gobierno francés está de acuerdo en vender, se autorizó a nuestro ministro en París, el coronel Tejeda, para que compre por cuenta del gobierno español el armamento que solicite

Generalmente, ésta ha sido considerada la operación más importante del apoyo mexicano. Sin embargo, nuevos datos sugieren que la ayuda mexicana abarcó más transacciones. A través de la diligencia del capitán del cañonero *Durango*, Manuel Zermeño Araico, que había estado evacuando ciudadanos mexicanos de la zona del conflicto español, el gobierno mexicano compró, el 15 de agosto, con dinero de la República, un viejo barco argelino de 1.700 toneladas, el *Berbère*, atracado en el puerto de Marsella. El buque, construido en 1891, llevaba algunos meses encallado en el puerto francés. Con el nuevo nombre de *Jalisco*, el barco transportó de contrabando armas de Francia hacia la República española. Seis días más tarde, salió hacia Alicante llevando un cargamento clandestino de armas que contenía 150 morteros de trinchera Brandt y 45.000 granadas de mortero.[17] El 10 de septiembre hubo un nuevo envío, esta vez transportando 50 cañones antiaéreos Oerlikon de 20 mm y 75 casquillos de proyectil.[18]

Fue precisamente entonces cuando se concibió la idea de poner en marcha una política de no intervención. El 9 de septiembre de 1936 se formó en Londres un Comité de No Intervención bajo auspicio anglo-francés, con una interpretación un tanto peculiar de lo que significaba la no intervención, estableciendo una vigilancia inmediata de las fronteras y costas españolas. A partir de ese momento, el gobierno francés rehusó ayudar a la República. Francia cerró su frontera con España a todo el tráfico militar en agosto de 1936, abriéndola de manera intermitente en 1937 y 1938.

En nombre de la paz y con la supuesta esperanza de evitar una nueva conflagración mundial, se pasó por alto la escandalosa evidencia de una intervención extranjera encabezada por Alemania e Italia. La creación del comité hizo que el único perjudicado por sus preceptos fuera el gobierno legítimo de España. De hecho, el comité negó la ayuda que, de acuerdo con las leyes internacionales, Madrid podía esperar por lo menos de los miembros de la Sociedad de Naciones. Para principios de septiembre, nueve países europeos ya habían firmado la declaración de no intervención: Bélgica, Gran Bretaña, Checoslovaquia, Alemania, Italia, Portugal, Suecia y la Unión Soviética. Dos de ellos, Alemania e Italia, violaron abiertamente el acuerdo, ya que seguían suministrando una ayuda considerable a los rebeldes, y un tercero, la Unión Soviética, pronto rompería su compromiso anterior, apoyando a la República. Al final, 27 naciones se adhirieron al pacto en mayor o menor grado.[19]

Los fletes de armas de México a España fueron secretos y no hay manera de conocer su cantidad precisa ni su valor. Las fuentes también difieren en lo que concierne a embarques documentados. Tenemos noticias, si bien incompletas o extraoficiales, de varios de estos cargamentos. El 25 de septiembre de 1936, según el diario parisino *Le Temps*, el buque de vapor *América*, con bandera mexicana, salió de Amberes oficialmente hacia Veracruz, pero en realidad hacia un puerto español. Según la misma fuente, el cargamento consistía de 1.116 toneladas métricas de clorato de potasio, 1.400 de ácido sulfúrico, 310 de fenol, todas ellas de origen soviético, así como 25 toneladas de desechos de cobre. Supuestamente, estos artículos iban destinados al gobierno de Madrid para la fabricación de explosivos.[20]

Quince días más tarde, el torpedero francés *Vauquelin* envió un telegrama al Ministerio de Marina de su país. Informaba que el *Jalisco* había violado el embargo de armas llevando otro cargamento desde Marsella hasta Alicante. El *Jalisco* ya tenía cuatro casaciones de cargos por contrabando ilegal de armas, pero contaba con la autorización para transportar un cargamento de armas supuestamente para la Secretaría de Guerra de México, vía Veracruz. El cargamento incluía una caja con motores aeronáuticos, 60 cajas con una cantidad desconocida de piezas de munición, 16 cajas con ametralladoras, 134 cajas de cartuchos correspondientes y varias motocicletas, por un valor total de 2.295.160 francos franceses.[21]

Según el agregado militar de los Estados Unidos en Ciudad de México, el mismo cañonero *Durango* –que había evacuado a varios mexicanos y españoles refugiados en la embajada de México en Madrid– transportó 8.000.000 de cartuchos y 8.000 rifles a un puerto no revelado en España, en septiembre de 1936.[22] También trajeron de contrabando varios aviones desde los Estados Unidos a México, que fueron ocultados en el puerto de Veracruz, equipados con armas para convertirlos en bombarderos, y después enviados por mar a España, como se verá a continuación.

Se ha sugerido que diplomáticos mexicanos participaron en actividades de espionaje a favor de la República, tratando de contrarrestar los intentos del Eje por influir en las cancillerías europeas a favor de los rebeldes. Simeón-Vidarte informa acerca de cómo el cónsul general en París, Epigmenio Guzmán, un diplomático de menor rango de nombre Mejías y el mismo Tejeda fueron capaces de conducir la contrainteligencia en Berlín y pasar clandestinamente a España millones de cartuchos de fabricación alemana y austriaca.[23] Elena Garro concede cierto grado de credibilidad a esta versión, al contar en sus memorias cómo el mismo Mejías le dijo en París que se había visto envuelto en actividades de inteligencia en Berlín y Roma aprovechando su estatus diplomático.[24] Por razones obvias, en la documentación oficial mexicana no existe referencia alguna a estos hechos.

A pesar de la falta de documentación oficial referida a muchos de esos fletes de armas, existen bastantes documentos fotográficos de cargamentos mexicanos destinados a España, particularmente los que se originaron desde fuentes de la propaganda franquista, que, irónicamente, intentaron de esta forma relacionar a la República con la intervención extranjera.[25] En estos catálogos y otros folletos parecidos, en repetidas ocasiones se acusó a México de haber enviado a España cantidades considerables de balas expansivas *dumdum*, quebrantando la Convención de Ginebra, que las había proscrito una década antes.

INTERVENCIÓN ABIERTA:
LA EXPEDICIÓN DEL BUQUE *MAGALLANES*

El 23 de agosto de 1936 se envió a España un lote de 20.000 rifles Rémington y 20 millones de cartuchos de siete milímetros, todos ellos de fabricación mexicana. Los pertrechos se transportaron en 15 vagones de ferrocarril al puerto de Veracruz y posteriormente se embarcaron a bordo del buque *Magallanes*. El flete llegó como respuesta del presidente mexicano a las peticiones de ayuda del gobierno republicano. Cárdenas respondió a la súplica sin esperar a que se fijara un precio de venta con los republicanos. Toda la operación se condujo bajo la mayor reserva.

El Ministerio del Interior español había encargado a Gordón Ordás que explorara la posibilidad ante el gobierno mexicano de superar las transacciones encubiertas y obtener el suministro de armas directamente desde México. Era obvio que la falta de una flota mercante mexicana de importancia complicaba la maniobra. De cualquier manera, las circunstancias facilitaron la operación cuando un buque español, de la Compañía Trasatlántica Española, el *Magallanes*, llegó a Veracruz cubriendo un servicio rutinario de pasajeros.

El buque iba a La Habana, Nueva York, Cádiz y Barcelona.[26] El servicio normal concluyó el 12 de agosto, cuando la República incautó la Compañía. El *Magallanes* debía llegar a Veracruz, procedente de Coruña, el día 13, pero no arribó hasta el 16. Al desembarcar, los pasajeros declararon a la prensa mexicana, ávida de noticias, su alarma ante la rebelión y las dificultades a las que se habían enfrentado para dejar La Coruña. Los rebeldes habían intentado confiscarlo, pero de alguna manera lo dejaron partir.

Consciente de la oportunidad que se le presentaba, Gordón Ordás convenció a su gobierno a través del Ministerio del Interior de que confiscara el *Magallanes*. La Trasatlántica era otro obstáculo más que había que esquivar. El cónsul español en Veracruz y el primer secretario de la Embajada, José María Argüelles, trataron en vano de llegar a un acuerdo amistoso con el administrador de la compañía. Para empeorar las cosas, la prensa local reveló la reunión, haciendo pública la decisión del administrador de no hacerse responsable. Como se temían deserciones, la embajada sometió a una investigación confidencial a dos de los operadores de radio, y al primero y al tercer oficial, así como al cura del barco. Ante la sospecha de que fueran desleales a la República, fueron despedidos.

Una vez en Veracruz, la tripulación del *Magallanes* se paseó por las calles del puerto, escenificando una ruidosa manifestación frente al consulado español, donde exigió que ondeara la bandera republicana.[27] Al día siguiente, la Confederación de la Clase Media (CCM), de ultraderecha, protestó airadamente en contra de lo que consideró una "provocación desvergonzada e intolerable por parte de agitadores extranjeros".[28] La cálida recepción que los comunistas y los sindicalistas le habían dado al buque de pasajeros español en Veracruz levantó sospechas entre los conservadores acerca del grado de implicación del gobierno mexicano en el conflicto español. El rumor de que Cárdenas vendía armas a la República se propagó con rapidez. Ese mismo día, la CTM rechazó las acusaciones de los derechistas locales respecto de la supuesta militarización de las milicias de trabajadores.[29]

Durante esa agitada semana, el *Magallanes* fue convertido de barco de pasajeros en barco de carga, todo con el máximo sigilo. Los turistas fueron llevados a Ciudad de México con todos los gastos pagados por la embajada española. Allí, los funcionarios de la embajada les dieron extensas explicaciones acerca de los riesgos a los que se podrían enfrentar en caso de regresar a España en un barco transformado en buque de guerra y les aseguraron que les proporcionarían pasajes en otros barcos así como el pago por los gastos adicionales. Sólo se permitió que 16 pasajeros regresaran al barco. Al resto los mandaron en el *Orinoco* hacia La Habana y el puerto francés de El Havre.

Convencer a Cárdenas de acceder a la venta no había sido tarea fácil. Cuando Gordón Ordás habló por primera vez con él se topó con un presidente fuertemente influenciado por la "fábula hábilmente propagada desde Burgos" de que los militares se habían alzado en defensa de la República. El embajador aclaró sus dudas al exponerle los "hechos verdaderos":

> tuve la fortuna de disipar sus dudas, y oí después complacidísimo su promesa de que México prestaría toda la cooperación directa que pudiese al gobierno legítimo de España, en obediencia a una obligación internacional que en ningún momento había rehusado.[30]

La solicitud de Gordón Ordás había llegado en medio de peticiones de los sindicatos al gobierno de armar a los trabajadores y formar milicias para salvaguardar las "conquistas de la revolución". Estas propuestas provocaron considerable inquietud entre los militares mexicanos, particularmente entre los oficiales más conservadores y de mayor rango, que comenzaron a expresar abiertamente su oposición al plan, obligando al gobierno a desautorizarlo.[31] No obstante, aunque Cárdenas se negaba a armar a los trabajadores mexicanos, parecía estar dispuesto a hacerlo con los españoles. Así, el 10 de agosto de 1936, el mismo día en que su gobierno se negó a armar a los trabajadores mexicanos, Cárdenas escribió en sus diarios:

> El gobierno republicano de España solicitó del gobierno de México, por conducto del embajador D. Félix Gordón Ordás, que proporcionara la mayor cantidad de armas que le sea posible para su defensa. Se autorizó a la Secretaría de Guerra y Marina para que ponga en el puerto de Veracruz, a disposición del C. embajador, 20.000 fusiles de siete milímetros y 20.000.000 de cartuchos del mismo calibre. Todo esto de fabricación nacional.[32]

Una carta de Cárdenas al ministro de Guerra, Manuel Ávila Camacho, le comunicaba la solicitud de Gordón Ordás: "En el entendido de que la Secretaría a su cargo fije los precios de los pertrechos antes mencionados".[33] Al principio, el gobierno de Cárdenas hizo todos los esfuerzos posibles por mantener el asunto en secreto, temiendo las repercusiones potencialmente explosivas, tanto en el escenario internacional como en el nacional. De esta manera, Cárdenas le ordenó a Ávila Camacho que manejara la cuestión con absoluta confidencialidad. Una cosa era actuar como intermediario para un gobierno amigo con la complicidad de la parte vendedora y otra venderle directamente el armamento.

Con el completo apoyo presidencial, Gordón Ordás abordó al secretario de Comunicaciones, Francisco Múgica, y le pidió que le proporcionara dos relevos para reemplazar a los operadores de radio sospechosos, así como un transmisor de onda corta. Múgica accedió sin dudarlo a la solicitud, y fue así como dos telegrafistas de la Secretaría de Comunicaciones, Salvador Tayaba y Alfredo Marín, se unieron a la expedición.[34] Desde ese momento, el gobierno mexicano estaba totalmente comprometido con el proyecto de suministro de armas a la República española y los preparativos iban por muy buen camino. El 20 de agosto de 1936, Cárdenas escribió:

Salieron hoy para el puerto de Veracruz dos trenes con 35 carros, conduciendo las armas y cartuchos vendidos al gobierno de España. El *Magallanes*, barco de la Marina española que se encuentra en Veracruz, transportará este armamento que irá hasta España a cargo directo del señor don José María Argüelles, secretario de la embajada de España, ciudadano de firmes convicciones revolucionarias y leal colaborador del gobierno republicano.[35]

En España, la falta de armamento de los defensores de la República se volvía angustiosa. Las fuerzas del gobierno, si bien superiores en número, habían sufrido pérdidas considerables, al tiempo que la Alemania nazi y la Italia fascista hacían a Franco envíos sustanciales de material de guerra. Después del 18 de julio, la República sólo tenía armas limitadas y obsoletas a su disposición. Una valentía ingenua intentaba compensar la falta de artillería del lado republicano. Los pedidos de armas, a cualquier precio, se tornaban cada día más desesperados al tiempo que las fuerzas nacionales se aproximaban, de forma aparentemente inexorable, a Madrid.[36]

Frente al apremio de sus "camaradas proletarios", el sindicato de estibadores de Veracruz accedió a acelerar el proceso de carga del flete sin cobrar un solo centavo por llevar hasta las bodegas del buque 20.000 fusiles y 20.000.000 de cartuchos. Asimismo, votó por unanimidad la donación de un día de su salario para la compra de más alimentos para ser enviados a España.

Al final, el *Magallanes* se hizo a la mar a las 18:45 el domingo 23 de agosto sin que nadie conociera con certeza su destino final.[37] *Excélsior* informó que el operador de radio se había quedado en tierra "por miedo a represalias", pero no dio más detalles.[38] La prensa conservadora mexicana especulaba que su capitán, Manuel Morales, había recibido un sobre de la embajada de España con instrucciones que no debía abrirlo hasta que el barco estuviera en alta mar.[39]

A bordo, custodiando el preciado cargamento, comandaba José María Argüelles, primer secretario de la embajada, investido con poderes especiales. A pesar de las esperanzas del gobierno mexicano de mantener el asunto en secreto, cada detalle pareció haberse filtrado a la prensa, incluso antes de la partida del *Magallanes*, dando origen a protestas vehementes por parte de los periódicos conservadores.

Aún entonces, pese a las fuertes críticas, el gobierno mexicano mantuvo su reserva y no hubo una respuesta oficial a los alegatos de la prensa. *Excélsior* insistió sobre el tema y el 21 de agosto entrevistó a un funcionario mexicano "no identificado" sobre los rumores persistentes acerca del envío de armas de México a España. El funcionario que "se prestó" a ser entrevistado declaró:

> No sé si los elementos embarcados en el vapor *Magallanes* sean precisamente armas y parque, lo que considero verdaderamente improbable, dado que México jamás ha sido exportador de esa clase de elementos, tanto más cuanto que, como es notorio, el presidente Cárdenas determinó que nuestra fábrica de armas fuese convertida en fábrica de implementos para la agricultura [...]. Sí puedo asegurar que desde hace días se venía tratando sobre la posibilidad de enviar al gobierno español ciertos artículos que en épocas normales, forman el contingente de nuestras exportaciones a España.

El anónimo informante consideró que la actitud del gobierno mexicano no era, en modo alguno, sospechosa, en virtud de la:

> indiscutible identificación ideológica de ambos gobiernos, ya que ambos representan el anhelo de mejoramiento de las clases trabajadoras, y especialmente de redención del campesinaje.

También señaló que el gobierno de Azaña había eliminado los aranceles impuestos al garbanzo, cuya comercialización era de vital importancia para los productores de Sonora y Sinaloa por la administración anterior, compuesta precisamente por aquellos mismos "elementos que ahora se hallan en rebeldía". Según el mismo informante, el gobierno de Azaña había mostrado una mayor comprensión respecto al célebre conflicto del toreo, menos importante que el asunto de los garbanzos pero más sonado. "Así pues", concluía el informante anónimo,

> nada tendría de extraño que en los trágicos momentos actuales, de verdadera prueba para el pueblo español y de profundo peligro para sus ideales de mejoramiento social, como lo fueron los sucesos

de 1913 en México, de tan estrecho paralelismo con los que se registran allá, el gobierno de México pudiera dar toda clase de facilidades, inclusive de carácter económico, a un gobierno que le ha dado tales pruebas de amistad, y más tratándose de artículos que normalmente produce México.[40]

En efecto, México exportaba frijoles, reses, café, asfalto y forraje a España. De ésta recibía vino, aceite de oliva, licores y sidra, papel para cigarrillos, mariscos enlatados, conservas, libros, almendras, aceitunas y armas de fuego. Por tanto, nada había de excepcional o sospechoso en que México quisiera equilibrar su balanza comercial con España. Ni siquiera los conservadores mexicanos podían oponerse al argumento utilizado por la burocracia para defender la legalidad de las transacciones.

Sin embargo, el hecho de que las transacciones inquietaran a los funcionarios mexicanos respecto de las posibles repercusiones internacionales se puso de manifiesto cuando, el 25 de agosto, como un paso previo para evitar quejas de otros gobiernos y para ampliar su margen de maniobra, la Secretaría de Relaciones Exteriores emitió un comentario no pedido y por ende no justificado, afirmando que México no había firmado ningún acuerdo que impidiera a las naciones americanas vender armas a España, y que tampoco había recibido comunicado alguno referente al tema por parte del gobierno de los Estados Unidos.[41]

Pujadas hizo publicar un boletín "oficial" en el que condenaba al gobierno mexicano por vender armas a los republicanos, por auspiciar la creación de una legión mexicana para combatir en España y por violar "la neutralidad que los países europeos habían intentado establecer".[42] Una semana más tarde, los rebeldes españoles enviaron una violenta nota formal de protesta al gobierno mexicano contra la venta de armas a la República. Miguel Cabanellas, líder de la insurgente Junta de Defensa Nacional, acusó al gobierno mexicano de violar la doctrina de no intervención al ayudar a los "comunistas", y anunció que su gobierno no honraría ningún acuerdo entre México y la República española.[43]

Cárdenas no respondió a estas protestas y evitó reconocer la venta hasta el informe presidencial ante el Congreso el 1 de septiembre de 1936, cuando el *Magallanes* ya estaba en alta mar. Sólo entonces facilitó información precisa acerca del volumen y valor del material que el buque transportaba. El anuncio desató una ovación de los diputados mexicanos a Gordón Ordás, quien resplandecía emocionado en la tribuna de honor. El discurso de Cárdenas tuvo una inmediata resonancia internacional y casi todos los diarios del mundo "civilizado" se hicieron eco de él.[44]

A pesar de las numerosas dificultades a las que se tuvo que enfrentar Gordón Ordás, el viaje arrancó bajo buenos auspicios. A bordo del barco trascendió que el sobre sellado, al que la prensa había hecho referencia, contenía códigos en clave para que el navío pudiera comunicarse directamente con el gobierno republicano o con buques leales, así como instrucciones precisas sobre la conducta que la tripulación debía seguir para no caer en manos de los insurgentes. Para impedir una contingencia semejante, el Ministerio del Interior decidió seguir una ruta directa con una única escala en Curaçao para reabastecer el buque de combustible y agua antes de continuar hacia Cartagena con destino a Barcelona.

La travesía de Gibraltar fue uno de los momentos más críticos de la expedición. Más tarde, Argüelles describiría que mientras cruzaban el paso escuchó una de las transmisiones nocturnas de Queipo de Llano por la radio. El histriónico general proclamaba estrepitosamente:

> Los gobiernistas dicen que no pasaremos. Soy yo quien digo que el *Magallanes* no pasará. Lo tenemos localizado y mañana os daremos la noticia de su captura.

Argüelles tenía órdenes estrictas de hundir el barco antes que dejarlo caer en manos rebeldes.[45] Providencialmente se encontraron con un barco de los republicanos, el *Cervantes*, cuya tripulación "ovacionó ruidosamente a México y a Cárdenas". Sin mayor demora, el destructor *Sánchez Barcáitzegui* escoltó al *Magallanes* en su paso por el Estrecho. La travesía comenzó a las 20:00, alumbrada desde Ceuta por un poderoso faro. A las 20:15, dos aviones alemanes volaron a 4.000 metros sobre el convoy, fuera del alcance de la artillería antiaérea del *Sánchez Barcáitzegui*, y dejaron caer varias bombas sobre el *Magallanes*, que pudo eludirlas timoneando en zigzag. Hacia el crepúsculo, el *Magallanes* fue atacado de nuevo; esta vez por bombarderos italianos que dejaron caer otras 16 bombas.[46] Aunque la Associated Press dio una versión falsa de que el buque había sido capturado en Vigo,[47] el barco llegó sin percances a Cartagena, donde descargó el armamento en medio de multitudes exultantes que vitoreaban aclamando a Cárdenas y a México.

Las armas mexicanas llegaron en una etapa decisiva de la guerra, cuando los nacionalistas ya habían abierto la ruta hacia Madrid. La cantidad de armas enviadas por México no era en absoluto despreciable, sobre todo si se toma en cuenta la relación de fuerzas en esa etapa. Durante la batalla de Madrid, a principios de noviembre, de 15.000 a 20.000 milicianos se enfrentaron a 30.000 rebeldes, según lo calculado por el general Vicente Rojo.[48] Toledo, la ciudad donde estaba ubicada la única fábrica de municiones, se hallaba en manos de los republicanos, pero Lugones, sede de la fábrica proveedora de cartuchos, estaba cercado por los rebeldes y, en cualquier caso, la capacidad de la fábrica no era suficiente como para abastecer a la República.[49] Por lo demás, las fábricas de pólvora de Sevilla y Granada ya habían caído en manos de los nacionalistas.

De acuerdo con Simeón-Vidarte, los fusiles mexicanos sirvieron para armar a numerosos contingentes de voluntarios y a las recién formadas Brigadas Internacionales.[50] El hecho de que estas armas fueran de calidad uniforme las hacía más valiosas, considerando que los otros fusiles que tenían a la mano eran viejos, desiguales y, en algunas ocasiones, completamente inservibles. George Orwell, que combatía como voluntario en el frente de Aragón con las milicias del POUM, alabó los cartuchos mexicanos y dijo que, debido a su calidad, los milicianos los "guardaban para las ametralladoras".[51] Según el corresponsal del *Manchester Guardian* en España, Frank Jellinek, los fusiles mexicanos eran "excelentes, más ligeros que el tipo Máuser español, y con dos cargadores de cinco cartuchos".[52] El mismo Largo Caballero distribuyó los fusiles.[53] Otras versiones sugieren que fue el comandante Vittorio Vidali (Carlos) quien distribuyó estos rifles en el Cuartel de la Montaña en Madrid. Como pocos o ninguno de los soldados improvisados sabían usar los fusiles, fue necesario entrenarlos. Aparentemente, algunos oficiales mexicanos cooperaron en estas prácticas.[54] De nuevo, según Jellinek, para el 22 de septiembre llegaron nuevas reservas desde las provincias, entre ellas, la columna Durruti:

> A las nuevas tropas las llevaron directamente al valle del Tajo en medio de ovaciones exaltadas. Esto había sido posible gracias al

arribo de armas procedente de México. Las armas mexicanas habían permitido a Madrid enviar a las reservas contra el frente del Tajo y contener el avance rebelde durante un mes entero.[55]

Según Alpert, la mayoría de los fusiles mexicanos se perdieron en las derrotas de la milicia española durante ese verano y otoño.[56] Quizás más significativo que la cantidad real de armas fue la importancia simbólica de su oportuna llegada: justo cuando todos los demás países denegaban su ayuda a la República.

REACCIONES INTERNACIONALES A LA INTERVENCIÓN MEXICANA EN LA GUERRA ESPAÑOLA

El gobierno mexicano recibió críticas de muchos países por sus envíos de armas a la República española. El presidente Justo de la Argentina y su canciller, el ganador del premio Nobel de la Paz de ese año, Carlos Saavedra Lamas, deploraron en privado la operación sin llegar a formular una protesta formal.[57] Brasil recibió la noticia sin sorpresa ya que consideraba a México, Rusia y España como "la avanzada del comunismo internacional".[58] El gobierno chileno pareció estar más preocupado por una venta de armas, que consideraba como un "servicio descarado a los soviéticos".[59] El embajador mexicano en Santiago, Ramón P. Denegri, previno al gobierno mexicano sobre una inminente ruptura de relaciones diplomáticas entre México y Chile, debido a los resquemores que la ayuda mexicana a la República había despertado entre sus gobernantes.

Desde Lisboa, el encargado de negocios mexicano, Daniel Cosío Villegas, informó a la Secretaría de Relaciones Exteriores que las relaciones con Portugal habían comenzado a "tensarse" debido a la ayuda mexicana a los "rojos". Además, afirmó que los diarios portugueses publicaban con frecuencia artículos despectivos contra México, haciendo que la posición de México en Portugal se volviera "insostenible".[60] Como era de esperar, la España nacional reaccionó con enfado al apoyo mexicano a la República. En una de las transmisiones nocturnas desde Radio Sevilla, Queipo de Llano atacó ferozmente al gobierno mexicano:

El pueblo mexicano está subyugado por una pandilla de bandoleros comparable a la que domina a Madrid. Por lo tanto no me
sorprende en lo más mínimo que México simpatice con los rojos,
ya que lo rige un gobierno que asesina y roba a su pueblo lo más
que puede.[61]

A diferencia del gobierno alemán, que debido a su propósito de desafiar
la hegemonía estadounidense en el hemisferio occidental, deseaba mejorar
la relación bilateral e impulsar aún más su fuerte presencia en la economía
mexicana por medio de cortesías diplomáticas,[62] la prensa alemana criticó
sin miramientos la postura mexicana. Un artículo titulado "Perversidades
mexicanas", atribuía la postura de México al hecho de que su ideología
fuera idéntica a la de los "bolcheviques españoles":

> Aunque México apoye a los rojos, alegando que son el gobierno
> auténtico de España, el Comité de No Intervención se encargará
> de que ése no sea el caso.[63]

Varias veces en 1937 el embajador alemán en México, Rüdt von Collenberg tuvo que hacer acto de presencia y refutar los rumores insidio-
sos que sugerían que Alemania pensaba en romper lazos diplomáticos
con México debido al apoyo que este país le brindaba a la República.[64]
En privado, en sus comunicados con la *Wilhelmstrasse*, Von Collenberg
ridiculizaba el apoyo mexicano a la República, atribuyéndolo a la "sangre
indígena" del presidente y a la "mentalidad aborigen generalizada, tan
difícil de comprender para el hombre blanco".

El gobierno italiano fue mucho más franco en su crítica a la intervención mexicana en la guerra española, al emitir una nota, a través de su
embajador en Londres, Dino Grandi, en la que aconsejaba a México que
no se inmiscuyera en asuntos que no le concernían, para así preservar
la paz en Europa.[65]

La noticia de la venta fue mal recibida por Gran Bretaña, que la
consideró como un acto de intervención inadmisible en asuntos estrictamente europeos por parte de una nación latinoamericana sin importancia. Las relaciones entre Gran Bretaña y México estaban lejos de ser
armoniosas y se habían deteriorado gradualmente por el respaldo que
Cárdenas brindaba al sindicato de trabajadores del petróleo en contra de

los intereses británicos en México, y que a la larga llevaría al gobierno a expropiar esos intereses. Entre los funcionarios del Ministerio de Asuntos Exteriores británico, encargados directamente de los asuntos mexicanos, existía una suspicacia profundamente arraigada contra el régimen revolucionario, comparable sólo con las ideas preconcebidas que la cancillería británica tenía en contra de la República española, agravada, en este caso, por un brutal prejuicio racial.[66]

Así pues, el Ministerio de Asuntos Exteriores británico no sólo se negó a venderle a México 30.000 fusiles y 30.000.000 de cartuchos, por miedo a que su destino final fuera España, sino que exigió en forma abrupta y poco diplomática una "clarificación" de lo que consideraba aspectos contradictorios de la política mexicana hacia la Guerra Civil española: de una parte, la defensa de la no intervención, que México vehementemente había apoyado en la Conferencia Panamericana en Buenos Aires, y por la otra, su ayuda actual al gobierno republicano. El embajador mexicano en Londres, Narciso Bassols, notificó a Hay que el gobierno británico consideraba estas políticas "recíprocamente incongruentes y diplomáticamente confusas". En una protesta formal, Gran Bretaña expresó, sin reserva diplomática alguna, su irritación por la venta de armas efectuada en septiembre de 1936. Además, Gran Bretaña desempeñó el papel de delator al advertir a los Estados Unidos de las intromisiones mexicanas respecto al conflicto español.[67]

Quizás más grave fue que los Estados Unidos considerara la transferencia mexicana de armas estadounidenses a España, a través de su territorio, como "inoportuna" y contraria a su neutralidad. La atmósfera de aislamiento, prevaleciente en los Estados Unidos, era una reacción a la participación de ese país en la Primera Guerra Mundial. En 1935, durante la crisis de Abisinia, Roosevelt había obtenido el respaldo del Congreso para poner en vigor una ley de neutralidad por la cual se declaraba ilegal que un ciudadano o empresa estadounidense vendiera armas a cualquier nación en caso de guerra. Para principios de enero de 1937, este dictamen se hizo extensivo a los casos de guerras civiles, para evitar la participación estadounidense en el conflicto español.

Varios funcionarios en el Departamento de Estado, como los embajadores de los Estados Unidos en España y en México, Claude Bowers y Josephus Daniels, o el mismo subsecretario Sumner Welles, eran pro republicanos. Sin embargo, el secretario de Estado, Cordell Hull, estaba en contra de cualquier tipo de participación estadounidense en el conflicto, ya que pensaba que comprometería la "política del buen vecino", enfrentando a las naciones iberoamericanas entre sí. Fue su punto de vista el que finalmente prevaleció dentro del gabinete.[68] Además, tanto los republicanos conservadores como el grupo de presión católico –una fuente clave de votos para los demócratas– se oponían decididamente a cualquier cooperación de los Estados Unidos con la República española en un año electoral, lo que obligó a Roosevelt a seguir la política del aislamiento.

El 1 de enero de 1937 se informó que intermediarios mexicanos habían adquirido aviones estadounidenses que rematricularon, transformaron en aviones militares y revendieron al embajador español para su envío a España.[69] Como se podía esperar, estalló un ruidoso escándalo político. El *Washington Herald*, del grupo de prensa Hearst, distorsionó la historia, acusando al gobierno mexicano de "armar a los rojos" y de violar la Ley de Neutralidad de los Estados Unidos por contrabando y traslado a través de transportes mexicanos. Bajo una intensa presión, el encargado de negocios de México en Washington, Luis Quintanilla, publicó un comunicado en la prensa norteamericana refutando estas versiones y declarando que México no había comprado ningún tipo de municiones en los Estados Unidos para reembarcarlas a España. Después informó a la Secretaría de Relaciones Exteriores que: "aquí se está afectando gravemente el buen nombre de México".[70]

Desde el principio de la guerra en España, Cárdenas concedió una importancia especial al intento de convencer a los Estados Unidos de la justicia de la causa republicana. En varias ocasiones el presidente de México escribió cartas personales a Roosevelt pidiéndole que interviniera a favor de la República. El 17 de junio de 1937, Cárdenas sugirió a Roosevelt que usara el prestigio moral de su país para detener la intervención fascista.[71] Sin embargo, los Estados Unidos no abandonaron en ningún momento su adhesión a la Ley de Neutralidad. Lejos de prestarle atención a las sugerencias de Cárdenas, Roosevelt, determinado a evitar una pugna nacional sobre este asunto, instó fríamente a Cárdenas a que dejara de trasladar armas y aviones estadounidenses a España.

Hasta el 8 de enero de 1937, el envío de armas compradas en los Estados Unidos había sido legal. Sin embargo, las licencias expedidas a los negociantes de armamento para la exportación de pertrechos a otros países prohibía expresamente su reenvío a España. No obstante, habría sido perfectamente legal que cualquier otra nación reexportara material estadounidense desde su territorio. El mismo Departamento de Estado aceptó que no procedía una protesta diplomática contra México por ese motivo. Aun así, pese a que no se infringía ninguna ley mexicana ni ningún decreto incompatible con algún acuerdo entre México y los Estados Unidos, Cárdenas cedió ante la presión estadounidense, preocupado, sin duda, por la posibilidad de que la continuación de esa política pudiera dar pie a represalias más severas, incluyendo una nueva intervención armada.

Para responder a las exigencias de Roosevelt, Cárdenas fijó un límite a su política: México serviría de intermediario sólo con el consentimiento expreso del tercer implicado en la operación. El 3 de enero de 1937, el presidente hizo una declaración a ese respecto:

> El gobierno de México efectivamente ha suministrado pertrechos de su propia producción al gobierno de España. Sin embargo, con relación a los pertrechos de origen extranjero, ha sido su firme postura la de no servir de intermediario si el gobierno de la nación afectada no otorga su total consentimiento. En conformidad con esta línea, las autoridades mexicanas no autorizarán el envío a España a través de México de aviones o de cualquier otro equipo militar de ninguna especie que provengan de los Estados Unidos, aun en el caso de compras hechas por corporaciones de grupos privados.[72]

Nuevos testimonios han mostrado que, a pesar de todo, México sí participó en operaciones clandestinas. La aparente conformidad de Cárdenas ante estas presiones provocó una respuesta negativa entre un gran número de funcionarios dentro de su gobierno, muchos de los cuales consideraron la medida como una limitación inaceptable a la ayuda legítima de México a la España republicana. Incluso parece ser que el jefe de la Fuerza Aérea Mexicana, el general Roberto Fierro Villalobos, presentó su dimisión cuando Cárdenas se negó a enviar al gobierno republicano un cargamento de aviones estadounidenses comprados con anterioridad.[73]

MÚLTIPLES EXPEDICIONES CON DIVERSOS
MATERIALES DE GUERRA

Hasta ahora, la mayoría de los estudios sobre la Guerra Civil española se han limitado a hacer una referencia pasajera a las remesas de armas de septiembre de 1936 como una muestra del apoyo mexicano a la República. En realidad, hubo muchísimas más entregas. Desafiando la crítica exterior y el débil apoyo dentro del país, el gobierno mexicano siguió auxiliando a la España republicana. A poco del éxito del *Magallanes,* se pusieron en marcha otras expediciones. Algunas serían igualmente afortunadas, otras nunca zarparon y muchas más terminaron en aciago fracaso, como se verá más adelante.

Animado por la llegada sin contratiempos del *Magallanes,* Gordón Ordás se dispuso a enviar más armas a España, y cuando el antiguo barco prisión, *Sil,* atracó en el puerto de Veracruz, aprovechó sin remilgos la oportunidad. Así, el 12 de enero de 1937, el *Sil* transportó de Veracruz a Santander tres aviones Lockheed (entre ellos, el *Anáhuac,* donado por Fierro Villalobos); 2.000 rifles Máuser de siete milímetros, hechos en México, 100 ametralladoras de tipo Mendoza; 8.000.000 de cartuchos, 100 ametralladoras Mendoza y 24 cañones de tipo no especificado con 15.000 casquillos de proyectil.[74] El buque, que salió de Veracruz el 22 del mismo mes, transportó también 600 toneladas de azúcar y miles de uniformes escolares.[75]

Las entregas de armas siguieron a un ritmo constante, y un mes después, el embajador francés en México informó al *Quai d'Orsay* de que México había enviado a España otros 5.000 rifles Máuser modelo 1934 hechos en México, 2.000.000 de cartuchos de siete milímetros, 13.000 granadas de mano, 65 ametralladoras Mendoza-B, siete baterías de artillería (dos del tipo Mondragón T.P, calibre 80; 4 S. Canet, calibre siete milímetros y una S Vickers) por un total de 33.500.000 francos franceses o 638.095,23 dólares, sin revelar el nombre del barco que había transportado la carga ni el puerto de arribo.[76]

Otros intentos no llegaron a buen fin, debido al continuo deterioro de la seguridad en la embajada de España, las constantes filtraciones de información confidencial y la campaña implacable de la prensa conservadora mexicana en contra del embajador español. En varias ocasiones, *Excélsior* y *El Universal* divulgaron detalles precisos de operaciones planeadas, obstaculizando las actividades de Gordón Ordás y exponiéndolas ante los muchos enemigos de la República.

En febrero de 1937, los republicanos pidieron alimentos y gasolina para cambiarlos por petróleo crudo que el gobierno español había comprado antes de la guerra y no podía refinar debido a que la mayor parte de las refinerías habían caído en manos de los rebeldes. De inmediato, México envió 15.000 sacos de garbanzos y otras cantidades de alimentos, incluyendo azúcar, mantequilla y harina. Aunque México estuvo de acuerdo con el plan de intercambio, no fue posible seguir adelante con la operación ya que la refinería de Tampico, en manos de los británicos, había rehusado abastecer a los republicanos amparándose en el Pacto de No Intervención.[77]

Como la República esperaba que se realizaran más compras de armas, envió a Gordón Ordás, a través de París y Nueva York, un pago inicial de 6.000.000 de dólares. Con su mala intención habitual, *Excélsior* hizo la "sensacional" revelación de que, desde noviembre de 1936, el embajador español tenía 9.000.000 de dólares depositados en el Banco Nacional de México. En efecto, a Gordón Ordás le habían dado poderes para comprar aviones estadounidenses de segunda mano –en su mayoría civiles y de transporte– para convertirlos en aviones de guerra. *Excélsior* destacó que los depósitos se habían hecho a nombre de Gordón Ordás y no de la embajada, lo que implicaba que el depósito habría de servir para otros usos fuera de los gastos normales de la representación diplomática.[78] Para empeorar las cosas, el Midland Bank de Londres retuvo el depósito arguyendo que el gobierno español había deletreado mal la última letra del segundo apellido del embajador y hubo que repetir la orden. Sin embargo, el minúsculo error dio al traste con varios convenios ya establecidos.[79]

El 10 de diciembre de 1936, el Estado español confiscó el buque de vapor *Motomar* durante su travesía de Buenos Aires a Edyewater, Nueva Jersey, con un cargamento de linaza.[80] Como García Díaz, su antiguo propietario, había iniciado un juicio en los Estados Unidos contra el gobierno republicano en nombre de la Compañía Española de Navegación Marítima, las autoridades españolas ordenaron al barco que cambiara de curso hacia Veracruz para evitar una acción legal. El Ministerio de Estado le notificó a Gordón Ordás que, tan pronto como llegara al puerto mexicano, debía permanecer bajo su custodia. El *Motomar* arribó a Veracruz el 31 de diciembre de 1936.[81]

Desde su llegada, el buque de vapor –que debido a averías tuvo que permanecer un largo tiempo en el puerto– fue objeto de las intrigas de los españoles franquistas residentes en Veracruz. Como resultado, dos oficiales y un camarero desertaron. Alarmado, el capitán Fernando Dicenta aconsejó al embajador convertir el trasatlántico en un buque de guerra sujeto a disciplina militar. Fue así como otro medio de transporte quedó listo para nuevas empresas encubiertas.

Dos intentos de compra de armamento que negoció Gordón Ordás, una con Japón y la otra con Canadá, fracasaron al mismo tiempo que el "embargo moral" estadounidense retrasaba el cargamento de los aviones estacionados en el aeródromo de Tejería, imposibilitando la salida del *Motomar*. Para agosto de 1937 ya se habían cargado "con discreción" tres aviones. Sin embargo, surgieron nuevas dificultades, porque el *Motomar* necesitaba con urgencia una limpieza del casco, y los diques secos más cercanos estaban en Galveston (Texas) y en las Bermudas. A causa del litigio interpuesto por García Díaz, el gobierno estadounidense se abstuvo de ofrecer garantías en caso de que el buque llegara a sus costas, lo cual eliminaba esa opción.[82] El Almirantazgo británico, en cambio, dio permiso al buque para entrar a su colonia y para que se efectuaran las reparaciones.

Una vez en las Bermudas, las autoridades navales se enteraron de que el buque llevaba un cargamento de armas y municiones, por lo que presentaron al capitán una alternativa desconcertante: para entrar al dique seco, el buque debía descargar los pertrechos; pero una vez que los descargara serían decomisados, debido a que infringían la ley de exportación de armas. Las cosas empeoraron cuando García Díaz apareció en Bermudas con la intención de reclamar el *Motomar* para su compañía. Como resultado de todo este enredo, el capitán Dicenta partió apresuradamente hacia Veracruz, donde hizo los arreglos necesarios para que unos buzos limpiaran a mano el casco del *Motomar*. El barco zarpó el 27 de septiembre de 1937 dirigiéndose furtivamente hacia Amberes, donde llegó el 17 de mayo de 1938. El buque logró ocultar a las autoridades belgas los cañones que llevaba, llegando finalmente a Barcelona. Durante 15 meses y 18 días, el *Motomar* estuvo bajo el mando exclusivo de Gordón Ordás.[83]

Poco antes, el gobierno mexicano había ofrecido a este último los servicios de un experto en armas, el coronel Jesús Triana, para que le proporcionara apoyo técnico en sus transacciones secretas con Bolivia. Diverso material de guerra que había sobrado de la Guerra del Chaco estaba en oferta, y después de que Triana lo inspeccionara para verificar su calidad y condición y le diera su aprobación, la venta se cerró el 18 de septiembre de 1937. El cargamento partió del puerto peruano de Mollendo en un buque japonés, el *Florida Maru*, con destino al puerto mexicano de Manzanillo en el Pacífico. Desde Manzanillo, un tren sellado, escoltado por dos pelotones del ejército mexicano, llevó el equipo a Veracruz, donde fue cargado en el *Motomar* y enviado a España.[84]

TRANSBORDO DE AVIONES ESTADOUNIDENSES A TRAVÉS DE MÉXICO

El 28 de septiembre de 1936, Fernando de los Ríos llegó a Washington como nuevo embajador de España en los Estados Unidos, después de otra deserción diplomática más hacia el bando franquista. Lo acompañaba una comisión de compras bajo el mando del coronel Francisco León Trejo. De inmediato, la delegación, que incluía al comandante José Melendreras y al sargento Francisco Corral, viajó a Nueva York con el propósito de adquirir aviones y pertrechos en general. Por mediación de un piloto republicano residente en Nueva York, el capitán Agustín Sainz Sanz, se pusieron en contacto con un agente de American Airlines que tenía nueve aviones Vultees estacionados en la Ciudad de Nueva York y en cinco aeropuertos más en los alrededores. El negociante ofrecía los 14 aviones a un precio de 22.000 dólares cada uno. A pesar de que la comisión comunicó la propuesta a los Ministerios de Aviación y de Marina y de que estas instancias prometieron enviar los fondos, el dinero jamás llegó y la transacción se vino abajo. Este fracaso adquiere especial relevancia porque fue precisamente en esta etapa crucial cuando la República perdió su supremacía en la contienda

La llegada de la citada comisión a los Estados Unidos puso de manifiesto que los republicanos estaban duplicando sus esfuerzos estérilmente. La falta de coordinación y de comunicación entre las distintas instancias gubernamentales hizo que Gordón Ordás y León Trejo actuaran de manera independiente, sin que uno supiera lo que hacía el otro y en ocasiones incluso compitiendo por los mismos aviones y pertrechos, algo que los traficantes y corredores de armas estadounidenses explotaron en beneficio propio.[85] La situación empeoró cuando el Ministerio de Aviación de España creó una comisión más, independiente de las que ya operaban bajo las órdenes de Gordón Ordás y Trejo. Integrada por el diputado socialista Alejandro Otero, el periodista Corpus Barga y por Luis Prieto, nunca tuvo éxito. A pesar de su talento y dedicación a la causa, estos hombres fueron incapaces de distinguir una pieza de artillería de otra y como intermediarios eran absolutamente incompetentes. En una ocasión decisiva entregaron sumas astronómicas a unos vendedores de armas a cambio de pertrechos que jamás llegaron a su destino.[86]

Gordón Ordás protagonizó sendos altercados con De los Ríos y Álvarez del Vayo sobre el asunto y exigió al Ministerio del Interior que le diera autoridad exclusiva sobre la compra de armas en los Estados Unidos, con la confianza de que el armamento contratado saldría desde México. Al principio, Álvarez del Vayo rechazó los argumentos de Gordón Ordás y ordenó a los dos embajadores que resolvieran sus diferencias entre sí, pero pronto cedió ante la evidencia de que la duplicidad de esfuerzos estaba causando efectos contraproducentes.

Así, el 10 de octubre de 1936, el Ministerio de Estado español transfirió a Melendreras a Ciudad de México y lo puso bajo el mando de Gordón Ordás en un esfuerzo evidente por establecer una sola comisión. Al principio, Melendreras contempló la posibilidad de adquirir aviones de la Fuerza Aérea Mexicana y abordó, en consecuencia, al coronel Fierro Villalobos. Éste le informó con toda franqueza del estado deplorable de la Fuerza Aérea Mexicana y de la escasa velocidad que desarrollaban sus aviones.

La Fuerza Aérea Mexicana tenía únicamente 30 aviones de reconocimiento Corsair con una aceleración máxima de tan sólo 150 kilómetros por hora, y nueve aviones "adaptados" de dos motores que podían alcanzar esa misma velocidad; sin embargo, no contaba con bombarderos o aviones de caza que valieran la pena. Fuera de la aviación militar, existían cuatro aviones Lockheed en México susceptibles de uso militar. Con uno de ellos, el *Anáhuac* –que había pertenecido a Amelia Earhart–, el coronel Fierro había establecido un nuevo récord en un vuelo sin escalas entre Ciudad de México y Nueva York. Los otros dos pertenecían a un piloto alemán, Fritz Bieler, que había adoptado la nacionalidad mexicana, y el cuarto, a un general mexicano no identificado. El primero podía desarrollar una velocidad de 320 a 340 kilómetros por hora, mientras que los otros apenas alcanzaban 290 kilómetros.

Se acordó la venta. Fierro y la comisión fijaron el precio de los dos últimos aviones en 70.000 dólares y el propio Fierro ofreció su avión a la República como regalo. Los cuatro aviones se cargaron a bordo del *Sil* y se enviaron a España junto con armas, motores, hélices y equipo aeronáutico de radio. No se exigió anticipo alguno, ya que el coronel Fierro asumió la responsabilidad total del pago y, según Melendreras,

> no tenía objeción alguna en cobrar la deuda una vez que el embarque llegara a Santander, si las autoridades españolas alguna vez decidían liquidarla.

Cuando fue evidente que México no podría cubrir las necesidades de aviones de la República, Gordón Ordás y Melendreras dirigieron su atención hacia los Estados Unidos. Para asegurar el éxito de sus negociaciones, pidieron la ayuda de las autoridades mexicanas, que no pusieron objeción. El secretario de Relaciones Exteriores, Eduardo Hay, presentó un plan al embajador de los Estados Unidos en México por el cual el gobierno de Estados Unidos vendería bombarderos a la Fuerza Aérea Mexicana, que a su vez vendería los aviones que tuviera disponibles a la República. Daniels rechazó rotundamente la propuesta por considerar que violaba la neutralidad estadounidense. Unas semanas después, el gobierno mexicano insistió, esta vez por medio de su embajador en Washington, Francisco Castillo Nájera, quien preguntó si el Departamento de Estado podría permitir el trasbordo de armas estadounidenses a través de México. El embajador fue "atentamente" informado de que los Estados Unidos obstaculizarían cualquier esfuerzo de esta índole.[87]

Cuando los conductos legales parecieron haberse agotado, Melendreras y Gordón Ordás decidieron, con la probable complicidad de algunas autoridades mexicanas, adquirir en secreto varios aviones y llevarlos a México, pilotándolos clandestinamente a través de la frontera. Melendreras actuó con rapidez y logró cerrar varios tratos con corredores de aviones estadounidenses:

Una vez que los fondos llegaron a México, empecé a actuar con la mayor intensidad posible pues todavía no estaba firmada la Ley de prohibición y teníamos la promesa del presidente de la República de México, de que todo el material que vendría en tránsito para su país, lo dejaría salir libremente.

Adquirí rápidamente un avión Electra, bimotor de velocidad de 320 kilómetros por hora de gran capacidad de bombardeo y uno de los tipos más modernos de América, exactamente igual que el avión en el que hizo recientemente el viaje trasatlántico de ida y vuelta, igual también al de la célebre aviadora perdida Amelia Earheart, seis aviones bimotor Condor especiales para bombardeo de noche y con un peso para bombas superior a 1.600 kilos, tres aviones rápidos de reconocimiento, nuevos de fábrica, metálicos con velocidad de 350 kilómetros por hora marca Espartan, tres grandes bimotores metálicos de gran capacidad, de explosivos, marca Boeing, con velocidad a los anteriores cinco aviones Lockheed, dos aviones consolidados Beecrchaff Bresse, un Seversky con velocidad de 500 kilómetros por hora. Hasta el número de 28, fueron adquiridos con toda celeridad, algunos burlando la vigilancia de las autoridades norteamericanas, ya que los últimos comprados, lo fueron después de la ley de prohibición.[88]

Dos pilotos expertos residentes en México, el norteamericano Cloyd Clevenger y el alemán Fritz Bieler, junto con otros desconocidos lograron trasladar clandestinamente varios aviones desde San Antonio (Texas) y Calexico (California) hasta el aeropuerto de Tejería, en Veracruz. En total pasaron 28 aviones.

Durante los meses siguientes, el Departamento del Tesoro de los Estados Unidos detectó varios aviones que habían volado a México sin autorización e inició una investigación para determinar su paradero. Pronto descubrió la estratagema. Para diciembre de 1936, había tantos aviones de fabricación estadounidense en manos de Gordón Ordás que los funcionarios del Departamento de Estado se refirieron a ellos como "la colección privada del embajador de España".[89] Estas mismas fuentes transmitieron la información al Departamento de Estado que a su vez amenazó sin ambages al gobierno mexicano con "represalias económicas" si no ponía fin al tráfico ilegal de la embajada de España. Luis I. Rodríguez, secretario de la Presidencia, visitó a Gordón para informarle, de parte del presidente, que debía suspender de inmediato todas las entregas de aviones a España.[90]

Entretanto, el nombre de un individuo llamado Robert Cuse, "traficante de chatarra de Jersey City",* apareció por sorpresa en los titulares de la mayoría de los diarios estadounidenses. El día anterior, el Departamento de Estado había hecho pública la concesión de dos permisos a Cuse para exportar directamente a Bilbao aviones, motores y equipamiento por una suma total de 2.777.000 dólares.[91] Cuse había ignorado las amonestaciones morales y las advertencias patrióticas del gobierno de los Estados Unidos y, en su lugar, optó por recordar sus "derechos legales". La atrevida maniobra de Cuse auguraba el fin del "embargo moral" del gobierno estadounidense. En Washington cundió la alarma ante la posibilidad de que otros trataran de emular su conducta. La respuesta del gobierno estadounidense fue inmediata y airada. En una conferencia de prensa, el presidente Roosevelt denunció los negocios de Cuse como "totalmente legales, pero antipatrióticos". Enseguida anunció que había dado su consentimiento a la propuesta de los líderes del Congreso de enmendar el Ley de Neutralidad de los Estados Unidos, haciéndolo extensivo a conflictos civiles y, por consiguiente, a la española.[92]

El 1 de enero de 1937, Gordón Ordás viajó precipitadamente a Washington en un intento por resolver las tensiones que habían provocado las declaraciones de Cuse. Intentando pasar inadvertido, viajó acompañado de su esposa y de su hija en uno de los aviones comerciales que había comprado en los Estados Unidos para transformarlos en aviones militares y que tenía estacionados en el aeropuerto de Tejería en Veracruz. El avión, pilotado por Cloyd Clevenger, estuvo a punto de estrellarse cerca de Brownsville, Texas. El incidente recibió tanta publicidad como cabía esperar en la prensa mexicana, enemiga jurada de la República y del embajador, que Gordón Ordás consideró que se había vuelto extremadamente difícil emprender nuevas acciones.[93] Por

---

* Robert Cuse, nacido en Estonia y nacionalizado estadounidense, fue presidente de la Vimalert Company de Jersey City, fundada en 1925. Cuse había vendido motores de aviones y aeronaves de segunda mano a la Unión Soviética a principios de los años treinta, dando pie a especulaciones descabelladas acerca de la posibilidad de que fuera un agente soviético.

su parte, el gobierno estadounidense reanudó las presiones al gobierno mexicano para que detuviera las transferencias de armamento.

Ante el fin de la conexión estadounidense, el coronel Fierro Villalobos propuso y convenció a Gordón Ordás para que abriera una fábrica de aviones Seversky en México financiada por la República. Poco después, un representante de la compañía Seversky viajó a México para cerrar el trato. Antes de que se pudieran formalizar los términos de la operación, el Ministerio de Marina español rechazó la propuesta y en cambio solicitó, contra toda lógica, el envío de más aviones estadounidenses. Gordón insistió que era imposible que la compañía exportara directamente a España desde los Estados Unidos, pero que Cárdenas estaba de acuerdo en autorizar el envío de piezas que se ensamblarían en España, siempre y cuando se fabricaran en México. También insistió en que, al ser la mano de obra más barata en México, convendría más a la República que comprárselas directamente. Álvarez del Vayo rechazó la propuesta al considerar que el plan era "demasiado complicado y oneroso".[94] De este modo se abortó una posible solución a la necesidad de aviones de la República, barata, imaginativa y legal, y que, al mismo tiempo, hubiera podido contribuir al desarrollo de una industria en México.

ESPERANZAS FALLIDAS:
LA CAPTURA DEL *MAR CANTÁBRICO*

El barco mercante *Mar Cantábrico* salió de Valencia en agosto de 1936 con destino a Nueva York. Por orden del Ministerio del Interior, permaneció allí durante varios meses, mientras que Gordón Ordás trataba de negociar la compra de armas en los Estados Unidos. Justo cuando Gordón Ordás logró cargar el barco con material estadounidense, el Congreso comenzó la discusión de un proyecto de ley que habría de prohibir los embarques de armas hacia España.

Se inició una carrera entre los compradores españoles y los legisladores estadounidenses en la que la tripulación del *Magallanes* cargó apresuradamente tantas provisiones como le fue posible, con vistas a proseguir hasta Veracruz, donde el flete se complementaría con pertrechos mexicanos.

El 6 de enero de 1937, el *Mar Cantábrico* partió de Nueva York a Veracruz con un cargamento de armas. Ese mismo día, a instancias de Roosevelt, dos legisladores estadounidenses, el senador Key Pittman y el diputado Frank McReynolds, presentaron la redacción preliminar de una ley que prohibiría a partir de ese momento los envíos de armas a España.

Pronto surgieron nuevos obstáculos para el plan español, cuando dos pilotos estadounidenses, Bert Acosta y Gordon Barry, que habían desertado de la causa republicana después de haber participado como legionarios en su Fuerza Aérea en la denominada "escuadrilla Yanqui" durante el otoño de 1936, aseguraron, falsamente, que la República les debía 1.200 dólares de sus salarios. Amparándose en esta falsa denuncia, y con el apoyo de los círculos conservadores estadounidenses, convencieron a las autoridades portuarias de Nueva York de que expidieran una orden judicial en contra del capitán del *Mar Cantábrico*.[95] Por fortuna, un defecto de forma en el documento salvó *in extremis* el último obstáculo, pues el controlador del puerto, Harry Duening, desechó el auto judicial por considerarlo improcedente.[96]

Otro error técnico en el Senado evitó que la resolución se convirtiera en ley hasta el 7 de enero, por lo que el día 8, el *Mar Cantábrico* zarpó de Nueva York apresuradamente, dejando en tierra la mayor parte del cargamento original de Cuse. Horas después, el nuevo embargo de armas, promovido por Pittman y McReynolds entró en vigor. Según el corresponsal de *The Times* de Londres en Nueva York, el *Cantábrico* llevaba mercancía, aviones y motores de la Compañía Vimalert de Jersey City por un valor de 2.777.000 dólares.[97]

El barco llegó a Veracruz el 13 de enero, donde permaneció bajo custodia de la embajada española. En el puente, los marineros extendieron una manta, a modo de pancarta, que proclamaba: "Gloria a México. La España antifascista te saluda".[98] José Otero, delegado político del barco, envió a través del periódico oficial de México, *El Nacional,* un "Mensaje de gratitud a la nación mexicana" que atrajo la atención de sus lectores sobre la presencia del barco en Veracruz.[99]

Este despliegue tan ostentoso no ayudaba a la causa republicana ni al gobierno de Cárdenas. Hubo alarma justificada entre los círculos oficiales mexicanos ante posibles represalias por parte de los Estados Unidos. En dicho país, el apoyo mexicano a la causa republicana había provocado un escándalo político, promovido por el grupo de prensa Hearst, que alertaba sobre presuntas violaciones de la neutralidad en el conflicto español, lo que inmediatamente repercutió en los círculos conservadores estadounidenses.

Aunque parecía que Cárdenas había cedido a la petición de Roosevelt de cancelar el suministro a España y había prometido que en el futuro no enviaría armas fabricadas en los Estados Unidos a través de México, los datos indican lo contrario. A pesar de negarlo Gordón Ordás, y de las garantías ofrecidas por el gobierno mexicano, se depositó en el *Mar Cantábrico* un cargamento adicional de armas diversas y municiones mexicanas.[100] Gordón Ordás llevó a cabo la operación con total complicidad del secretario mexicano de Guerra, Manuel Ávila Camacho.[101] Éste ayudó al embajador de España, aprovechando la ausencia de Cárdenas, quien había salido temporalmente de la capital en una de sus frecuentes giras por el país. En ese mismo momento, el secretario de Guerra permitió también que una cantidad no revelada de aviones se embarcara a bordo del *Ibai*. Éste salió de Veracruz el 29 de diciembre de 1937. Los 18 aviones restantes, que incluían seis Curtis Condors y tres Boeings 247, permanecieron en territorio mexicano y posteriormente se vendieron para sufragar a los refugiados republicanos españoles que llegaban a México.[102]

A pesar de todas las precauciones que tomaron las autoridades militares mexicanas, la imprudencia de la tripulación española durante la operación fue tan grande que la información se filtró, incluyendo los detalles del contenido y del itinerario. Según varios periódicos, muchos comunistas mexicanos se embarcaron en el *Mar Cantábrico*.[103] En un principio se había decidido que debía partir el 17 de febrero. El 13 salió hacia Tampico, donde cargó combustible, y regresó a Veracruz el 16. La prensa, inquisitiva, vigilaba con celo cada uno de sus movimientos.

A nadie sorprendió que, cuando finalmente partió el 19 de febrero, el contenido de su cargamento fuera del dominio público. *Excélsior* informó, el 20 de febrero de 1937, que el buque transportaba 14.000.000 de cartuchos de siete milímetros, aviones equipados adquiridos en Nueva York, y 50 cañones de diversos calibres, además de un grupo de voluntarios de distintas nacionalidades. En Veracruz había cargado 18 aviones sin ensamblar, ropa, uniformes, zapatos, medicinas, alimentos, instrumentos médicos, bombas de gas, transmisores de radio, ametralladoras, rifles y 25.000.000 de balas expansivas. La total coincidencia de estas cifras con las que proporcionó Gordón Ordás confirma la torpeza con que se llevó a cabo la operación.[104]

Al igual que otros barcos que desempeñaban misiones similares, el *Mar Cantábrico* tenía instrucciones precisas, así como códigos secretos, para comunicarse con Santander, Bilbao y con la flota republicana. Gordón Ordás hizo instalar en el buque un potente transmisor de onda corta para mantenerse personalmente en contacto con el capitán Santamaría. El 21 y el 23 de febrero, el embajador recibió radiogramas que informaban que todo iba "de acuerdo a lo planeado". Respondió que había recibido bien los mensajes y que les deseaba suerte en la misión. El barco originalmente había salido con rumbo al puerto mediterráneo de Cartagena. Durante la travesía recibió órdenes de cambiar de ruta y de dirigirse hacia el Norte, al puerto de Bilbao. Al parecer, había establecido contacto con una estación costera sin revelar su identidad, solicitando que un escuadrón aéreo lo escoltara al puerto. Esto puso sobre aviso a la flota nacionalista, que inmediatamente salió en su persecución.[105]

El 25 de febrero, el *Mar Cantábrico* informó a Gordón que habían izado la bandera británica, en lo que a fin de cuentas resultó ser un vano intento por desconcertar a la flota rebelde. La tripulación, además, pintó el barco para ocultar su identidad. Bajo instrucciones de Álvarez del Vayo, Gordón Ordás autorizó la estratagema pero le dijo a Santamaría que izara la bandera española al acercarse a la costa para evitar que barcos británicos o franceses lo confiscaran en cumplimiento del Acuerdo de No Intervención. Hubo gran inquietud en relación con la ruta del barco ya que el bloqueo franco-británico entraría en vigor el 3 de marzo.

En esa misma fecha el *Magallanes* envió un cable a Ciudad de México informando: "todo tranquilo, mal tiempo". Todo parecía marchar según lo previsto. Apenas habían transcurrido 24 horas cuando Gordón Ordás captó un mensaje ininteligible firmado por el capitán "pero no convincentemente redactado por él", lo que le hizo sospechar que se había iniciado un motín a bordo.[106] Dos días después, Gordón recibió otro mensaje –que resultaría ser el último–, también torpemente codificado. De toda la incoherencia, Gordón logró inferir que el barco no arribaría según lo planeado y que solicitaba llegar, en cambio, a Santander por la noche. El confuso cable pedía también a la Fuerza Aérea republicana que no sobrevolara el buque para evitar llamar la atención de los nacionalistas. Gordón, a su vez, envió un cable al Ministerio de Marina solicitando que la flota republicana escoltara al barco hasta un puerto seguro. Como en muchas otras ocasiones, la petición fue desoída. El 9 de marzo, los periódicos publicaron informes vagos y contradictorios. Algunos especularon con que el *Mar Cantábrico* se había hundido. Otros aseguraron que en Santander se habían recibido señales de zozobra de un barco misterioso atacado por los nacionales. Según un informe procedente de Londres, un barco destructor, *Echo*, se había comunicado con el *Canarias*, y el buque rebelde había informado a su capitán que el *Mar Cantábrico* se había hundido en el golfo de Vizcaya y que habían rescatado a la tripulación.[107] Otra versión publicada al día siguiente por *El Nacional* hacía especulaciones sobre "informes fidedignos", que aseguraban que se había hecho un traspaso del cargamento a barcos republicanos en alta mar, y afirmaba que los rebeldes sólo habían hundido un "casco vacío".[108]

El 10 de marzo, *Excélsior* informó que el *Canarias* había capturado al *Mar Cantábrico* y lo había escoltado hasta El Ferrol junto con su tripulación. Advertidos por la excesiva publicidad que se le había dado al asunto y por los informes de la inteligencia de la Armada portuguesa, los nacionalistas establecieron un bloqueo en el mar Cantábrico con el *Canarias*, el *España* y el *Velasco*. El capitán del *Canarias*, Salvador Moreno, tenía instrucciones de capturar el barco desde el momento mismo en que salió de Veracruz. Gracias a los agentes secretos franquistas en México, el oficial de la Marina constató con información precisa sus características, el contenido de su carga y su trayectoria. Además, le advirtieron que el barco intentaría hacerse pasar por el mercante británico *Adda*. El *Canarias* se situó a las afueras de Burdeos, desde donde notificó que había movimientos "sospechosos" de un buque "misterioso". En cuanto alertó sobre su presencia, tres barcos nacionalistas se dirigieron de inmediato al lugar designado.

El 8 de marzo, el *Canarias* detuvo un barco mercante pensando que era el *Mar Cantábrico*. Éste trató de engañar a la flotilla nacionalista transmitiendo informes en inglés. Sin embargo no logró disuadir a Moreno, quien ordenó al barco mercante que se rindiera. Como no hubo contestación, el *Canarias* realizó un disparo de advertencia que impactó en la proa del *Mar Cantábrico*, provocando un incendio. El barco camuflado logró todavía enviar un SOS a la flota británica. Por mera coincidencia, la llamada fue captada por el *Aba* de la Elder-Dempster Company. Éste retransmitió la llamada de auxilio a una flotilla de destructores británicos, que se apresuró a rescatarlo. A pesar de todo, la defectuosa capa de pintura del *Mar Cantábrico* no bastó para engañar al capitán del *Canarias*, que sin duda alertado por los mensajes de auxilio en inglés macarrónico, se apresuró a capturarlo. La primera llamada de socorro decía literalmente: "We are in danger stoped [sic] by unknown battleship. In danger we neeks halp [sic]".*[109]

Cuatro destructores ingleses–el *Echo*, el *Eclipse*, el *Escapade* y otro no identificado– más un cañonero francés, el *Cameleyre*, y varios barcos de pesca llegaron al lugar para intentar el rescate. Después de cerca de una hora de consultas con Moreno, los oficiales británicos aceptaron, con cortesía británica, su explicación de que el buque de vapor no era el *Adda* sino el *Mar Cantábrico* y abandonaron el lugar. En abierto desafío a la bandera británica y al nombre que ostentaba, el *Canarias* se acercó y giró alrededor del barco dos veces para comparar sus características con la descripción del *Mar Cantábrico*. Desde el barco nacionalista se enviaron señales y advertencias por altavoz. Como nadie respondiera, Moreno ordenó disparar un tiro de advertencia y, al no haber respuesta, envió una avanzada de abordaje.

La osadía de la República al tratar de ocultar la identidad del barco bajo un nombre inglés provocó la ira del Parlamento británico. Varios diputados conservadores protestaron el 15 de marzo contra lo que consideraron un engaño inadmisible. El Ministerio de Asuntos Exteriores español respondió a estas objeciones arguyendo que el intento había sido una *ruse de guerre* perfectamente justificada por la Ley Internacional.[110]

Cinco italianos y cinco mexicanos que viajaban a bordo como "pasajeros" fueron detenidos y conducidos al puerto de El Ferrol, controlado por los nacionalistas. Unos meses después, *Excélsior* reveló el destino fatal de los prisioneros mexicanos. La única sobreviviente, una mexicana llamada Socorro Barberán, contaba cómo, después de su detención el 15 de marzo, los cuatro mexicanos fueron llevados ante una corte marcial y sentenciados a muerte pese a los ruegos de clemencia del cónsul honorario de México en Coruña, de las autoridades portuguesas y de las supuestas promesas del mismísimo Franco. Durante el juicio, el fiscal se refirió a los mexicanos como "filibusteros" que habían abandonado

---

* En peligro detenidos por buque de guerra desconocido. En peligro necesitamos ayuda.

su país "para saquear a España". Sin embargo pidió que le fuera perdonada la vida a Barberán por ser mujer y por las peticiones de clemencia del cónsul honorario de México en Coruña. Fue recluida en el Hospital de la Marina en El Ferrol para ser deportada, poco después, a Portugal.[111]

Los demás, Manuel Zavala, de veintiún años de edad, y Carlos Gallo Pérez –ambos de Guadalajara–; Ricardo Solórzano, de Ameca, y Alejandro Franco, de Ciudad de México, fueron sentenciados a muerte. Poco después, una declaración oficial del secretario de Relaciones Exteriores de México confirmó que los cuatro habían sido sometidos a torturas y humillaciones indescriptibles antes de ser ejecutados. Los habían exhibido en una jaula colocada sobre un camión y paseado por las calles de El Ferrol con un letrero que proclamaba:

> Éstos son los "invasores" comunistas mexicanos. Los jóvenes tomaron estos abusos con gran serenidad y valor, incluso antes de que un pelotón de fusilamiento les disparara cobardemente frente a una perversa multitud.[112]

El general Queipo de Llano, fiel a su estilo, trató de ridiculizar el cargamento considerándolo inútil:

> Encontramos a bordo de esa embarcación un motor Douglas para avión, que había sido usado 800 horas y que reventó al ponerse a funcionar en uno de nuestros aviones. Encontramos asimismo 12 cañones que datan de la época del Diluvio y que sólo sirven para adorno de nuestros jardines.[113]

A pesar de los sarcasmos de Queipo, el material de guerra a bordo era, al parecer, considerable y fue utilizado en la batalla de Bilbao según el testimonio de José Luis Paz Durán, oficial del *Canarias*, que escribió respecto al material confiscado:

> [El *Cantábrico*] lleva a bordo 42 trimotores, 25.000.000 de balas dumdum, 20 tanques, ametralladoras, fusiles, 3.000 cazadoras de cuero, etc.; material por un valor de 300.000.000 de pesetas. Ésta ha sido la mejor presa que ha hecho nuestra Escuadra. Con este golpe pronto va a terminar la resistencia roja en el norte.[114]

La desorganización y falta de coordinación que reinaban en la zona republicana explican el hecho de que, aunque todos los periódicos publicaron los detalles completos de la captura, el ministro del Interior, Álvarez del Vayo seguía esperando su llegada cuatro días después.[115]

La expedición del *Mar Cantábrico* fomentó entre mexicanos de todo signo político una sensación sin precedentes de participación activa de su nación en asuntos internacionales. La cobertura diaria del viaje en los periódicos se convirtió en un fenómeno mediático. Tenía todos los elementos de una novela por entregas y, por lo tanto, conmovió a muchas personas, incluso a los que no solían leer los periódicos. Por lo demás, la captura y la ejecución de los voluntarios mexicanos despertaron una oleada de indignación nacionalista y de exigencia generalizada de encontrar y castigar a los culpables. Por primera vez desde el comienzo de la guerra, la clase media y las organizaciones estudiantiles universitarias –por entonces más o menos conservadoras– marcharon codo con codo con los sindicalistas para protestar en contra de la ejecución de los voluntarios mexicanos.[116]

El 8 de abril, Lombardo Toledano envió un mensaje al procurador general de México, Ignacio García Téllez, acusando al cónsul italiano en Veracruz, Gustavo Della Luna, de espionaje. Según Lombardo, los informes confidenciales enviados por Della Luna en complicidad con los falangistas locales habían ayudado a los rebeldes a capturar el *Mar Cantábrico*. El corresponsal de *The New York Times* en México, Frank Kluckhohn, difundió esta versión, que la Secretaría de Gobernación de México investigó brevemente, para olvidarla poco después. La captura del barco, lejos de desalentar la política mexicana hacia España, obligó a Cárdenas a reafirmar públicamente el compromiso de México en un momento en que las presiones estadounidenses sobre su administración se intensificaban:

México continuará apoyando a España con armas y municiones con la misma determinación que lo ha hecho hasta ahora. España ha recibido del gobierno mexicano toda la ayuda que ha solicitado. Es el deber de mi gobierno defender a todos los gobiernos legalmente constituidos que puedan estar en peligro. Cualquier otra nación que se encuentre en un predicamento similar puede estar segura de que contará con la ayuda mexicana.

Así, a pesar del fracaso del *Mar Cantábrico*, hubo nuevas expediciones secretas desde Veracruz. En marzo, el gobierno mexicano envió un cargamento de armas por valor de 1.791.166 dólares. Parte del envío se originó en México y parte se adquirió en Checoslovaquia con fondos republicanos recaudados a través de agentes diplomáticos mexicanos. La carga incluía rifles, munición, ametralladoras, unas cuantas piezas de artillería y varios cientos de kilos de azúcar mexicana.[117]

LA CONEXIÓN CHECA

Checoslovaquia no sólo era en aquel momento el mayor exportador de armas del mundo, también era un gobierno democrático con tendencias izquierdistas,[118] por lo que no tardó en atraer la atención de la República como posible proveedor. No obstante, estaba rodeada por enemigos de la República: Austria, Hungría, Polonia, Alemania y Rumania, y además había firmado el Pacto de No Intervención. Por tanto sólo quedaba intentar persuadir a las autoridades checas de que le vendieran armas al bando español republicano discretamente y a espaldas del comité. Así, se envió al coronel Ángel Pastor Velasco, uno de los dos subsecretarios republicanos del Ministerio de Aviación, a Praga en septiembre de 1936 con la misión expresa de adquirir armas. El embajador mexicano en París, el coronel Adalberto Tejeda, le proporcionó un pasaporte mexicano a nombre de Alfredo Palacios para que pudiera viajar libremente y evitar que la Gestapo lo capturara en caso de tener que aterrizar de improviso en Italia o en Alemania.[119]

Una vez en Praga, Palacios estableció buenas relaciones con varios funcionarios checos, particularmente con el dirigente del Partido Social Demócrata, Antonin Hampl, quien le ofreció venderle armamento a la República a condición de que se hiciera a espaldas del Comité de No Intervención. Ello no era un problema, ya que la República contaba con México y con la Unión Soviética, así como con el desaforado interés de los contrabandistas de armas, siempre ansiosos por cerrar un trato.

Luis Jiménez de Asúa, embajador español en Praga, se puso en contacto con su colega mexicano, Agustín Leñero, para obtener la conformidad de su gobierno con el plan. Las relaciones checo-mexicanas eran, como se ha dicho, excelentes,[120] lo cual hacía que el proyecto fuera muy viable. Al igual que con las transacciones francesas, México pronto accedió a servir de pantalla para la compra de armas y en aparecer como el comprador directo del material. Así fue como se estableció con éxito una red que efectuaba tanto envíos directos a puertos españoles como complicados traslados vía Veracruz. A través de este circuito se transportó una cantidad indeterminada de material de guerra. Sólo podemos hacer conjeturas, ya que la reserva absoluta con que se llevó a cabo la operación dejó pocos indicios, salvo algunos informes diplomáticos confidenciales que se refieren al plan crípticamente.[121] Sí sabemos, en cambio, que el vapor *Azteca* zarpó del puerto polaco de Gdynia en septiembre de 1936 con un cargamento de armas polacas que desembarcó en Bilbao y Santander.[122] Gaspar Sanz y Tovar, un ex diplomático que se convirtió en agente franquista, facilitó esta información a los gobiernos de Gran Bretaña y de Francia, lo que puso en aprietos al gobierno checo y posiblemente haya provocado que Londres amonestara a Praga. En todo caso, la publicidad no deseada generada por la expedición exitosa del *Azteca* acabó con las esperanzas de nuevos envíos. El presidente Benes y su canciller Kamil Krofta se molestaron al enterarse por la prensa de que un cargamento de armas ordenado por México había terminado en Bilbao, y prohibieron vender más armas a México.[123]

La situación se complicó aún más el 5 de diciembre de 1936, cuando la policía checa arrestó a Palacios por usar un pasaporte falso. Jiménez de Asúa pidió a Leñero que intercediera a favor de Palacios ante las autoridades checas, alegando que bajo la Constitución española podía tener doble nacionalidad.*[124] Gracias a la mediación de Leñero, Palacios salió libre con una fianza de 30.000 coronas checas, pero su detención recibió una gran publicidad por parte de la prensa franquista e italiana, lo que perjudicó durante un tiempo la viabilidad de la conexión.

Entre enero y abril de 1937, Jiménez de Asúa dirigió su atención hacia unos intermediarios turcos que le ofrecieron encubrir un nuevo trato con Checoslovaquia. El asunto resultó ser un fraude total y se perdieron en vano cuantiosas sumas de dinero republicano. Durante este mismo período, la falta de coordinación entre los ministerios de Aviación y de

---

* Haciendo caso omiso de que bajo la legislación mexicana esto no era posible, por no mencionar que el uso de una identidad falsa invalidaba tal pretensión.

Marina, el comité de compras de París y los diplomáticos republicanos, hizo que se vinieran abajo varias transacciones. En mayo, Jiménez de Asúa intentó repetir la cobertura mexicana que se había cancelado como consecuencia del escándalo del *Azteca,* y se dirigió en consecuencia a Leñero.¹²⁵ El embajador español esperó con prudencia a que Palacios abandonara el país y telegrafió a Prieto pidiéndole que enviara a un nuevo emisario para que se pusiera en contacto con los posibles proveedores. El 8 de mayo de 1937, Cárdenas autorizó la adquisición de más armamento checo para España. Cuatro días después, Leñero sostuvo una nueva entrevista con el ministro Krofta en la que le comunicó la solicitud textual de la República. Las dos partes tuvieron buen cuidado de ocultar las negociaciones a la vigilancia del Comité en Londres. Aunque Krofta era consciente de las implicaciones del proyecto, le exigió a Cárdenas que garantizara que las armas no serían reexportadas a España. Leñero, de acuerdo con las instrucciones de su gobierno, respondió el 21 de mayo que México consideraba imperativo que el gobierno checo estuviera conforme con el trato, independientemente del destino final de los pertrechos. De esta manera, las negociaciones entre ambas partes se vinieron abajo.

Jiménez de Asúa aprovechó una ausencia breve de Leñero para convencer al encargado de negocios mexicano, el primer secretario Daesslé, para que telegrafiara al presidente Cárdenas y le notificara que el gobierno checo había aceptado sus condiciones. El telegrama se redactó en términos ambiguos, ya que decía que la respuesta del gobierno checo podía "interpretarse" como favorable, por lo que la Secretaría de Relaciones Exteriores de México decidió esperar y posponer la solicitud oficial de adquisición.

Como último recurso, Jiménez de Asúa organizó una entrevista entre el agregado militar de México, Alamillo, y el jefe de la Sección Política del Ministerio de Asuntos Exteriores checo, Zdenek Fierlinger. Fierlinger remitió a Alamillo al general Cizek, quien inmediatamente recurrió a todo tipo de excusas para evitar cerrar el trato. Fue tan grande su interferencia que el mismo Fierlinger tuvo que asegurarle que la concesión del permiso para exportar armas era voluntad expresa del presidente Benes. Entretanto, el embajador de Italia llamó al ministro checo de Asuntos Exteriores para quejarse del "hecho probado" de que los agentes republicanos habían utilizado a México como pantalla para comprar armas en Checoslovaquia. Así pues, cuando Cizek finalmente llevó el comunicado pertinente al presidente del Consejo, Milan Hodza, para su aprobación, éste la denegó rotundamente, para evitarle a su país el "desprestigio internacional".[126] Cinco meses después, Jiménez de Asúa se dirigió al delegado mexicano en la Sociedad de Naciones, Isidro Fabela, que estaba de gira en Praga representando a México ante el Consejo de la Organización Internacional del Trabajo, en un nuevo intento de revivir el asunto con Kamil Krofta. El ministro español le explicó a Fabela cómo el efecto combinado de la denuncia portuguesa de una transacción planeada ante el Comité de No Intervención y la falta de discreción de los agentes diplomáticos bolivianos con respecto a otro contrato había echado por tierra toda la conexión. Fabela le aseguró a Jiménez de Asúa que haría todo lo posible por reiterarle a Krofta "la buena voluntad del gobierno mexicano por ayudar al gobierno de Valencia", aunque le recordó que Leñero, y no él, era el representante oficial de México en Praga. Leñero le había advertido a Fabela que Krofta había expresado inequívocamente su rechazo a participar en cualquier otra operación. A pesar de todo, surgió una oportunidad cuando Krofta ofreció un banquete para todos los delegados visitantes. Antes de que Fabela pudiera decir una palabra, Krofta le dijo casi disculpándose que Checoslovaquia no podía vender ningún tipo de armamento a España, ya fuera vía México o cualquier otro país del mundo, pues la situación internacional era "extremadamente crítica" y todos sus vecinos –enemigos declarados de la República– vigilaban de cerca cada uno de sus movimientos. Krofta explicó a Fabela que, además, los gobiernos de Gran Bretaña y Portugal vigilaban estrechamente a Checoslovaquia. Lisboa incluso había roto sus relaciones diplomáticas con Praga, por despecho, cuando se dieron cuenta de que los checos estaban dispuestos a vender armas al gobierno de Azaña mientras que se habían negado a vendérselas a su país y concluyó:

> Bajo tales circunstancias no nos queda otra opción que denegarle a los españoles la ayuda que hace poco tiempo estábamos dispuestos a brindarles.

Fabela preguntó si esa decisión podía variar, siempre y cuando las circunstancias cambiaran, a lo que Krofta respondió que todo dependía de la actitud de Gran Bretaña y de Francia.[127]

Tres días después, Jiménez de Asúa ofreció una recepción en honor de Fabela en la que el ministro checo de Asistencia Social, Necas, partidario declarado de la causa española, fue el invitado principal. Entre los presentes estaba Dominois, amigo de Leon Blum y su enviado itinerante a varios países de Europa central. Al final del acto, Jiménez de Asúa convocó en privado a Fabela, Dominois y Necas, para anunciarles que el presidente Benes había cancelado unilateralmente un trato cerrado y pagado con antelación, hecho por el gobierno mexicano. Los suministros incluían 5.000 ametralladoras, 10.000 rifles y "varias" piezas de artillería antiaérea, todo por valor de 1.000.000 de libras esterlinas. Necas expresó su pesar por la actitud de su gobierno y trató de justificarla con lo precario de la posición checa. Sin embargo, admitió que una victoria de las fuerzas franquistas en España sería muy perjudicial para su país. Por su parte, y abandonando todo protocolo, Fabela acusó a Gran Bretaña y a Francia de "contemporizar" con Alemania e Italia con plena abdicación de los principios de la Sociedad de Naciones. Dominois a su vez prometió convencer a Blum para que se revisara la política francesa hacia España.[128]

De esa reunión salió un vago compromiso para un plan tripartito. Fabela se enteró de que tanto Dominois como Necas habían cumplido su parte. El primero había viajado por Europa oriental e informado a Blum acerca de las repercusiones "funestas" que un abandono de España por parte de Francia podría llegar a tener sobre Checoslovaquia, y en general sobre el equilibrio de poder de la región. En cuanto a Necas, Jiménez de Asúa informó a Fabela que había hablado con Krofta sin obtener resultados. Jiménez de Asúa, más adelante, visitó a Krofta para tratar de persuadirlo de cumplir con el compromiso de su gobierno. Aunque inicialmente se mostró renuente, Krofta aceptó cuando supo que el gobierno de Francia estaba dispuesto a que el cargamento pasara por su territorio. Fabela viajó luego a París, donde conversó con Blum y con Auriol sobre el asunto y al parecer estuvieron totalmente de acuerdo con el trato.[129] Sin embargo, después de esto no existe referencia alguna acerca del destino del cargamento, ni en los archivos franceses ni en los registros mexicanos, ni tampoco en las cartas que Fabela le envió a Cárdenas, lo cual nos deja en la sombra respecto al resultado final.

LA EMBAJADA MEXICANA EN PARÍS:
PROVEEDOR CLANDESTINO DE ARMAS PARA ESPAÑA

En julio de 1936, Cárdenas ordenó al embajador en París, el coronel Adalberto Tejeda, que comprara armas para la República –específicamente, aviones y munición– en otros países europeos y que las entregara a España.[130] Estas órdenes se acataron, aunque con gran dificultad. Como resultado, los diplomáticos mexicanos asignados en Francia, Bélgica, Polonia y, al parecer, incluso en Alemania, efectuaron compras secretas[131] utilizando como tapadera una compañía llamada SOCIMEX (Societé Mexicaine) en la Avenida Georges V número 55.[132] En agosto de 1936, los diplomáticos mexicanos asignados a la embajada ya habían contratado una compra de 50.000 bombas y 200.000 granadas de mano de un taller de armas de Lieja. El acuerdo de venta estipulaba que la parte mexicana podía ceder sus derechos contractuales a un tercero, por lo que nombraron a Antonio Fernández Bolaños, un agente de la comisión de compras de la República, como beneficiario.[133] Dos meses después, Tejeda informó a la Secretaría de Relaciones Exteriores de México que habían adquirido equipo militar a compañías de Suiza y Polonia, añadiendo que el pago se había efectuado "de manera que no pueda incriminar a nuestro gobierno".[134] No se sabe si Tejeda actuó con la anuencia del gobierno francés o sin su conocimiento. Las relaciones franco-mexicanas en esa época eran amistosas y las instrucciones sobre su salvaguarda eran enérgicas y claras: bajo ningún concepto se polemizaría con las autoridades francesas.

Tejeda prosiguió su labor durante el período de su cargo. Cuando lo transfirieron como embajador a España, su subalterno, el encargado de negocios Jaime Torres Bodet, tomó el relevo.[135] A pesar de la confidencialidad con que se condujeron las operaciones, Gerald Howson ha dado recientemente a conocer que la legación mexicana en París logró enviar, entre otras cosas, los siguientes pertrechos:

– 300.000 granadas de mano; 200 rifles automáticos Browning PWU28 hechos en Polonia; 10.000 carabinas Máuser M98 hechas en Polonia; 10.600.000 cartuchos Máuser (viejos) y 2.000.000 de cartuchos Máuser (nuevos). El cargamento tenía un valor de 111.787 dólares. Estos artículos se enviaron en el *Azteca* el 9 de septiembre de 1936.

– Nueve Máuser 300 PWU 29kbk hechos en Polonia con un valor de 39.804 dólares.

– 100 rifles automáticos PWU28 hechos en Polonia; 35.000 casquillos de proyectil de 75 milímetros; 500.000 cartuchos Máuser (nuevos); 5.000 ametralladoras (viejas) y 15.000.000 de cartuchos franceses de ocho milímetros (viejos). Estos materiales tenían un valor de 203.940 dólares. Se enviaron el 7 de octubre de 1936 en el *Silvia*.

– Ocho cañones Schneider de 76,2 milímetros. M1904/09 Mountain de fabricación rusa, 15.000 casquillos de proyectil correspondientes a estos cañones y 1.500 detonadores 3 lusek. Estos artículos tenían un valor de 33.520 dólares.

– 60.000 casquillos de proyectil de 75 milímetros con un valor de 173.200 dólares y 100 kilos de Trotyl, con un valor de 22.000 dólares. Esto se envió en el *Rona* el 16 de noviembre de 1936.

– 105,5 toneladas de pólvora para cartuchos con un valor de 62.000 dólares.[136]

En su informe presidencial del 1 de septiembre de 1937, Cárdenas admitió ante el Congreso haber vendido a España más de 8.000.000 de pesos en armas durante el año anterior. El presidente subrayó que la posición de México era clara con respecto a España en la Sociedad de Naciones y reiteró la determinación de su gobierno de seguir ayudando a la República.[137] Las reacciones a su discurso fueron diversas. Mientras que los funcionarios públicos elogiaron esa política "inspirada en un elevado sentido de humanidad", la prensa conservadora criticó veladamente al gobierno al describir a la República como una "partida de asesinos".[138]

La guerra española proporcionó a los extremistas mexicanos de derechas la ocasión de expresar su rechazo al programa radical de Cárdenas. También les dio la oportunidad de concentrar sus fuerzas, antes dispersas. Los fascistas mexicanos condenaron los envíos desde el momento en que se divulgó la noticia a principios de 1937. *El Hombre Libre* denunció enérgicamente una ayuda que "impide al pueblo español resolver sus propios conflictos", advirtiendo que otros Estados y la Sociedad de Naciones habían respetado el embargo de armas "a pesar de que la situación española representaba más riesgo para ellos que para México".[139] En el ámbito internacional, las críticas también arreciaron, ante lo que Cárdenas llamó al subsecretario de Relaciones Exteriores, doctor Ramón Beteta, para darle instrucciones relativas a la Conferencia de Paz de Buenos Aires. Durante la entrevista, Cárdenas pidió la opinión de Beteta sobre la conveniencia de enviar una nota diplomática a la Sociedad de Naciones, así como a todos los demás países con los que México tenía relaciones diplomáticas, explicando sus posiciones respecto a España. El 30 de marzo de 1937, la cancillería mexicana escribió a todos los países con los que México tenía lazos diplomáticos pidiendo la abolición del Comité de No Intervención y solicitando el apoyo internacional para el gobierno republicano. La nota fue recibida con frialdad, cuando no con franca hostilidad. Muy pocas naciones se tomaron la molestia de responder, y menos favorablemente. En América Latina, sólo Cuba y Colombia apoyaron la posición de México, aunque de manera retórica.[140] Evidentemente, esto aumentó la sensación de aislamiento internacional de México entre varios miembros de su administración.

A finales de 1937 resultó evidente que los intentos de México de anular el Pacto de No Intervención y de conseguir apoyo para la República española en la Sociedad de Naciones habían sido inútiles. El aislamiento de la República fue casi total después de que Francia cerró su frontera impidiendo así los envíos. El libre paso de armas hacia la República española se volvió cada vez más difícil. Un año después, el bloqueo que impuso el Comité de Londres y la persistencia de la Ley de Neutralidad en los Estados Unidos hicieron imposible que México continuara proporcionando la misma asistencia a la República.

La confluencia de mal clima, descontento laboral, inflación galopante, presiones de las compañías petroleras extranjeras y una oposición política que adquiría fuerza rápidamente provocó una recesión en la economía mexicana. La administración de Cárdenas se enfrentaba a la bancarrota y al consiguiente colapso político. Con todo, las numerosas restricciones no menguaron el compromiso del presidente, y se hicieron más esfuerzos por prolongar la ayuda, aunque en proporciones cada vez más modestas. El tráfico de armas para España continuó, como se deduce de un informe publicado en *The New York Times* según el cual un barco holandés había llegado a Veracruz con 1.000 toneladas de material de guerra estadounidense destinado a la República.[141] También el barco *Cabo Quilates*, bajo el nuevo nombre de *Ibai*, salió de Veracruz el 27 de diciembre de 1937 y llegó sin contratiempos a El Havre el 13 de enero de 1938, llevando las armas mexicanas y bolivianas, estas últimas compradas por Gordón Ordás y Triana. Desafortunadamente, no llegaron a tiempo para cruzar la frontera hispano-francesa ante su cierre.[142]

Hasta diciembre de 1938, con la caída casi inminente de Cataluña, Narciso Bassols, entonces embajador mexicano en París, telegrafió a la Secretaría de Relaciones Exteriores pidiendo autorización para que México mediara en la compra republicana de diez aviones en Holanda, para lo que obtuvo aprobación inmediata.[143]

Aparte de la Unión Soviética, México fue la única alternativa fiable que la España republicana tuvo para abastecerse de armas. Fuera de estos dos países, sólo le quedaba la opción de traficantes de armas sin escrúpulos, que estafaban sin misericordia a los enviados de la República, por lo común intelectuales convertidos de la noche a la mañana en negociadores.

Es evidente que los envíos de armas mexicanas a Valencia fueron muy modestos si se los compara con la ayuda militar soviética a la España republicana o, más aún, con el apoyo armado de Alemania e Italia a Franco. No obstante, tal apreciación no hace justicia a la realidad. Comparada con Alemania o Italia, ambas con poderosas industrias armamentísticas, México era una nación insignificante que a duras penas podía producir armas suficientes para sus necesidades de defensa. Paradójicamente, es en esta realidad donde reside la importancia de su compromiso con España. A pesar de sus múltiples limitaciones, el gobierno de México hizo un esfuerzo extraordinario e hizo frente, en la medida de sus posibilidades, a las demandas de armas de la República. Se sobreentiende que las armas mexicanas no influyeron de manera crucial en el resultado final de la contienda, pero definitivamente excedieron los "20.000 rifles Rémington y 20.000.000 de cartuchos de siete milímetros" del dicho que los historiadores de la Guerra Civil española han repetido hasta la saciedad. Además, a diferencia de los envíos de armas alemanes e italianos, que podían llegar sin obstáculos a la zona nacionalista, las remesas mexicanas estuvieron muy condicionadas por los impredecibles cierres y aperturas de la frontera francesa. Más aún, y a pesar de sus graves dificultades económicas, el gobierno mexicano aceptó cobrar en pesetas. No así la Unión Soviética, que exigió que pagaran en oro los artículos que le vendió a España y fijó el tipo de cambio a su antojo.[144] Lo más condenable es que exigió influencia política a cambio de su ayuda. En lo que atañe a las compras a México, jamás hubo un mercado negro, ni intermediarios, ni oro del Banco de España. Los republicanos de todas las tendencias reconocieron este hecho.[145] De todos los testimonios, un artículo de Luis Araquistáin es tal vez el que resume mejor el aspecto moral de la ayuda mexicana a la España republicana:

> De las personas interpuestas que se brindaron a servirnos, la única que no nos desvalijó ni nos engañó fue México. Sólo el Gobierno de México dio orden a sus agentes diplomáticos de que se pusieran enteramente, exclusivamente, a disposición de la República española y sin el menor lucro personal u oficial. Así lo hicieron cuantos nos prestaron su colaboración eficacísima y desinteresada, y de ello fui testigo excepcional durante el tiempo que desempeñé la embajada de España en París. Por estos servicios vitales, México no nos cobró nunca nada, ni en concepto de comisión ni de usura política. Su generosidad con la España republicana fue absoluta, sin ninguna mira utilitaria, ni ninguna ambición de influencia o poderío.[146]

V

ESCRITORES, ARTISTAS, COMBATIENTES

MEXICANOS EN ESPAÑA. VOLUNTARIOS Y PROPAGANDISTAS

ESCRITORES Y ARTISTAS MEXICANOS
EN CONTRA DEL FASCISMO

*L*a presencia mexicana en España durante la Guerra Civil rebasó los canales oficiales de apoyo. Varios mexicanos intervinieron en la guerra, ya como combatientes o simplemente como prosélitos. Participaron en el conflicto español por solidaridad o convicción ideológica. Muchos otros llegaron a España únicamente en búsqueda de aventura.[1] En la mayoría de los casos, sus historias se perdieron debido a la confusión sembrada por el colapso repentino de la zona republicana y el inmediato éxodo que desencadenó. Algunos fueron repatriados a México después de haber sido prisioneros de guerra durante varios años en la España franquista.[2] Muchos soldados cayeron en las trincheras y en los campos de batalla, por lo tanto, permanecen en el anonimato; otros jamás fueron encontrados.[3] Sólo a través de algunos testimonios desperdigados que dejaron los que participaron en la guerra y se tomaron la molestia de escribir sus memorias o reminiscencias, así como a través de las notas dispersas publicadas en la prensa de esa época, se puede intentar recrear el papel que desempeñaron en la guerra española. A menudo, la naturaleza subjetiva y fortuita de esos escritos tiende a oscurecer, en lugar de esclarecer, lo que realmente sucedió. Sin embargo, son las únicas fuentes disponibles y muchas de ellas son ediciones limitadas o de autor, nunca reimpresas. Los pocos escritos existentes han caído en el olvido, y en el mejor de los casos sólo se encuentran en librerías de viejo. Son muy pocos los eruditos que los conocen, y la reconstrucción histórica del papel que desempeñaron los mexicanos en la Guerra Civil española sigue siendo una tarea por hacer. Una buena manera de comenzarla sería recopilar los fragmentos de esos testimonios.

Además de los combatientes mexicanos que se alistaron en las filas republicanas, otros mexicanos fueron a España y participaron como civiles en el esfuerzo de guerra, ya fuera como médicos, enfermeros, técnicos o propagandistas. También se invitó a varios artistas y escritores mexicanos, afiliados a la Liga de Escritores y Artistas Revolucionarios (LEAR),[4] a participar en el Congreso Internacional de Escritores en Contra del Fascismo para la Defensa de la Cultura que se celebró en Valencia, en agosto de 1937. Organizado por Rafael Alberti y Pablo Neruda, el congreso estuvo desde su inauguración dominado por comunistas, que agasajaron a los artistas y escritores y los llevaron a todas partes en limusinas sin propósito aparente.[5] Las discusiones interminables acerca de minucias ideológicas banales no ayudaron mucho a la República.

José Mancisidor, un autor a quien se le recuerda más por su participación política que por sus escritos, presidió la delegación oficial mexicana. Con él estaban el muralista José Chávez Morado, el compositor y violinista Silvestre Revueltas, que ya había adquirido cierta fama en el medio musical, Siqueiros –oficial del Ejército Republicano– y el poeta Juan de la Cabada.

Un joven Octavio Paz llegó también a Valencia acompañado de su esposa de aquel entonces, la escritora Elena Garro y del poeta Carlos Pellicer. Otros invitados fueron el conservador de arte y artista Fernando Gamboa y su esposa Susana, más tarde acusados de ser agentes soviéticos,[6] y la novelista María Luisa Vera. Todos salieron juntos de México y luego se separaron al tomar distintas rutas. Pellicer, Paz y Mancisidor viajaron vía Canadá mientras que el resto se embarcó desde Nueva York. Su misión –según Paz– era imprecisa: "Manifestar la solidaridad activa de los artistas y escritores de México para con el pueblo español".[7] Una vez en España, participaron en distintos actos culturales.

El enfoque de los escritores hispanoamericanos era muy distinto al de los españoles que asistieron al congreso. Sus respuestas estaban sujetas a un sentido de solidaridad basado en el vínculo del idioma común y en la creencia de que "al trabajar por el triunfo de España, trabajaban por el triunfo de Hispanoamérica"; y así lo expresaron en el manifiesto que firmaron en el congreso.[8]

El 16 de agosto de 1937 Revueltas dirigió la Orquesta Sinfónica de Valencia con un repertorio mixto de piezas soviéticas y algunas de sus obras más conocidas como *Janitzio* y *Caminos*.[9] Asistieron Pau Casal, director de la Filarmónica de Madrid, Pérez Casas y el "resto de la elite musical española", que "con entusiasmo" aclamaron sus composiciones.[10]

A Revueltas le encargaron la composición de *México en España*, un himno dedicado a los soldados mexicanos que peleaban en las filas republicanas,[11] y también se programó el estreno mundial de su suite *Homenaje a García Lorca*. Más adelante se celebró un concierto-manifestación organizado por la delegación de Prensa y Propaganda, el 17 de septiembre, en la sala de música de la Sociedad de Amigos de México, en la calle Medinacelli número 6. En esa ocasión, Revueltas dirigió a la recientemente creada Orquesta Sinfónica de la UGT. Antes del concierto, Paz dio una conferencia sobre "la música de Silvestre Revueltas".[12] Dos días después, Revueltas dirigió conjuntamente la Filarmónica de Madrid y la Orquesta Sinfónica en el Teatro de la Comedia ante el general Miaja, Álvarez del Vayo y otras autoridades republicanas, y tanto los músicos como los espectadores lo aclamaron.[13]

Paz había escrito una serie de poemas apasionados sobre la guerra, que recitó ante el público español, tanto en Madrid como en Valencia. Uno de ellos, inspirado en el heroico esfuerzo del pueblo de Madrid para resistir el avance del ejército fascista, titulado "No pasarán"* se publicó en la prensa española. Sin embargo, varios años después, el autor lo repudió como resultado de su rechazo a la estética del realismo socialista.

Gamboa, un artista novato –que más adelante se convertiría en un conservador de arte reconocido internacionalmente–, organizó con el auspicio del gobierno mexicano su primera exposición en el extranjero: *Un siglo de grabado político mexicano*, que viajó por Barcelona, Bilbao y Madrid y culminó en París, en la Exposición Internacional de 1937. La muestra, que contenía una serie de xilografías y grabados de artistas como José Guadalupe Posada y José Clemente Orozco, y otras obras de una subsidiaria de la LEAR y del Taller Popular de Artes Gráficas, constituyó una iniciativa sin precedentes de acercar el arte al pueblo y dar una apariencia de normalidad a la devastada zona republicana.

---

* Has muerto, camarada,/ en el ardiente amanecer del mundo./ Has muerto cuando apenas/ tu mundo, nuestro /mundo amanecía. / Llevabas en los ojos, en el pecho, / tras el gesto implacable de la boca, / un claro sonreír, /un alba pura. / Te imagino cercado por las balas, /por la rabia y el odio pantanoso, / como relámpago caído y agua / prisionera de rocas y negrura. / Te imagino tirado en lodazales / sin máscara, sonriente, / tocando, ya sin tacto, / las manos camaradas que soñabas. / Has muerto entre los tuyos, por los tuyos. (Tomado de *Calamidades y milagros*, Seix Barral, 1979.)

Hubo repetidas disputas ideológicas entre los delegados mexicanos y los demás. La primera ocurrió entre Paz e Ilya Ehrenburg acerca de Trotski, quien acababa de recibir asilo político en México. Las opiniones "inconvenientes" del poeta mexicano lo hicieron objeto de varias amonestaciones de algunos dirigentes comunistas y de los cordiales reproches de Mancisidor.[14] Paz recuerda que el escritor español Ricardo Muñoz Suay le comentó que un jefe de la Alianza de Intelectuales de Valencia le había ordenado que lo vigilara de cerca, debido a sus "inclinaciones trotskistas".

> La acusación era absurda. Cierto, yo me negaba a aceptar que Trotski fuese agente de Hitler, como lo proclamaba la propaganda de Moscú, repetida por los comunistas en todo el mundo, en cambio, creía que la cuestión del día era ganar la guerra y derrotar a los fascistas... Convertida en espantajo, la imagen de Trotski, desvelaba a los devotos. La sospecha los volvía monomaniacos.[15]

Pellicer y Paz se implicaron en el "asunto André Gide" cuando la mayoría de los representantes intentó condenar públicamente al escritor francés. Gide acababa de publicar su libro *Regreso de la Unión Soviética*, donde atacaba a ese país a pesar de que el gobierno de éste lo había recibido como invitado de honor. André Malraux fue el defensor más ferviente de Gide. Los poetas mexicanos se negaron a firmar la condena. Paradójicamente, Mancisidor fue uno de los principales instigadores de la acusación en contra de Gide. El servilismo de Mancisidor hacia Moscú y hacia los comunistas provocó la hostilidad de varios delegados mexicanos, entre ellos, Octavio Paz.

> Mi generación fue la primera que, en México, vivió como propia la historia del mundo, especialmente la del movimiento comunista internacional. Para nosotros, la guerra española fue la conjunción de una España abierta al exterior con el universalismo encarnado en el movimiento comunista. Por primera vez, la tradición hispánica no era un obstáculo sino un cambio hacia la modernidad.[16]

A pesar de todos sus elogios, Paz pronto descubrió los aspectos indignos de la zona republicana, particularmente la práctica horrenda de los llamados *paseos,* ejecuciones sumarias que implicaban secuestros nocturnos sin una orden judicial. Según Paz, los paseos, que correspondían a la etapa anárquica de los inicios de la guerra, dieron pie a una violencia organizada mucho más opresiva del Partido Comunista.

A pesar de su crítica a los medios y métodos, Paz seguía considerando que la revolución era "la única salida del gran *impasse* de nuestro siglo" y, por lo tanto, persistía en apoyar a la República. Era tan grande su entusiasmo por la revolución española, que incluso consideró la posibilidad de alistarse como comisario político en el Ejército Revolucionario. Álvarez del Vayo lo disuadió con el argumento de que sería más útil en las trincheras literarias.[17] Finalmente, España representó para Paz un cambio radical en el que su entusiasmo inicial por el comunismo decreció y se preparó el terreno para su ruptura posterior con el pensamiento marxista.

A principios de agosto, los artistas e intelectuales mexicanos acudieron al frente en Pozo Blanco, en la provincia de Córdoba, para visitar a sus compatriotas combatientes David A. Siqueiros y Juan B. Gómez, que estaban a cargo de la 115ª Brigada.[18] Salieron de Valencia al amanecer con su guía, el poeta Pla y Beltrán, evitando las carreteras y tomando caminos vecinales para no toparse con las tropas franquistas. Quedaron sumamente impresionados con las tropas, "harapientas pero gallardas", que desfilaron ante ellos "como si marcharan ante la historia".[19] Después de un par de días de "fraternizar" con las tropas, se vieron obligados a partir ante la inminencia de un enfrentamiento militar.

Un mes después, los artistas mexicanos fueron al distrito de Argüelles en Madrid, que había sido destrozado por constituir la primera línea de defensa de la capital española, y visitaron al general Miaja en su cuartel general.[20] Su excursión a la "ciudad mártir" los dejó moralmente abatidos, al constatar los horrores de la guerra en toda su intensidad. Madrid, que, según Bolívar, había simbolizado a una madrastra y había sido el centro de una opresión injusta, se convirtió, durante el estado de sitio, en "el heroico Madrid". Los artistas también se sintieron culpables, ya que compararon los privilegios y las atenciones que las autoridades españolas les brindaban con las carencias que con orgullo soportaban los madrileños.

Blanca Trejo, novelista menor y autora de cuentos infantiles, relató sus impresiones acerca de España en un libro un tanto peculiar, *Lo que vi en España,* en el que da rienda suelta a sus animosidades personales contra varios individuos. Como funcionaria subalterna del consulado mexicano en Barcelona, Blanca Trejo se unió a la delegación de la LEAR en Valencia, pero pronto tanto sus colegas mexicanos como sus anfitriones españoles la excluyeron. Tal vez por despecho, Trejo se quejó amargamente ante las autoridades mexicanas por las supuestas transgresiones de Mancisidor en un festival patrocinado por la LEAR en Valencia. De acuerdo con su testimonio, Mancisidor le rindió tributo "vergonzosamente" a la Unión Soviética y no a México, que era el país homenajeado por la ayuda que había brindado a España. Además, Mancisidor ordenó que se izara una bandera soviética en vez de una mexicana y se exhibió una fotografía enorme de Stalin en lugar del retrato oficial de Cárdenas, transformando así el festival mexicano en una manifestación soviética.

Trejo criticó abiertamente a los comunistas españoles por reprimir la misma libertad que decían defender. Además, los acusó de malversar los fondos públicos y de especular con el racionamiento de alimentos mientras el pueblo se moría de hambre. Sus críticas fueron mal recibidas y pronto se convirtió en blanco del odio de los comunistas españoles. Algunos comunistas mexicanos que trataban de congraciarse con sus camaradas españoles la acusaron de trotskista y de haber vendido pasaportes mexicanos a conocidos fascistas para que pudieran escapar de la justicia republicana. El cónsul de México en Barcelona cedió ante la presión de los comunistas españoles, la despidió del Consulado y la repatrió precipitadamente en un intento de aplacar a los cuadros del PCE.[21] De regreso en México, Trejo se dedicó a denigrar incesantemente a la República española en la prensa conservadora y se unió a la campaña de Almazán, en la que se convirtió en una promotora ferviente tanto de la candidatura del general como del sufragio femenino.[22]

En un libro de 1963, el "corresponsal" de *Pravda* en Madrid, Mijail Koltsov, escribió acerca de la llegada de un misterioso mexicano comunista conocido simplemente como "El Mexicano", que aparentemente ejerció considerable influencia en el esfuerzo bélico de la República.[23] Hugh Thomas sugiere que "El Mexicano" bien podría haber sido el álter ego de Koltsov. Además, una novela de guerra española titulada *El Mexicano*, escrita por Francisco Pérez López, habla de otro personaje enigmático que participó en las trincheras republicanas. Estos mitos revelan el interés romántico de ciertos sectores de la sociedad mexicana por la España republicana.

En otro libro, *Una mexicana en la Guerra Civil española*, Carlota O'Neill relata su experiencia como prisionera de los nacionales en Melilla.[24] O'Neill estaba casada con el capitán de la Fuerza Aérea Virgilio Leret Ruiz, a quien habían enviado a la base del norte de África poco antes de la sublevación de julio. Como Leret había declarado su lealtad a la República, los nacionales lo arrestaron y lo fusilaron. Más adelante, apresaron a O'Neill y entregaron a sus hijos en adopción. En diciembre de 1937 la condenaron a muerte. Después de pronunciar la sentencia, el juez denigró a O'Neill en los siguientes términos:

> ¿Qué se puede esperar de esta escoria roja? Miren a la esposa del capitán Leret. Con esa cara de mexicana que tiene, simplemente no se puede confiar en ella.[25]

A la postre, la sentencia de O'Neill se conmutó por una "redención a través del trabajo". Después de cuatro años en la cárcel la liberaron y la deportaron.

El ciudadano mexicano José Vega Álvarez fue menos afortunado. Según la embajada de España en México, lo encerraron en la prisión de El Hacho en Ceuta. El primer secretario de la embajada, Rafael Loredo Aparicio, escribió una carta personal al secretario de Relaciones Exteriores, Eduardo Hay, en la que le pedía que tomara todas las medidas necesarias para salvarle la vida a su compatriota. Como el gobierno de México no tenía relaciones con Burgos y no quería entablar contacto alguno con los "sediciosos", abandonó el asunto y un tribunal del "gobierno faccioso" sentenció a muerte a Álvarez.[26]

Otro testigo directo de la guerra española fue Daniel Cosío Villegas. Según su relato, atormentado por achaques y contratiempos políticos, le suplicó a Cárdenas que le ofreciera un puesto en el extranjero. En un cambio de suerte, Cosío Villegas, que anhelaba tener un exilio tranquilo, llegó a Vigo el 16 de julio de 1936, el mismo día en que asesinaron a Calvo Sotelo. Lo hizo en un flamante Chrysler con la intención de pasar el verano en la costa vasca antes de asumir su cargo. Allí presenció las primeras atrocidades que cometieron los nacionales.

Cosío Villegas tenía la intención de viajar por carretera a San Sebastián, donde el embajador de México en España, Manuel Pérez Treviño, pasaba sus vacaciones de verano. En León, cuatro miembros de la milicia que habían confiscado su automóvil lo despertaron abruptamente y le exigieron que les entregara las llaves.[27] Cuando declaró que era diplomático mexicano, liberaron el auto y le permitieron seguir a San Vicente de la Barquera, donde tuvo que esperar a que la sublevación se dispersara. Según Cosío Villegas: "México era la palabra mágica que abría todas las puertas en la zona republicana".[28]

En lugar de calmarse, la situación empeoró con la llegada de los "soldados rojos", por lo que Cosío Villegas llamó al cónsul mexicano en Santander, quien hizo los arreglos necesarios para que una caravana de automóviles escoltara a Cosío y a su familia hasta allí. Como era imposible llegar por tierra a Fuenterrabía, donde se encontraba el embajador Pérez Treviño, Cosío siguió el consejo del cónsul mexicano y se embarcó en el buque alemán *Von Tirpitz* que todavía hacía el recorrido entre Santander y Bayona. Dejó atrás su espléndido Chrysler sin más precaución que la de colocar un letrero en el parabrisas que decía: "Este auto pertenece al embajador mexicano". Cuando los franquistas entraron a Santander, lo confiscaron.[29]

POSTURAS OPUESTAS:
ANDRÉS IDUARTE Y CARLOS PEREYRA

Dos intelectuales mexicanos, Andrés Iduarte y Carlos Pereyra, residentes en España antes y durante la guerra, son un claro ejemplo de las opciones antitéticas que muchos mexicanos asumieron frente a la división creada por el conflicto.

Iduarte llegó a España en 1933 como estudiante y corresponsal de *El Nacional*. Al poco tiempo, comenzó a participar en actividades políticas y entró en contacto con diversos políticos socialistas y sindicalistas españoles. Durante la guerra, Iduarte contribuyó como locutor de radio a transmitir la propaganda del Ministerio de Estado. Allí se hizo amigo de Anselmo Carretero, funcionario de esa dependencia, quien lo invitó a colaborar con él.

Bajo las órdenes directas de Negrín, Iduarte escribió el borrador de un pliego que se habría publicado en Nueva York si la República no se hubiera desplomado, con el declarado propósito de informar a la opinión pública estadounidense de la legalidad y "justicia" de dos hechos: la expropiación petrolera mexicana y "la resistencia del pueblo español en contra de las potencias extranjeras que habían violado su territorio".[30] Iduarte complementó sus actividades propagandistas en la revista de Antonio Machado, *Hora de España*, en la que contribuyó regularmente con artículos en pro de la causa republicana.

Por otro lado, Carlos Pereyra, nacionalizado español desde 1915, se convirtió en un destacado miembro de la clase dirigente franquista. Pereyra había sido subsecretario de Relaciones Exteriores durante la dictadura de Victoriano Huerta. Tras la caída de éste, huyó del país y se convirtió en expatriado en España. Allí obtuvo fama como historiador especializado en la conquista española de México y en la época colonial. Pereyra pasó la guerra en Madrid escribiendo artículos para *El Universal*, sin hacer referencia a las noticias de actualidad, sino al pasado imperial de España, con lo cual despertó sospechas de que simpatizaba con los nacionales. La embajada de México, bajo Pérez Treviño, le ofreció refugio para evitarle represalias de las milicias insubordinadas, protección que rehusó, aunque quemó varios manuscritos.

Después de la Guerra Civil, Pereyra se convirtió en miembro del Consejo de la Hispanidad. Como tal, escribió varios folletos denunciando la "política del buen vecino" de Roosevelt como un "complot siniestro" para emprender una penetración clandestina en Hispanoamérica. En 1940, publicó *El Panamericanismo en el momento actual*, en el que denunció mordazmente un "plan insidioso" para separar a las naciones iberoamericanas de su "madre patria" y para consumar el dominio de los Estados Unidos en la región. Junto a Rodolfo Reyes; el general Millán Astray, rector de la Universidad de Madrid; Pío Zabala y Lera, primer ministro de Educación de Franco, y José Ibáñez Martín, Pereyra participó en una serie de programas para la recientemente creada Radio Nacional de España, que transmitía conferencias propagandistas al continente americano llamadas *Voces de la Hispanidad*. Su hispanismo exaltado lo llevaba a escribir *Méjico* en lugar de México.[31] Hasta su muerte, Pereyra trabajó como académico de la "clase intelectual" franquista que lo eligió para presidir el prestigioso Instituto Gonzalo Fernández de Oviedo, dedicado al estudio de la historia hispanoamericana.[32]

Las trayectorias divergentes de estos dos hombres reflejan la manera en que los mexicanos se enfrentaron entre sí al seguir principios ideológicos antagónicos que dominaron la década de 1930, sin duda exacerbados por la guerra española, que amenazó, desde sus inicios, con extenderse hacia las naciones hispanoamericanas y principalmente hacia México.

COMBATIENTES MEXICANOS EN LOS FRENTES ESPAÑOLES

Sería una tarea abrumadora y con pocas garantías de éxito intentar calcular la cantidad exacta de mexicanos que pelearon en la Guerra Civil española. La información es imprecisa, fragmentaria y, a menudo, poco fiable, debido a la naturaleza propagandística o partidista de las fuentes. Los cálculos varían notablemente, fluctuando entre 150 hombres, cifra que estimó en 1939 el portavoz oficial del gobierno mexicano,[33] y los casi 800 que citan otras fuentes. Muchas de las versiones se encuentran entre la leyenda y la realidad. Los investigadores a menudo se topan con informes no corroborados que la prensa o los grupos interesados de esa época divulgaron y que, después de unas cuantas semanas o días, cayeron en el olvido y provocaron el aumento de la confusión. El hecho de que la mayoría de los voluntarios mexicanos tuvieran apellidos castellanos, vascos, catalanes o gallegos hace aún más difícil establecer la cantidad precisa, ya que se confunden con los de los soldados españoles en las listas y registros disponibles.

En todo caso, se puede afirmar que los mexicanos, al igual que la mayoría de los latinoamericanos, pelearon en las unidades del Ejército Popular y no en las Brigadas Internacionales. Esto se debió a que era más fácil incorporar a los latinoamericanos en las unidades españolas que en las de los demás extranjeros, ya que no presentaban las dificultades lingüísticas que obligaban a los voluntarios europeos a constituir unidades conforme a sus lenguas maternas. Además, la adaptación cultural, social e incluso gastronómica –crucial para el estado de ánimo de cualquier ejército– fue más fácil que en las unidades de las Brigadas Internacionales. Por todos estos motivos, los latinoamericanos fueron particularmente apreciados en un ejército que aspiraba a ser eficiente y profesional.

Aunque su salida de México no era secreta, ya que los mexicanos se alistaron en el Ejército Republicano con el pleno consentimiento del presidente, no se llevaron registros oficiales de su participación. Mientras que los propagandistas de esa época, particularmente los comunistas, intentaron describir a los voluntarios mexicanos como personas procedentes de la clase trabajadora, una suposición bien fundamentada determinaría que la mayoría provenía de la clase media, ya que se requería de un cierto grado de conciencia de lo que sucedía en España para alistarse. A ello hay que sumar el factor económico, pues no eran muchos los mexicanos que podían costearse el viaje. El gobierno de Cárdenas se abstuvo de ayudar a los voluntarios a viajar a España, tal vez por temor a represalias internacionales y, en parte, porque su postura respecto de la guerra española no gozaba del consenso entre la población. Sin embargo, y mientras que la mayoría de otros gobiernos prohibían expresamente que sus ciudadanos combatieran en España como voluntarios,[34] el mexicano no se opuso.

Por lo visto, el PCM tuvo algo que ver con el reclutamiento de soldados para la República. En Cuba, la Argentina y Chile, los respectivos partidos comunistas desempeñaron un papel importante en alistar voluntarios para las Brigadas Internacionales. Miguel A. Velasco afirmó que muchos mexicanos comunistas fueron a España para ayudar a la República en diversas tareas, incluyendo el alistamiento en sus fuerzas armadas, pero no corroboró su aseveración con cifras concretas ni nombres.[35] Los mexicanos que participaron en la desventurada expedición a bordo del *Mar Cantábrico*, de hecho, fueron miembros del PCM. Según Valentín Campa, dirigente comunista mexicano, el Partido Comunista Mexicano fue muy activo en el reclutamiento de mexicanos, preferentemente con entrenamiento militar.

Varios de ellos lucharon contra el fascismo con un valor y una abnegación admirables. Entre ellos, destaca la participación de los cadetes de la Escuela Militar y de algunos miembros de la Fuerza Aérea Mexicana.[36]

En sus memorias, Andrés García Lacalle da testimonio de las hazañas de un artillero mexicano no identificado que luchó en la escuadrilla Breguet XIX, con sede en Alcalá de Henares, hacia finales de 1936.[37] Pruebas recientes confirman la presencia de pilotos mexicanos tanto en la Fuerza Aérea Republicana como en las filas de los servicios aéreos franquistas. Entre los primeros, sobresalió el teniente Eduardo Verduzco Robles por su audacia y aplomo. Verduzco se había unido a las Brigadas Internacionales antes de que lo transfirieran a la Escuela de Aviación de la Ribera en Murcia. En febrero de 1937, Verduzco obtuvo su licencia de piloto y lo enviaron a la escuadrilla independiente número 50 de Polikarpov RZ *Natashas*, bajo el mando de Isidoro Giménez, donde Verduzco comandó la tercera patrulla.[38] La llamada Patrulla Azul, formada por los mortíferos Fiat Cr. 32, derribó a Verduzco junto con el resto de su patrulla el 14 de julio de 1937 en la batalla de Brunete. Hay indicios de la presencia de otros aviadores republicanos de origen mexicano en la Ribera: Pedro Cortés Cortés, de quien poco se sabe; Francisco Tarazona, que voló un Polikarpov I-16, y Gilberto Vallecillo, miembro de la escuadrilla España.[39] Según una fuente oficial mexicana –el único censo disponible–, en 1937 había once oficiales mexicanos alistados en las filas republicanas. Éstos eran:

El capitán Isaías Acosta, reclutado por el ejército republicano en Medellín, el 4 de febrero de 1937;

el teniente coronel David Alfaro Siqueiros, reclutado el 20 de marzo de 1936, jefe de la 46ª Brigada en el Frente del Tajo;

el coronel Carlos Álvarez Alegría, reclutado el 20 de marzo de 1937;

el teniente coronel Rafael Bruno Aguilar, reclutado el 20 de junio de 1937 como cuadro eventual de jefes del Estado Mayor del Ejército del Centro;

el capitán Julio Cancino, reclutado el 6 de junio de 1937, adscrito a la 46ª Brigada;

el capitán Félix Guerrero, reclutado el 4 de febrero de 1937 en Medellín;

el mayor Antonio Gómez Cuéllar, reclutado el 20 de marzo de 1937, asignado al Ejército del Centro;

el coronel Juan Gómez Ortiz, reclutado el 20 de marzo de 1937, Ejercito del Sur;

el mayor Ruperto García Arana, reclutado el 3 de mayo de 1937, asignado a la 46ª Brigada;

el capitán Héctor Hernández, reclutado el 20 de junio de 1937, asignado a la 46ª Brigada;

y el coronel Santiago J. Philemore, reclutado el 20 de junio de 1937, Ejército del Centro.[40]

El más famoso fue sin duda el muralista David Alfaro Siqueiros (1896-1974), conocido no sólo por sus pinturas, sino también por su participación posterior en un intento de asesinar a León Trotski. Según su testimonio, María Teresa León y Rafael Alberti desempeñaron un papel crucial para convencerlo de que se uniera al proyecto republicano. En diciembre de 1936, este matrimonio de poetas visitó a Siqueiros en su Taller Experimental de Nueva York y lo persuadieron de trasladar su estudio a España para fortalecer la causa republicana. De inmediato empacó sus cosas y dejó el Taller Experimental en manos de sus camaradas estadounidenses. Siqueiros se embarcó a Francia con rumbo a España junto a un puñado de artistas mexicanos y llegó a su destino a finales de enero de 1937, seis meses después de la sublevación.

Madrid se hallaba en estado de sitio desde noviembre y la capital se había trasladado provisionalmente a Valencia. Una vez allí, Siqueiros visitó a José Renau, jefe del Departamento de Bellas Artes de la República. Renau recibió muy bien la idea de establecer un taller de arte que sirviera a la causa republicana, pero sabía que la crisis del momento perjudicaría el proyecto. Siqueiros también llegó a esa conclusión desde el momento en que llegó a España.

Consciente de la gravedad de la situación, Siqueiros se presentó en el cuartel del Quinto Regimiento para alistarse como voluntario. Afirmó haber sido capitán del Ejército Constitucionalista durante la Revolución mexicana. El alto mando republicano lo aceptó y, en vista de la experiencia militar y del rango que dijo tener, lo nombraron comandante, lo cual representaba un ascenso del rango que ostentaba durante el conflicto mexicano.

Bajo las órdenes de Lister, Siqueiros estuvo primero al mando de los tanques que peleaban en Marañosa y El Pingarrón, al sur de Madrid, y después al mando de la 82ª Brigada, una compañía mixta de anarquistas que peleó en Teruel. Para marzo, Siqueiros ya era oficial de educación en el frente de Teruel y rápidamente ascendió al rango de teniente coronel. Además de acaudillar la 82ª Brigada, se convirtió en jefe de la 46ª Brigada Motorizada, que, bajo el mando del capitán Uribarri, era conocida como la "Columna Fantasma" por la agilidad con la que se desplazaba en combate. Como dirigente de la 82ª Brigada, Siqueiros tomó la ciudad de Celades, justo al norte de Teruel; luego, con la Columna Fantasma se trasladó al sector de Toledo y Córdoba, donde peleó desde Guadalupe hasta la Granja de Torrehermosa y terminó al mando provisional de la 29ª División y de sus 16.000 hombres.[41]

Hay una gran controversia acerca del heroísmo real o supuesto de Siqueiros durante la guerra. Aunque afirmó que obtuvo sus insignias militares durante la Revolución mexicana, muchos lo dudaron, dada su juventud. Al regresar a México, Octavio Paz cuestionó mordazmente las anécdotas de guerra de Siqueiros. Como simpatizante de los comunistas, Siqueiros participó activamente en purgas dirigidas por estalinistas de anarquistas y de militantes del POUM, como él mismo afirmó en sus memorias.[42]

Habían transcurrido apenas dos semanas desde el inicio de la rebelión cuando, el 30 de julio de 1936, *El Nacional* anunció en sus páginas la creación de una Legión Mexicana compuesta de 800 veteranos zapatistas y villistas, dispuestos a viajar a España y combatir por la República. Al parecer estos hombres se habían presentado en la embajada de España, donde solicitaron ayuda para los gastos de transporte. Sin embargo, con el paso de las semanas, la noticia desapareció por completo de los periódicos, dejándonos con la duda de qué les sucedió. Sí sabemos que el grupo nunca salió de México como una unidad compacta. Se ha hecho reiterada mención de un batallón mexicano que peleó en la Guerra Civil, pero no hay pruebas que confirmen su existencia.[43]

Según Carl Geiser,[44] dos mexicanos fueron apresados en San Pedro de Cardeña el 10 de septiembre de 1938. Castells afirma que 1.008 latinoamericanos pelearon como voluntarios en las Brigadas Internacionales. Según la misma fuente, se trataba de 94 argentinos, 14 bolivianos, 41 brasileños, 41 chilenos, 136 cubanos, 24 ecuatorianos, 25 guatemaltecos, 14 hondureños, 464 mexicanos, 12 nicaragüenses, 22 paraguayos, 32 peruanos, 17 dominicanos, 22 uruguayos y 149 venezolanos. De nuevo, según Castells, 74 mexicanos murieron en combate, 42 desaparecieron o fueron aprehendidos, 245 sufrieron heridas "recuperables" y 19 "irrecuperables", lo que asciende a un total de 329 sobrevivientes.[45]*

El periódico suizo *Berner Bund* sostenía que había 724 mexicanos que luchaban en España y basaba su afirmación en una lista que el Consejo Supremo de Defensa en Valencia le proporcionó.[46] Michael Alpert registra a un capitán mexicano Jiménez de Nicolau, que comandaba la 59ª

---

* El hecho de que el total de voluntarios no concuerde con la enumeración posterior resta credibilidad a las cifras de Castells.

Brigada del Ejército del Levante, y a Julio Cancino, también un capitán, que dirigía la 62ª Brigada del Ejército de Extremadura, al que hace referencia el informe de la Secretaría de Relaciones Exteriores.[47] Andrés Iduarte identificó a Félix Guerrero como un artillero "que bombardeó Toledo", a Chivo Serrano, un indio de Puebla que "arriesga su vida como guerrillero en Extremadura", y a Ruperto García Arana, un capitán del Ejército mexicano que "murió en Alfambra, Levante, como jefe de brigada".[48] El diario madrileño *El Sol* ensalzaba los "orígenes proletarios y proezas valerosas" del teniente coronel Rafael Aguilar, "quien peleó en Madrid bajo el mando del general Miaja y después en la Sierra con un regimiento de caballería".[49]

En julio de 1937 estalló un escándalo periodístico cuando *La Prensa* denunció, en su edición del día 29, que un grupo de cadetes de la Academia Militar se había escapado de la escuela para pelear en España. El periódico acusaba a Gordón Ordás de haber seducido a los jóvenes con la promesa de obtener el rango de oficial para comandar tropas bajo el general Miaja. El reportaje también denunciaba que la embajada española le había dado a cada uno de ellos 500 pesos y pasaportes falsos con la firma de Gordón Ordás. Un estadounidense había servido de alcahuete, induciendo a los jóvenes a asistir a un baile de gala del Ejército, acompañados de varias señoritas que coquetearon con ellos y los instigaron a desertar y a unirse a la lucha española. Dos días más tarde, *Excélsior* amplió el reportaje condenatorio. En suma, la prensa conservadora acusaba a la embajada española de fomentar la deserción entre las Fuerzas Armadas mexicanas. A pesar de las protestas de Gordón y sus réplicas a la prensa, parece evidente que sí existió complicidad de la embajada española.[50]

De nuevo, según la declaración de Campa, los comunistas mexicanos desempeñaron un papel clave en sacar a los cadetes mexicanos de la Academia Militar para alistarlos en el Ejército Republicano, aunque todo denota que el viejo y nostálgico militante intentó embellecer el papel de los comunistas:

> En las tareas de reclutamiento, dos activistas del partido, Consuelo Uranga y Rosendo Gómez Lorenzo me ayudaron a convencer a varios cadetes de la Academia Militar de que fueran a España. El director de la Academia y otros miembros del personal de la escuela

eran muy reaccionarios; como resultado, no escatimaron esfuerzos para investigar quién había estado detrás del reclutamiento. Una vez que detectaron a Uranga, lanzaron una opresiva campaña de prensa en su contra.[51]

Sin embargo, un análisis detallado de la prensa de esa época no revela campaña alguna contra Consuelo Uranga. El libro de Roberto Vega tampoco menciona que los comunistas tuvieran algo que ver en su decisión de pelear en España, desmintiendo así la afirmación de Campa. Por último, la intensa antipatía que los militares mexicanos sentían hacia el Partido Comunista es un hecho real que bien puede explicar el cambio del rumbo político de Cárdenas después de 1939, que descarta cualquier posibilidad de interferencia comunista en las Fuerzas Armadas mexicanas, menos aun la de una que hubiera implicado la deserción.

Poco después, cuatro de los cadetes fueron capturados en Veracruz, junto con el capitán Ricardo Balderas Carrillo –quien fue llevado ante un consejo de guerra debido a su rango superior– cuando ya estaban a bordo del trasatlántico *Orizaba*; los cadetes fueron expulsados ignominiosamente de la Academia. Uno de ellos, Roberto Vega González, escribió un libro en 1941 que describe sus aventuras y hazañas en el Ejército Republicano.[52]

Con el apoyo económico del sindicato de los ferrocarriles y mediante el poder de persuasión de Marcelino Domingo, tres de los cadetes, el mismo Vega, José Conti Varcé y Roberto Mercado Tinoco recuperaron su proyecto original. Los tres partieron de Veracruz bajo nombres y pasaportes falsos. Desde Nueva York se embarcaron hacia El Havre en el trasatlántico *Georgia*. Entraron a España por Port Bou y presenciaron el primer ataque aéreo sobre Barcelona. En el tren que los llevaba a Barcelona, un agente del Servicio de Inteligencia Militar (SIM) desconfió de su elegancia y con aspereza les pidió que se identificaran.

Al mostrarle los pasaportes, su cara cambió totalmente... La desconfianza se convirtió en sonrisa franca. "Mexicanos –dijo– nuestros hermanos... Los únicos que no nos han abandonado. ¡Y pensar que sospeché de ustedes! Esos abrigos que traen puestos, sus corbatas y, sobre todo, sus sombreros... Ya se enterarán que aquí sólo los 'señoritos' los usaron antes de la guerra. En la primera oportunidad, os recomiendo los cambien por una boina. Quitaos también la corbata para ahorraros dificultades. Al pueblo no le gusta tener recuerdos tristes".[53]

En Barcelona, los ex cadetes evitaron deliberadamente la embajada mexicana por su expulsión del Colegio Militar. Sin embargo, las autoridades españolas condicionaron el reclutamiento a su registro en la embajada. Para su sorpresa, el general Leobardo Ruiz, por entonces al mando, los recibió cordialmente sin hacer mención de su violación disciplinaria. Tras cumplir con las debidas formalidades, el Ministerio de Guerra español les concedió el grado de tenientes del Ejército Republicano. A Mercado lo mandaron a la 23ª Compañía; a Conti Varcé, a la 9ª y a Vega González, a la 20ª. El primero en morir fue Conti, quien cayó en combate en la avanzada de su unidad en un sitio no identificado.

Meses más tarde, ya en el frente en Manzanares, Vega se encontró con Humberto Villela, otro de los cadetes que habían desertado y que posteriormente viajó a España y se alistó en el Ejército Republicano como teniente. Antes de salir para el frente de Teruel, donde presenció una acción bélica por primera vez, siete aviones caza atacaron la compañía de Vega. Los bombarderos alemanes soltaron bombas fragmentarias que explotaban tres veces. La unidad huyó a los refugios. Como era experto en balística y en sus efectos mortales, debido a su entrenamiento militar, Vega les aconsejó a sus tropas que colocaran un lápiz o un pedazo de madera entre los dientes durante el bombardeo para evitar hemorragias internas. Desatendieron su consejo y, después de la confusión, Vega descubrió con horror que:

Corrían gruesos hilos de sangre por boca, narices y oídos. La fuerza de la explosión los había reventado. ¡Ah! ¡Si le hubieran hecho caso, poniéndose un pedazo de madera en la boca, no estarían ahí sin vida![54]

El ataque causó muchas bajas y parecía difícil poder reorganizar el pelotón y la brigada. Sin embargo, logró atenuar su desasosiego cuando lo ascendieron a capitán por sus méritos en campaña. Desgraciadamente, Vega no pudo disfrutar de su promoción ya que al poco tiempo fue hecho prisionero de los nacionales en el llano de Concú. En Miranda del Ebro lo interrogaron y lo torturaron. Durante un momento en que su interrogador se distrajo, Vega pudo leer la primera plana de un periódico en la que aparecía el siguiente encabezado:

> Saturnino Cedillo, el caudillo de México. 100.000 Camisas Doradas marchan hacia Ciudad de México barriendo cuanto obstáculo les presenta el gobierno rojo.[55]*

A Vega continuamente lo cambiaban de una prisión a otra. Fue así como pasó algún tiempo en la prisión de La Merced en Pamplona antes de que lo transfirieran a las mazmorras más siniestras de Logroño. El consejo de clasificación de prisioneros le impuso a Vega la letra "F", que correspondía a la de los prisioneros destinados a ser ejecutados.

De nuevo, a Vega lo transfirieron a la prisión provincial de Zaragoza, que, en tiempos normales, tenía una capacidad para 400 presos, pero que en aquel momento tenía hacinados a 5.800. Cada día ejecutaban frente al paredón a 40 o 60. En agosto de 1938, Roberto se enteró en la prisión de Zaragoza que las fuerzas republicanas habían cruzado el Ebro. Una vez más lo trasladaron a Burgos junto con los prisioneros de las Brigadas Internacionales. En Navidad de 1938, una comisión de la Sociedad de Naciones los visitó en la prisión provincial de Burgos para "enterarse acerca de su condición". Poco después, los guardias les preguntaron a los brigadistas cuáles eran sus respectivas nacionalidades. Cuando le llegó el turno a Vega tuvo lugar el siguiente diálogo:

> —Aquí tenemos a la Sociedad de Naciones casi íntegra. Y allá, nuestro enemigo más directo —dijo señalando a Roberto—: un bandido mexicano... ¡A propósito! ¿No saben ustedes que en México todos son bandidos?
> —¡Sí! —contesta uno— ya sabemos lo que son... pero su turno les va a llegar a ellos también, y entonces vamos a terminar de civilizarlos...
> Al decir esto, mostraba su porra agitándola amenazadoramente.[56]

---

* Saturnino Cedillo fue un general mexicano que se levantó en armas en contra del gobierno de Cárdenas en un intento por recrear en México la insurrección de los nacionales.

Vega permaneció 18 meses en Valdenoceda. Estuvo bastante cerca de que un pelotón de fusilamiento lo ejecutara por mexicano y comunista. Un oficial falangista de alto rango lo amenazó abiertamente:

> Usted, primeramente por su calidad de mexicano, por haber sido oficial, por su auxilio a la "rebelión" y por su cinismo, no puede durar mucho tiempo. Le garantizo que antes de tres días será usted fusilado.[57]

Poco después, recibió una citación para que compareciera ante un tribunal. En un juicio simulado, el juez condenó a muerte a Vega por haberse unido a la "rebelión". Gracias a una protesta internacional encabezada por los Estados Unidos y Cuba, el régimen franquista le perdonó la vida. Providencialmente, llegó a la prisión una carta de la embajada de los Estados Unidos:

> Se sabe que en esa prisión central de Valdenoceda, encuéntrase un ciudadano mexicano llamado Roberto Vega González. Esta embajada se interesa por él y ruega a las autoridades militares se sirvan informar sobre el estado de salud en el que se encuentra.[58]

Después de apresuradas deliberaciones, se le conmutó la sentencia por la de trabajos forzados y lo trasladaron al campo de concentración de Miranda del Ebro. Quince días más tarde, lo condenaron a servir en un "pelotón disciplinario" en Belchite. Los pelotones eran unidades de prisioneros, en su mayoría extranjeros, que las autoridades franquistas habían diseñado para obligar a los convictos a "redimir sus culpas por medio del trabajo". En estas condiciones enviaron a Vega a trabajar como cantero.

Por fin, en mayo de 1941, recibió la visita inesperada del asesor legal de la embajada cubana, quien le dijo que ya era hombre libre. Los procedimientos para su liberación habían sido extremadamente difíciles, ya que el cuñado de Franco tomó un interés especial en retener al cadete, como represalia por el "atrevimiento" de México. Fue así como el abogado cubano le preguntó a Vega:

> ¿A quién te comiste, chico?... ¡Vamos, que ni el mismo Serrano Suñer quería soltarte! Le hubieras visto la cara cuando se enteró

de tu nombre... Y ¿sabes lo que dijo, chico? Que te pudrieras en el batallón de los trabajadores.[59]

El diplomático cubano ya había liberado a otros dos hermanos mexicanos de apellido Villanova, encarcelados en el campo de concentración de Miranda del Ebro. Les otorgó a los tres mexicanos pasaportes cubanos y los llevó a Bilbao, desde donde partieron hacia La Habana a bordo del *Marqués de Comillas*.

Después de una semana más de confinamiento en la unidad de inmigración de La Habana, llegaron a Coatzacoalcos, México, donde un comité de refugiados españoles y de representantes de la CTM los recibió como héroes. Esto fue sólo un preludio de la recepción apoteósica que les dispensaron en la estación de Buenavista. La plataforma de la estación estaba abarrotada de gente llegada para darles la bienvenida a los héroes de guerra. Vega, quien durante su confinamiento había recibido pocas noticias del mundo exterior, se mostró muy sorprendido al verse rodeado por periodistas y fotógrafos que lo abrumaron con preguntas y con peticiones para fotografiarlo.

Se celebró un festival en el teatro Hidalgo para aclamar a Vega. Durante un desfile por la calle Cinco de Mayo, le dieron la bienvenida las multitudes y las bandas militares. En el teatro, el capitán republicano habló acerca de sus años de confinamiento en la España franquista, convirtiéndose así instantáneamente en una sensación nacional.[60] Años después, Vega pelearía al lado de los estadounidenses en el frente del Pacífico durante la Segunda Guerra Mundial.

Otro voluntario mexicano en España, Néstor Sánchez Hernández, quien publicó también sus memorias,[61] resultó ser el único que se alistó en las Brigadas Internacionales con la brigada polaca. Cuando tenía diecisiete años era soldado en el Batallón de Transmisiones y desertó del ejército para ir a pelear por la República. Con la ayuda del Sindicato de Ferrocarrileros, Sánchez y otro amigo adolescente, José Jaramillo Rojas, se embarcaron en enero de 1937 con destino a Nueva York, donde la Asociación de Brooklyn para la Solidaridad con la República de España les consiguió dos pasajes hacia Cherburgo en el trasatlántico *Berengaria* de la Línea Cunard.

De algún modo, ambos adolescentes lograron llegar a París, donde Arnold Reed, un comisario de la 15ª Brigada Lincoln, por fin los reclutó.

Junto con otros voluntarios de Noruega, Alemania y Francia, un estadounidense y un portugués que dirigía la expedición, viajaron a Marsella en autobús. La expedición prosiguió, cambiando de vehículos en varias ocasiones, primero a Nimes, después a Carcasonne y Perpiñán. Posteriormente, cruzaron los Pirineos hacia Massanet de Cambrenys, en Cataluña. A Sánchez y a Jaramillo les otorgaron el mando del grupo, ya que eran los únicos que hablaban español. Desde Massanet, llevaron a los nuevos reclutas al Castillo de Figueras, donde concentraron a todos los voluntarios. Jaramillo y Sánchez se presentaron como voluntarios mexicanos ante un capitán que los interrogó con impaciencia:

¿Dónde nacieron? ¿Quiénes son sus padres? ¿Cuál era su oficio en su lugar de origen? ¿Qué piensan de esta guerra? ¿Cuál es su opinión acerca del fascismo? ¿Tienen antecedentes antifascistas? ¿Tienen amigos o conocidos en España? ¿Por qué vinieron a España? ¿Están dispuestos a morir aquí?[62]

Un día, Jaramillo, fastidiado por la disciplina brutal, se escapó de la guarnición y se fue de parranda con otros voluntarios a un pueblo vecino, lo que resultó en su arresto inmediato. Lo iban a llevar ante un consejo de guerra, pero fue absuelto e incorporado de nuevo a las filas "sólo por ser mexicano".

En Figueras, los voluntarios debían realizar ejercicios rigurosos, marchas y tiro al blanco; también debían asistir a conferencias sobre topografía militar y cavar trincheras. Una mañana, un tren los llevó a Albacete junto con otros 300 voluntarios. En Albacete los concentraron en la guarnición local de los Guardias de Asalto, donde les dieron uniformes, cascos y caretas antigás. Después, los camiones militares los llevaron a Pozo Rubio, donde los alojaron en barracas amplias.

A Jaramillo y a Sánchez los incorporaron provisionalmente en el batallón franco-belga. Los nuevos ejercicios, que esta vez incluían el uso de ametralladoras, cañones antitanques y artillería antiaérea, estuvieron bajo el mando de instructores griegos, alemanes, rusos y estadounidenses.

En julio de 1937, finalmente destinaron a Jaramillo a la Brigada Lincoln y a Sánchez a la Brigada Dombrowski.[63] A Sánchez lo asignaron al Batallón Rakosi, que comandaba Imre Kepes y que junto con el Batallón Mickiewicz conformaban la 13ª Brigada Internacional Dombrowski. Los acuartelaron en pueblos en la vecindad de Los Monegros, en las afueras de Barbastro, Huesca. A Sánchez lo ascendieron a teniente. Participó por primera vez en una acción bélica durante la batalla que condujo a la toma de Belchite entre agosto y septiembre de 1937.

Cuando las fuerzas republicanas perdieron Teruel, movilizaron a la Brigada Dombrowski a Alcañiz. En el frente, Sánchez se encontró con otros dos combatientes mexicanos, Tito Ruiz Marín y Juan Bautista. Ruiz Marín, un teniente que había desertado del Ejército mexicano para pelear por la República, estaba al mando de una compañía de alemanes de la 11ª Brigada Thaelmann. Bautista era un guerrillero ex villista que había ido a España a pelear "sólo por que le agradaba el presidente Azaña".

Después de que los nacionales recuperaron Teruel, transfirieron de Aragón a Extremadura a la 45ª División, integrada por las brigadas Dombrowski y Garibaldi. En febrero de 1938, hirieron a Sánchez en combate en Sierra Quemada, en el frente de Extremadura.

Sánchez tomó parte en la ofensiva del Ebro. El 25 de julio de 1938, su batallón cruzó el río en barcos camuflados, bajo los matorrales. El gobierno republicano había decidido lanzar una ofensiva mayor, sin que importara el costo, con el fin de salvar Levante. El batallón de Sánchez, junto con otros destacamentos, fue la punta de lanza de la ofensiva. Cruzaron el río hacia Gandesa, tomando el cruce estratégico de carreteras en Venta de Camposines. Allí se apoderaron de alimentos, artillería y depósitos de municiones –que posteriormente servirían para tomar Corbera– e hicieron prisioneros al coronel Peñarredonda y sus oficiales.

Tras la caída de Corbera, la aviación nacional inició una serie de ofensivas para ametrallar a las tropas republicanas que cruzaban masivamente el río en botes y puentes improvisados. Sánchez se acercó a Gandesa con sus tropas del Batallón Mickiewicz enfrentándose a la 13ª División, comandada por el general Barrón. Su punto de máxima penetración fue el cementerio de Gandesa. El 28 de julio, los nacionales lanzaron una contraofensiva masiva apoyada por el fuego aéreo de los Fiats italianos y los Junkers alemanes, obligando a la unidad de Sánchez a retirarse de sus posiciones y a abandonar los planes anteriores de tomar Gandesa.

El fuego de morteros –"el arma más terrible, ya que cae verticalmente sobre las trincheras sin hacer ruido, causando muerte y una destrucción sombría y horrenda"– produjo varias bajas en la unidad de Sánchez. Éste reconoció que no era más que un teniente con autoridad sobre una pequeña unidad, que casi desconocía el plan general de ataque.

En sus memorias, Sánchez recuerda haber tomado varias posiciones por asalto sólo para perderlas instantes después ante la presencia de una ofensiva abrumadora apoyada por la aviación y los tanques. Los republicanos eran inferiores en el poderío aéreo, siempre tuvieron que pelear subordinándose a los sucesos.

El 28 de julio, Sánchez, ya promovido al rango de capitán, fue herido. Cuando estaba hospitalizado en Mataró se enteró de la contraofensiva nacional. Después de una breve convalecencia, Sánchez regresó a mediados de agosto al frente en Pandols, donde se enteró de que su brigada había sido casi totalmente diezmada. El Batallón Mickiewicz había dejado de existir.

Lo incorporaron al Quinto Regimiento, comandado por Lister, junto con tropas de reserva que habían llevado al frente para sustituir a los caídos. Los pocos periódicos que llegaron al frente llevaban noticias alentadoras: se había desatado una crisis entre el bando formado por Italia y Alemania y el de Gran Bretaña y Francia, por Checoslovaquia; las tropas tenían, entonces, que resistir a cualquier precio.

El 23 de septiembre, Negrín prometió a la Sociedad de Naciones que retirarían a todos los combatientes de las filas republicanas. A su debido tiempo, relevaron a Sánchez y a sus compañeros de sus puestos en la Sierra Pandols y los remplazaron por tropas frescas bajo el mando de "El Campesino". Tuvieron que entregar las armas a la mitad de la batalla.

> La partida fue dramática; la mayoría lloró; yo lloré. Estaba dejando atrás a mis compañeros, a mis hermanos del Frente. Concebiblemente nunca más nos volveríamos a encontrar. Quizás esa misma noche morirían en algún contraataque. Quizás al día siguiente caerían bajo la embestida de la aviación fascista, pero había una orden que debíamos obedecer y dejamos nuestros puestos después de un abrazo silencioso pero elocuente. Mis compañeros me dieron una bandera republicana como recuerdo que siempre he guardado con veneración hasta el día de hoy.[64]

A los voluntarios internacionales los concentraron en poblados de Cataluña en anticipación de los procedimientos de la Sociedad de Naciones para su repatriación. Finalmente, los confinaron a todos en Barcelona, donde Sánchez pasó la Navidad de 1938 bajo un fuerte bombardeo de los aviones Messermicht alemanes.

Durante las últimas etapas de su estadía en España, Sánchez fue corresponsal de guerra para *La Vanguardia* cubriendo un frente que rápidamente se desintegraba. El derrotismo y la desorganización culminaron en lo que en sus palabras fue "el colapso final de una nación". Barcelona no estaba destinada a ser un segundo Madrid. Pocas semanas más tarde, Sánchez se unió a la marea caótica de evacuados en Cerbere.

En sus memorias, Sánchez nombra a otros mexicanos que pelearon del lado de la República a quienes conoció personalmente en el frente. El teniente Tito Ruiz Marín y el comandante Silvestre Ortiz Toledo del Batallón Rakosi. Ruiz Marín –quien había pertenecido, al igual que Sánchez, al Cuerpo de Transmisiones Militares– peleó como capitán con la Brigada Thaelmann antes de su caída en la Batalla de Brunete a mediados de 1937.

Una vez que lo licenciaron, Sánchez se reunió con varios otros mexicanos en Barcelona. Muchos de ellos eran mexicanos residentes en Norteamérica que se habían unido a la lucha a través del Partido Comunista de los Estados Unidos. En Barcelona, Sánchez asistió a una recepción organizada por la embajada mexicana, entonces ubicada en la Avenida Diagonal, el 15 de septiembre de 1938, para conmemorar la independencia de México. Entre los invitados se encontraban Juan Negrín, Julio Álvarez del Vayo, Indalecio Prieto, La Pasionaria, Julián Zugazagoitia y Lluis Companys. El embajador Tejeda los presentó a los combatientes mexicanos Juan Razo, Antonio Pujol, Bernabé Barrios, Leonardo Talavera y Carlos Roel, todos ellos alistados en la 15ª Brigada Lincoln.

Cuando llegaron más mexicanos a Barcelona, Sánchez se enteró de la suerte que habían corrido sus compatriotas caídos en diversos frentes. Conoció al comandante Antonio Gómez Cuéllar, que había peleado con el Ejército Republicano en Extremadura, y a los capitanes Félix Guerrero e Isaías Acosta, ambos artilleros del ejército mexicano que, tras su experiencia en España regresaron a aquél, donde finalmente obtuvieron el grado de generales.[65]

Por las memorias de Sánchez nos enteramos de los nombres de personajes como Emilio Llanes Collado, un hombre valiente pero "afligido por la dipsomanía", quien peleó en una unidad española que sitió Huesca, o como el capitán Torices, un "hombre enigmático", y Miguel Domenzain Leroy, quienes pelearon al lado de Siqueiros.

Quizá más simbólico es el hecho de que Rafael Ángeles Lizardi –hijo de Felipe Ángeles, uno de los generales más famosos de la Revolución mexicana– también peleó con el Ejército Republicano. Muy distinto fue el caso de Andrés García, quien, según Sánchez, había sido comisario de guerra en Albacete, y a su regreso a México llegó a ser dirigente sindical.

Además, Sánchez nos permite conocer el desenlace de los otros dos cadetes, Humberto Villela y Roberto Mercado Tinoco, que Vega dejó sin explicación. Los cadetes, después de haber participado en las acciones bélicas con una unidad española, lograron sobrevivir y llegar a Barcelona durante la concentración de voluntarios extranjeros. Finalmente, Sánchez nos hace saber que José Jaramillo Rojas, el amigo con quien había salido de México para pelear en España, había caído en la Batalla de Teruel, luchando como teniente en el batallón cubano de la 15ª Brigada Lincoln.

Después de que la República accedió a retirar a todos los voluntarios extranjeros de España, varios mexicanos que habían peleado en la guerra pidieron su repatriación. La mayoría de los voluntarios que regresaban del frente se reunían en la embajada mexicana a la espera de los procedimientos para su retorno. La embajada se ocupó de ellos; les ofreció alojamiento o, por lo menos, alimentos una vez al día. Casi todos habían llegado a España sin que el gobierno mexicano se enterara. Sin embargo, México nunca objetó su presencia allí, excepto en los casos de los soldados que habían desertado del Ejército. Al final, incluso a éstos se les brindó ayuda.

Muchos se desesperaron y se manifestaron en Sarriá para exigir armas para regresar al frente. El 28 de octubre de 1938, durante el desfile de despedida de las Brigadas Internacionales, Néstor Sánchez encabezó a los voluntarios mexicanos, portando la bandera de México, como se puede ver en la película que se filmó en esa ocasión. Los combatientes mexicanos que habían peleado con las Brigadas Internacionales recibieron un diploma y una pensión que de inmediato donaron a la Cruz Roja española. A Siqueiros le encargaron la tarea de reunir a los voluntarios mexicanos que quedaban y de llevarlos de regreso a casa. Para finales de enero de 1939, cerca de 50 soldados mexicanos se fueron de

España a Cerbere, donde Bassols hizo los arreglos necesarios para que los concentraran en un hotel sin permiso para salir.

El suyo quizás había sido el mayor porcentaje de bajas de guerra. Siqueiros estaba extremadamente deprimido por esa gran pérdida.[66]

Días después, la embajada mexicana en París les otorgó un pasaporte colectivo y los trasladó primero a El Havre y después a Londres, desde donde debían embarcarse hacia Nueva York en el *Ausonia*.

El viaje a casa fue sumamente lento. Después de dejar El Havre, Siqueiros y el contingente mexicano tuvieron que esperar durante varias semanas en Inglaterra mientras reparaban el barco en Southampton. Cuando finalmente llegaron a Nueva York, el gobierno de los Estados Unidos prohibió el desembarco de los mexicanos. Sólo después de que Cárdenas en persona intercediera, se les permitió proseguir con su viaje de regreso a la frontera mexicana en un autobús celosamente custodiado por alguaciles estadounidenses.

Una vez en México, se hicieron los trámites para recibir a los héroes que volvían a casa. La CTM organizó un homenaje apresurado. Tal como lo registra el diario *Excélsior,* en su edición del día 4 de enero de 1939, entre los agasajados estaban Siqueiros, Juan B. Gómez, Antonio Pujol –también coronel–, Andrés García Salgado y Antonio Talavera, pertenecientes al sindicato de taxistas.

Los voluntarios llegaron a la capital mexicana el 20 de febrero de 1939, después de un viaje triunfal en un vagón especial desde Laredo, Texas. Durante el trayecto, el tren hizo varias paradas en ciudades mexicanas; en éstas, los sindicatos locales y el público en general abarrotaron las estaciones para saludarlos. De acuerdo con *El Nacional* del 23 de febrero de 1939, el PCM también desempeñó un papel prominente al organizar una bienvenida especial a la que invitó a "todos los trabajadores, campesinos, intelectuales, mujeres y estudiantes a recibir a estos valientes paladines, defensores de la libertad humana".

Los combatientes mexicanos entraron en la estación de Buenavista entre flores, porras y confeti; las banderas rojas y negras estaban desplegadas junto con la insignia nacional. Las bandas marciales y un conjunto típico de mariachis se mezclaron con la entusiasmada multitud, encabezada por un comité conformado por varias celebridades. Entre ellas estaban Luis Rodríguez, presidente del PRM; Hernán Laborde, secretario general del PCM; el embajador español e Indalecio Prieto. El coronel Armando Payerón les dio la bienvenida en nombre del presidente. Los sindicatos estaban fuertemente representados por secciones del ferrocarril, los trabajadores de los tranvías, los electricistas, los servidores públicos, y –lo que resulta muy interesante–, los obreros de la Fábrica Nacional de Municiones. La LEAR y la CTM también participaron, aunque Lombardo Toledano no pudo asistir al evento. Los voluntarios descendieron del tren en medio del gran desorden que imperaba en las plataformas. Dos bandas marciales tocaron la Internacional, que la multitud se apresuró a cantar.

Más tarde llevaron a los voluntarios en una caravana de automóviles a la Universidad Obrera, donde se improvisó una reunión. Allí, Alejandro Carrillo, rector de la universidad patrocinada por la CTM, les dio la bienvenida y los elogió por su "lucha en contra del fascismo, a favor de la democracia y la libertad".

De esta manera –siguió Carrillo– ustedes han saldado la deuda que México tenía con Francisco Xavier Mina.*[67]

MEXICANOS EN LAS FILAS FRANQUISTAS

No todos los mexicanos que fueron a España apoyaron a la República. El doctor Luis Lara Pardo, un famoso conservador, informó en *Excélsior* que varios mexicanos se alistaron en los ejércitos del general Franco. Explicó que la mayoría pertenecía a familias acomodadas que habían emigrado de México a España después de la Revolución mexicana. Todos ellos veían en el advenimiento del Frente Popular una amenaza similar a la de la Revolución que los había ahuyentado de México en su niñez.

---

* Francisco Xavier Mina (1789-1817). Nació en Otano, Navarra. Peleó contra la invasión francesa durante la Guerra de Independencia de España. Intentó un levantamiento contra Fernando VII para restituir la Constitución de Cádiz de 1812. En su exilio en Londres, Fray Servando Teresa de Mier lo convenció de realizar una expedición al norte de México para pelear por la independencia mexicana. Su guerrilla resistió un par de años antes de caer en una emboscada de las tropas virreinales. Fue fusilado por un pelotón. Sus restos descansan en la Columna de la Independencia en Ciudad de México.

Miguel Pereyra, un ingeniero electricista, sobrino de Carlos Pereyra, se había unido al levantamiento en Marruecos. Según Lara, Pereyra diseñó y se ocupó de operar el sistema de iluminación para facilitar el desembarco de las tropas nacionales en Algeciras. Era una operación audaz que se llevaba a cabo durante la noche a través del Estrecho, bajo estricta vigilancia de la Marina de Guerra de Madrid. Se usaba una potente batería improvisada de reflectores que habían fijado a bordo del *Uad Kort*. Posteriormente, Pereyra formó parte de la Comisión Técnica del Frente, que entró a Madrid con la columna de "orden y seguridad", la primera unidad de esta naturaleza en entrar a la capital española. A partir de entonces, Pereyra perteneció al Estado Mayor de Franco.[68]

Roberto y Fernando Reyes, los dos hijos menores de Rodolfo Reyes –mencionado con anterioridad–, también pelearon en las filas franquistas. Roberto, que era abogado, conoció e hizo amistad con José Antonio Primo de Rivera en los tribunales. Entusiasmado con el "carisma" de su nuevo conocido, se unió a la Falange y se mantuvo informado de los preparativos que se llevaban a cabo para la rebelión de julio. Le ordenaron que se dirigiera al cuartel de San Juan, designado como uno de varios puntos de concentración. Esa reunión terminó en forma desastrosa para los conspiradores, de la misma manera en que el Cuartel de la Montaña terminó en una hecatombe. Sólo un puñado de falangistas salvó la vida; entre ellos, los hermanos Reyes.

Durante tres días, Roberto se escondió en un vagón de carga en la Estación del Norte. Un mexicano le alojó temporalmente en su casa, antes de llevarlo a la embajada de México. Una vez allí, se encontró con su hermano, quien también había logrado ponerse a salvo. Después de la destitución de Pérez Treviño, ambos salieron de la embajada hacia Barcelona, donde, disfrazados de milicianos, pudieron espiar el movimiento de varias guarniciones militares, los arsenales, la ciudad y las fortificaciones del puerto. Ayudados por la Quinta Columna, cruzaron la frontera. De Francia viajaron a Salamanca para unirse a las fuerzas bélicas de Franco. Su "bautismo de fuego" tuvo lugar en la carretera a Extremadura y después en el País Vasco. Participaron en la guerra en las campañas del Ebro y del Guadarrama, así como en la ofensiva final contra Cataluña. Su batallón fue el primero en entrar a Barcelona, en 1939. También participaron en la ofensiva final contra Madrid.

Lara entrevistó a Roberto, quien le relató un episodio de su vida militar en el ejército franquista que es revelador del sentimiento antiamericano de los hispanistas obcecados, en este caso, exacerbado por el origen mexicano de Reyes:

> En la batalla de Belchite mi compañía tomó a varios prisioneros, entre ellos a tres hombres de la Brigada Lincoln. Cuando los interrogué, uno declaró ser ciudadano americano, como queriendo expresar que eso lo hacía merecedor de un trato especial. Yo le respondí: "No eres nada más que un gringo". Cuando el hombre escuchó estas palabras, palideció como un muerto, sus piernas le temblaron y murmuró casi imperceptiblemente: "Tú debes ser mexicano". Por supuesto que un pelotón bajo mi mando lo fusiló.[69]

Los hermanos Reyes obtuvieron el grado de tenientes en el ejército franquista y los condecoraron por haber sido heridos en el frente. Le mostraron a Lara, con evidente orgullo, sus hombros tatuados con imágenes falangistas.

Finalmente, Lara dio a conocer el reclutamiento de Pablo Sánchez Juárez, un descendiente directo de Benito Juárez, como oficial de la división de caballería del general Félix Monasterio. Sánchez Juárez fue capitán en ese regimiento. Según Lara, otros mexicanos prestaron sus servicios en esa división, que llegó a conocerse como la "escuadrilla mexicana". Hubo pocas bajas entre los "mexicanos franquistas". Sólo se sabe que Alfonso Vega cayó en batalla, en la primera ofensiva contra Madrid en 1936.

La conexión entre el huertismo y el franquismo se hace patente, por lo menos en el plano ideológico.[70] Otros mexicanos de ascendencia directa española se unieron a la insurrección. Un ejemplo de esta situación es el de Juan Sánchez Navarro, el actual director de la cervecería Modelo y dirigente prominente de asociaciones de empresarios mexicanos.

Sánchez Navarro había estado en España desde 1935 con una beca del gobierno español para proseguir sus estudios de posgrado en leyes. Eduardo Hay le consiguió un pasaporte diplomático que le otorgaba bastante libertad de movimiento. Uno de sus profesores, un tal López, convenció a Sánchez Navarro de que prestara sus servicios como correo para los nacionales, aprovechando su inmunidad diplomática. De esta manera, durante varios meses, Sánchez Navarro pasó clandestinamente documentos confidenciales de Asturias a Santander y viceversa. El cónsul mexicano en Santander, un hombre llamado Nájera, quien, según Sánchez Navarro, también simpatizaba con los facciosos, le advirtió que el servicio secreto republicano había descubierto sus actividades. Nájera le facilitó un coche consular para que lo llevara a San Sebastián, que en ese momento estaba bajo el dominio de los nacionales. Llevaba un salvoconducto que Nájera le había dado y así pudo embarcarse en un destructor británico, el *H32*, con destino a San Juan de Luz.[71]

Por último, existe la confirmación del único piloto mexicano que peleó en la fuerza aérea nacionalista: José Díaz de Rivera, quien, después de alistarse en la Falange en Marruecos en noviembre de 1937, pidió y obtuvo su cambio a la fuerza aérea. Díaz de Rivera sacó provecho de su dominio absoluto de la lengua alemana, haciendo de enlace entre los pilotos españoles y los miembros de la Legión Cóndor de los alemanes.[72]

En conjunto, la presencia de mexicanos en España es una muestra del éxito de Cárdenas a la hora de transmitir a la ciudadanía su apoyo a España. Muchos mexicanos asociaron la importancia de defender la democracia española a la defensa de las conquistas de la Revolución. Asimismo, la presencia de varios ciudadanos mexicanos entre las filas del ejército franquista muestra el grado en que los conservadores mexicanos adoptaron la causa de Franco como suya y se comprometieron con ella, aun a costa de desafiar a su propio gobierno. Finalmente, estas divisiones se extenderían a territorio mexicano, amenazando con desatar una crisis similar entre los derechistas mexicanos y las fuerzas izquierdistas en la elección presidencial mexicana de 1940.[73]

Manifestación de miembros del Partido Comunista en Ciudad de México en protesta por la muerte de un compañero a manos de los Camisas Doradas, 1935.

Fotografía del general Lamberto C. Chávez con un grupo de Camisas Doradas, 1938.

Los generales Nicolás Rodríguez y Lamberto C. Chávez, cabecillas de la organización fascista mexicana Camisas Doradas. Febrero de 1938, Ciudad de México.

Arriba: Grupos de alumnos pilotos de las escuelas levantinas (AHEA).
Abajo: Alumnos de la Escuela Elemental donde hicieron el curso de piloto
los mexicanos Cano Cano, Cano Cortés y Verduzco Robles antes de pasar
a los aviones de combate (ADAR).

Antonio Camacho Benítez, coronel de
aviación, exiliado a México después
de la guerra (Biblioteca Nacional,
Madrid) y José Sirio Martín, piloto
de caza mexicano derribado
el 16 de agosto de 1938 durante
la batalla del Ebro (ADAR).

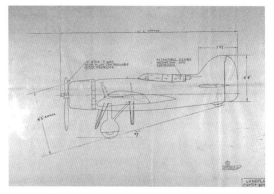

Boceto del avión de reconocimiento y bombardeo Bellanca mostrando su armamento (AHEA).

La República, gracias a la mediación de México, recibió suficientes unidades del Grumman GE-23, biplano de bombardeo y reconocimiento como para equipar dos escuadrillas adscritas al Grupo 28 (AHEA).

Francisco Tarazona Torán, nacido en México, fue un as de la aviación republicana y jefe de la 3.ª Escuadrilla del Grupo 21 (foto familia Riesgo).

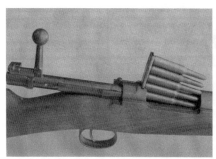

Fusil "Mauser", uno de los más utilizados por las fuerzas de la República durante la Guerra Civil. México envió unas 20.000 unidades.

Vaina de cartucho de fusil fabricado en México en 1930, hallado en la madrileña Casa de Campo en junio de 2004.

Caricatura de Franco por el pintor mexicano José Chávez Morado, participante del Congreso.

Comida en honor de la delegación mexicana que participó en el Congreso internacional de escritores antifascistas de 1937. Segundo por la izquierda, un joven Octavio Paz, y cuarta, su entonces esposa, Elena Garro.

Portada de la revista *Time* del 29 de agosto de 1938 dedicada a Lázaro Cárdenas (Getty Images).

El Presidente de México, Lázaro Cárdenas, junto a algunos de los 500 huérfanos de guerra españoles que pasaron por la Ciudad de México de camino a Morelia, donde vivieron y se educaron gracias al gobierno mexicano. 8 de junio de 1937.

Miembros de la delegación mexicana que visitó España en 1937 y participó en distintos actos político-culturales de solidaridad. Rafael Alberti (3.º por la izda.), José Chávez Morado (6.º por la izda.), Fernando Gamboa (sentado), Octavio Paz (4.º por la dcha.), Silvestre Revueltas (3.º por la dcha.) y José Mancisidor (2.º por la dcha.), María Luisa Vera, Elena Garro y Susana Gamboa (de izq. a dcha.).

El embajador de México en España, Ramón P. Denegri, en el II Congreso internacional de escritores antifascistas celebrado en Valencia en 1937 (Biblioteca Nacional, Madrid).

Con motivo del viaje a España de intelectuales, artistas y políticos mexicanos en 1937 se multiplicaron los actos de solidaridad antifascista.

La Federación Local de Sindicatos Únicos de Madrid

SALUDA A MEJICO

HERMANO MEXICO,
ESPAÑA, cumplirá lo que esperas de ella.

LA FAI
SALUDA A MEJICO

SEMANA de MEXICO

BARCELONA

Organizan la gran "SEMANA de MEXICO" con diversos actos de carácter popular

Grandes Conferencias sobre Mexico

Festivales Infantiles

Sainetes representados en el Teatro Nacional de Cataluña (antes "Liceo")

Actos Literarios, Artísticos y Políticosocial de homenaje a la gloriosa INDEPENDENCIA MEXICANA

DEL 9 AL 16 DE OCTUBRE DE 1938

HOMENAJE POPULAR
del pueblo Asturiano
a sus hermanos de Mejico
ORGANIZADO POR LAS ORGANIZACIONES
LIBERTARIAS DE ASTURIAS

HOMENAJE de MADRID A
MEXICO

ESPAÑA MÉXICO

MANIFESTACIÓN
DE ARTE CATALÁN
PRO VICTIMAS DEL FASCISMO

MEJICO ayuda a ESPAÑA

La República Española
agradece a Méjico eficaz
y desinteresada ayuda

¡Salud Hermano Méjico!

PARTIDO SINDICALISTA
ESPAÑA

COMITÉ EJECUTIVO LOCAL
MADRID

¿Eres español y antifascista?

LOS AMIGOS
DE MEJICO.
Francisco Giner 53
T° 43828

Gratitud a Méjico

Siqueiros con el comandante
Juan B. Gómez, España, 1937.

Vicente Lombardo, Juan Negrín y Julio Álvarez
del Vayo a la llegada de éstos a Ciudad de
México, abril o mayo de 1939.

Llegada de los refugiados españoles a bordo
del *Sinaia* al puerto de Veracruz el 13 de
junio de 1939. Izquierda: Portada del último
número de la revista *Sinaia*, elaborada
artesanalmente por los refugiados a bordo
del buque. En el último número, la víspera
del desembarco en Veracruz, el poeta Pedro
Garfias publica su poema "Entre España y
México". Los últimos versos dedicados a
México dicen: "como otro tiempo por la
mar salada / te va un río español de sangre
roja, / de generosa sangre desbordada. Pero
eres tú esta vez quien nos conquistas, / y
para siempre, ¡oh vieja y nueva España!"

VI
DEMASIADO PARECIDOS
REPERCUSIONES DE LA GUERRA CIVIL EN LA POLÍTICA
Y LA SOCIEDAD MEXICANAS

*M*ás allá de la "apropiación" de los sucesos españoles por parte de las autoridades mexicanas y de ciertos sectores de la sociedad, como los intelectuales y los sindicatos, la Guerra Civil generó repercusiones inesperadas en el escenario nacional que amenazaban con desatar un conflicto similar. Extremistas de diversas tonalidades contemplaron los acontecimientos españoles en términos mexicanos, al mismo tiempo que consideraron que eran viables en el escenario nacional. Así, mientras que los conservadores locales soñaban con un Franco criollo que lograra restituir la tradición, la ley y el orden por medio de una "cruzada" en contra del bolchevismo, los izquierdistas radicales mexicanos intentaron organizar milicias armadas y "exacerbar las contradicciones del capitalismo" como pasos preliminares para la consolidación del socialismo en México.

Antes de continuar con el análisis de las reacciones que la Guerra Civil española provocó en México, es necesario examinar ciertos datos concretos de la sociedad mexicana en la década de 1930. En 1936, México tenía una tasa de analfabetismo del 50%.[1] Esto significaba que la mayor parte de los mexicanos no tenía capacidad, y menos aún interés, de leer la prensa. Las necesidades apremiantes de supervivencia cotidiana colocaban la información y el conocimiento en segundo plano. Por lo tanto, cuando hablamos de la opinión pública mexicana, evidentemente nos referimos al sector educado de la población que se interesaba en los asuntos extranjeros y era consciente de su posible impacto sobre los sucesos mexicanos.

Dicho esto, es evidente que, en general, los mexicanos se mostraban indiferentes respecto a la Guerra Civil española. Casi nadie se interesaba en los asuntos extranjeros y menos aún en acontecimientos que tenían muy poco o nada que ver con sus vidas cotidianas. En cambio, la mayoría de los funcionarios públicos, de los miembros de los sindicatos y muchos intelectuales apoyaron con entusiasmo la postura de Cárdenas y reconocieron la correspondencia que había establecido entre los sucesos de España y las posibles repercusiones nacionales e internacionales para México.

Sin embargo, muchos de los mexicanos que estaban más directamente relacionados con España por motivos de origen, comerciales, culturales o religiosos se pusieron de parte de los insurgentes. Este grupo incluía a la mayoría de los hombres de negocios, a los dirigentes de la Iglesia católica y a los políticos moderados y conservadores que se oponían a las políticas "socialistas" de Cárdenas. La rebelión española provocó que la opinión "reaccionaria" se expresara de manera más abierta de lo que hasta entonces había considerado prudente.[2] Los grupos cuyos intereses se habían visto afectados o amenazados por las políticas socialistas del gobierno de Cárdenas esperaban, sin lograr "disimular su impaciencia", el inicio de una oposición activa y armada.[3]

Por otra parte, el apoyo más entusiasta de la política del gobierno hacia España provenía de los servidores públicos y de los dirigentes de los sindicatos. Por regla general, los miembros del PNR apoyaron la postura del gobierno respecto al conflicto español. No es sorprendente que la CTM fuera la que recaudó la mayor parte de los fondos privados para la España republicana. La Guerra Civil española, por lo tanto, polarizó a la sociedad mexicana de manera sin precedentes desde el fin de la Revolución. Fue tan grande el antagonismo que produjo que, según Fuentes Mares, durante tres años México se convirtió en el "escenario ultramarino de la Guerra Civil española".[4]

MILICIAS ARMADAS EN MÉXICO

El choque entre las fuerzas de derecha y las fuerzas de izquierda en la Guerra Civil repercutió profundamente en las facciones nacionales. La pregunta que más se formulaba en la prensa mexicana era: *¿Terminará México siendo igual a España?* A medida que la guerra avanzaba, esa posibilidad se volvía factible ya que los radicales nacionales, tanto de izquierda como de derecha, se esforzaban por repetir el conflicto español en México. Un ejemplo de esa viabilidad era la amenaza de los radicales de la CTM de crear milicias populares para defender "las conquistas del pueblo de los ataques de la reacción" y la respuesta inmediata que generó en la derecha.

A finales de julio se fundó la sección mexicana del Frente Popular Español.[5] El 26 de julio se celebró una asamblea en el Teatro Principal de Ciudad de México en la que Lombardo Toledano y Gordón Ordás participaron junto con representantes de la CNT, de la Acción Republicana, del PSOE, del PCM y del PCE. Entre otras resoluciones, la asamblea aprobó transmitirle al gobierno español y al Frente Popular la solidaridad del proletariado mexicano y felicitar al gobierno "por haber armado a las milicias". Según la asamblea, la República, a través de esta medida: "constituía un ejemplo para el mundo en la lucha en contra del fascismo".[6]

Esta declaración alarmó a los dirigentes militares, quienes inmediatamente tomaron medidas para evitar ese tipo de acciones. En la reunión, Ramón García Urrutia, del PCM, atacó a los residentes españoles que conspiraban en contra de la República, le exigió al gobierno mexicano que los deportara, aplicándoles el artículo 33,[7] y convocó a un boicot de sus negocios. Además, denunció la existencia de un grupo fascista, la Falange Española de México, integrado en la comunidad española, y ofreció divulgar los nombres de sus miembros a la CTM, al Senado y a la Cámara de Diputados.

Lombardo se disculpó por la tardanza en la reacción de la CTM, justificándola con la huelga de los electricistas. Dejándose llevar por sus excesos personales, primero sugirió que se armara a los obreros y que se crearan milicias para evitar una sublevación fascista y le pidió al gobierno que adoptara esa medida. De manera amenazadora, declaró que si la CTM no había tolerado la existencia de los Camisas Doradas, toleraría aun menos las intrigas de las organizaciones españolas de derecha.[8] Lombardo estuvo de acuerdo con Urrutia en exigir la expulsión de los españoles de derecha y anunció que la embajada española le había asegurado que, lejos de oponerse a esa medida, la aprobaría sin reservas. Gordón confirmó lo anterior.

Para continuar con la tendencia que ya se había establecido, una semana después los comunistas mexicanos y el Frente Popular Mexicano convocaron una nueva manifestación en el Zócalo, la plaza principal de Ciudad de México. Según *El Nacional*, más de 4.000 personas asistieron, incluyendo a miembros de varios sindicatos afiliados a la CTM y al FPM, a los burócratas, intelectuales y estudiantes, al PCM y al PSOE. Una estación gubernamental de radio la transmitió en directo. Hubo nueve oradores, entre ellos, dos diputados, Jacinto Riva Palacio y David Arizmendi, que pertenecían a la llamada ala izquierda del Congreso.

El primer orador fue José María Benítez, del FPM, que anunció, con cierto dramatismo, que: "el destino de la humanidad se decide en los campos de batalla de España". En ese momento, Miguel Velasco, un comunista encargado de la secretaría de Organización de la CTM, aprovechó la ocasión para promover sus propios intereses en el sindicato y propuso que la CTM armara a milicias y brigadas en todas las fábricas para evitar cualquier ataque de la "reacción". Estas milicias debían: "ahogar en su propia sangre a los Camisas Doradas fascistas y a la Confederación de Clase Media".[9] Desde el podio improvisado, Luis Capelo, un obrero español, emisario del Sindicato de Constructores de la UGT, amplió la propuesta y descaradamente trató de azuzar a la muchedumbre: "Los gobiernos que se proclaman como revolucionarios deberían armar a los trabajadores". Para cerrar con broche de oro, la multitud entonó *La Internacional*.[10]

La situación era tensa. Un paro industrial acababa de terminar en Monterrey, mientras que en Yucatán reinaba la inquietud entre los propietarios de las haciendas henequeneras. Era muy distinto apoyar a las milicias españolas que armar a los trabajadores mexicanos. El gobierno de Cárdenas no podía darse el lujo de polarizarse aún más en un ambiente de tanta tensión. La prensa conservadora aprovechó la oportunidad para acusar a los sindicatos de tratar de que los comunistas se apoderaran del poder.

Así, el 10 de agosto *Excélsior* anunció con gran estruendo que había descubierto la existencia de la primera milicia de esa índole, organizada por los trabajadores de la Confederación Nacional de Artes Gráficas, por el Sindicato de Maestros, por los burócratas de la Secretaría de Comunicaciones y Transportes, por el Partido Comunista y por el mismo Frente Popular Mexicano. El diario describió cómo los trabajadores llevaban ametralladoras, rifles de asalto y pistolas y montaban guardias en sus lugares de trabajo en espera de un ataque de los Camisas Doradas. Aunque el comandante adjunto de la Zona Militar Número Uno, el general Othón León, negó la existencia de esos grupos y la CTM lo desmintió tibiamente en una publicación del 11 de agosto, la prensa conservadora continuó con sus denuncias.

Se consideraba que los Camisas Doradas ya no representaban una seria amenaza, ya que el año anterior habían sido declarados ilegales y su dirigente, el general Rodríguez, se encontraba en el exilio. Aunque la idea de una insurrección fascista parecía ser descabellada, la guerra española le daba credibilidad a esas versiones en un ambiente que comenzaba a tornarse paranoico.

En ese clima, hubo declaraciones de la derecha, como las de la influyente Unión Nacional de Veteranos de la Revolución (UNVR) que trató de agitar aún más la situación aumentando la polarización. La organización, creada en 1935, se había dedicado, en sus inicios, a conseguir concesiones de terrenos para sus miembros.[11] Pronto, su acérrima defensa de la propiedad privada y su anticomunismo declarado los colocaron en una posición de enfrentamiento directo contra la reforma agraria del gobierno y, particularmente, contra el ejido.*

Este grupo, que formaba parte de la derecha radical secular, resultaba particularmente amenazador para el gobierno debido a la influencia que podía ejercer sobre el Ejército, al que de hecho trató de conquistar a través de su condenación de las supuestas milicias armadas de trabajadores. La UNVR era inequívocamente partidaria de Franco. El general Ríos Zertuche, dirigente de la organización, le escribió a Cárdenas con el propósito de atraer la atención del Ejército:

> Los demagogos pagados por los rusos han acusado al Ejército Nacional de ser incapaz de defender las instituciones públicas. Esta ofensa intolerable debe afrontarse de la manera más drástica posible.[12]

Muchos oficiales del Ejército mexicano, particularmente los de rango intermedio, apoyaron la política del presidente con respecto a España. De hecho, algunos de los partidarios más incondicionales de la República pertenecían al Ejército, lo cual se demuestra no sólo por la cantidad de soldados mexicanos que pelearon por la República, sino por los oficiales prominentes que prestaron sus servicios como oficiales de alto rango en el Ejército Republicano y utilizaron sus influencias para

---

* Propiedad rural de carácter colectivo, muy importante en la historia agraria de México.

apoyarlo. Aun así, a pesar de su lealtad con la causa republicana, el Ejército en general estaba consternado por las diferencias políticas que había en el seno del Ejército Popular y no quería una nueva intromisión partidista en México. Por consiguiente, muchos oficiales se indignaron por lo que consideraron como demagogia del dirigente del sindicato y expresaron públicamente su descontento con la idea de organizar a los trabajadores como una fuerza armada alternativa, acusando a Lombardo de pretender disolver el ejército revolucionario y reemplazarlo por las milicias.

La CTM y el ala izquierda del Senado protestaron en contra de la UNVR y negaron las acusaciones. El 11 de agosto, el sindicato publicó un documento extenso con el fin de aplacar a la opinión pública y al sector privado, así como de frenar a los extremistas insubordinados dentro de sus filas que consideraban que era el momento adecuado para promover "su propia" revolución. El texto desmentía que una huelga general estuviera a punto de estallar. Además, declaró que el único objetivo de las huelgas que se habían desatado era la mejora de la situación de la clase trabajadora. Por último, negó categóricamente la existencia de milicias de trabajadores.

> Se publicó una noticia falaz de que los trabajadores están organizando milicias para reemplazar al Ejército. El propósito de este rumor es perfectamente claro: despertar la desconfianza del Ejército en contra del proletariado y aumentar la inquietud pública, de lo cual la clase conservadora es la única responsable. Desmentimos categórica y enfáticamente esa aseveración. La Confederación de Trabajadores de México tiene plena confianza en el Presidente Cárdenas y en el elevado sentido del deber del Ejército Nacional.[13]

Hay que recordar que Cárdenas había armado a los campesinos para consolidar la reforma agraria y para ayudarlos a defenderse de los ataques de los antiguos terratenientes y de sus guardias blancas. Esto fomentó la versión de que el presidente patrocinaba a las milicias de trabajadores. Como afirmó Arnaldo Córdova en su *política de masas*,[14] Cárdenas se apoyó en los trabajadores para librarse de la tutela de Calles y para implementar su agenda radical, pero no para darles poder. Quería tener a los trabajadores como socios subordinados para que respaldaran sus políticas, pero no estaba dispuesto a tolerar que la organización de trabajadores fuera demasiado independiente. Esto se corrobora con el hecho de que la llamada ala izquierda del Congreso, dirigida por los diputados Ernesto Soto Reyes y Cándido Aguilar, que abanderaban la idea de armar a los trabajadores, se disolvió supuestamente por "recomendación" de Cárdenas.[15]

Justo después de que los gobiernos de Guatemala y de El Salvador reconocieran prematuramente a Franco, un incidente potencialmente peligroso ocurrió en noviembre de 1936: las multitudes enfurecidas atacaron las embajadas de esos países en Ciudad de México e incendiaron la de El Salvador. La prensa conservadora mexicana de inmediato acusó a Valencia de haber enviado a sujetos revoltosos para desestabilizar México y desatar un "terror rojo" en el país, comparable con el que prevalecía en la República española.[16] El gobierno mexicano, a su vez, anunció que castigaría a los responsables del ataque.

Además de la UNVR, la ARM, la CPRM y la CCM, durante ese período surgieron incontables grupos radicales de derecha. Sin embargo, esto no debe considerarse como una proliferación de membretes sin consecuencia. Por el contrario, todos estos grupos estaban relacionados entre sí, a menudo a través de vínculos imprecisos, según lo exigieran sus actividades clandestinas. Todos ellos estaban financiados por grandes empresarios y contaban con el respaldo de la clase media para llevar a cabo sus actividades provocadoras. En última instancia, estuvieron muy cerca de lograr su objetivo.

LA COMUNIDAD ESPAÑOLA EN MÉXICO Y LA REBELIÓN MILITAR

La colonia española de México era la comunidad extranjera más grande del país ya que, con 50.000 miembros, representaba a cerca del 35% del total de extranjeros.[17] Sus actividades abarcaban negocios diversos, desde bancos, cines, almacenes comerciales, tiendas de abastecimiento, minas y textiles hasta el campo editorial. La mayoría vivía en Ciudad de México, aunque había grandes concentraciones de españoles en ciudades como Veracruz, Puebla, Tampico, Mérida, San

Luis Potosí y Guanajuato.[18] Los españoles liberales y radicales se reunían en pequeños clubes sociales como el Orfeo Catalá. En su mayor parte se trataba de una comunidad acaudalada, muy conservadora y cuando menos simpatizante de Franco. Una cantidad de organizaciones fascistas emanaron de la comunidad española, como la Asociación Española Anticomunista y Antijudía (AEACJ) encabezada por el ingeniero español Francisco Cayón y Cos. Esta pequeña organización publicó el boletín *Vida Española* desde mayo de 1937 hasta abril de 1938, cuando desapareció por problemas económicos y por su escasa difusión. Desde su origen, la AEACJ tuvo una estrecha relación con las demás organizaciones locales de derecha como la UNVR y la CCM. Además, en mayo de 1937, Cayón y Cos le escribió a Franco para asegurarle el apoyo de la colonia española y explicarle que la falta de una mayor asistencia a su causa se debía a la interferencia del gobierno de Cárdenas y de la embajada española.[19] Posteriormente, en septiembre de ese mismo año, el grupo se disolvió para fusionarse con la sección mexicana de la Falange Exterior.

En abril de 1937 se fundó formalmente la sección extranjera del nuevo partido oficial de la España Nacional, la FET de las JONS. Sobrepasando su declarado propósito de que todas las comunidades de emigrantes españoles se unieran a la causa nacional, también se dedicó a realizar una campaña intensa de propaganda a favor del Eje. Según los archivos del FBI, el gasto en propaganda de la Falange era considerable. El servicio secreto de Franco en México gastaba 40.000 pesos (10.000 dólares) al mes.[20]

La FET publicaba más de 15 revistas en Latinoamérica. Para atraer seguidores entre los españoles y los hispanoamericanos, la Falange abrió secciones en casi todas las capitales latinoamericanas. Estas divisiones organizaban rifas, bailes y comidas para recaudar fondos y enviarlos a la España franquista.

En México, el jefe de la sección era Augusto Ibáñez Serrano, un comerciante español nacionalizado mexicano, que pronto se autoproclamó "el representante personal de Franco en México". Ibáñez efectivamente fue nombrado representante del Estado "Nacional" español, pero eso ocurrió el 9 de enero de 1938, y ocupó ese cargo hasta 1950, a pesar de que a lo largo de 40 años los gobiernos mexicanos jamás estuvieron dispuestos a reconocer a Franco.

La sección se reunía en el Casino Español –el club más destacado de la comunidad– y representaba los intereses de los españoles de México que habían manifestado su compromiso de lealtad a la causa nacional a través de la embajada de Portugal en Ciudad de México. Justo antes de ser expulsado de México, Pujadas le entregó a Ibáñez los archivos de la embajada española, lo cual privó a Gordón Ordás de los contactos y de la información que tanto necesitaba. Lo más importante es que Ibáñez tenía conexiones con algunos de los funcionarios más destacados del gobierno mexicano, principalmente en la Secretaría de Relaciones Exteriores y la Secretaría de Gobernación. Esto quizás explica por qué el gobierno de Cárdenas toleraba más la injerencia de la Falange que la intromisión de los nazis o de los fascistas, a pesar de las continuas protestas de Gordón Ordás.

Así pues, Ibáñez realizaba varias actividades en México: desempeñaba deberes consulares extraoficiales a través de la embajada de Portugal, coordinaba la propaganda de la Falange, fungía como intermediario entre los miembros de la comunidad española que apoyaban la rebelión y las autoridades mexicanas, y enviaba informes acerca de la situación política en México, así como de las actividades falangistas en el país, tanto a Burgos como al representante de Franco en Washington, Juan F. Cárdenas.

Varios renombrados comerciantes e industriales que residían en México, como Adolfo Prieto, Ángel Urraza y Arturo Mundet, contribuían con un mínimo de 1.000 pesos cada uno a la causa. El secretario de Gobernación estimaba que 40.000 de las 47.000 personas de origen español que vivían en México se habían unido a la Falange. Según un informe de la inteligencia militar de los Estados Unidos, entre los 40.000 miembros había 1.600 activistas militantes. Además, Ibáñez reclutaba clandestinamente tanto a residentes españoles en México como a mexicanos para que se alistaran en el ejército franquista. Según algunas fuentes de la época, Ibáñez reclutó a más de 100 jóvenes para que sirvieran a las órdenes de Franco y los envió a España desde Veracruz a bordo del trasatlántico alemán *Orinoco*.[21] Algunos autores incluso llegan a asociarlo con el espionaje nazi en México. Es bien sabido que mantenía relaciones estrechas con la legación alemana en Ciudad de México.

Las actividades de la Falange en México se dieron a conocer gracias a las denuncias de la prensa estadounidense, que para entonces estaba preocupada por la penetración del Eje en el continente americano. Se habían convocado numerosas manifestaciones pro falangistas que a menudo terminaban en riñas violentas. Los pequeños comerciantes españoles que simpatizaban con la rebelión comenzaron a adornar sus vitrinas con el yugo y las flechas al mismo tiempo que la parafernalia franquista se convirtió en objetos valiosos de recuerdo entre algunos sectores de la población capitalina.[22]

LA REBELIÓN DE CEDILLO. ¿UN FRANCO MEXICANO?

Justo después del exilio de Calles, Cedillo ocupó el puesto de dirigente de la derecha. Entre otras medidas, Cedillo, en 1935, convirtió su feudo de San Luis Potosí en un refugio seguro para la Iglesia mexicana, ya que la mitad de los curas oficiaban allí. Por consiguiente, la derecha lo consideró cada vez más como su defensor. Después de su expulsión del gabinete, Cedillo tenía la intención de postularse para presidente como candidato de oposición en 1940, pero se vio obligado a sublevarse porque el gobierno mexicano debilitó su posición. En 1937, la Secretaría de Guerra cerró una escuela de aviación que Cedillo había creado en San Luis Potosí y envió allí tropas federales. En un último intento de frenar al general, Cárdenas lo nombró comandante de la zona militar de Michoacán. Cedillo consideró que esta asignación equivalía a un destierro político y decidió rebelarse.

Cedillo tenía vínculos con la legación alemana en Ciudad de México muy anteriores a su sublevación. Esto originó todo tipo de insinuaciones descabelladas, que vinculaban al rebelde de San Luis Potosí con las intrigas del Eje. Se rumoreó que la Alemania nazi apoyaba a Cedillo para derrocar al régimen comunista en México, de la misma manera que ayudaba a Franco a eliminar a los "rojos" del poder. En este complot, Jorge Ubico, el dictador de Guatemala, haría en contra de México lo mismo que Salazar había hecho al apoyar a Franco, es decir, apuñalar a los "rojos" por la espalda.[23]

La "prueba" más contundente que se presentó para darle credibilidad a la aseveración de una conspiración entre los nazis y Cedillo fue la estrecha relación del general con Ernest von Merck, un ciudadano alemán que era instructor del ejército privado de Cedillo y que había transformado a la guarnición de San Luis Potosí en una moderna unidad militar.[24] También se afirmó que el gobernador de Sonora estaba implicado en la conspiración y que recibía armas y fondos de agentes japoneses y alemanes.[25]

Las fuentes disponibles sobre el tema son imprecisas y es difícil discernir entre la verdadera participación del Eje y la propaganda deliberadamente confusa. La propaganda racista que distribuían los cedillistas, particularmente los panfletos antisemitas, confieren cierta credibilidad a las aseveraciones de una participación nazi. Después de todo, Cedillo afirmó en su "Manifiesto a la Nación" que se había rebelado en contra del "ideal judaico", al mismo tiempo que acusaba a Cárdenas de "disfrazar el comunismo bajo el nombre de colectivismo".[26] Los rumores fueron tan fuertes que convencieron a la prensa y a los congresistas estadounidenses de que había una participación nazi en la tan esperada sublevación de Cedillo. El diputado Jerry O'Connell pronosticó que habría una "insurrección nazi en México" y afirmó que tenía pruebas de que los alemanes habían suministrado armas y municiones al general Cedillo.[27]

Aunque pudo haber habido cierta participación alemana en la rebelión, sería más acertado atribuir la financiación de Cedillo a las resentidas compañías petroleras. Se decía abiertamente que los representantes de esas corporaciones estaban dispuestos a pagar un millón de dólares "o más" a cualquiera que intentara derrocar al gobierno de Cárdenas.[28] Cedillo mismo expresó que las demandas "legítimas" de que restituyeran a las compañías sus posesiones expropiadas eran uno de los principales objetivos de su sublevación.[29]

La rebelión cedillista de 1938 renovó los temores y fantasías de que la Guerra Civil española podía repetirse en México. Cuando los reporteros preguntaron si los Estados Unidos serían neutrales frente a un conflicto en México, como lo habían sido con el de España, Roosevelt respondió que su país apoyaría activamente al gobierno establecido.[30]

Cárdenas viajó a San Luis Potosí y ofreció una amnistía total a cualquier cedillista que depusiera las armas. La mayoría aceptó la oferta. Trasladaron a 8.000 soldados a San Luis Potosí, donde se enfrentaron en escaramuzas esporádicas contra las fuerzas cedillistas. Rodeado por el Ejército Federal, Cedillo fue acribillado a balazos en una emboscada en enero de 1939. A partir de entonces, el Ejército mexicano se mantuvo fiel al Estado Revolucionario.

EN BUSCA DEL FRENTE POPULAR MEXICANO:
EL PARTIDO DE LA REVOLUCIÓN MEXICANA

La expropiación petrolera coincidió con un acontecimiento político extraordinario: la transformación del partido en el poder, el PNR, en el PRM. Bajo el hechizo de la Guerra Civil española y el gobierno de Blum en Francia, el entusiasmo por la nueva estrategia del Frente Popular se apoderó de los dirigentes del movimiento obrero mexicano.[31] En su congreso inaugural en febrero de 1936, la CTM se comprometió a luchar para establecer un Frente Popular Mexicano en estrecha colaboración con el Partido Comunista.[32] De manera similar, los asesores cercanos a Cárdenas, impresionados por el ejemplo de Francia, promovieron una coalición amplia de las organizaciones de masas nacionales en un Frente Popular Mexicano. Lombardo Toledano propuso entonces una alianza, como la del Frente Popular, entre la CTM, la confederación de campesinos patrocinada por el gobierno (CNC), el Partido Comunista y el PNR para oponerse a la ofensiva de la extrema derecha. Cárdenas parecía estar de acuerdo con el plan. Sin embargo, éste se vino abajo porque la burocracia del PNR se opuso terminantemente a que se incluyera a los comunistas.

Tras muchos intentos fallidos de llegar a un acuerdo, Cárdenas optó por ampliar el partido oficial en lugar de aliarse con las organizaciones existentes. En marzo de 1938, el PNR se transformó en el Partido de la Revolución Mexicana (PRM). Cuatro sectores autónomos –el obrero, el campesino, el popular y el militar– se fusionaron en una sola organización política. Era, como acertadamente lo explica Arnaldo Córdova, una defensa de la Revolución mexicana que seguía la estrategia del Frente Popular. Córdova advierte que el programa de estos frentes populares también coincidía con el régimen revolucionario en la necesidad de desarrollar al país económicamente y salvaguardarlo de las amenazas externas antes de llegar a ser una sociedad igualitaria.[33]

En el ambiente de agitación nacional del período cardenista, la guerra española había alentado a los grupos mexicanos de derecha, que consideraban que el punto de vista de los falangistas era una solución apropiada para México.[34] Las esperanzas de los conservadores mexicanos aumentaron con cada victoria de Franco en España. El surgimiento del sinarquismo en esas circunstancias no fue, por lo tanto, una coincidencia.

Además, las compañías petroleras y los intereses multinacionales que aspiraban a detener las reformas de Cárdenas comenzaron a patrocinar a todos los grupos que se oponían al gobierno mexicano, aumentando el temor de que los sucesos de España se repitieran en México. De hecho, a pesar de la reorganización militar que Cárdenas promovió, las compañías petroleras lograron que un general de alto rango, Saturnino Cedillo, se sublevara en su contra.

Según lo expresado por Lozoya, los conservadores mexicanos habían visto en la insurrección franquista una "solución alcanzable y aplicable para México". Ante esta amenaza, el gobierno de Cárdenas se enfrentó a la necesidad urgente de reorganizar las fuerzas políticas nacionales, ampliando el frente popular que el partido oficial promovía. La supervivencia del régimen y de los logros de los gobiernos posrrevolucionarios estaba en juego.[35] Precisamente en este sentido se debe entender la transformación del PNR en el PRM durante el verano de 1938. La Asamblea Constitutiva del partido declaró en su convocatoria la incorporación al partido de las clases sociales que se habían "beneficiado de las reformas del régimen". Para lograr este fin, el partido se estructuraría de inmediato en cuatro sectores: el obrero, el campesino, el popular (los burócratas y la clase media) y el militar.[36]

El 18 de diciembre de 1937, Cárdenas anunció la transformación histórica. La innovación más importante consistía en la incorporación de los militares (y de las clases medias) al partido. Esta unión era muy importante y el gobierno no podía dejar a los militares a un lado. Sin embargo, las implicaciones ideológicas de afiliar a los militares en un partido político crearon múltiples controversias. Muchos consideraron que era arriesgado, pues podría evocar un paralelismo con el Partido Fascista en Italia.[37]

Sin embargo, la reorganización del PRM significaba en última instancia una reducción de la influencia política de los generales y el correspondiente aumento de la influencia del sector agrario y de la organización de sindicatos dentro del régimen. Desde que Calles lo fundó en 1929, el partido oficial había sido una amalgama de mecanismos políticos locales, dominados principalmente por los militares. Con la transformación, la representación ocupacional remplazó a la representación geográfica (es decir, al caudillismo regional). La CTM era con mucho la fuerza predominante. Los demás sectores ahora tenían más votos que el Ejército.* Además, Cárdenas y su secretario de Defensa, Ávila Camacho, alentaron a los oficiales jóvenes a que se unieran al sector obrero, campesino y popular. Así, cualquier general ambicioso que quisiera rebelarse contra la agenda radical del régimen tendría que enfrentarse a la posibilidad de luchar en contra de sus propios subordinados y de sus propias tropas.[38]

El hecho de que Cárdenas tuviera a España presente cuando decidió transformar al partido dirigente en una organización global al estilo del Frente Popular puede inferirse de sus propias palabras en una junta privada con el subsecretario republicano de Estado, Juan Simeón-Vidarte:

> He analizado a fondo y con afecto el proceso republicano en España y considero que entre sus múltiples y excelentes éxitos han cometido dos errores, por lo menos desde mi punto de vista: primero, el no haber creado un ejército verdaderamente republicano, retirando a los elementos poco confiables de los puestos de mando. En México lo hicimos y hoy en día el Ejército mexicano es el baluarte más fiel a la Revolución y a sus conquistas. El advenimiento pacífico y no sangriento de la República les pareció a ustedes, y al mundo, un acontecimiento histórico singular y grandioso. Nosotros, por nuestra parte, lo aclamamos sin titubeos. No obstante, fue este hecho lo que los volvió demasiado confiados. El otro fue el no haber llevado a cabo una reforma agraria integral desde las etapas iniciales de la República. Esto le habría proporcionado a las clases campesinas un derecho adquirido que los habría ayudado a oponerse a la agresión de las clases acaudaladas. Estuvieron unos cuantos años en el poder, mientras que nosotros hemos permanecido en este proceso revolucionario durante casi treinta años.[39]

Cárdenas, en efecto, se encargó cuidadosamente de doblegar a los militares integrándolos en el partido revolucionario y relevándolos del mando

---

* En el momento en que se fundó, el PRM aseguró tener casi 4.000.000 de miembros, que bajo la nueva disposición de sectores se dividían en: sector laboral, 1.250.000; sector campesino, 2.500.000; sector popular, 55.000 y sector militar, 50.000.

de zonas estratégicas militares. Además, el haber armado a los campesinos para que pudieran "defender las conquistas de la reforma agraria" significó que una sublevación conservadora respaldada por generales rebeldes ahora se podía resistir, si no sofocar. Las milicias agrarias se convirtieron, de hecho, en un contrapeso presidencial del Ejército.

LA FALANGE EN MÉXICO

La rebelión de Cedillo, en mayo de 1938, reanudó las especulaciones acerca de las actividades de la Falange en México, en particular las del apoyo franquista a la insurrección. Estos rumores también afectaron, de manera absurda, a la embajada de España en México, ya que, a principios de 1938, *Excélsior* publicó un artículo que intentaba implicar a Gordón en la venta de armas y de aviones al general de San Luis Potosí.[40]

En realidad, quien estaba envuelto en el asunto Cedillo era Cloyd Clevenger, el antiguo piloto del embajador, a quien acusaron de la compra clandestina de aviones militares y municiones.[41] El piloto estadounidense vendió y entregó dos aviones Howard DGA-8 al general rebelde. Como resultado de esta transacción, Clevenger recibió una comisión de 700 dólares de la Howard Aircraft Company y él mismo voló uno de los aviones de Chicago a San Luis Potosí. Amparándose en las Leyes de Neutralidad, los tribunales de los Estados Unidos inculparon a Clevenger y a Cedillo de haber realizado una exportación ilegal. Clevenger se entregó, le suspendieron la sentencia y lo multaron.[42] En ese momento, Nicolás Rodríguez dejó su reclusión en Misión (Texas), acompañado por el coronel Von Merck, y se dijo que ambos habían tratado de comprar armas y aviones en el sur de los Estados Unidos para Cedillo.[43]

Justo después del decreto de expropiación petrolera y de la rebelión cedillista, se inició una ofensiva antifascista dirigida por el Estado. Se efectuó de distintas maneras, ya que el gobierno tomó serias medidas para cerrar filas en contra de la creciente amenaza.

Varios episodios corroboran que las sospechas no eran infundadas. Durante el verano de 1938, dos representantes del régimen de Franco, Juan José Ruano y el dignatario jesuita Julio Vértiz, llegaron a Veracruz con la misión de "preparar el terreno" para que, en un futuro, el gobierno de México reconociera al régimen franquista. En cuanto llegó a Ciudad de México, Vértiz estableció la Escuadra Tradicionalista, otra organización más de agitación y propaganda para promover la causa nacional en México y fomentar una toma del poder similar. Coincidiendo con la llegada de los representantes franquistas, aparecieron varios editoriales en la prensa mexicana que exigían el reconocimiento diplomático de España. Fue entonces cuando el famoso paisajista, el doctor Atl, envió una carta abierta al presidente, publicada por *Excélsior* el 6 de febrero de 1939, en la que insistía: "Ha llegado el momento de que México reconozca al vencedor del comunismo en España".

Como era de esperarse, la derecha mexicana acogió con evidente satisfacción la derrota de la República el 1 de abril de 1939. Muchos consideraron que era la primera derrota importante del comunismo y que, por lo tanto, daría inicio a una nueva era en la que la cristiandad dominaría la tierra. La prensa conservadora dio rienda suelta a proclamaciones presuntuosas. Así, por ejemplo, el director de *El Universal,* en su edición del 2 de abril de 1939, no vaciló en declarar: "Afírmase ahora, y por cierto con razón, que en Madrid encontró su tumba el comunismo".

Envalentonados y orgullosos por la victoria aplastante de Franco, los partidarios de la causa nacional de la comunidad española en México comenzaron a actuar de manera más abierta, organizando una serie de actos públicos a pesar de las advertencias de la Secretaría de Gobernación. Los acontecimientos llegaron a su clímax cuando, el 1 de abril, un grupo de rufianes lanzó piedras al automóvil del embajador, hiriendo a su chófer y a su asistente personal.[44]

Al día siguiente se convocó a una reunión tumultuosa en el Casino Español para celebrar la victoria de Franco y permitir que los falangistas notificaran a la comunidad española sobre las futuras normas. El pretexto era una comida llamada "Plato único", que los falangistas organizaban semanalmente para recaudar fondos. Cada domingo, la comunidad española se reunía a comer un solo platillo como símbolo de la "austeridad de la época".

En esta ocasión asistieron 3.000 personas, que abarrotaron los pasillos del casino. Presidieron la ceremonia Augusto Ibáñez Serrano, emisario del nuevo Estado español; Alejandro Villanueva Plata, inspector visitante de la Falange, y Genaro Riestra, director regional de la Falange en México. Todos los directores de las organizaciones españolas de México, como el Orfeo Catalá, el Centro Asturiano, el Círculo Vasco Español y la

Casa de Galicia, estuvieron presentes. En la mesa de honor estaban los embajadores del Eje: el conde Alberto Marchetti di Muraglio, de Italia, y Rüdt von Collenberg, de Alemania, así como los representantes de Japón y de Portugal. Ibáñez, dio a entender con aspereza que, a partir de ese momento, los residentes españoles en México deberían actuar conforme a las doctrinas adoptadas por el caudillo:

> La España de hoy no tiene el interés de reconquistar con las armas las 20 naciones en las que en otra época extendió su dominio, pero sí quiere recuperar el imperio espiritual sobre ellas con amor, cariño, buenas razones, educación e inteligencia.[45]

Luego le llegó el turno de hablar a Villanueva, quien advirtió prudentemente a los españoles de México que no se entrometieran en los asuntos mexicanos. Además, para cumplir con la nueva realidad española, todos los centros debían disolverse e incorporarse en uno solo. Como en España sólo existía un partido, el Movimiento Nacional, en México sólo debía existir un centro español bajo el control firme del gobierno español. A pesar de las precauciones que tomó Villanueva, varios falangistas desobedecieron las órdenes de su jefe y salieron de allí medio borrachos a aclamar a Franco y a gritar "¡Muera Lombardo!" frente al edificio de la CTM. Estos actos no sólo encolerizaron a la izquierda mexicana sino también al gobierno de México, que respondió con firmeza. El 3 de abril de 1939, la Secretaría de Gobernación publicó un boletín que declaraba que, por acuerdo del presidente de la República Mexicana, las autoridades no le otorgarían personalidad jurídica a la Falange. La redacción de la interdicción revela la sinceridad de la postura del gobierno mexicano durante el conflicto español y el grado de temor de Cárdenas respecto de las posibles consecuencias para México de una victoria franquista en la guerra española:

> La Falange pretende lograr la plenitud imperial de España, mediante su expansión en Hispanoamérica, tendiendo a la unificación de cultura, de intereses económicos y de poder, con el carácter de "eje espiritual" del mundo hispano, como título de preeminencia en las empresas universales. Por lo anterior, estima el gobierno de México, que, sin desconocer la obra social de la

vieja España en el Nuevo Mundo ni el necesario intercambio de valores espirituales y mercantiles entre los países, es esencial a su soberanía y a su régimen democrático: formar sus generaciones, organizar su economía y constituirse políticamente, libre para siempre de toda intromisión extranjera y de cualquier intento de penetración imperialista.

El documento también advertía o amenazaba con que:

Como los miembros de la Falange han actuado en combinación con individuos y grupos que se oponen notoriamente a nuestra reforma social, y como constituyen una fraternidad que ha comprometido su lealtad a sus jefes, la secretaría reafirma que la hospitalidad mexicana está condicionada al respeto de nuestras instituciones republicanas.[46]

De esta manera, la declaración exigía a los extranjeros que se abstuvieran de participar en actividades subversivas, ya fuera en forma individual o colectiva. A continuación, el gobierno mexicano anunció que había detenido a Villanueva Plata, a Riestra y a Velorio y los había llevado a Veracruz para deportarlos. Ese mismo día los obligaron a abordar un barco que los condujo a los Estados Unidos. Aparentemente, esto puso fin a las actividades falangistas, aunque posteriormente el movimiento resurgió con métodos más clandestinos, como se verá.

LA DERECHA MEXICANA Y LA CRUZADA DE FRANCO

A juicio de las clases media y alta mexicanas, el "Terror" que los extremistas españoles habían desatado era una corroboración del posible destino al que se enfrentarían si el PNR llevaba a cabo su proyecto antirreligioso y radical. En México, la atracción por el movimiento de Franco se dejó sentir de inmediato entre los círculos de derecha. Para los conservadores mexicanos, el golpe franquista había llegado demasiado tarde para revertir las transformaciones sociales encabezadas por el gobierno de Cárdenas. Con todo, la participación alemana e italiana en el conflicto español indujo a muchos hispanistas mexicanos a creer que su lucha podía formar parte de un esfuerzo mayor para "frenar la oleada roja".

La derecha radical mexicana se apartó del conflicto religioso que se extendió por todo México durante la década de 1920. La entrada en vigor de la ley de secularización de la Constitución hizo que la Iglesia católica movilizara a sus feligreses en contra del "gobierno hereje". En la clase media se multiplicaron las sociedades secretas y los grupos de presión como la Asociación Cristiana de la Juventud Mexicana (ACJM) y la Liga Nacional Defensora de la Libertad Religiosa (LNDR). A nivel popular, el movimiento campesino milenarista, conocido como "La Cristiada" provocó una guerra civil feroz que se libró en las zonas rurales del centro del país entre 1926 y 1929. Sin embargo, estos grupos carecían de la cohesión necesaria para convertirse en una seria amenaza para los gobiernos revolucionarios. Sólo durante los últimos años del cardenismo, que coincidieron con la Guerra Civil española, cristalizaron en movimientos de peso, como el sinarquismo.

Una organización que se volvió particularmente activa durante esa época fue la Unión Nacional de Veteranos de la Revolución (UNVR), un grupo rabiosamente nacionalista de veteranos descontentos que, en 1937, comenzó a desempeñar un papel clave en la agitación política. Las declaraciones públicas de la UNVR causaron una gran inquietud en el gobierno por su impacto en el Ejército mexicano. Sólo tres meses después de que estallara la Guerra Civil, la UNVR se dirigió al subsecretario de Hacienda, Eduardo Villaseñor, y le pidió su apoyo para crear un movimiento fascista mexicano. El grupo, haciendo alusión a España, argumentó que sólo un movimiento fascista podía evitar que "los comunistas mexicanos y extranjeros hundan a México en una guerra civil". [47]

El amplio conservadurismo popular que se había manifestado en actos como el asesinato y la mutilación de maestros rurales se perfiló en el movimiento sinarquista, fundado para preservar la fe y la tradición hispánica. En su punto culminante, a principios de la década de 1940, el sinarquismo aseguró contar con más de medio millón de seguidores. Su espectacular crecimiento se debió en gran medida al impacto de la Guerra Civil española en la política nacional.

El sinarquismo surgió en mayo de 1937 en el estado de Guanajuato y sus creadores fueron Salvador Abascal, Manuel Zermeño y José Antonio

Urquiza. En el transcurso de un año asesinaron a Urquiza, que se convirtió en el mártir oficial del movimiento. Curiosamente, compartía nombre de pila con el mártir de la Falange: José Antonio. Se ha sugerido que el agente nazi Helmut Oskar Schreiter, un ingeniero químico que impartía una cátedra de idiomas en la Universidad de Guanajuato, desempeñó un papel crucial en la fundación del movimiento.[48] El sinarquismo también compartía varias características con el hispanismo conservador, como la defensa incondicional de la fe católica, de la familia y de la tradición, por lo que era de esperarse que mostrara un gran entusiasmo por la "cruzada" de Franco.

Los orígenes del movimiento siguen siendo oscuros. Al parecer surgió de La Base, una sociedad secreta católica cuya finalidad era penetrar todos los aspectos de la vida secular, muy al estilo del Opus Dei, ya que también estaba estructurada en células.[49] Los sinarquistas consideraban que México se había originado a partir de la conquista española y, por consiguiente, que la herencia cultural española era más importante que el pasado indígena. Por lo tanto, repudiaban el indigenismo propugnado por Cárdenas. Consideraban que el verdadero padre fundador de México era Hernán Cortés y no Miguel Hidalgo.

Los sinarquistas imitaban las formas fascistas de saludar y de vestirse al estilo militar. Sin embargo, Abascal estaba lejos de ser *der mexikanische Führer*, ya que en lugar de los nazis, admiraba y emulaba a la Falange por ser más semejante a sus antecedentes culturales que el remoto código teutónico de los seguidores de Hitler. En suma, la organización era una combinación de dirigentes de la clase media y de una base popular enorme de seguidores campesinos.

Al igual que los falangistas españoles, a quienes admiraban, los ideólogos sinarquistas adoptaron un modelo autoritario de organización social corporativa; a diferencia de los fascistas españoles, los milenaristas mexicanos eran profundamente católicos y añoraban una edad de oro en un pasado premoderno. En lo que se refiere a su relación con los cristeros, que muchos consideran como sus predecesores naturales, aún se debate si es que existió una continuidad entre ambos grupos o si coincidieron en el tiempo. Sería más preciso decir que los cristeros se parecían a los carlistas. Las dos organizaciones tenían sedes rurales y sustentaban un sentido fundamentalista de religiosidad y de tradición que era una especie de corporativismo medieval.[50] El sinarquismo pretendía ser la antítesis de la anarquía que, según sus fundadores, se extendía por todo el país. Ante todo, el movimiento sinarquista se dedicaba a promover los intereses de la Iglesia católica y a defender y recuperar los privilegios que había gozado antes de la secularización.

La victoria de los nacionales en España, en abril de 1939, fue decisiva en el crecimiento de los sinarquistas.[51] Es lógico que los agentes franquistas mostraran un gran interés por el movimiento y trataran de seducirlo en beneficio propio. Pero a pesar de su gran número de adeptos, el sinarquismo desapareció, ya que renunció a participar en cualquier tipo de actividad política y debido a que, más tarde, Ávila Camacho lo declaró ilegal.[52] Probablemente jamás se sabrá con precisión la magnitud de la influencia y de la manipulación del Eje sobre el sinarquismo para fomentar una subversión antes y después de la Segunda Guerra Mundial. Muchos de sus miembros se establecieron en colonias agrarias en Baja California que, durante la Segunda Guerra Mundial, se convirtió en un lugar estratégico. Esto alarmó al Departamento de Estado de los Estados Unidos. El gobierno mexicano también consideró que el movimiento constituía una "Quinta Columna" del Eje, y para reprimirlo promulgó una ley de espionaje en septiembre de 1941.[53]

El descontento con las políticas radicales de Cárdenas también fomentó el desarrollo del Partido Acción Nacional (PAN). El programa del PAN convocaba al establecimiento de un estado corporativista en México y apoyaba descaradamente la causa de la Hispanidad. Este nuevo partido tenía lazos tan fuertes con la Iglesia católica que los revolucionarios lo acusaron de ser un partido confesional. Se ha sugerido que recibía un subsidio de la Falange Exterior. En todo caso se sabe que Manuel Gómez Morín, su fundador, mantenía lazos estrechos con José María Pemán y Carlos Peroya, dos de los propagandistas principales de la Falange.[54] Gómez Morín expresó:

> En 1938 prevalecía en México una situación intolerable: la inminente amenaza de perder la libertad, por lo cual la creación del partido fue indispensable.[55]

Esta situación "intolerable" era la "propagación" del socialismo marxista que amenazaba con "apoderarse de México" como lo había hecho en

España antes de que Franco hubiera "restaurado por completo la ley y el orden".[56]

Aunque todos los grupos radicales de derecha eran profundamente ultranacionalistas, antimarxistas y antiliberales, la religión fue el factor que en última instancia los dividió. Otra variante de la derecha radical era la derecha secular. Después de la debacle del movimiento cristero, la Iglesia trató de reconciliarse con el Estado mexicano. Por eso la ACJM y la LNDR se disolvieron. Se llegó a un modus vivendi, primero bajo el mandato de Rodríguez y después bajo el de Cárdenas.

El uso generalizado de la terminología marxista durante el gobierno de Cárdenas hizo que muchos observadores, locales y extranjeros, creyeran que el gobierno estaba llevando a México al comunismo. Las clases medias urbanas se inclinaron cada vez más hacia la derecha durante el mandato de Cárdenas. Abrumados por el sindicalismo beligerante de la CTM y por la inflación desorbitada, constituyeron el núcleo de la derecha radical secular.

Una organización específicamente fascista, la Acción Revolucionaria Mexicanista (ARM), se fundó en 1934 como una institución paramilitar antisemita y anticomunista bajo las órdenes de un ex villista, el general Nicolás Rodríguez. Su apogeo coincidió con el estallido de la Guerra Civil española. Conocidos también como los Camisas Doradas –en contraste con los Camisas Rojas de Garrido Canabal–, surgieron como consecuencia de la creciente influencia comunista durante el mandato de Cárdenas. Sus primeras acciones incluyeron huelgas y ataques indiscriminados a la sede del Partido Comunista Mexicano. Los Camisas Doradas se inspiraron en el fascismo europeo y adoptaron muchas de sus características más sobresalientes, principalmente el antisemitismo perverso, el anticomunismo y la vestimenta e insignias paramilitares.[57]

La ARM representaba en su ideología a la reacción extremista de la clase media mexicana en contra del ascenso del proletariado urbano a mediados de los años treinta y a las esperanzas de la incipiente clase capitalista de obtener protección frente a la competencia extranjera. Evidentemente, el grupo era extremadamente nacionalista, antimarxista y antiparlamentario. Su lema era: "México para los mexicanos" y consideraba que la clase media era: "el componente principal de nuestra nacionalidad".[58]

El grupo representaba la respuesta extrema a lo que la clase media percibía como una confabulación para implantar el comunismo en

México. Sus continuas denuncias de una supuesta conspiración judeo comunista para subvertir la tradición y la nacionalidad mexicanas constituyen una característica más de sus inclinaciones fascistas.[59] En el contexto mexicano, evidentemente era una reacción en contra de las aspiraciones sociales que la Revolución mexicana había prometido.

Desde su punto de vista, el surgimiento de las demandas laborales, manifestadas a través del creciente número de huelgas que sacudieron el país, obedecía a que el gobierno mexicano había adoptado una ideología extranjera: el comunismo ruso. Por consiguiente, exigieron que Cárdenas limitara rigurosamente la cantidad de judíos en México, que los despojara de la ciudadanía, que les prohibiera participar en la política y que confiscara todas sus fábricas y negocios para entregárselos a los mexicanos. Al poco tiempo, los Camisas Doradas lograron obtener un creciente apoyo popular entre los tenderos resentidos y pequeños ejidatarios. Posteriormente, Rodríguez dirigió su atención hacia los grandes empresarios y estableció su sede en Monterrey, la ciudad industrial más importante de México. Allí conseguiría considerables fondos de la elite empresarial.

En un célebre episodio, los Camisas Doradas tuvieron un enfrentamiento con el sindicato comunista de taxistas el 20 de noviembre de 1935, en el Zócalo de Ciudad de México. El altercado se saldó con tres muertos y más de 50 heridos, entre ellos el mismo Rodríguez.[60] Como resultado de este choque, Cárdenas declaró ilegal a este grupo y Rodríguez tuvo que exiliarse en Estados Unidos, donde continuó participando en conspiraciones en contra del "bolchevismo mexicano".

Al igual que con Calles, el embajador estadounidense Daniels ayudó a Cárdenas a desterrar a Rodríguez a los Estados Unidos, apartándolo así de la política mexicana. Sin embargo, su salida no significó que desapareciera la organización. Durante todo el mandato de Cárdenas, los Camisas Doradas continuaron acosando a los judíos, a los comunistas y a los sindicalistas. Una organización ficticia, la Vanguardia Nacional Mexicana, sirvió de pantalla de la prohibida ARM, y varios miembros de los Camisas Doradas se infiltraron en la UNVR.

Durante las primeras etapas de la Guerra Civil española se formó un grupo en las universidades mexicanas, la Confederación de la Clase Media, una coalición de organizaciones encabezada por Gustavo Sáenz de Sicilia, que se dedicó a sembrar el pánico político. Hacía circular panfletos que atacaban a los sindicatos y advertía a los campesinos que el Estado tenía la intención de convertirse en el nuevo dueño de sus tierras. La CCM consiguió recaudar fondos de las organizaciones patronales. También logró aumentar su número de simpatizantes, a pesar del continuo hostigamiento del gobierno. Ya en 1936, la CCM declaró su adhesión a la causa franquista:

> México vive tiempos difíciles, similares a los que experimentó la madre patria en los momentos anteriores al movimiento de emancipación. Aquí como allá, el partido demagógico aspira a destruir todo lo valioso de nuestras tradiciones; aquí como allá luchan por establecer un régimen de barbarie. Es nuestro deseo, al dirigirnos a Su Excelencia, que el clamor del México consciente, que aclama con júbilo la victoria de la Hispanidad, se conozca en España. El movimiento de liberación de España es nuestro en la misma proporción en que la sangre española fluye por nuestras venas. Creemos en el triunfo de su causa, que es nuestra causa, y nos encargaremos, siempre y cuando la oportunidad se presente, de seguir su ejemplo, su valentía y su decisión en la reconquista de la inmortal madre patria.[61]

La CCM, vinculada con Rodríguez, el ignominioso dirigente de los Camisas Doradas, escribió a Francisco Franco felicitándolo por la ocupación de Bilbao.[62] Este apoyo fructificó después de la victoria de Franco, cuando los estudiantes conservadores de la Universidad Nacional lanzaron una cruzada a favor del Eje, oponiéndose a que México cooperara con los aliados y, para unir a México con la España de Franco, exigieron que el panamericanismo en la política exterior de México fuera remplazado por la hispanidad. La publicación oficial de la Falange Española de México citó al doctor Mario de la Cueva, el rector de la Universidad, que había apoyado ese programa:

> La Universidad Nacional de México, orgullosa de su pasado glorioso y consciente de la elevada misión que cumple como centro cultural de la nación, se identifica plenamente con la nación española y abre sus puertas a la Hispanidad. Todo lo que fomente los ideales de nuestra raza y la creencia en el destino de nuestra

nación encontrará toda la ayuda, comprensión y buena voluntad de las que somos capaces de brindar. Pero para todo lo que niegue o esté en contra de la Hispanidad, nuestras puertas estarán permanente e inexorablemente cerradas.[63]

La revista concluyó su entrevista con el rector diciendo que el doctor De la Cueva representaba a:

la juventud culta y sincera de México, que no está contaminada con el virus del judaísmo y con los intereses ilegítimos de los que están pagados por el imperialismo yanqui.[64]

Hasta la fecha, la Universidad Nacional de México, tal vez inadvertidamente, conserva como lema la consigna de "Por mi raza hablará el espíritu"; la mayoría de los estudiantes y profesores ignoran la verdadera naturaleza de este aforismo, generalmente atribuido a Vasconcelos, pero que sin duda está inspirado en la propaganda franquista.

En noviembre de 1938, un cura de la iglesia de Santo Domingo en Ciudad de México bendijo la bandera de la Falange fascista española que un grupo de reclutas para el ejército de Franco llevaría a España.[65] Las autoridades descubrieron que en la comunidad española había una extensa organización fascista pro Franco a la que se había afiliado una organización juvenil llamada Juventud Obrera Nacional Sindicalista. Al investigar estas actividades, la policía secreta descubrió su centro de operaciones en el número 120 de la calle General Prim, a pocas manzanas de la Secretaría de Gobernación. Sus cuentas bancarias mostraron que habían contribuido con dinero y armas a la causa franquista. Se aplicó el artículo 33 de la Constitución mexicana para deportarlos de México. Entre los deportados estaba Genaro Riestra Díaz, que posteriormente ocupó el cargo de gobernador militar de la provincia de Vizcaya.[66]

En contra de lo que siempre se ha pensado, la política extranjera de Cárdenas sólo recibió un apoyo limitado del pueblo mexicano. La mayoría de los mexicanos cultos la rechazaron.[67] Por otra parte, la simpatía del gobierno hacia los republicanos encolerizó no sólo a la clase media y a los círculos empresariales sino también a los campesinos, que eran católicos devotos. En febrero de 1937, por ejemplo, los cánticos de los fascistas rurales que proclamaban sin cesar "¡Viva Franco!" interrumpieron las celebraciones del aniversario de la Constitución en la región del Bajío.[68] Curiosamente, la jerarquía católica no participó en este tipo de ataques contra la República, en un intento de arreglar sus diferencias con el régimen revolucionario, a pesar de que en julio de 1937 recibió una carta de la jerarquía católica española en la que le pedía que condenara al gobierno republicano.

La oposición de derecha era contrarrevolucionaria, en el sentido de que tenía un programa de restauración. Su objetivo era regresar a una mítica edad de oro del autoritarismo y a una estructura jerárquica de clases. Para lograr esta aspiración, apeló a los sectores más retrógrados y tradicionales de la sociedad mexicana. La realidad es que millones de campesinos mexicanos detestaban a Cárdenas y a su proyecto en general.

El vasconcelismo marcó el inicio de un serio desafío electoral de la derecha en contra del régimen revolucionario, desafío que resurgió con cautela en 1934, con firmeza en 1940 y que actualmente continúa bajo la influencia del PAN. La campaña de Vasconcelos atrajo a muchos sectores de la derecha mexicana. Su fracaso fue el catalizador de la desilusión de la derecha en la contienda electoral. Como estaba dividida, la derecha mostró una relativa debilidad en las elecciones de 1934. Los conservadores aborrecían la perspectiva de que Cárdenas llegara a convertirse en presidente, dados sus antecedentes de reformas radicales y sus inclinaciones izquierdistas. Sus temores estuvieron en gran medida justificados.

Una vez en el poder, Cárdenas incorporó a los trabajadores y campesinos en el sistema político nacional, restauró la educación socialista, impulsó el reparto de tierras en la región lagunera y en Yucatán, y exaltó la tradición indígena en la imagen oficial del nacionalismo mexicano, ganándose el antagonismo irreconciliable de los hispanistas mexicanos.

La derecha mexicana adquirió aun mayor fuerza por el desacuerdo de los ex revolucionarios con la política oficial y que, enfurecidos por la deriva radical de Cárdenas, se unieron a sus filas. En ciertos casos, el gobierno logró desactivar su fuerza por medio de la cooptación de sus partidarios y, en otros, por medio de una abierta difamación.

En diciembre de 1938, el general Pérez Treviño publicó un manifiesto a "la ciudadanía mexicana" en el que afirmaba, de acuerdo con el diario

Excélsior del día ocho de ese mes, que el PRM utilizaba el modelo del Partido Comunista de la Unión Soviética y tenía la intención de derrocar la democracia. Posteriormente, convocó a la formación de un nuevo partido, el Partido Revolucionario Anti Comunista (PRAC) para evitar que México cayera en el "desastre del comunismo". El PRAC se esforzó por convertirse en una coalición de organizaciones de derecha e incorporó en sus filas a cuatro grupos más pequeños.

Los más importantes eran el Partido Social Demócrata Mexicano (PSDM) y la Vanguardia Nacional Mexicana (VNM). A mediados de 1937, el editor de *El Hombre Libre*, Diego Arenas Guzmán, había fundado el PSDM, que después de su muerte pasó a manos de Jorge Prieto Laurens. El programa del partido, publicado en *El Universal* el 24 de agosto, no dejaba la menor duda de la postura de ultraderecha de la organización. El documento comenzaba con un ataque incendiario contra el marxismo, aunque disfrazado bajo los principios del liberalismo clásico. La determinación de causar más temor entre la ya desalentada clase media es evidente en el texto, que atacaba el flagelo del marxismo leninismo:

> Es una doctrina que aspira a destruir a la burguesía, de la misma manera en que el proletariado desea exterminar al último hombre, mujer y niño de la miserable clase media. Además, el régimen comunista pretende destruir a la familia. El comunismo tiene que destruir los hogares, porque mientras los lazos familiares perduren no podrá apoderarse completamente de los corazones y de las mentes de los hombres.

Es necesario recordar que el general Manuel Pérez Treviño había sido el principal rival de Cárdenas en la candidatura presidencial del PNR. A pesar de que ejercía una considerable influencia en la estructura del partido, no logró obtener los votos necesarios en otras instancias de poder, particularmente en el Congreso, que se oponía firmemente a sus aspiraciones.

El 8 de marzo de 1939, *Excélsior* publicó un manifiesto del general Joaquín Amaro en contra de "las tendencias comunistas en el reparto comunal de tierras y la falsa política laboral basada en la demagogia". Al mismo tiempo, de acuerdo con la edición de *El Universal* de ese día, declaró:

debemos dirigir nuestra atención a nuestros propios asuntos y suspender una política internacional ostentosa. Respetemos a todas las naciones del mundo... mientras nos dedicamos modestamente a resolver nuestros verdaderos problemas internos. Así nos ganaremos el respeto de todas las naciones.

El 10 de marzo, *El Nacional,* órgano oficial del gobierno, rápidamente replicó recordándole al general Amaro el oscuro papel que había desempeñado en el asesinato político del general Francisco Serrano en Huitzilac, en 1929. A partir de ese momento, Amaro desapareció de la vida pública.

La victoria de Franco y de su proyecto fascista para España revivió los sueños de los hispanistas en México y fortaleció al movimiento social de masas organizado en contra del cardenismo y del Estado posrrevolucionario. Además, la España de Franco envió a agentes del servicio secreto y a provocadores para desestabilizar a México. Por medio de la Falange y con financiación alemana, intentaron exacerbar las tensiones sociales en México. Se afirmaba que, en 1940, el Servicio de Inteligencia Militar franquista (SIM) y la Falange tenían a 14.736 agentes en Latinoamérica[69] y que éstos habían logrado infiltrarse en el gobierno mexicano. Esto explicaría que hayan podido actuar sin trabas hasta que México intervino en la guerra. Allan Chase consideró que México tenía la concentración más poderosa de falangistas del hemisferio occidental. Chase estimó que la FET y las JONS tenían más de 50.000 miembros activos en México.[70]

Solamente el pacto entre Hitler y Stalin logró sofocar de manera efectiva lo que parecía ser un imparable ascenso de la derecha mexicana, brindando al gobierno de Cárdenas el respiro que urgentemente necesitaba. Sin el pacto, el proceso electoral habría estado influido por una coalición de derecha más fuerte, mejor organizada y apoyada desde el extranjero.

EL SUFRAGIO FEMENINO EN MÉXICO
Y LA GUERRA CIVIL ESPAÑOLA

La Guerra Civil española tuvo, tal vez, otra repercusión en la política interna mexicana que hasta ahora no se había considerado: la negación del voto a las mujeres. Existen pruebas de que Cárdenas, desde un principio, estuvo a favor del sufragio femenino. En el discurso de aceptación de su candidatura, en 1933, Cárdenas declaró que las mujeres eran: "seres eminentemente conscientes de los problemas humanos y suficientemente generosas como para desear el bienestar general". Sin embargo, más tarde matizó sus declaraciones al afirmar que ese derecho se otorgaría gradualmente durante un período no especificado.[71]

Las mujeres participaron activamente en su campaña y él cumplió algunas de sus promesas electorales al incluirlas en puestos políticos. Las mujeres mexicanas obtuvieron el derecho de voto dentro del PRM y el de postularse como candidatas para cargos públicos.[72] Cárdenas había apoyado un movimiento para concederles también el voto electoral, pero muchos dirigentes del ala izquierda se opusieron a esta reforma afirmando que las mujeres mexicanas eran conservadoras, incultas y supersticiosas.[73] Así, Palma Guillén fue nombrada embajadora de México en Colombia en 1934, convirtiéndose en la primera mujer latinoamericana en desempeñar un cargo diplomático. Por su parte, las incipientes organizaciones feministas presionaron para obtener el derecho a votar. A finales de agosto de 1936, la Unión de Mujeres Americanas envió una nota al Congreso mexicano exigiendo los derechos políticos que la Constitución les reconocía como ciudadanas. La Unión acertadamente declaró:

> La historia ha demostrado que los gobiernos verdaderamente revolucionarios han consagrado la igualdad en sus constituciones, mientras que sólo los reaccionarios y los conservadores se han opuesto a la igualdad de las mujeres frente a los hombres.[74]

A medida que las elecciones intermedias de 1937 se acercaban, la presión para que se extendiera el voto a las mujeres aumentó. Así, el Frente Único pro Derechos de la Mujer, a través de sus representantes Margarita Robles y Esther Chapa, anunció que se presentaría en las urnas: "ya que las mujeres tienden a ser por naturaleza más legalistas que los hombres".[75] La respuesta oficial fue incorporar al Frente en el sector popular del PRM. Tanto Robles como Chapa habían argumentado a favor de los derechos civiles y políticos de las mujeres desde 1930. Paradójicamente, la derecha secular fue la primera en fomentar la causa feminista. Desde 1929, el Partido Nacional Antirreeleccionista había debatido el asunto del sufragio femenino.[76] El papel que desempeñaban las mujeres en la derecha católica era tan importante que algunos funcionarios del gobierno consideraron que eran una especie de "quinta columna clerical" y el régimen claramente se mostraba nervioso ante el proyecto de otorgarles el sufragio a nivel nacional.[77]

La renuencia del régimen a conceder a las mujeres el derecho de sufragio tuvo, sin lugar a dudas, mucho que ver con el desenlace de los acontecimientos españoles. La derrota de la República española por los franquistas afectó profundamente el estado de ánimo de la elite revolucionaria, que se volvió extremadamente cautelosa. Durante la República se promulgó la ley que reconocía el derecho a votar a las españolas. Éstas lo ejercieron por primera vez en los comicios municipales y nacionales en 1933. Fue una innovación importante, ya que ni siquiera la Francia republicana la había promulgado. La medida produjo una evidente intranquilidad entre los diputados republicanos del centro y de la izquierda, que en su mayoría no habían votado a favor de otorgarles este derecho. De un total de 470 diputados, sólo 188 votaron a favor. Entre los que se opusieron estaba el socialista Prieto. Incluso algunas de las primeras diputadas en la historia de España secundaron la negativa de otorgar a las mujeres el derecho de voto.[78]

Y es que se atribuía a las mujeres españolas un talento más conservador en la medida en que eran parte importante de las filas de la derecha católica (las mujeres constituían el 44% de los miembros de la CEDA de Madrid y sólo el 5% del grupo de los radicales).[79] La Iglesia española, que luchaba encarnizadamente contra las reformas anticlericales de la odiada República, ejercía su influencia abiertamente en las mujeres votantes quienes, en algunos sitios, salían directamente desde las iglesias hacia los colegios electorales.[80]

Tras la caída de la República, la participación de las mujeres en las organizaciones patrocinadas por la Iglesia católica y su apoyo a la campaña del candidato conservador Juan Andreu Almazán convencieron aún más a las autoridades mexicanas de abandonar la iniciativa del voto a las mujeres. De hecho, las mujeres mexicanas votaron por primera vez para presidente en 1958, mucho después que en otras naciones de Latinoamérica. Cárdenas había enviado una enmienda constitucional al Congreso en 1938, pero los estados no la ratificaron. Tanto Cárdenas como la jerarquía del PRM sabían que la mayoría de las mujeres apoyaba a la oposición. Las mujeres eran indispensables para el proyecto de la derecha y blancos fáciles de su retórica de preservar el hogar y la familia. Sin duda, en 1940 habrían votado de manera muy mayoritaria por Almazán.[81]

LA PRENSA MEXICANA
Y LA INSURRECCIÓN DE FRANCO

El período presidencial de Cárdenas se caracterizó por una libertad de prensa que no había existido desde la época de Madero. El hecho de que la mayor parte de los periódicos claramente se alinearan en contra de su gobierno y de sus políticas confirma plenamente esta afirmación. Algunos de los asesores de Cárdenas le aconsejaron que la restringiera antes de que los "reaccionarios" socavaran al gobierno como lo habían hecho anteriormente con Madero, desatando un prolongado derramamiento de sangre. A pesar de estas propuestas, Cárdenas se negó a reprimir a la prensa, incluso a las publicaciones más ofensivas. En nombre de esta libertad, los diarios cometieron excesos deplorables. Como el embajador de la República española en México atestiguó:

> El régimen que preside sobre la prensa mexicana no tiene parangón en el mundo. No hay ningún código que regule a la prensa y, por ese motivo, se permite difamar y calumniar seriamente incluso al presidente de la República sin que exista ninguna rendición de cuentas.[82]

La Revolución marcó una nueva era periodística en México. En 1914, *El Imparcial*, el diario más destacado del porfiriato, dejó de existir, pero pronto aparecieron dos que intentaron ocupar su lugar: *Excélsior* y *El Universal*. El *Excélsior*, fundado en marzo de 1917 por Rafael Alducin, "nació como una imitación de la nueva prensa estadounidense, incluso su formato era muy similar al del *New York Times*".[83] Tanto éste como *El Universal* estaban muy lejos de ser los diarios polémicos de antaño. Sus líneas editoriales durante el gobierno de Lázaro Cárdenas (1934-1940) fueron de gran conservadurismo. Los editoriales y las columnas de opinión de ambos diarios no se atrevían a enfrentarse abiertamente al gobierno en los asuntos de la reforma agraria y la política laboral. Quizá lo que resulta más indicativo de las convicciones políticas de los dos diarios principales fue su postura con relación a los inmigrantes judíos que en ese entonces buscaban refugio en México. En el *Excélsior*, una gran cantidad de editoriales condenaron abiertamente la admisión de "indeseables" a México, mientras que en *El Universal*, un diario mucho más pequeño, aparecieron comentarios similares aunque en un tono menos estridente.

Lombardo Toledano acusó en repetidas ocasiones a los principales periódicos de defender los intereses fascistas en México. Con respecto a *Excélsior*, escribió:

> La guerra española ha servido a los periódicos mexicanos, particularmente a *Excélsior* y a su edición vespertina, *Últimas Noticias*, para defender el fascismo, no allá, sino acá, con el fin de incitar a los fascistas locales a que perseveren en su actitud desafiante y consigan aquí lo que han logrado en otros sitios.[84]

Un análisis detallado de la prensa mexicana de esa época muestra que todos los diarios, incluyendo a los ya mencionados así como a *La Prensa* y *Novedades* de Ciudad de México y *El Dictamen* de Veracruz, eran abiertamente antirrepublicanos y pro franquistas. De todos los diarios de la nación, sólo *El Nacional*, que pertenecía al gobierno, y *El Popular*, de la CTM, eran claramente pro republicanos. Lo que es más, *El Nacional* incluyó en sus páginas contribuciones de notables republicanos y hasta lanzó un suplemento especial dedicado enteramente a España.

Sin embargo, la circulación de la prensa conservadora era mucho mayor que la de esos diarios. Así, mientras que *Excélsior* y *El Universal* tenían una tirada diaria de 80.000 ejemplares, *El Nacional* y *El Popular* difícilmente alcanzaban los 40.000. Lo mismo ocurría con las publicaciones de la comunidad española. Mientras que las más conservadoras, *Vida Española* y *El Diario Español*, tenían respectivamente una circulación de 20.000 ejemplares por semana, el órgano oficial de la embajada española, *La Gaceta Española*, a duras penas lograba publicar 6.000 ejemplares a la semana.[85]

Varios semanarios de ultraderecha, como el *Omega*, *El Hombre Libre*, *Semana* y *Hoy*, eran más descarados en sus ataques a la República. No sólo eran partidarios incondicionales de Franco, sino que también eran vehementemente pro Eje. De hecho, el gobierno de los Estados Unidos acusó a estos periódicos de estar patrocinados por la Alemania nazi, a través de Goebbels, su ministro de Propaganda.[86]

Es interesante observar que mientras que *El Nacional* usaba los servicios de la Associated Press y de Havas Antas, *Excélsior* reproducía los envíos del Transocean, la agencia oficial de noticias de los nazis. La mayoría de las noticias que se publicaban en los diarios mexicanos dejaban entrever la manipulación propagandística.[87]

La polarización del debate generada por dichas informaciones contribuyó a crear un ambiente de exceso y sugestión en el que la influencia del fascismo y del comunismo en los grupos poderosos se exageró. Una lectura superficial de la prensa mexicana de esa época podría sugerir que el Eje o la Unión Soviética estaban a punto de invadir a México. De este modo, el ambiente similar al de España hizo que varias figuras destacadas recurrieran con demasiada facilidad a los epítetos de fascista o de comunista para desacreditar a sus adversarios. Esto hace difícil determinar el verdadero grado de penetración que la Unión Soviética o la Alemania nazi tuvieron en esa época. Incluso Daniel Cosío Villegas, embajador de México en Lisboa, un personaje a quien no se le puede acusar de parcialidad hacia Franco, criticó esa polarización por ingenua. En una carta dirigida a Francisco Múgica, Cosío Villegas escribió:

> Es vergonzoso observar cómo una nación pequeña y no muy inteligente se deja engañar por una agencia de prensa. Así, según *El Nacional*, Madrid está ganando mientras que Burgos está perdiendo. La realidad es lo contrario: los militares están ganando y no pasará mucho tiempo antes de que su victoria sea completa. La única verdad es que México es, y ha sido, el único país abiertamente amigo de España.[88]

Excélsior, el portavoz de los conservadores y de la descontenta clase media, defensor del capitalismo, de la propiedad privada, de la familia y de la tradición, apoyó abierta e incondicionalmente a los rebeldes. A medida que los fascistas le ganaban más territorio a la República, el clamor de los diarios mexicanos aumentó, exigiéndole al gobierno de Cárdenas que reconociera a Franco. Las controversias se centraron sobre los precedentes diplomáticos en México y sobre si la norma establecida había sido la de reconocer a los gobiernos de facto o de iure. Por lo tanto, cada vez más, la derecha mexicana consideró el destino de Cárdenas inevitablemente ligado al de la República. Un encabezado de *El Hombre Libre* llegó al extremo de proclamar: "Cárdenas derrotado en Teruel".[89]

LA IGLESIA CATÓLICA MEXICANA Y LA CRUZADA ESPAÑOLA

México, un país profundamente católico, también ha tenido una importante tradición anticlerical, que culminó en la Constitución de Querétaro, promulgada en febrero de 1917. El laicismo se volvió obligatorio en las escuelas primarias y se prohibió que los clérigos dirigieran escuelas (artículo 3); el Estado declaró no oficiales los seminarios (artículo 130); se prohibió llevar a cabo cualquier acto religioso fuera de las iglesias (artículo 24); se prohibió a la Iglesia y a todas las organizaciones religiosas tener propiedades (artículo 27); todos los edificios que albergaban a instituciones dependientes de la Iglesia se declararon propiedad del Estado (artículos 27 y 130); los curas perdieron todos sus derechos políticos (artículos 55, 82 y 130), incluso el ejercicio de la ciudadanía (artículos 17, 59 y 130); los estados federales obtuvieron el derecho de limitar el número de curas (artículo 130) y se suprimieron la prensa católica y los partidos confesionales (artículos 9 y 130).

Siguió una abierta persecución. La mayor parte de los obispos se vieron obligados a abandonar el país; muchos curas se escondieron o se exiliaron, y se cerraron cientos de escuelas católicas. De hecho, desde el comienzo de la Revolución, hubo una continua resistencia de la Iglesia a todo aquello que representara modernidad. La jerarquía jamás se había reconciliado con el secularismo y el anticlericalismo revolucionarios. En las zonas rurales, el conflicto se volvió incontrolable debido a la actuación de guerrillas conocida como la rebelión cristera (1926-1929).[90]

Durante los disturbios, un fanático católico, José de León Toral, asesinó al presidente electo Álvaro Obregón en 1928. A pesar de que la Iglesia y el Estado acordaron una tregua en 1929, el odio recíproco y el fanatismo siguieron engendrando violencia. El sistema educativo "socialista" implantado por el gobierno de Cárdenas tuvo un hondo impacto en la derecha religiosa radical mexicana, que creció considerablemente durante el mandato de aquél, superando incluso a la rebelión cristera de la década anterior. Multitud de católicos tomaron las calles en manifestaciones que ocasionaron disturbios por asuntos como la educación socialista, los límites en el número de clérigos y el cierre de las iglesias.

Mientras que Hugh Thomas sugiere que el Vaticano no tomó partido en el conflicto español, nuevos datos demuestran que, desde 1931, el papa Pío XI y su secretario de Estado, Eugenio Paccelli, atacaron con vehemencia lo que denominaron el "Triángulo Rojo", refiriéndose a España, México y la Unión Soviética.[91] Pío XI se sintió lo suficientemente inspirado como para declarar públicamente que no sólo estaba en contra del Frente Popular de España, sino también del bolchevismo que según él apoyaba al Frente. Afirmó incluso que el bolchevismo había dado muestras claras de su voluntad de subvertir a todas las estructuras desde Rusia hasta México.[92] En abril de 1938, el papa le dio su bendición a Franco como el "nuevo héroe de la fortaleza cristiana".[93] El Vaticano reconoció de facto al gobierno de Franco desde el 28 de agosto de 1937 y le otorgó su reconocimiento de jure el 3 de mayo de 1938. Dos semanas después del fin de la Guerra Civil, el recientemente ungido Pío XII declaró sin ambages en una transmisión radiofónica:

> La paz y la victoria en España se deben a la voluntad de Dios... lo cual constituye la prueba más fehaciente, para los proselitistas del ateísmo materialista de nuestra época, de que por encima de todo está el valor eterno de la religión y del espíritu.[94]

En México, como en el resto del mundo, la Iglesia católica apoyó a Franco. Sin embargo, la jerarquía mexicana, temerosa de que se desencadenara una nueva ola de anticlericalismo gubernamental, se abstuvo de seguir la iniciativa del papa de apoyar la rebelión armada para evitar la "destrucción de la civilización" y adoptó una actitud discreta frente al conflicto. Por consiguiente, en 1937, los obispos mexicanos se limitaron a enviar un mensaje moderado de apoyo y de simpatía al clero español.[95] Sin embargo, a principios de 1939, las victorias de Franco alentaron incluso a aquellos clérigos que inicialmente habían evitado una confrontación abierta. Fue tan notoria la reacción que unos meses antes de la derrota de la República, el columnista de *Excélsior* Eduardo Correa le dijo a la corresponsal del *Christian Science Monitor*, Betty Kirk: "Cuando gane Franco habrá un gran renacimiento de la actividad católica en México".[96] No es casual que España y México monopolizaran, con 233 y 200 "mártires" respectivamente, el mayor número de santificados durante la beatificación colectiva más grande de la historia celebrada por el Vaticano el 9 de marzo de 2001.[97]

El rechazo de las soluciones seculares a los problemas sociales y económicos más urgentes había sido manifiesto en la encíclica papal *Quadragesimo Anno* de 1931, que equiparaba así en forma negativa a México con España. En 1936, la expulsión de Calles implicó que la derecha religiosa podría contar con un nuevo aliado en su lucha contra el régimen revolucionario: la elite empresarial, que estaba profundamente disgustada con las políticas obreras radicales de Cárdenas.

LA ELITE ECONÓMICA

El ascenso al poder de Cárdenas generó oposición en el sector empresarial. Los disturbios laborales y la tensión política aumentaron durante las primeras etapas de su mandato, y enemistaron a los jerarcas de la industria y las finanzas con su gobierno. El sector empresarial no estaba lo suficientemente organizado como para ejercer presión. Las cámaras de comercio surgieron durante la década de 1920, pero tan sólo localmente. La Confederación Patronal de México, COPARMEX, concebida para negociar con el gobierno y hacer frente a los sindicatos más radicales, no se fundó hasta 1930.

Los sindicatos, que se habían debilitado durante los últimos años del maximato, estaban ahora dispuestos a recurrir a las huelgas, recientemente legalizadas. Cárdenas movilizó a los obreros para crear una base de poder en su lucha contra Calles por la hegemonía. El sector empresarial trató al principio de contemporizar con el gobierno, pero luego se opuso activamente a Cárdenas.

El poderoso Grupo Monterrey, dirigido por la familia Garza Sada, desaprobaba la política laboral del presidente y convirtió al "Detroit mexicano" en un semillero de conspiradores en contra del régimen revolucionario. La asociación de empresarios, que incluía a hombres como Luis Garza (de la siderúrgica), Roberto Garza Sada (director de

Vidriera Mexicana), Luis Sada (director ejecutivo de la Cervecería Cuauhtémoc), Joel Rocha (presidente de los grandes almacenes Salinas y Rocha), Manuel Barragán (primero presidente de la fábrica de refrescos Topo Chico, luego de Coca-Cola y, después de 1928, editor de *Excélsior*), Pablo Salas y López (de Cementos Hidalgo) y Emilio Azcárraga (ejecutivo de la distribuidora en Monterrey de la Ford Motor Company, quien posteriormente se convertiría en el magnate de los medios de comunicación en México), adoptó la postura más extremista de la derecha en el sector privado mexicano.[98]

Tras la caída del porfiriato y del general Bernardo Reyes, gobernador del estado de Nuevo León y benefactor de los empresarios de Monterrey, el Grupo de Monterrey pasó un largo período en la oposición e incluso en el exilio. Después de 1924, se volvió aún más extremista en su oposición, sin duda debido a las políticas radicales de Calles. La promulgación en 1931 de un código laboral que ponía en vigor el artículo 123 de la Constitución de 1917, provocó una respuesta iracunda del Grupo de Monterrey, que la expresó públicamente a través de su nuevo portavoz, el *Excélsior*.[99]

Como habían desarrollado la industria en su región sin ayuda del Estado, los cerveceros y aceereros pudieron gozar de una mayor autonomía respecto del gobierno que sus colegas del centro. Su compromiso decidido con los valores prerrevolucionarios y su fuerza económica los convertía en un bastión indestructible, incluso para el régimen revolucionario, que se resignó a padecer su hegemonía en el feudo norteño. El Grupo de Monterrey también fue excepcional en su defensa de una interpretación extremista, casi fundamentalista del catolicismo. El anticlericalismo de la Constitución de 1917 abanderado por el partido oficial horrorizó a sus integrantes. Según las normas del grupo, hasta los políticos moderados del PNR eran considerados demasiado radicales. Su propaganda en los periódicos y en la radio exaltaba los valores tradicionales de la familia, la religión y la madre patria.

Entre 1935 y 1936 hubo un conflicto trascendental entre el Grupo de Monterrey y el gobierno de Cárdenas. Lombardo Toledano apoyó un intento de remplazar al sindicato paternalista, que el Grupo había fundado para controlar a los obreros de sus fábricas, por un sindicato partidario del gobierno.[100] Las organizaciones empresariales locales financiaron a los Camisas Doradas para contrarrestar a la CTM. Entre noviembre de

1935 y julio de 1936 hubo enfrentamientos callejeros entre sindicalistas de la CTM y pistoleros patrocinados por el Grupo de Monterrey, huelgas, paros forzosos y declaraciones acaloradas. La fuerza del Grupo era tal que organizó un mitin en contra de las huelgas en el que movilizó a 60.000 personas. Los banqueros de Monterrey amenazaron con suspender todos los préstamos hasta que cesara la amenaza de huelgas.[101]

Cuando el presidente visitó esa ciudad norteña en febrero de 1936, los empresarios cerraron sus fábricas en señal de protesta. El 16 de marzo, el gobierno se retractó y abandonó su intento de que la CTM interviniera en los sindicatos de Monterrey. Poco después, Monterrey se convirtió en el foco central de la actividad anticardenista.

Los empresarios trataron de volver a la opinión pública en contra del presidente a través de propaganda derechista en los periódicos y en la radio. La COPARMEX también participó activamente en el adoctrinamiento antigubernamental a nivel popular, distribuyendo panfletos en las fábricas con títulos como "Bolchevismo: el Enemigo Público Número Uno del Mundo", "Atrocidades Comunistas en España" y el "Manual Básico Anticomunista". Este último insinuaba que agentes de Moscú dominaban al gobierno mexicano y que el comunismo respaldaba tanto los esfuerzos de la CTM de sindicalizar a los trabajadores como las reformas sociales del gobierno. Cuando estas tentativas aparentemente habían fracasado, el sector empresarial recurrió a las intimidaciones callejeras, para lo cual solicitó la participación de los Camisas Doradas. Según el procurador de Justicia, los fascistas mexicanos eran responsables de varios ataques contra los activistas de la CTM en Monterrey, con un aparente apoyo económico de los dirigentes industriales.[102] Su oficina logró comprobar que la COPARMEX había entregado 24.700 pesos a organizaciones de la derecha, desde los Camisas Doradas hasta el movimiento de Cedillo, entre diciembre de 1936 y julio de 1937.[103]

Según Fernández Boyoli, en 1937 la agitación patrocinada por la COPARMEX estaba en pleno apogeo con miras a fomentar una insurrección armada para derrocar al gobierno de Cárdenas, y llegó a su punto culminante en 1938 con la rebelión de Cedillo. El grupo proporcionó secretamente al general "fondos considerables", que también incluían donaciones de las compañías petroleras, a través de Nicolás Rodríguez.[104]

Después de la derrota aplastante de Cedillo, los grupos de la derecha, encabezados por la comunidad empresarial de Monterrey cifraron sus esperanzas para el próximo proceso electoral en el nuevo defensor de sus intereses, el general Almazán. El apoyo financiero de los empresarios mexicanos dio un nuevo ímpetu a las diversas organizaciones derechistas, que convergieron alrededor de su candidatura. Bajo el efecto combinado de la agenda radical de Cárdenas y el conjuro de la victoria franquista, estos grupos se unieron como nunca antes, en su ideología y en su organización, constituyéndose en un desafío abierto a la viabilidad del régimen.

VII
EL TRIUNFO DE LA REACCIÓN
LA DERROTA DE LA REPÚBLICA Y SUS EFECTOS
SOBRE LA REVOLUCIÓN MEXICANA

DERROTA Y ÉXODO

*E*n septiembre de 1937, el primer ministro Negrín llamó al viceministro de Estado, Juan Simeón-Vidarte, a Ginebra para asignarle una misión delicada ante Cárdenas. Con el pretexto de liquidar la transacción de los barcos que México había comprado en 1935, debía sondear la opinión del presidente acerca de la posibilidad de aceptar una inmigración masiva de españoles, anticipando una derrota republicana.[1]

Negrín no se anduvo con rodeos respecto de la gravedad de la situación: la República estaba a punto de perder la guerra y era necesario encontrar un refugio seguro para varias personas que de otra manera podrían terminar frente a los pelotones de fusilamiento de Franco. La misión debía ser confidencial, para no minar la moral de las tropas en el frente. Simeón-Vidarte partió el 1 de octubre a bordo del *Normandie*, donde se encontró con Gordón Ordás, que regresaba a su embajada después de haber asistido a una serie de sesiones parlamentarias. Simeón-Vidarte no reveló el propósito de su viaje. Una vez en México, se reunió con Cárdenas, quien de inmediato se comprometió a aceptar una inmigración masiva en la "eventualidad remota de una derrota republicana".[2]

En un desesperado intento por ejercer presión sobre las democracias para que exigieran la retirada de las tropas alemanas e italianas de territorio español, Negrín decidió unilateralmente licenciar a las Brigadas Internacionales y ordenar su evacuación. El 25 de octubre de 1938, poco después de que el Pacto de Múnich hubiera sellado el destino de la República, Rafael Loredo Aparicio, encargado interino de negocios en la embajada española, entregó a Cárdenas un mensaje de Álvarez del Vayo en el que le solicitaba asilo diplomático para los "voluntarios extranjeros repatriados de nuestras filas, quienes son originarios de países a los que quizá no regresen debido a sus ideas políticas".[3] De inmediato, Cárdenas accedió, y se diseñaron planes para que los ex combatientes se establecieran en colonias agrícolas en zonas escasamente pobladas, como Baja California.

De manera imprudente, Lombardo hizo pública la decisión de acoger a los ex combatientes, lo que desencadenó una respuesta hostil por parte de la derecha mexicana. El alboroto fue inmediato. En una respuesta típicamente patriotera, la prensa conservadora contrastó la cálida acogida de los comunistas extranjeros con la indiferencia del gobierno hacia los emigrantes que estaban siendo expulsados de los Estados Unidos.[4]

Circularon rumores de que México iba a recibir a 1.200 brigadistas. En un editorial anónimo, *Excélsior* vociferó en contra de los aventureros "de varias nacionalidades, sin escrúpulos y sin principios, dispuestos siempre para toda empresa de agitación y discordia", y lamentó la suerte de aquellos

> millares de mexicanos que mueren de hambre en los Estados Unidos y muchos de ellos amenazados de expulsión; pero como no son rojos, ni sirven a los fines secretos del comunismo, pueden morir en el extranjero o venir aquí a pedir limosna.[5]

La derecha mexicana tenía pavor a la posibilidad de que con los republicanos españoles México importara la lucha de clases que había desgarrado la Península. "Los rojos", decían en sus diarios, "tienen la intención de trasladar a México la guerra civil que perdieron en España".[6] Además, temían que su presencia pudiera engrosar las filas de la izquierda. En conjunto, este segmento de la sociedad mexicana consideraba a los refugiados como individuos sin cualidades morales: es decir, poco menos que incendiarios de iglesias y asesinos de curas y monjas.[7]

Se esperaba que los voluntarios llegaran a Veracruz durante la primera semana de febrero. La comunidad española reaccionó también de manera negativa.[8] El reconocimiento oficial del plan no se dio a conocer hasta el 17 de enero, cuando el secretario de gobernación, Ignacio García Téllez, publicó un comunicado en todos los diarios nacionales confirmando la controvertida decisión del gobierno.[9] Las protestas que se originaron amenazaban con salirse de control. Se celebraron reuniones tumultuosas. Como resultado de estas movilizaciones, se canceló el proyecto. Cárdenas declaró que el acuerdo de aceptar a los voluntarios se había cancelado debido a la caída abrupta de Barcelona y no a "la presión de la calle".[10]

Ya para 1938, Cárdenas, a través de Tejeda, había transmitido a las autoridades republicanas su buena disposición para recibir a 60.000

refugiados. Cárdenas pidió que esta oferta no se hiciera pública hasta que fuera estrictamente necesario, con el fin de que la moral republicana no se debilitara durante la lucha en curso.[11] Bassols, quien antes de ser nombrado embajador de México ante Francia había trabajado activamente en España para el gobierno de Negrín, había informado ampliamente a Cárdenas acerca de la situación de los republicanos.

El 9 de febrero, los franquistas se habían apoderado ya de toda Cataluña. En el sur de Francia, casi medio millón de españoles se hacinaban en campos de concentración improvisados por el gobierno francés. Isidro Fabela mantenía al tanto al presidente mexicano acerca de las condiciones de los refugiados.

De acuerdo con la edición de *Excélsior* del 1 de febrero de 1939, a Bassols se le encomendó la tarea de prestar la asistencia necesaria para ofrecer asilo a todos los españoles que desearan emigrar a México. Esto enfureció aún más a la derecha mexicana, que vio cómo su archienemigo se encargaba de traer a México a los odiados "rojos". El embajador mexicano ante Francia anunció que México aceptaría un número ilimitado de refugiados siempre y cuando las autoridades de la República pudieran pagar su transporte y alojamiento en México. En esta etapa, Cárdenas claramente había tomado partido por la posición de Negrín de "resistir a cualquier precio". Además, el 23 de febrero, Fabela le había advertido a Cárdenas que el reconocimiento de Francia y de Gran Bretaña a Franco podría impedir que el gobierno republicano costeara el pasaje de los refugiados a México.[12]

A principios de febrero, las cortes republicanas se reunieron por última vez en territorio español en el castillo de Figueras para analizar su precaria situación y trazar la estrategia a seguir. Después de la reunión, Azaña, Martínez Barrio y varios otros funcionarios cruzaron la frontera hacia Francia. Gran Bretaña y Francia reconocieron oficialmente a la España nacionalista el 27 de febrero.

La renuncia de Azaña como presidente de la República, el 28 de febrero, tuvo implicaciones legalmente paradójicas para el gobierno mexicano, que insistía en reconocer a un régimen que aparentemente ya no tenía legitimidad, y que ya ni siquiera existía. Sin embargo, la cancillería mexicana anunció, en una decisión sin precedentes, que mantendría a un representante en España siempre y cuando "las autoridades representativas de la República existieran". Las fuerzas leales fueron perdiendo terreno y el embajador mexicano siguió al gobierno republicano en su retirada a través de varios pueblos y aldeas.

En algún momento entre el 8 y el 10 de marzo de 1939, Tejeda salió de España acompañado por su familia y llevando consigo los archivos de la embajada. Poco tiempo antes había extendido a inmunidad diplomática a todo el personal de la misma.[13] El 28 de marzo, Ciudad de México se enteró de la caída de Madrid a través de una edición especial de *Últimas Noticias*. Ese mismo día, la comunidad española inició una serie de celebraciones bulliciosas. El 1 de abril todos los miembros de la embajada de España en México pidieron asilo político, que les fue concedido de inmediato.[14]

Incluso entonces, los dirigentes de la República en el exilio discutían acaloradamente, culpándose los unos a los otros del desastre. Una reunión del comité permanente de las cortes en París terminó con recriminaciones mutuas.[15] Las facciones republicanas, tajantemente divididas, exacerbaron sus diferencias en el exilio y las llevaron hasta México. En vista de estos desacuerdos, fue imposible coordinar los esfuerzos por establecer un cuerpo para ayudar y canalizar el flujo de refugiados. Los dirigentes distanciados Indalecio Prieto y Juan Negrín crearon cada uno su organización para proporcionar socorro a los refugiados; cada una afirmaba ser la poseedora exclusiva de la legitimidad. Aunque Negrín tenía a su cargo los fondos de la República vencida, Prieto logró establecer una autonomía financiera gracias a su habilidad en el manejo del asunto del *Vita*.

Ante el inminente desplome de la República, Negrín decidió exportar parte del tesoro español para impedir que cayera en manos de los nacionalistas y para financiar el eventual transporte y alojamiento de los refugiados españoles en caso de una derrota. Cárdenas accedió secretamente a mantener bajo custodia el cargamento hasta que Negrín o las personas que él designara pudieran recogerlo. Hacia finales de marzo, un yate recreativo, el *Vita*, llegó "misteriosamente" a Veracruz en medio del más completo silencio oficial.[16] Posteriormente se sabría que había arribado lleno de piedras preciosas y otros objetos de valor, en su mayoría decomisados a simpatizantes de los nacionalistas al comienzo de la Guerra Civil.

Sin mayor explicación, el buque se dirigió a Tampico. El general José Manuel Núñez, enviado presidencial, dio la bienvenida a varios funcionarios vascos que llegaban a bordo. Un vehículo blindado partió hacia Ciudad de México repleto de enormes cajas que contenían lingotes de oro "por un valor aproximado de catorce millones de dólares y documentos públicos negociables".[17] Habían cargado el velero en el puerto francés de Le Havre con más de cien maletas y una cantidad indeterminada de cajas que contenían joyas, obras de arte, lingotes de oro y monedas valoradas en más de 50.000.000 de dólares.[18]

Negrín había encomendado al ex rector de la Universidad de Valencia, el doctor José Puche, la custodia del tesoro. Sin embargo, Puche nunca apareció. Ante esta incertidumbre, tanto el comandante del *Vita*, el capitán José Ordorika, como el custodio del tesoro, Enrique Puente, decidieron dirigirse a Ciudad de México y entregarlo a las autoridades mexicanas.

Prieto había estado viajando por América Latina después de su visita oficial como huésped de honor a la toma de posesión del nuevo presidente de Chile.[19] De alguna manera, logró convencer a Cárdenas de que él tenía derecho sobre el botín. Cómo fue Prieto alertado sobre la presencia del *Vita* en Veracruz y qué fue necesario para que Cárdenas entregara su valioso cargamento –a un hombre que era rival irreconciliable del primer ministro español–, son dos cuestiones que han sido motivo de interminables especulaciones y acres debates a través de los años. Como quiera que fuera, la confiscación por parte de Prieto del tesoro agravó las ya serias dissensiones entre los exiliados republicanos, dando origen a controversias encarnizadas que perduraron durante muchos años.

Con el dinero obtenido, Prieto estableció un comité conocido como la Junta de Auxilio a los Republicanos Españoles (JARE).[20] Para finales de marzo, Negrín, a su vez, había establecido el Servicio de Emigración para los Republicanos Españoles (SERE),[21] para coordinar la emigración a México con la colaboración de Bassols.

El 17 de abril de 1939, tras la renuncia de Azaña, Gordón Ordás abandonó su cargo de embajador, dejando a su primer secretario, Rafael Loredo Aparicio, como encargado de negocios. La embajada cubana en México se hizo cargo de los intereses españoles, al expedir pasaportes para residentes en México y empleados consulares. El 12 de abril de 1939, la Secretaría de Relaciones Exteriores rechazó los informes que afirmaban que México planeaba establecer relaciones diplomáticas con Franco.[22] Por otra parte, el gobierno mexicano suspendió todo contacto comercial con España. Se prohibieron las importaciones de vino, aceite de oliva y papel para cigarrillos de España, así como de comestibles y otros artículos.[23] La controversia surgió respecto de si la denegación del reconocimiento diplomático estaba de acuerdo con el espíritu de la Doctrina Estrada. Queda claro que, para entonces, el compromiso de Cárdenas con la República ya había rebasado incluso las consideraciones legales y doctrinales.

El 22 de abril, el trasatlántico francés *Flandres* llegó con la primera ola de refugiados, a quienes se les dio la bienvenida en una ceremonia oficial. Entre los recién llegados estaban el general Sebastián Pozas y su familia y Fernando Dicenta, ex capitán del *Motomar*.[24] Dos días más tarde, el barco de vapor *Orizaba* llegó a Veracruz con el general Miaja, quien fue recibido como un héroe.[25]

En Francia, Negrín y Bassols se dedicaron a organizar el éxodo de los refugiados. Para verificar la cantidad de españoles que se habían refugiado en ese país, se configuró una lista y se formaron contingentes para emigrar a México.

El mayor problema al que se enfrentaron los funcionarios mexicanos para cumplir con los deseos de Cárdenas fue, sin duda, la falta de medios de transporte adecuados. México carecía de una flota importante y difícilmente podía costear el flete de buques de otros países. En junio de 1939, Bassols, actuando según las instrucciones de su gobierno, abordó al embajador de los Estados Unidos en Francia, William C. Bullitt, para pedirle el traslado de los refugiados españoles en barcos estadounidenses. El gobierno de los Estados Unidos se negó, aparentemente porque no quería a los republicanos españoles en México, ya que los consideraba comunistas.[26] Providencialmente, la ayuda llegó de varias agencias de socorro que operaban con fondos privados, tales como el Comité Británico para Refugiados de España.

La primera y más famosa expedición fue la del SS *Sinaia*. El SERE fletó al buque francés, *Sinaia,* cuya ruta habitual era la de llevar peregrinos a la Meca. Podía transportar alrededor de 2.000 pasajeros. La duquesa de Atholl, el parlamentario Wilfred Roberts y el embajador mexicano, Tejeda, quien viajaría con los refugiados, pronunciaron discursos de despedida. Figuras prominentes del gobierno mexicano acompañaban a Negrín en la ceremonia de despedida. El *Sinaia* llegó a Veracruz en junio de 1939 con alrededor de 1.800 refugiados.[27]

Dos trasatlánticos de lujo, anclados en el puerto de Veracruz, se acondicionaron para albergar a los niños españoles. Se despejó una bodega y se instalaron camas y duchas para hombres y mujeres. Varias agencias y personalidades ayudaron a proporcionar alimentos, ropa y alojamiento a los recién llegados. Se estableció una comisión interministerial en mayo de 1939 para coordinar todas las actividades del gobierno mexicano en asuntos relacionados con el exilio español, tales como su recepción, asentamiento e integración. La comisión estaba formada por los secretarios de Gobernación, García Téllez; de Agricultura, José G. Parrés; de Economía, Efraín Buenrostro, y de la Defensa Nacional, Manuel Ávila Camacho.[28] Cada una de estas secretarías ayudó a que los refugiados pudieran establecerse.

De todas las organizaciones no gubernamentales que trabajaron a favor de los refugiados, la CTM fue sin duda la más importante. El sindicato organizó comités para asistir en el desembarco de los refugiados, en su atención inmediata y en su acceso al mercado laboral.[29] Por lo demás, la Confederación brindó ayuda en forma de subsidios, provisión directa de las necesidades materiales y colocación en actividades remunerativas. El PRM y el PCM también se mostraron activos en la campaña pro refugiados, creando programas para ayudar de manera directa a los españoles.[30]

Fueron muchos los observadores que advirtieron el rudo contraste entre la cálida recepción ofrecida a los españoles y la frialdad dispensada a los judíos. Había solamente alrededor de 18.000 judíos en México, 8.000 de los cuales residían en Ciudad de México, una capital, en aquel entonces, de 1.250.000 habitantes. La mayoría de estos judíos había llegado a México por invitación del antiguo caudillo de la Revolución, Plutarco Elías Calles. Desde 1937, la Confederación de la Clase Media había desatado una violenta campaña antisemita, en la que denunciaba que las cuotas de inmigración gubernamentales en 1938 para países como Polonia y Checoslovaquia alentarían "una nueva oleada de inmigración judía".[31] Cuando finalmente tuvieron lugar disturbios antijudíos en Ciudad de México, a principios de 1939, promovidos por esas mismas organizaciones de ultraderecha, el gobierno reaccionó con urgencia defendiendo a la comunidad judía y arrestando a los agresores. Sin embargo, el 24 de mayo, la Secretaría de Gobernación reconoció en un boletín de prensa que, para compensar la acogida de los españoles, las puertas de México se habían cerrado a 200.000 judíos que solicitaban permisos de inmigración.[32]

Fue necesario eliminar algunos obstáculos legales para que los refugiados españoles pudieran trabajar en México. En el caso concreto de los médicos, hubo un rechazo férreo por parte del Sindicato de Cirujanos de Ciudad de México, que acusaban a sus colegas españoles de "competencia desleal" porque, según ellos, algunos cobraban honorarios insólitos.[33] Otros, como Salvador Novo, criticaron inicialmente al cuerpo docente de la Casa de España por sus elevados salarios y por su supuesta interferencia en la política mexicana.[34]

La decisión de Cárdenas de acoger a los exiliados españoles distó de ser popular. La prensa conservadora mexicana y sus patrocinadores se opusieron abiertamente a la perspectiva de que miles de izquierdistas anticlericales se establecieran en el país. Esta incesante propaganda tuvo el efecto de despertar el odio en sectores de la opinión pública que de otra manera se habrían mostrado indiferentes hacia los republicanos. Así, incluso liberales moderados dentro del gobierno comenzaron a temer la posibilidad de que los extremistas indómitos, que habían llegado a controlar la zona republicana, fortalecieran la posición de los radicales mexicanos.

En particular, temían, y con razón, el hecho de que se hubiera elegido a Bassols –un reconocido radical– para que a su vez seleccionara a los exiliados que serían admitidos en territorio nacional. A fin de cuentas resultó que Bassols, en efecto, favoreció la entrada de izquierdistas sobre los demás.[35]* Otros críticos temían la posibilidad de que la Guerra Civil española se librara desde territorio mexicano y colocara a México en una posición internacional incómoda. Por último, existía la preocupación de que los españoles compitieran con los mexicanos en un mercado laboral ya de por sí deprimido. Aunque la dirección de la CTM era sólidamente pro republicana, las bases no estaban tan convencidas de que los "hermanos" españoles no representaran una amenaza a sus empleos.

---

* Varios refugiados acusaron a Bassols y a Fernando Gamboa de ser agentes comunistas, con una fuerte predisposición en contra de los afiliados a la CNT, al POUM y al PSOE. Se decía que estos funcionarios mexicanos habían rechazado muchas solicitudes de emigración a México a conocidos adversarios de Negrín y el PCE. Aunque algunas de estas acusaciones pudieron estar justificadas, es igualmente cierto que México dio asilo a refugiados de todas las corrientes ideológicas.

La hostilidad de los trabajadores por el proyecto llegó a tal extremo que la CTM se vio obligada a organizar reuniones especiales para disipar los temores de sus seguidores.

Entre los campesinos, la hostilidad contra la llegada de españoles fue todavía mayor que en las ciudades. El hecho de que el gobierno mexicano hubiera insistido en traer a México agricultores calificados y labriegos para desarrollar la atrasada agricultura de la nación originó la oposición de las organizaciones campesinas, que temían perder sus tierras. En consecuencia, hubo disturbios en Jalisco, en el estado de México y en Veracruz, donde se esperaba el asentamiento de las concentraciones más grandes de españoles.[36] Además, existen pruebas de que elementos sinarquistas, influidos directamente por la propaganda falangista, estaban agitando a los campesinos en contra de los españoles, en la creencia de que su oposición a los extranjeros era un signo de resistencia contra la influencia comunista y estadounidense que, en su simplismo, eran una y la misma cosa. Así, Whetten afirma que para los campesinos mexicanos más retrógrados: "defender a España y defender a México significa luchar contra de la influencia degradante de los anglosajones y los comunistas".[37]

La victoria de Franco tuvo un eco inmediato en los sectores tradicionales de la sociedad mexicana, que vieron en él al baluarte contra la inminente amenaza comunista y también contra la aparentemente irresistible influencia anglosajona proveniente del Norte. Por otra parte, existía una antipatía histórica hacia los españoles, engendrada durante la lucha por la independencia y fortalecida en los días turbulentos de la Revolución. Como hemos visto, la mayoría de los mexicanos sabía poco más acerca de España que los estereotipos simplistas aprendidos en la escuela. Los pedagogos mexicanos formaban alumnos bajo la influencia del denominado "nacionalismo revolucionario", en la creencia de que la mejor manera de inculcar un sentido de unidad nacional era construir una identidad mexicana diferenciada de su pasado español. Para ello, se valieron de la "leyenda negra" de los españoles, acuñada por los ingleses, que representaba a los primeros como parásitos sanguinarios cuyo único móvil era la ambición. Además, las clases más bajas de la sociedad mexicana sólo conocían al inmigrante económico, el típico cazafortunas que en muy raras ocasiones se mezclaba con los locales y que tenía la propensión a explotarlos.

En su informe presidencial de 1939, Cárdenas justificó su decisión de dejar entrar a los exiliados españoles arguyendo razones tanto altruistas como pragmáticas. Hizo hincapié en los beneficios económicos que la emigración reportaría a México: hombres de grandes habilidades y enorme energía contribuirían al desarrollo de la nación. El presidente se explayó sobre las ventajas que el país obtendría de esta invitación a los refugiados:

> Hay algo más: la mezcla de sangres. Nuestra nacionalidad ha sido creada por la española, descendemos de España. De España son nuestras ciudades; de España es el idioma; de España vino la religión que ha unido a nuestro pueblo.[38]

Cárdenas deploró que la oposición derechista se valiera de la inmigración española con fines políticos. Sin embargo, expresó su convicción de que una vez que la agitación electoral cesara, se apreciaría debidamente su contribución a México "de la misma manera en que su sangre y espíritu mezclados con la raíz indígena contribuyeron de manera decisiva a la formación de nuestra nacionalidad".[39] Esta última declaración puso de manifiesto uno de los objetivos principales al que el gobierno aspiraba trayendo una inmigración cuantiosa de españoles: "La afinidad de los españoles permitirá su fusión con nuestros pueblos autóctonos, fortificando, de esta manera, nuestra propia nacionalidad."[40]

Durante los meses siguientes el número de refugiados españoles admitidos en México aumentó con las expediciones de otros barcos. Así, el *Ipanema* llegó a Veracruz el 7 de julio con 994 refugiados y el *Méxique*, el 27 de julio con 2.091. El *De Grasse* llegó a Nueva York con 206; estos últimos después viajaron por tren a Ciudad de México. El total fue de alrededor de 5.000 pasajeros.[41] Otros miles llegaron pagando sus propios pasajes. Los cuatro barcos habían sido fletados por el SERE. A principios de 1940, el SERE declaró que se le habían terminado los fondos, así que la JARE se encargó de la tarea de transportar a más refugiados a un lugar seguro en México. En 1941, cuando las condiciones se volvían cada vez más precarias en la Francia ocupada, la JARE logró organizar cuatro nuevas expediciones: las del *Saint Dominique*, el *Quanza*, el *Nyassa* y el *Serpa Pinto*.[42]

No existen datos precisos sobre la cantidad total de refugiados españoles que a fin de cuentas llegaron a México. El Departamento de Estadística computó menos de 15.000,[43] mientras que el cónsul mexicano en Marsella, Mauricio Fresco, calculó que fueron un poco más de 16.000.[44] Los registros de la JARE y el SERE parecen ser imprecisos, aunque, en todo caso, varios refugiados llegaron por sus propios medios.

La oposición generalizada a la llegada de los refugiados se debilitó durante los siguientes meses y hasta los conservadores mexicanos comenzaron a percibir el flujo migratorio como beneficioso para la nación. Esta nueva actitud se hizo patente en los editoriales de *El Universal* y *Excélsior*, que elogiaron cada vez más las virtudes de profesores e intelectuales.[45] Finalmente, la falta de medios de transporte llegaría a ser un obstáculo insalvable; Cárdenas así lo reconoció ante Álvarez del Vayo: "De haber tenido los barcos, habría traído a México a todos los españoles que se quedaron atrapados en los campos de concentración franceses."[46]

CAMBIO DE DIRECCIÓN. LA VICTORIA DE FRANCO Y EL OCASO DEL CARDENISMO

La aprensión estadounidense sobre las intrigas del Eje en México aumentó en 1939 con la derrota de la República española. Cada día aparecían nuevas publicaciones en las que se denunciaban incursiones fascistas en México, reales o supuestas. Entre éstas sobresalió el libro sensacionalista *The Mexican Challenge* [El desafío mexicano], de Frank Kluckhohn, donde se denunciaba la presencia de espías japoneses que trabajaban en México y la creciente influencia alemana sobre la política interna; también predecía que México caería dentro de la órbita del Eje. Paradójicamente, estos rumores dieron la oportunidad al gobierno mexicano de desacreditar aún más a la derecha y de obtener el apoyo oficial estadounidense para hacerle frente.

Ese mismo año, la oposición al gobierno mexicano aumentó de manera sin precedente. La animosidad generalizada en contra del gobierno de Cárdenas, notoria desde 1935, alcanzó nuevas dimensiones hacia el final de su período. El entusiasmo público tras la expropiación del petróleo pronto se desvaneció cuando la inflación y la recesión dieron alas al descontento popular, en aparente beneficio de la derecha. Como consecuencia de la expropiación petrolera, la estabilidad fiscal de México se derrumbó: el peso mexicano cayó de 3,60 por dólar a cinco por uno.[47] Se cancelaron en gran parte los aumentos salariales; los precios al pormenor aumentaron el 38% y, entre 1936 y 1940, el costo de los alimentos subió en espiral hasta alcanzar el 40%, sembrando el descontento general.[48]

Otros acontecimientos, esta vez del lado opuesto del espectro político también influyeron para que Cárdenas recurriera a la moderación como herramienta para salvaguardar las conquistas de la Revolución. El pacto entre Hitler y Stalin del 23 de agosto de 1939 tuvo consecuencias desastrosas para los grupos de izquierda de México. La mayoría de los burócratas del PCM se adhirieron servilmente a la línea oficial del Komintern, argumentando que el Pacto de Hierro era esencial para mantener a la Unión Soviética fuera de la guerra entre imperialismos en conflicto. Muchos seguidores del partido se sintieron traicionados en su lucha contra el fascismo y desertaron masivamente del PCM.

La invasión soviética de Finlandia en 1939 sembró la discordia entre grupos izquierdistas, que consideraron el conflicto como un ataque imperialista de un país poderoso sobre un vecino débil. El paralelismo con México y los Estados Unidos era demasiado obvio como para pasar desapercibido. La enérgica condena de Cárdenas al ataque soviético de Finlandia en la Sociedad de Naciones fue el comienzo de la ruptura con sus antiguos aliados.

En el plano internacional, esta maniobra tuvo otras implicaciones. La actitud de Cárdenas dejó ver a los estadounidenses y a los británicos que, lejos de ser el bolchevique de sus clichés, era independiente; por tanto, un dirigente digno de la confianza de los aliados.[49] A pesar de todo, cuando otros gobiernos intentaron y lograron sacar provecho del incidente como pretexto para expulsar a la Unión Soviética de la Sociedad de Naciones, México se opuso rotundamente. El delegado mexicano, Primo Villa Michel, señaló que era una total hipocresía en vista de que esos mismos países que ahora denunciaban a la Unión Soviética como agresora, habían aceptado pasivamente que Abisinia, España, Austria y Checoslovaquia fueran invadidos.[50]

Después de que el convenio nazi-soviético entrara en vigor, hasta los comunistas entre los refugiados de la España republicana fueron considerados sospechosos de establecer lazos con los agentes de Hitler. Diego Rivera denunció esta aparente asociación entre antiguos adversarios, tachándolos de "comunazis".[51] Es difícil determinar la veracidad de dichos alegatos. Es cierto que los comunistas de todo el mundo recuperaron las tácticas anteriores al Frente Popular de atacar a los partidos y a los gobiernos burgueses y de minimizar la amenaza fascista. Sin embargo, en el caso mexicano no existe ninguna prueba sólida de la colaboración entre los comunistas españoles y las fuerzas pro fascistas nacionales. Lo que sí se puede demostrar es el papel predominante de los comunistas españoles en la purga del ejecutivo del PCM, así como en la preparación y ejecución del asesinato de León Trotski.

En diciembre de 1939, el Komintern mandó una delegación a México con la consigna de purgar al PCM. Se convino en convocar a un congreso extraordinario del partido. Vittorio Codovilla y Vittorio Vidali, de mala fama y también conocido como el "comandante Carlos", se encontraban entre los delegados enviados a México. Un *appartchik* no identificado, bajo el supuesto nombre de "camarada Pérez", se refirió con presteza a la cuestión Trotski y a la manera "insatisfactoria" en que el PCM la había manejado. A esto, Pérez sumó la oferta de enviar camaradas entrenados en España para ayudar a "purgar" el partido. Barry Carr ha sugerido que Pérez muy bien pudo haber sido Codovilla.[52] En marzo de 1940 hubo una purga por la cual se suspendió a Valentín Campa y a Hernán Laborde de sus puestos de secretario general y presidente del Buró Político del PCM, ya que se habían opuesto vigorosamente a la eliminación del Viejo Bolchevique. Además, se acusó a Campa y a Laborde de seguir una línea "oportunista y sectaria" debido a su "sumisión" a la nueva política gubernamental de unidad nacional con su consigna de "unidad a toda costa".

Apenas se había purgado el PCM cuando agentes de la GPU se dispusieron a eliminar al ex dirigente soviético. El 24 de mayo de 1940 se produjo el primer atentado (fallido) contra Trotski. Los atacantes habían gritado "¡Viva Almazán!". De inmediato, el PCM utilizó la coartada que le proporcionó el uso de uniformes militares y policíacos por parte de los atacantes así como el absurdo grito de apoyo a Almazán para culpar a las compañías petroleras extranjeras, a la reacción y al imperialismo.[53]

La extrema derecha también aprovechó el ataque y el consiguiente escándalo. Un telegrama que la UNVR le envió al presidente, fechado a finales de mayo, pretendía que el ataque corroboraba la existencia de elementos extranjeros que "intentan abiertamente inmiscuirse en los asuntos internos del pueblo mexicano". Otra organización de derecha exigía la expulsión de extranjeros que "con malevolencia han intervenido en asuntos políticos de la nación".[54]

El 18 de junio había 30 personas encarceladas por supuesta relación con el atentado a Trotski. El jefe de la policía de Ciudad de México, el general Núñez, incriminó directamente al PCM y a la GPU. Entre los involucrados estaban Néstor Sánchez Hernández, un "estudiante" y ex combatiente en España; David Serrano Andónegui, miembro del Buró Político; Antonio Pujol y Rosendo Gómez Lorenzo, un comunista de las Islas Canarias. Sus testimonios condujeron a la persecución y captura de Siqueiros, otro veterano más de la guerra española. La opinión pública se conmocionó al saber que uno de sus más grandes artistas plásticos había sido agente de la GPU desde 1928. A pesar de la abrumadora evidencia, el remozado periódico del PCM, *El Popular*, denunció la "monstruosa provocación" de la que había sido víctima el partido.[55]

El 26 de junio, Trotski apremió al juez encargado de su proceso que citara a Narciso Bassols a declarar. Según Trotski, Bassols, en su calidad de embajador mexicano en París, tenía que saber a qué españoles se les había permitido entrar a México como refugiados. Siendo así, no podía haber actuado bajo presión y quizás hasta habría adquirido compromisos con personas que pretendían infiltrar agentes de la GPU en México.[56]

De inmediato, Bassols respondió a las imputaciones de Trotski, que lo consideraba "autor intelectual" del intento de asesinato. Acusó a Trotski de calumniarlo, y llegó a amenazarlo con querellarse. Además, como miembro respetado de la clase dirigente revolucionaria, Bassols movió rápidamente sus influencias con funcionarios de alto rango para enfrentarse a Trotski. Esta vez, Cárdenas tomó partido por el ex líder soviético, lo que provocó una gran indignación. El PCM se distanció públicamente de Siqueiros y de Pujol, declarando que jamás habían sido miembros del partido. A pesar del desmentido, el crimen marcó la decadencia del PCM.

La CTM publicó una dura condena del atentado en un intento por escapar de las repercusiones políticas negativas generadas por éste. Lombardo, un astuto estratega, pudo en poco tiempo desligarse del intento fallido y aparentemente consolidar su nueva alianza con el candidato del PRM, Ávila Camacho. Sin embargo, hacia finales de 1938, la derecha atacó a Lombardo de manera sostenida y rápidamente cayó en desgracia.

A esas alturas, la GPU tenía varios agentes operando en México. Muchos habían estado en España durante la guerra: Codovilla, Vidali, Tina Modotti y Caridad Mercader del Río, una antigua militante del Partido Socialista Unificado de Cataluña (PSUC), quien había visitado el país por primera vez con una comisión de adquisición de armas. Su hijo Ramón Mercader del Río, miembro de la Juventud Comunista Española, había peleado en el frente de Aragón y en 1937 había desempeñado labores de contraespionaje y sabotaje detrás de líneas enemigas bajo la dirección de Kotov.[57] Fue precisamente Kotov quien, después de convertirse en el amante de Caridad Mercader, escogió a su hijo Ramón como un agente útil y lo utilizó para asesinar a Trotski. Mercader salió de España misteriosamente. En junio de 1938 estaba en París con un pasaporte belga bajo el nombre de Jacques Mornard. Había entrado con un pasaporte de los Estados Unidos que la GPU le había proporcionado de algún estadounidense caído miembro de las Brigadas Internacionales. Mercader entró a México por Laredo el 12 de octubre de 1939. Aprovechó su relación amorosa con Sylvia Ageloff, quien formaba parte del séquito de Trotski, y el 20 de agosto de 1940 lo asesinó. Nueve días después, Cárdenas publicó un "Mensaje del presidente de la República a los trabajadores en relación con el asesinato de León Trotski" en el que declaraba:

> El Partido Comunista, al igual que el resto de las organizaciones políticas del país, ha disfrutado, bajo nuestro gobierno, de libertad y respeto hacia sus miembros y doctrinas. Sin embargo, ha estimado útil a su causa abandonar su alianza con la clase trabajadora mexicana en favor de una alianza con una potencia extranjera. Esto representa una agresión a la soberanía nacional ya que ha organizado asaltos armados, en combinación con elementos extranjeros, cometiendo así ofensas que deshonran la civilización y ponen en duda la capacidad del pueblo y el gobierno mexicanos para mantener el orden. Estos elementos han cometido el crimen de traicionar a la nación, han corrompido sus doctrinas

de redención y progreso del proletariado y han dañado a la nación, por lo que han cometido un crimen que la historia habrá de condenar.[58]

En esta misma declaración, de manera un tanto críptica, Cárdenas hizo valer el principio de asilo diplomático, agregando que "algunos", una referencia apenas velada a los refugiados comunistas españoles, lo habían traicionado al trastornar "irresponsablemente" la paz pública de la nación anfitriona.

LA PROTECCIÓN DE LOS REFUGIADOS ESPAÑOLES EN VICHY Y EN LA FRANCIA OCUPADA

La toma de posesión de Ávila Camacho como presidente en 1940 coincidió con la última iniciativa personal de Cárdenas relativa a España: el intento de rescatar a más de 100.000 refugiados españoles que se habían quedado varados en Francia tras la derrota de este país a manos de Alemania. Uno de los problemas más apremiantes a los que se enfrentaban los diplomáticos mexicanos era el de evitar que los refugiados españoles fueran entregados a Franco bajo pretexto de extradición. Los casos de Lluis Companys y Julián Zugazagoitia hacían que la situación se considerara como de extrema urgencia. Los funcionarios mexicanos se aseguraron de velar por la vida de dirigentes republicanos, como Juan Negrín. De esta manera, Negrín pudo salir de Francia con el pasaporte de Alfonso Castro Valle, ministro de la embajada mexicana.[59] Un tratado de 1877 entre Francia y España permitía la extradición de criminales comunes pero no de prisioneros políticos. Sin embargo, Franco aseguraba que los exiliados eran delincuentes comunes y protestó airadamente cuando Francia acató la decisión mexicana de proteger a los refugiados. Inmediatamente después de la firma del armisticio franco-alemán, Cárdenas ordenó al embajador de México en Francia, Luis I. Rodríguez, que dialogara con el recientemente constituido gobierno de Vichy acerca de la suerte de los refugiados españoles en territorio francés.

Rodríguez se reunió con el mariscal Pétain el 8 de julio de 1940 y le transmitió el deseo de Cárdenas de acoger en México a todos los refugiados españoles residentes en Francia. Pétain le preguntó a Rodríguez la razón por la que México estaba tan empeñado en favorecer a "gente tan indeseable", a lo que Rodríguez le respondió: "Tienen nuestra sangre y espíritu". Pétain insistió en los riesgos que representaba un grupo que había renegado de sus tradiciones y costumbres. Rodríguez replicó que México aligeraría a Francia de una pesada carga, a lo que Pétain respondió: "en tiempos de gran miseria las ratas son las primeras en morir".[60] Posteriormente, Pétain elogió a Cárdenas como soldado y ciudadano y autorizó a Rodríguez a visitar otros campos de concentración, que Rodríguez describió como "cárceles dantescas con verdugos senegaleses". Terminado el encuentro, ambos firmaron un acuerdo por el cual México se comprometía a reconocer a todos los refugiados españoles en Francia el estatus legal de inmigrantes.[61]

México mantuvo dos centros de refugiados en la Francia rural con un total de 2.500 personas. Otro complejo financiado por el gobierno mexicano se ocupaba de 1.300 veteranos de guerra incapacitados y de sus familias. En Marsella solamente, el dinero mexicano sostenía 19 centros de asistencia, donde los exiliados españoles podían obtener alimentos, alojamiento y atención médica.[62] Se alquilaron dos castillos, el Reynade y el Montgrad, para alojar a otros 1.500 refugiados y a antiguos miembros de las Brigadas Internacionales.[63]

Con anterioridad, Rodríguez había ido a Mountauban para visitar a Manuel Azaña, por entonces enfermo. El embajador mexicano se consternó al encontrar a un hombre demacrado y con los ojos hundidos. El ex presidente español dijo a Rodríguez que temía que los agentes franquistas le estuvieran siguiendo la pista para llevarlo a Madrid. Azaña expresó su preocupación por la suerte de su cuñado, Cipriano Rivas-Cheriff, detenido en España. Rodríguez le prometió interceder ante Pétain para que pudiera permanecer en Montauban y recuperarse antes de dirigirse a Vichy, dónde quedaría bajo la protección de la embajada mexicana. Rodríguez le dio 2.000 francos como parte de la asistencia económica que el gobierno mexicano había dispuesto para él.

Según lo prometido, Rodríguez discutió con Pétain acerca de la mala salud de Azaña, transmitiéndole el interés del gobierno de Cárdenas en proteger su vida y de trasladarlo a suelo mexicano tan pronto como se procurara un medio de transporte. Pétain accedió a permitir que Azaña residiera en Montauban sin riesgo de extradición, a que se estableciera en Vichy tan pronto como su salud se lo permitiera, a residir en la legación mexicana y, por último, a abandonar el país galo con destino a México.[64]

Mientras tanto, Rodríguez averiguó que habían detenido a Rivas-Cheriff y a su familia en Pyla-sur-Mer (Gironda), entonces bajo ocupación alemana, y que a él lo habían entregado a los falangistas, que a su vez lo habían llevado a Madrid. Preocupado por la salud de Azaña, Rodríguez envió al capitán Antonio Haro Oliva, el ayudante de campo del agregado militar mexicano, a Montauban para que cuidara de él. Azaña se negó a dejar Montauban hasta que supiera el paradero de Rivas-Cheriff y los nazis liberaran a su familia de su arresto domiciliario. Según Rodríguez, Azaña llegó a contemplar la posibilidad de entregarse a Franco a cambio de la liberación de su cuñado.[65]

Mientras se deterioraba aún más la salud de Azaña, Rodríguez obtuvo la liberación de su médico personal, el doctor Felipe Pallete, del campo de concentración de Saint-Cyprien. El 22 de agosto, el edecán Antonio Haro Oliva informó a Rodríguez que un grupo de agentes falangistas dirigidos por un tal Urraca había llegado a Montauban para secuestrar a Azaña. Un día más tarde, los falangistas habían abandonado el pueblo; aparentemente estaban buscando al general Manuel Riquelme y a Luis Fernández Clérigo y no a Azaña. Consternado por los informes de las agencias de noticias, cablegrafiados desde París, en los que se notificaba que habían secuestrado a Azaña, Cárdenas le insistió a Rodríguez en que trasladara a Azaña a México lo antes posible en un Clipper vía Lisboa y los Estados Unidos.

El 15 de septiembre, Rodríguez transfirió a Azaña y a sus seguidores al hotel Midi, donde se izó la bandera mexicana para extender la protección diplomática al recinto. Un intento por llevar furtivamente al ex presidente español a Vichy falló debido a que la señora Azaña cándidamente notificó a la prefectura de Montauban acerca de los planes de Rodríguez. Al ver sus planes frustrados, Rodríguez reflexionó sobre la urgencia de que el gobierno mexicano salvaguardara a Azaña:

> Su causa, nuestra causa, es la causa de México. Cuidar su vida es avanzar en la restauración de la República. Exponerla es fomentar la división política entre sus seguidores. Perderla es perder la unidad nacional, unificada a su alrededor, legitimada en su persona.

Complicaría la caída de Franco y prolongaría el martirio de más de 100.000 expatriados.[66]

El 19 de septiembre Azaña sufrió una embolia que lo dejó parapléjico. Rodríguez comenzó a perder la esperanza de poder trasladarlo a Vichy. El embajador español Lequerica se opuso tajantemente y la cancillería francesa rechazó todas las peticiones del embajador mexicano. Para empeorar las cosas, Suiza negó la entrada a Azaña. Después de una serie de deliberaciones, el primer secretario, Bernardo Reyes, hijo de Rodolfo,[67] logró conseguir del Kommandantur de París la liberación de la familia Rivas-Cheriff en Pyla-sur-Mer

El día 29, los acontecimientos tomaron un giro dramático con el suicidio del doctor Pallete. Quince días antes, el nuncio apostólico ante Vichy, monseñor Valerio Valeri, había informado a Rodríguez que, por intercesión papal, Franco había conmutado la pena de muerte de Rivas-Cheriff por la de cadena perpetua. El 4 de noviembre de 1940, Rodríguez llegó a Montauban sólo para ver morir a Azaña. Cárdenas ordenó a Rodríguez que organizara un funeral de Estado.

El prefecto de Montauban prohibió cualquier demostración pública o procesión fúnebre y amenazó con disolver por la fuerza cualquier manifestación. Además, sugirió que, por razones diplomáticas, la bandera bicolor de Franco debía cubrir los restos de Azaña en lugar de la bandera republicana. Para evitar una humillación semejante, Rodríguez decidió cubrir el féretro con la bandera mexicana.

Miles de veteranos de guerra, muchos de ellos mutilados, desfilaron en silencio para presentar sus últimos respetos al presidente caído. Rodríguez presidió la comitiva, acompañado por los diplomáticos mexicanos Gilberto Bosques, Ernesto Arnoux, el coronel Luis Alamillo (agregado militar), Agustín Alva, Alfonso Castro Valle y Antonio Haro Oliva. Entre los republicanos presentes en las exequias estaban Rodolfo Llopis, Fernández Clérigo, Mariano Ansó y el antiguo ayudante de campo de Azaña, Juan Hernández Sarabia.[68]

El 9 de noviembre de 1942 se rompieron las relaciones entre México y Vichy. Este hecho, en conjunción con la ocupación total de Francia el 11 de noviembre de 1942, puso fin a las expediciones masivas de republicanos españoles a México. Tres días después, las tropas de asalto nazis tomaron la embajada mexicana. El último embajador de México ante Vichy, Gilberto Bosques, su familia y su personal fueron detenidos y trasladados a Bad Godesberg donde permanecieron hasta abril de 1943, cuando se les envió a Lisboa para ser canjeados por diplomáticos alemanes capturados por los aliados.[69]

LA ELECCIÓN PRESIDENCIAL DE 1940

Es un hecho comúnmente aceptado que 1940 marcó una ruptura en la historia política de México. Algunos sostienen que la revolución se estabilizó y se volvió institucional; otros, que el movimiento social de 1910 simplemente murió.[70] Sea como fuera, evidentemente bajo Ávila Camacho el régimen viró hacia la derecha, adoptando una agenda conservadora y desarrollista muy diferente de los postulados originales de la Revolución.

La expropiación petrolera de 1938 marcó el apogeo del gobierno de Cárdenas y fue su mayor logro, puesto que representaba la culminación de la aspiración más anhelada de la Revolución mexicana: el control económico de los recursos naturales de la nación. Sin embargo, sus costes fueron altos. A partir de entonces, la situación económica y política se precipitó hacia la crisis. El boicot de las compañías petroleras y las represalias que adoptaron los gobiernos estadounidense y británico afectaron seriamente la economía mexicana. Además, los ataques de la derecha a la clase dirigente revolucionaria se volvieron más virulentos y constantes.

En las filas del PRM, las prisas por designar a un sucesor impulsaron la movilización de los grupos partidistas a favor de posibles candidatos. Los círculos políticos comenzaron a mostrar su apoyo a personajes como Francisco J. Múgica, Manuel Ávila Camacho, Rafael Sánchez Tapia y Juan Andreu Almazán. Era tanta la premura que, en diciembre de 1938, dos años antes de que finalizara el período presidencial de Cárdenas, dos de los ministros de su gabinete, Múgica y Ávila Camacho, renunciaron a sus cargos para poder presentar su candidatura. De igual manera, Sánchez Tapia dejó su puesto como comandante de la Primera Zona Militar y los simpatizantes de Almazán también comenzaron a movilizarse.

El PRM entró en una grave crisis. El presidente del partido, Luis I. Rodríguez, fue atacado de manera sostenida por los defensores de Múgica y Sánchez Tapia, quienes lo acusaban de estar abiertamente predispuesto en favor de Ávila Camacho. Rodríguez terminó por dimitir a finales de 1939. Los conservadores dentro del partido se sintieron insultados por la presencia de Lombardo Toledano al lado de Rodríguez en el podio durante el aniversario de la Revolución en noviembre de 1938. El veterano revolucionario, diputado y general de Veracruz Heriberto Jara reemplazó a Rodríguez. A pesar de este movimiento, la crisis no se resolvió por completo.

En julio de 1939, Almazán dejó el Ejército e ingresó de lleno en la contienda por la sucesión presidencial. Una convención del PAN en septiembre de 1939 nombró con poco entusiasmo a Almazán como su candidato.[71] Ante estos sucesos, Cárdenas se vio obligado a elegir y, en noviembre de 1939, el PRM anunció que su candidato para el período 1940-1946 sería Ávila Camacho y no Múgica, a quien se había considerado como el sucesor natural del movimiento cardenista de reforma.

Comparado con Múgica, Ávila Camacho carecía de credenciales revolucionarias. Por lo tanto, resultó fácil que un comediante contemporáneo hiciera una fortuna satirizándolo como el "Soldado Desconocido" o la "Espada Virgen",[72] ya que no existe ningún registro de que hubiera tomado parte en un combate real. Sin embargo, su popularidad dentro del Ejército era considerable y, por lo tanto, representaba una garantía contra el espectro de una rebelión militar.

El PRM se había organizado principalmente para elegir al sucesor de Cárdenas, y en el momento de su creación, las precandidaturas ya estaban definidas. Una de las más fuertes era la de Francisco Múgica. Se le consideraba como el "más rojo" del círculo de los íntimos de Cárdenas y era un revolucionario de pura cepa; había peleado en todas las batallas políticas y militares del movimiento desde 1910. Nadie trabajó con más ahínco que Múgica en promover la causa de los sindicatos, de la España republicana y del sufragio de las mujeres.[73] Sin embargo, era muy inflexible, casi puritano en sus creencias. Se comentaba ampliamente que era seguidor del pensamiento marxista y se sabía que mantenía una correspondencia intensa con León Trotski.[74] No era popular en los círculos del Ejército ni en los sindicatos, y su radicalismo seguramente habría significado un obstáculo insuperable frente a las negociaciones inminentes con los Estados Unidos. Por el contrario, Ávila Camacho representaba la conciliación, la consolidación y, a fin de cuentas, el desplazamiento de la Revolución hacia la derecha.

Hubo factores externos que influyeron en la sucesión presidencial. Si el gobierno hubiera apoyado a Múgica, la lucha habría sido más áspera y más arriesgada, al estar en juego intereses más urgentes y vitales. Múgica tenía mayores méritos personales y revolucionarios que los demás candidatos internos. Su candidatura representaba la corriente radical de la Revolución. Qué pasó por la mente de Cárdenas durante esos días tempestuosos sigue siendo materia de especulación. Cárdenas invocó factores internacionales para no nombrar a Múgica su sucesor.[75] Esto ha llevado a que muchos especialistas especulen que hubo fuertes presiones de los Estados Unidos sobre Cárdenas para evitar la nominación de Múgica.

Una conjetura plausible también tomaría en cuenta la caída trágica de la República española como un factor adicional en la decisión de Cárdenas. El hecho de que un aliado valioso hubiera desaparecido como resultado de su radicalización ponía de manifiesto el aislamiento internacional de México. Parece lógico pensar que Cárdenas concluyó en 1940 que México había rebasado los límites de autonomía en el sistema capitalista internacional y que, por lo tanto, era sensato reconciliar el régimen con las demandas del capitalismo.[76] La única manera de evitar un colapso como el de la República parecía ser consolidar los logros de la administración a través de la moderación de su programa y obtener así el apoyo estadounidense en un contexto de avance ultraderechista.

En ese sentido, la victoria de la rebelión militar en España marcó un cambio de rumbo del gobierno mexicano. En el ámbito internacional, esto significó que, a partir de ese momento, el gobierno mexicano se sometería a los designios del gobierno de los Estados Unidos sin ulteriores objeciones. En el ámbito económico, supuso la apertura hacia la industrialización, y en el político, una reorientación general hacia una mayor moderación y hasta una revocación de muchas de las conquistas de la clase trabajadora había conseguido bajo el gobierno de Cárdenas.[77] "La unidad nacional" se convirtió en la consigna oficial, incluso de los sectores más radicales de la izquierda. A fin de cuentas, la exclusión de Múgica representó la muerte del cardenismo y de su programa radical. En su intento temprano por lograr la nominación presidencial, éste intentó desmentir su reputación como radical en una carta abierta publicada en *El Universal* para aplacar los temores de sus adversarios, tanto dentro como fuera del PRM. Múgica ofreció conciliar el capital con la clase trabajadora, respetar la propiedad privada y resguardar la libertad de religión y de prensa.[78]

Sus esfuerzos fueron en vano. Lombardo usó su poder para frustrar la candidatura de Múgica, debido a la amistad entre éste y Trotski. Aunque oficialmente no era comunista, Lombardo era simpatizante y ferviente admirador de Stalin. Su idea de la Rusia soviética como paladín del verdadero progreso y de la democracia real era flagrante y reiterada. Después del pacto entre Stalin y Ribbentrop, Lombardo se mantuvo discretamente callado.

El 3 de noviembre de 1939, Ávila Camacho, general conservador y católico devoto, fue proclamado candidato oficial del PRM. Los que formaban parte del círculo interno del régimen debían saber que algunos cambios en la política y una modificación de la revolución de Cárdenas eran inevitables para que la Revolución siguiera siendo viable. Las circunstancias en aquel momento exigían una consolidación moderada de lo que se había logrado y no la renovación de la ola radical que había sacudido el país durante el gobierno de Cárdenas. Las más importantes organizaciones populares del partido mostraron su descontento con la decisión, pero Lombardo logró controlar a la CTM.

Con sus ambiciones presidenciales abruptamente canceladas, tanto Sánchez Tapia como Almazán se apresuraron a abandonar el PRM para formar nuevos partidos. La alianza de Almazán, el Partido Revolucionario de Unificación Nacional (PRUN), se convirtió en la oposición más efectiva y amenazadora del régimen. Almazán estaba muy a la derecha del cardenismo y, por lo tanto, podía apelar a los derechistas descontentos. También resultaba atractivo para los obreros, los campesinos, los militares y las profesiones liberales.

En 1938 ya se habían iniciado los ajustes a uno de los programas más radicales del régimen: la orientación socialista de la educación pública. Se moderaron las prácticas pedagógicas y retóricas, que de alguna manera la gente común y corriente había confundido con el comunismo. Se retiraron de la circulación los libros más radicales. La Revolución mexicana estaba agonizando; la contrarrevolución había comenzado en serio. Dentro y fuera del partido oficial, se consolidó la embestida de la derecha para dividir al movimiento obrero, pero ante todo para destruir a Lombardo.

Otra característica notable del cambio de rumbo fue el regreso de la Iglesia católica a la vida pública, y su recuperación de una cierta preeminencia en la educación: una victoria manifiesta sobre la política revolucionaria de secularización. Para muchos, este retorno auguraba nuevas confrontaciones entre los liberales y los católicos, y hasta una guerra civil.

También fue crucial el cambio en las relaciones entre los trabajadores, el Estado y las organizaciones sindicales nacionales. El Estado dejó de ser mediador entre la mano de obra mexicana y las compañías extranjeras para convertirse en el propietario de los yacimientos petrolíferos y patrón de sus trabajadores.[79] Los obreros de las compañías nacionalizadas deseaban controlar los beneficios sin tener en cuenta la severa crisis económica por la que atravesaba la nación después del decreto de expropiación. Cuando Cárdenas rechazó firmemente estas exigencias, el sindicato amenazó con declararse en huelga y hasta recurrió al sabotaje. El gobierno mexicano les respondió despidiendo a 2.592 trabajadores y obligando al gremio a reembolsar 22.000.000 de pesos por los ingresos perdidos, imputables a la "corrupción e ineficiencia del sindicato".[80]

Una convención de la CTM en Puebla se rebeló en contra de la "dictadura" de Lombardo y le dio todo su apoyo a Almazán. Mientras tanto, la oposición, dirigida por Almazán, comenzó a atacar a Lombardo y al PCM, y pronto fue evidente que su apoyo representaba más bien un obstáculo para Ávila Camacho que una ventaja. Parece lógico que la influencia política de la que la izquierda había gozado hasta entonces se redujera drásticamente cuando el aparato del Estado comenzó a actuar en contra de los radicales en varios sectores.

Finalmente, durante la transición entre Cárdenas y Ávila Camacho se hizo patente el debilitamiento de la reforma agraria. El Tribunal Supremo de Justicia aplicó un freno abrupto a la redistribución de la tierra. También se revisó el Código Agrario para proteger a la propiedad privada de la posibilidad de confiscación.[81] En vista de la falta de independencia del Poder Judicial con relación al Ejecutivo, es evidente que Cárdenas había dado marcha atrás en su programa. Para los círculos conservadores de México y del extranjero, era obvio que el gobierno había virado hacia la derecha, sin duda obligado por el crecimiento espectacular de la oposición.

Aunque resulte tentador pensar que organizaciones como la de los sinarquistas, la Acción Revolucionaria Mexicanista (ARM), el CCM, el PAN, etcétera no fueran más que grupos marginales atraídos por el fascismo, en esa época se les consideraba una amenaza seria a la Revolución. Sus lazos con empresarios poderosos, especialmente con el Grupo de Monterrey, evitaron que el gobierno mexicano los subestimara. Además, la presencia de los refugiados españoles en México sirvió de recordatorio de que, bajo condiciones adecuadas, aun un partido extremista menor podía llegar a hundir a una nación en el fascismo.

La mayoría de estos grupos hablaban sin rodeos de su admiración por la Falange española. El PAN mismo no disimulaba su simpatía por Franco y las teorías fascistas de corporativismo.[82] Los diplomáticos estadounidenses estaban preocupados por esos lazos con la Falange.[83] Después de un viaje extenso por Europa en julio de 1937, el general Juan Andreu Almazán declaró abiertamente su admiración por el general Franco.[84] Aunque es verdad que la prensa exageró esta declaración, su difusión ayudó a que se caricaturizara a Almazán como un fascista.

Sea como fuera, los datos sugieren que los miembros de la coalición de Almazán sí entraron en contacto con la Falange y con el gobierno español. La Falange seguía atenta a las tensiones de México. El 23 de agosto de 1940, el Ministerio del Interior español decidió mandar varios "grupos clandestinos de falangistas para aconsejar y apoyar a los partidarios de una forma totalitaria de gobierno". Según el ministro Valentín Galarza: "había llegado el momento de que un gobierno fascista tomara el poder en México".[85]

En octubre de 1940, un confidente del movimiento de Almazán se acercó al Ministerio del Interior español pidiendo apoyo económico para una insurrección inminente. Además, los almazanistas pedían armas y equipo. Aparentemente, el régimen de Franco aceptó ayudarlos. A su debido tiempo, los diplomáticos españoles tantearon a los alemanes para averiguar si tenían noticia del complot. La Wilhelmstrasse no sólo negó estar envuelta en la conspiración sino que rehusó aceptar la propuesta de los almazanistas arguyendo que "Ávila Camacho podría ser más favorable para Alemania que Almazán". Además, los alemanes aconsejaron a los españoles que se mantuvieran al margen.[86]

Sobra decir que en ese entonces España carecía del armamento solicitado, por no hablar de la infraestructura necesaria para su transporte a México. Por tanto, la colaboración hispanista con la derecha mexicana terminó por disolverse.

Con el tiempo, la decisión de Cárdenas de admitir a miles de refugiados republicanos se convirtió en un tema candente y en una cuestión trascendental de la campaña política. En junio de 1939, manifestantes derechistas abuchearon al presidente y a los refugiados españoles y chocaron con los defensores del PNR, en un enfrentamiento que dejó dos docenas de heridos.[87] Almazán acusó al gobierno de estafador y de haber entrado en confabulación con los refugiados "comunistas" españoles para llevar a México a la órbita soviética.[88]

Almazán estaba lejos de ser el espantajo fascista retratado por la prensa de izquierda. Tampoco Ávila Camacho era el adalid de las clases trabajadores que la misma prensa intentaba representar. El hecho de que ambos generales aborrecieran el comunismo y desearan erradicarlo de la vida nacional es sólo una muestra de la influencia que la derecha mexicana había alcanzado y del viraje de la Revolución mexicana hacia posturas más conservadoras motivado por la victoria de Franco. La verdadera razón de este cambio de rumbo era la de integrar a los enemigos de la Revolución en la maquinaria del régimen en lugar de enfrentarlos en un conflicto abierto que pudiera terminar, como la Guerra Civil española, en la derrota total de sus doctrinas. De cualquier manera, revela hasta qué grado el conflicto español había contaminado la política mexicana. La política interna llegó a verse a través de prismas españoles de formas que a menudo no correspondían con la realidad. Esto no disminuye los peligros a los que se enfrentó el régimen revolucionario, aunque no se desprende de forma automática que existiera una situación prefascista.

Ávila Camacho adoptó cada vez más una retórica conservadora como reacción a las continuas embestidas de Almazán contra el radicalismo revolucionario. Se revisó el Plan Sexenal de Lombardo, redactándose un documento que no sólo rehuía la mayor parte de sus características radicales sino que incluso cambió su nombre por el de Plan de Gobierno, en un esfuerzo aparente por dejar atrás la terminología y el radicalismo marxistas. Al final, resultaba difícil diferenciar los programas de ambos candidatos.

El 7 de julio de 1940 se celebraron las elecciones presidenciales entre derramamientos de sangre y persecuciones. Cárdenas había prometido una elección libre y limpia, algo que no había ocurrido en el país desde 1910, cuando Madero fue elegido presidente. Sin embargo, la elección de 1940 estuvo tan manipulada como las anteriores. Los resultados oficiales fueron escandalosamente distorsionados a favor del régimen:

Ávila Camacho	2.476.641 votos
Almazán	151.010 votos
Sánchez Tapia	9.840 votos

Días antes de la elección, Almazán había declarado que, de cometerse un fraude contra la voluntad popular, él encabezaría la "fuerza del pueblo" para ponerla al servicio de la ley e impedir que una facción usurpadora se apoderara de la nación.[89]

Almazán se proclamó vencedor y salió hacia Cuba para intentar persuadir al ministro de Relaciones Exteriores de los Estados Unidos, Cordell Hull, quien se encontraba en la Conferencia Panamericana, de que lo apoyara. Sus seguidores insistieron en que le habían robado la victoria por medios fraudulentos y amenazaron con rebelarse. Almazán incluso se entrevistó con Elliot Roosevelt, hijo del presidente de los Estados Unidos, en otro inútil intento por conseguir la colaboración estadounidense para su causa. Lejos de obtenerla, Almazán tuvo que tragarse la bendición que Roosevelt le dio a Ávila Camacho.*[90] El temido levantamiento militar nunca llegó a materializarse.

Si Cárdenas hubiera elegido como sucesor a un izquierdista como Múgica, es muy probable que la violencia política de 1940 hubiera sido mucho mayor. La elección de un moderado como su sucesor neutralizó el descontento de la derecha y permitió la incorporación de los conservadores a la "familia revolucionaria".

La virulencia de la elección presidencial de 1940 incrementó la alarma respecto de una invasión de "gachupines rojos" debido a que el gobierno mexicano alistó a muchos refugiados, en un intento por contrarrestar un posible levantamiento militar por parte de los defensores de Almazán.

---

* La aprobación de Roosevelt del candidato designado por Cárdenas fue evidente cuando hizo valer la Ley de Neutralidad de los Estados Unidos con relación a México. Esto significaba que se reconocía al gobierno mexicano como el único receptor legal de la exportación de armas estadounidenses. La aprobación formal de Ávila Camacho por parte de Roosevelt también pudo constatarse en su decisión de enviar al vicepresidente Henry Wallace a la toma de posesión.

Por supuesto, este entrenamiento fue ocultado para no dar pie a una reacción nacionalista mexicana. No se les proporcionó armas a estas unidades, aunque había arsenales listos para equiparlas en caso de emergencia.

En el desfile del 1 de Mayo de 1940, un contingente republicano marchó detrás de la bandera republicana, mientras una banda interpretaba pasodobles y música mexicana. En uno de sus estandartes se podía leer: "UGT. Oficiales españoles en el exilio buscan un puesto en la lucha en contra del fascismo". Lombardo Toledano elogió al grupo por ser uno de los más numerosos y mejor organizados del desfile.[91] Debido a su experiencia militar durante la Guerra Civil, muchos de los refugiados españoles formaban un núcleo de soldados bien entrenados y muy disciplinados.

En octubre de 1940, Cárdenas apostó a 200 veteranos republicanos españoles, bien entrenados, en Chilpancingo (Guerrero), donde se esperaba un ataque inminente por parte de los almazanistas. Esta unidad militar incluía a aviadores españoles.[92] Finalmente, la confrontación nunca se produjo, pero la voluntad de Cárdenas de usar a los refugiados como aliados en un enfrentamiento es reveladora de lo apremiante que la situación se había vuelto para la supervivencia del régimen. De hecho, hubo levantamientos en el norte, pero las fuerzas federales pudieron sofocarlos. En todo caso, la utilización de veteranos de la guerra española resultó ser un arma de doble filo: mientras que reforzó los lazos de los exiliados con el gobierno que los había acogido, también aumentó el antagonismo de sus numerosos adversarios políticos.

Poco después de las elecciones hubo choques internos dentro del PRM, cuando la derecha y la izquierda intentaron hacerse con el control del partido. Maximino Ávila Camacho, hermano del presidente electo y uno de los generales más conservadores del Ejército mexicano, dirigía el ala derecha del partido. La izquierda comprendió demasiado tarde que su verdadero enemigo no era Almazán sino los reaccionarios de Ávila Camacho, empeñados en destruir el programa de Cárdenas.[93] No sorprende por tanto que, después de las elecciones, gran parte de la derecha disidente de 1940 se incorporara al PRM.

En su toma de posesión, Ávila Camacho declaró: "Soy creyente".[94] Ningún presidente desde los días de Juárez se había atrevido a confesar su fe de manera tan abierta. Ávila Camacho rápidamente comenzó a distanciarse del nacionalismo radical que el gobierno de Cárdenas había adoptado. En los primeros meses surgieron varias señales claras que sugerían un cambio de rumbo. El 29 de diciembre de 1941 se dio marcha atrás a la enmienda sobre la educación socialista, abriéndole las puertas a las escuelas e instrucción religiosas. También se abolió la enseñanza mixta establecida durante el gobierno de Cárdenas.*[95]

El nuevo gobierno se embarcó en un sólido esfuerzo por doblegar al movimiento obrero. El rápido crecimiento económico, la subordinación de los sindicatos y campesinos y el acercamiento con la Iglesia ayudaron a reconciliar a los conservadores y al sector empresarial con el régimen después de 1940. A partir de entonces, el coqueteo de los conservadores mexicanos con la causa de Almazán rápidamente se desvaneció y Ávila Camacho se convirtió, para la derecha, en el primer baluarte en contra de un posible resurgir del cardenismo.

Se revocó la mayoría de las medidas de Cárdenas. Sin embargo, su autoridad moral no se vio afectada en dos asuntos cruciales: la continuidad de la propiedad del petróleo en manos del Estado mexicano y la negativa a establecer relaciones diplomáticas con el régimen de Franco. Así, de manera insólita, el caso español se convirtió en una herencia intocable de Cárdenas para sus sucesores. ¿Cómo surgió esta tradición? Para un régimen cada vez más autoritario, en el sentido de la definición de Linz,[96] como el que presidía el PRM, que casi había renunciado a sus principios fundacionales, la defensa fiel de la República española, por utópica que fuera, servía para legitimarse internamente ante la izquierda mexicana. Una y otra vez surgirían rumores que divulgaban que, ante la presión de Madrid y de poderosos intereses comerciales, México estaba a punto de reanudar los lazos diplomáticos con España.

MÉXICO Y ESPAÑA, 1945-1977. DE LA PERSISTENTE HOSTILIDAD A LA RECONCILIACIÓN FINAL

A pesar de estas aspiraciones, siete gobiernos mexicanos mantendrían intacta la política de Cárdenas hacia España. Hasta que Franco falleció y Adolfo Suárez ocupó la presidencia del Estado español, el gobierno

---

* El secretario de Educación, Luis Sánchez Pontón, uno de los últimos vestigios del cardenismo en el gabinete de Ávila Camacho, fue despedido, supuestamente "por razones de salud", pero en realidad por haberse negado a invalidar la educación socialista dos meses antes. Fue sustituido posteriormente por Octavio Vejar Vázquez, quien inició una purga de la izquierda dentro de la Secretaría de Educación.

de José López Portillo (1976-1982) no dio los pasos tendentes al restablecimiento de los lazos diplomáticos.

En junio de 1945, la delegación mexicana que asistía a la Conferencia de las Naciones Unidas en San Francisco auspició una iniciativa que pedía la exclusión de España de la nueva organización mundial, ya que su gobierno "espurio" había sido impuesto a la fuerza por las potencias del Eje. El embajador Luis Quintanilla evocó el modo en que los militares alemanes e italianos habían derrocado a un gobierno legítimo. La resolución fue aprobada por aclamación.[97]

Diez meses más tarde, cuando se reunió la primera Asamblea General de la ONU, México patrocinó una nueva iniciativa que pedía el cese inmediato de relaciones diplomáticas entre todos los miembros de las Naciones Unidas y la dictadura española, ya que constituía "una amenaza a la paz mundial".[98] Cuarenta y seis naciones votaron a favor de la moción y sólo dos en contra. La exclusión del gobierno de Franco de la "comunidad de naciones" hizo abrigar nuevas esperanzas de que los republicanos recuperaran el poder, por lo que era imperativo crear un cuerpo oficial que otras naciones estuvieran dispuestas a reconocer. El apoyo mexicano a la República española dio un nuevo giro en agosto de 1945, cuando Negrín y Álvarez del Vayo fueron a Ciudad de México para negociar un acuerdo con otros dirigentes republicanos para volver a establecer las instituciones republicanas en el exilio.

El establecimiento de los gobiernos en el exilio había sido una práctica generalizada durante la Segunda Guerra Mundial, cuando los "gobiernos libres" de las naciones europeas ocupadas por Alemania habían tratado de mantener una semblanza de continuidad para sus países. Después de entrevistarse con el presidente Ávila Camacho y con Cárdenas, a Negrín y a Álvarez del Vayo les aseguraron que el gobierno mexicano estaba dispuesto a brindar el apoyo moral y político a esta misión.

Así, el gobierno mexicano extendió el derecho de extraterritorialidad a las Cortes españolas y, el 17 de agosto de 1945, el Salón de Cabildos del Ayuntamiento de Ciudad de México se habilitó como sede oficial de las Cortes republicanas en el exilio.[99] El gobierno mexicano otorgó inmunidad a los diputados españoles. En un gesto de amistad, las tropas mexicanas desfilaron en Ciudad de México para rendir tributo a Diego Martínez Barrios, a quien los diputados españoles habían elegido presidente provisional de la República. Nueve días después, con el gobierno republicano en el exilio ya formalmente constituido, la cancillería mexicana anunció su acuerdo en continuar con las relaciones diplomáticas.[100]

En España, el establecimiento de la República en el exilio fue satirizado sin piedad como una "mascarada grotesca", "previsiblemente" avalada por el gobierno mexicano, "un notorio amigo de los Rojos".[101] Los conservadores mexicanos también censuraron con dureza al gobierno de México por autorizar a los extranjeros a organizar actividades políticas en territorio nacional,* "cuando a los mexicanos no se les permite hacer lo mismo", y por violar la Doctrina Estrada.[102]

Finalmente, las controversias interminables de las facciones republicanas desvirtuaron seriamente la credibilidad de la República en el exilio como un interlocutor legítimo dentro de la comunidad internacional. Ésta fue la causa de que las acciones contra el régimen de Franco decrecieran entre los Estados miembros de las Naciones Unidas. Por otra parte, la Guerra Fría significó que los Estados Unidos olvidara los lazos de la España de Franco con el Eje para considerar su potencial como un aliado útil en contra de la propagación del comunismo en Europa. Así, para noviembre de 1950, quedó claro que la política de las Naciones Unidas hacia la España franquista se revertiría totalmente cuando la Asamblea General votó para revocar el mandato para la retirada de las misiones diplomáticas de Madrid y la exclusión de España como miembro en las agencias especializadas de las Naciones Unidas.[103]

Dos años más tarde, España entró en la UNESCO, en lo que sería el primer paso hacia una normalización total de los lazos internacionales del régimen de Franco. El representante de México se opuso firmemente a esta maniobra, mientras que el director general del organismo, Jaime Torres Bodet, renunció a su cargo, aparentemente como protesta.[104]

Durante casi un cuarto de siglo, los cada vez más conservadores gobiernos del PRI sostuvieron la ficción de un reconocimiento diplomático de la República española, que era poco menos que una entelequia. Mientras tanto, los vínculos comerciales y económicos con la España franquista se mantuvieron a través de varios emisarios extraoficiales franquistas y de la embajada portuguesa.

---

* En desafío al artículo 33 de la Constitución Mexicana, que prohíbe a los extranjeros intervenir en la política interna, y más aún a la promesa hecha al entrar al país de no hacerlo.

Los contactos bilaterales cayeron de nuevo sólo dos meses antes de la muerte de Franco, cuando la dictadura ejecutó a cinco antifranquistas. Varios países europeos retiraron a sus embajadores de Madrid como gesto de condena. El presidente Luis Echeverría llegó aún más lejos, al pedir a la Asamblea General de la ONU que expulsara a España de la organización. Además, México canceló unilateralmente todo intercambio comercial, transporte y comunicación con España.[105] Los franquistas más obcecados respondieron organizando manifestaciones en oposición a la "conspiración judeo-masónica en contra de España" encabezada por México, al tiempo que traían a la memoria el supuesto papel de Echeverría en la masacre de Tlatelolco de 1968.[106]

Con la muerte de Franco en noviembre de 1975, las condiciones para reanudar los lazos diplomáticos parecieron ser propicias. Sin embargo, el gobierno mexicano, probablemente a instancias de los exiliados republicanos, retrasó esta decisión hasta que la situación política de España se "clarificara". En marzo de 1977, semanas antes de la primera elección democrática en España en más de 39 años, los gobiernos de México y la República española convinieron en cancelar sus relaciones diplomáticas para que México pudiera establecerlas con el Reino de España, una forma de gobierno que, según los funcionarios mexicanos, "ahora sí representa a la mayoría del pueblo español".[107] La reanudación de las relaciones diplomáticas se formalizó diez días más tarde, el 28 de marzo de 1977.

NOTAS

[1] John Sherman, *The Mexican Right. The End of Revolutionary Reform, 1929-1940*, Westport Connecticut, Praeger, 1997, pp. 87-98.

[2] Hispanismo: una doctrina que fusiona las ideas imperiales de la España de Carlos V con la presunción de una cultura "madre" y que fue desarrollada por el historiador Marcelino Menéndez Pelayo (1856-1912). Su principio cardinal proclama la existencia de una supuesta "comunidad", o raza transatlántica, que unifica a todos aquellos pueblos que en algún momento estuvieron bajo la tutela de la Corona española. Para un análisis riguroso de los nexos ideológicos entre los conservadores mexicanos y el hispanismo, véase Ricardo Pérez Monfort, *Hispanismo y Falange. Los sueños imperiales de la derecha española*, México, Fondo de Cultura Económica, 1992.

[3] Al final, México recibió a cerca de 30.000 refugiados. Véase al respecto el trabajo de Patricia Fagen, *Exiles and Citizens: Spanish Republicans in Mexico*, Austin, University of Texas Press, 1973.

[4] William Cameron Townsend, *Lázaro Cárdenas. Mexican Democrat*, Ann Arbor, Michigan, George Wahr Publishing Co., 1952, p. 184.

[5] "Al encubrir el tráfico ilegal de armas para los comunistas, México está alterando la paz de Europa." Declaraciones del embajador de Mussolini ante Londres, Dino Grandi, aparecidas en el *Giornale d'Italia*, 24 de marzo de 1937, p. 1. Véase también *Popolo d' Italia* e *Il Messagero*, misma fecha: "México, un país que se ha convertido de manera ostensible en el principal agente del contrabando soviético y francés de materiales bélicos y de voluntarios hacia España, favoreciendo de este modo la anarquía roja en ese país". Véase asimismo Evelyn Waugh, *Robbery Under Law. The Mexican Object-Lesson*, Londres, Chapman & Hall, 1939.

[6] Betty Kirk, *Covering the Mexican Front. The Battle of Europe vs. America*, Norman, University of Oklahoma Press, 1942.

[7] Véase, por ejemplo, Raymond Carr, *The Spanish Tragedy*, Londres, Weidenfeld and Nicholson, 1977, pp. 374-375.

[8] Véase, entre otros, David Cattell, *Soviet Diplomacy and the Spanish Civil War*, Berkeley, University of California Publications in International Relations, volumen 5, 1957; Ronald Radosh *et al.* (ed.), *Spain Betrayed. The Soviet Union and the Spanish Civil War*, New Haven, Conn., Yale University Press, 2001; E. H. Carr, *The Komintern and The Spanish Civil War*, Londres, Macmillan, 1984.

[9] Ejemplos de este furor editorial lo constituyen los libros de Robert Strading, *The Irish and the Spanish Civil War, 1936-1939: Crusades in Conflict*, Mandolin; Feargal McGarry, *Ireland and the Spanish Civil War*, 2000, y Amirah Inglis, *Australians and the Spanish Civil War*, Sydney, 1987.

[10] Así, por ejemplo, Powell tiene la temeridad de afirmar: "Una de las muchas ironías implícitas en el apoyo mexicano a la República española fue que obligó al macho y antiintelectual de Cárdenas a aliarse con el cerebral y afeminado de Manuel Azaña, un

hombre cuya especie Cárdenas detestaba cordialmente; en términos de temperamento, Cárdenas tenía mucho más en común con el general Franco que con el Jefe de Estado republicano". T. G. Powell, ob. cit., p. 13.

¹¹ Véase José Antonio Gómez Cangas, *El caso México-España*, México, Escuela Nacional de Ciencias Políticas y Sociales, UNAM, 1960; Omar Martínez Legorreta, *Actuación de México en la Liga de las Naciones*, México, Escuela Nacional de Ciencias Políticas y Sociales, UNAM, 1962; Laura Elena Farías Peraldi, *La actitud de México ante las agresiones fascistas*, México, Facultad de Ciencias Políticas y Sociales, UNAM, 1966 y Fernando Aramburu, *Actitud del gobierno de México en el caso de España*, México, Escuela Libre de Derecho, 1963.

¹² *México ante la República española. Antología de documentos, 1931-1977*, México, Centro Republicano Español de México, 1978. Recientemente, el propio Matesanz publicó un nuevo volumen: *Las raíces del exilio. México ante la Guerra Civil española*, México, El Colegio de México/Universidad Nacional Autónoma de México, 1999. No obstante sus muchas y muy valiosas aportaciones, el libro insiste, nuevamente, en el tema del exilio español a México antes que en los aspectos concretos de la ayuda militar y material prestada por México a la República durante la Guerra Civil.

¹³ Hugh Thomas, *The Spanish Civil War*, Middlesex, Penguin Books, 1986, p. 304.

¹⁴ Ángel Viñas, *La Guerra Civil 50 años después*, Barcelona, Labor, 1985, pp. 140-142.

¹⁵ *Constitución Política de los Estados Unidos Mexicanos*, artículo 89, párrafos III, VIII y X. Véase también Archivo Histórico-Diplomático Mexicano, *México y España: Solidaridad y asilo, 1936-1942*, México, Secretaría de Relaciones Exteriores, 1990, p. 11.

¹⁶ Véase, por ejemplo, J. B. Trend, *México. A New Spain with Old Friends*, Cambridge, Cambridge University Press, 1941; Patricia Fagen, ob. cit.; José Alameda *et al.*, *El exilio español en México, 1939-1982*, México, Fondo de Cultura Económica/Salvat, 1982.

¹⁷ Evelyn Waugh, *Robbery Under Law. The Mexican Object-Lesson*, Londres, Chapman & Hall, 1939, pp. 42 y 283-286; Frank L. Kluckhohn, *The Mexican Challenge*, Nueva York, Doubleday, 1939.

¹⁸ *El Nacional*, México, 7 de septiembre de 1936.

¹⁹ Lois E. Smith, *Mexico and the Spanish Republicans*, Berkeley, University of California Press, 1955, p. 190.

²⁰ Véase, por ejemplo, Secretaría de Relaciones Exteriores, *México y España: Solidaridad y asilo. 1936-1942*, México, Secretaría de Relaciones Exteriores, 1990.

²¹ Para el texto íntegro del comunicado, véase *El Universal*, México, 28 de septiembre de 1930; para un análisis detallado de la Doctrina Estrada, consúltese, entre otros, Daniel Cosío Villegas, *Ensayos y notas*, volumen 2, México, Hermes, 1966.

²² Alfonso Taracena, *La revolución desvirtuada*, volumen 5, México, Costa-Amic, 1966. Véase, además, Salvador Abascal, *Lázaro Cárdenas. Presidente Comunista*, México, Tradición, 1988 y Carlos Alvear Acevedo, *Lázaro Cárdenas: El hombre y el mito*. México, Jus, 1961.

²³ José Fuentes Mares, *Historia de un conflicto. El tesoro del Vita*, Madrid, CVS Ediciones, 1975, pp. 163-165.

²⁴ Para ejemplos de estudios tan paternalistas y condescendientes véase T. G. Powell, ob. cit., o Mark Falcoff y Frederick Pike, *The Spanish Civil War: American Hemispheric Perspectives*. Lincoln, Nebraska, University of Nebraska Press, 1982.

²⁵ "El triunfo de Franco determinaría una ofensiva inmediata y poderosa contra todas las fuerzas revolucionarias de México. El gobierno de México al apoyar al de España, no sólo está con la legalidad, con la justicia y con la tradición popular mexicana, sino que sostiene su propia causa en la avanzada que es la pugna de la Península. Por eso para México el gobierno de Franco no es ni puede ser nunca, aunque alcanzara el triunfo, otra cosa que el faccioso y el enemigo histórico." Informe confidencial del embajador mexicano en

Madrid, Ramón P. Denegri, al secretario de Relaciones Exteriores, Eduardo Hay. Archivo Histórico de la Secretaría de Relaciones Exteriores (en lo sucesivo, AHSRE), expediente III-765-1 (cuarta sección).
[26] María Emilia Paz Salinas, *Strategy, Security and Spies. Mexico and the U.S. as Allies in World War II*, University Park, PA, Pennsylvania State University Press, 1997, p. 15.
[27] National Archives of the United States (NAUS), RG59, Caja 3960, 812.00/32033-1/5ff. "Spanish Government's Influence in the Mexican Presidential Election of 1940", 1941. Para un enfoque más académico véase, por ejemplo, Carleton Beals, "Totalitarian Inroads in Latin America" en *Foreign Affairs*, volumen 17, número 1, octubre de 1938, pp. 78-90 o bien Frank Klukhohn, *The Mexican Challenge*, Nueva York, Doubleday, 1939, pp. 138-142.
[28] F. Carmona Nenclares, "Hispanismo e Hispanidad", en *Cuadernos Americanos*, mayo-junio de 1942.
[29] Eduardo González Calleja y Fredes Limón, *La Hispanidad como instrumento de combate. Raza e imperio en la prensa franquista*, Madrid, CSIC, 1988.
[30] Véase, por ejemplo, Carlos Martínez Assad, *Los rebeldes vencidos. Cedillo contra el Estado cardenista*. México, Fondo de Cultura Económica, 1990, o bien Brígida von Mentz *et al.*, *Los empresarios alemanes, el Tercer Reich y la oposición de derecha a Cárdenas*, volumen 2, México, Centro de Investigaciones y Estudios en Antropología Social, 1988.
[31] "Informe del Servicio de Inteligencia sobre Méjico", septiembre de 1939, en Fundación Nacional Francisco Franco, *Documentos inéditos para la Historia del Generalísimo Franco*, volumen 1, Burgos, 1992, pp. 588-602. Véase, también, Friedrich E. Schuler, *Mexico between Hitler and Roosevelt. Mexican Foreign Relations in the Age of Lázaro Cárdenas, 1934-1940*, Alburquerque, The University of New Mexico Press, 1998, pp. 76-77.
[32] Klaus Volland, *Das Dritte Reich und Mexiko*, Francfort, Lang, 1976; Leslie Rout y John Bratzel, *The Shadow War. German Espionage and U.S. Counterespionage in Latin America during World War II*, Washington, Greenwood Press, 1986; VV.AA., *Der Deutsche Fascismus in Latein Amerika. 1933-1943*, Berlín, Humboldt-Universität zu Berlin, 1966.
[33] Conferencia del 31 de enero de 1939 citada en Thomas H. Greer, *What Roosevelt Thought. The Social and Political Ideas of Franklin D. Roosevelt*, Michigan, State University Press, 1958, pp. 181-182.
[34] Charles A. Beard, *American Foreign Policy in the Making, 1932-1940. A Study in Responsibilities*, New Haven, Conn., Yale University Press, 1946, pp. 178-180.
[35] Asimismo, acerca de ese episodio cabe aclarar que Alexandra Kollontai, destacada feminista y crítica del bolchevismo (1873-1952), fue nombrada por Stalin como la primera mujer embajadora en los anales de la historia diplomática.
[36] Informe de la Sexta Comisión presentado por Manuel Tello a la decimoctava Asamblea de la Sociedad de Naciones, octubre de 1937, Expediente III-488-2; AHSRE, Expediente III-170-133: III-491-6.

I. ¿UN MISMO RUMBO?

[1] Tras la Independencia de México, España mantuvo una plaza fuerte en la fortaleza de San Juan de Ulúa frente al puerto de Veracruz, desde donde organizó con éxito un bloqueo marítimo. Expulsada la guarnición española por el general Santa Anna en 1825, los españoles intentaron la reconquista de México bajo el mando de Barradas cuatro años después. En parte derrotada por los generales Guerrero y Santa Anna, la expedición fue diezmada por la malaria. Como represalia, el gobierno de Vicente Guerrero decretó la expulsión de todos los españoles de territorio mexicano. El historiador estadounidense Harold Dana

Sims hizo la ahora clásica versión de esos acontecimientos en sus libros *La reconquista de México. La historia de los atentados españoles, 1821-1830,* México, Fondo de Cultura Económica, 1984, y *La expulsión de los españoles de México, 1821-1830,* México, Fondo de Cultura Económica, 1985.

[2] *Tratado Definitivo de Paz y Amistad Suscrito entre la República Mexicana y su Majestad Católica Doña Isabel II suscrito en la Ciudad de Madrid el 28 de diciembre de 1836,* en Luis Miguel Díaz y Jaime G. Martini, *Relaciones Diplomáticas México-España (1821-1977),* México, Porrúa, 1979.

[3] Ibíd.

[4] Gran Bretaña era el principal cliente y proveedor de México, concentrando el 39,65% de sus exportaciones. Véase Roger D. Hansen, *The Politics of Mexican Development,* Baltimore, Johns Hopkins, 1971 (hay traducción al español: *La política del desarrollo mexicano,* México, Siglo XXI, 1978, p. 23). Según Carlos M. Rama, a principios del siglo XX España participaba en el comercio mundial con el mero 1,2% del valor total, pese a tener una costa de más de 4.000 kilómetros (*La crisis española del siglo XX,* México, Fondo de Cultura Económica, 1976, p. 40).

[5] Manuel Grijalva, "Tendencias generales de las relaciones comerciales entre México y España", en Clara Lida, *Tres aspectos de la presencia española durante el porfiriato,* México, El Colegio de México, Centro de Estudios Históricos, 1981, pp. 131-132.

[6] El español tenía, por su lengua y religión, mayor potencial de integración con el elemento local que inmigrantes de otras nacionalidades tales como alemanes, franceses e italianos, o peor aún, el temido anglosajón, el inmigrante preferido. Recuérdese, en ese sentido, que una primera oleada de inmigrantes norteamericanos entre 1820 y 1840 había derivado en la pérdida de Tejas y en la guerra con los Estados Unidos de 1846-1847.

[7] Michael Kenny *et al., Inmigrantes y refugiados españoles en México. Siglo XX,* México, Ediciones de la Casa Chata, 1979, p. 54.

[8] Carlos Illades, *Presencia española en la Revolución Mexicana (1910-1915),* México, UNAM-Instituto Mora, 1991, p. 4.

[9] Más tarde, el escritor español Ramiro de Maeztu (1874-1936) incorporaría elementos antiliberales y antidemocráticos a esta idea, engendrando la "Hispanidad", doctrina que prescribía la tutela de las naciones hispanoamericanas por la "madre patria". Véase Frederick Pike, *Hispanismo, 1898-1936. Spanish Conservatives and Liberals and their Relations with Spanish America,* Londres, University of Notre Dame Press, 1971, pp. 1-9, y Ramiro de Maeztu, *Defensa de la Hispanidad,* Madrid, 1933.

[10] Carlos M. Rama, *Historia de las relaciones culturales entre España y la América Latina,* México, Fondo de Cultura Económica, 1982, pp. 186-191.

[11] Para una descripción de esta misión cultural y un retrato de Altamira, véase Javier Malagón y Silvio Zavala, *Rafael Altamira y Crevea. El historiador y el hombre,* México, UNAM, 1986.

[12] Josefina MacGregor, *México y España. Del porfiriato a la Revolución,* México, Instituto Nacional de Estudios Históricos de la Revolución Mexicana, 1992.

[13] Héctor Perea, *La rueda del tiempo,* México, Cal y Arena, 1996, p. 126.

[14] Carlos Illades, ob. cit., p. 12.

[15] Luisa Treviño y Daniel de la Pedraja, *México y España. Transición y cambio,* México, Joaquín Mortiz, 1983, p. 35.

[16] *The New York Times,* 29 de abril de 1911.

[17] El 9 de febrero de 1913, los generales Bernardo Reyes y Félix Díaz, sobrino del antiguo dictador Porfirio Díaz, protagonizaron una intentona contrarrevolucionaria contra Madero. Reyes intentó tomar por asalto el Palacio Nacional, donde tropas leales al presidente le abatieron. Al enterarse de estos sucesos, Díaz se retiró al principal arsenal de la capital, donde intentó hacerse fuerte. En una decisión fatal, Madero nombró al general Victoriano

Huerta, antiguo esbirro de Díaz, comandante en jefe del Ejército, enviándolo a aplastar la rebelión. Lejos de ello, Huerta fingió enfrentamientos con Félix Díaz mientras entraba en negociaciones con éste y con el embajador norteamericano, Henry Lane Wilson. Durante los enfrentamientos, la población civil sufrió grandes bajas en lo que se conoció como "la decena trágica". Al final, Díaz y Huerta acordaron, bajo los auspicios de Lane Wilson, deponer a Madero en lo que pasó a ser conocido como "el Pacto de la Embajada". Un subalterno de Huerta, el coronel Aureliano Blanquet, arrestó a Madero y lo asesinó junto con el vicepresidente Pino Suárez el 19 de febrero de 1913. Huerta asumió la Presidencia mientras Díaz huía del país. Aparentemente, Cólogan y Cólogan participó en estas intrigas, o, por lo menos, hizo la vista gorda ante ellas. De ese modo concluyó la breve experiencia democrática. El episodio sería más tarde equiparado recurrentemente por el gobierno de Cárdenas con la insurrección franquista contra la República y con la intervención del Eje en España.

[18] Debe aclararse, no obstante, que la Revolución sí produjo un virulento sentimiento antichino, agitación que condujo a ultrajes e incluso masacres de inmigrantes chinos. Éstos aceptaban recibir menor paga que los mexicanos y eran, por tanto, vistos como competencia desleal. El más notable ejemplo de estos excesos fue la matanza de Torreón en 1914, incitada por las tropas villistas.

[19] Ramón del Valle-Inclán, *Tirano Banderas*, Madrid, Austral, 1983, pp. 100-101.

[20] David Brading, *Los orígenes del nacionalismo mexicano*, México, Secretaría de Educación Pública, Colección Sepsetentas, número 32, pp. 112-113. Según María Moliner (p. 1360) se estableció una distinción tras la Guerra Civil española en México entre los viejos residentes, a quienes se les llamaba "gachupines", y los exiliados republicanos, a los que simplemente se les llamaba españoles. Véase también *Diccionario de la Real Academia Española*, 1999, p. 248.

[21] Carlos Illades, ob. cit., p. 58.

[22] Moisés González Navarro, *Población y sociedad en México*, México, Facultad de Ciencias Políticas y Sociales, UNAM, 1974, volumen 2, p. 79.

[23] Josefina MacGregor, ob. cit., pp. 11, 16 y 53.

[24] José Fuentes Mares, *Historia de dos orgullos. España y México*, México, Océano, 1984, pp. 56-59.

[25] Carlos Illades, ob. cit., pp. 130-131.

[26] "Decreto del Poder Ejecutivo suprimiendo las representaciones diplomáticas y consulares del General Victoriano Huerta", en AHSRE, serie EMBESP 343.

[27] Josefina MacGregor, ob. cit., p. 65.

[28] Véase, entre otros, Colin MacLachlan, *Anarchism and the Mexican Revolution*, Berkeley, University of California Press, 1991; David Poole, *Land and Liberty. Anarchist Influences in the Mexican Revolution*, Sanday, England, Cienfuegos, 1977; John M. Hart, *Anarchism and the Mexican Working Class (1860-1931)*, Austin, University of Texas Press, 1978, y James D. Cockroft, *Intellectual Precursors of the Mexican Revolution*, Austin, University of Texas Press, 1968.

[29] Exiliado en España de 1925 a 1936, Guzmán trabajó como secretario privado de Azaña y dirigió dos periódicos españoles: *El Sol* y *La Voz*, en los que contribuyó ampliamente con columnas y artículos. Naturalizado español, trabajó como asesor sin cartera en el primer gobierno de Azaña (1931-1933), desempeñando funciones de enlace entre el Primer Ministro y la prensa española. Por otra parte, Guzmán llevó a cabo, bajo instrucciones de Azaña, misiones secretas apoyando a la oposición portuguesa de Alfonso Costa o intentando persuadir a Valle-Inclán de que aceptara un cargo oficial de la República. Véase Manuel Azaña, *Memorias políticas 1931-1933*, Barcelona, Grijalbo, 1992, pp. 84-85, 125-128 y 261, y Cipriano Rivas-Cheriff, *Retrato de un desconocido. Vida de Manuel Azaña*, Barcelona, Grijalbo, 1979.

[30] Éste sería el origen de El Colegio de México. Véase capítulo III.

[31] Recuérdense, en ese sentido, las presidencias de Rómulo Gallegos en Venezuela (1947-1948) y de Bartolomé Mitre en Argentina (1862-1864), por citar tan sólo dos casos destacados. Véase, por ejemplo, Juan F. Marichal, *La sombra del poder. Intelectuales y política en España, Argentina y México*, Madrid, Cuadernos para el Diálogo, 1975.

[32] Frederick Pike, *Hispanismo, 1898-1936*, ob. cit., pp. 182-183.

[33] Vicente Blasco Ibáñez, *El militarismo mejicano. Estudios publicados en los principales diarios de los Estados Unidos*, Valencia, Prometeo, 1921.

[34] Frederick Pike, ob. cit., p. 112.

[35] Héctor Perea, ob. cit., pp. 240-255.

[36] Paulino Masip, "Obregón, el presidente de Méjico, asesinado, visto por Valle-Inclán", en *Estampa*, número 30, Madrid, 28 de julio de 1928.

[37] Acerca de la segunda visita de Valle-Inclán a México (la primera fue en 1892) puede consultarse a Dru Dougherty, "El segundo viaje a México de Valle-Inclán: Una embajada intelectual olvidada", en *Cuadernos Americanos*, volumen 223, número 2, 1979.

[38] Archivo del Ministerio de Asuntos Exteriores de España (en lo sucesivo, AMAE), Legajo H1659. Despacho de la Legación de España en México, 25 de octubre de 1921.

[39] AMAE, Legajo H1659, memorando, 9 de mayo de 1921.

[40] AMAE, Saavedra y Magdalena al Ministerio de Estado; transcripción del comunicado del 27 de febrero de 1923.

[41] Ricardo Pérez Monfort, ob. cit., pp. 32-33.

[42] Lorenzo Meyer, *México y el mundo. Historia de sus relaciones exteriores*, tomo VI, México D.F., Senado de la República, 1991, p. 73.

[43] Ricardo Pérez Monfort, ob. cit., p. 39.

[44] AHSRE, expediente EMESP 566, 1923-1924. La transferencia tecnológica introdujo técnicas para el uso industrial del ajonjolí y la producción vitivinícola. Se firmaron asimismo acuerdos comerciales que incluyeron la venta, por parte de México a España, de algodón, tabaco, vainilla, garbanzo, velas y fibras de sisal, y de España a México, de vino, corcho, conservas (expediente EMESP 974) e, incluso, toros de lidia (expediente EMESP 757).

[45] El general Francisco L. Urquizo, un viejo carrancista exiliado en España desde 1920, fue el primero en referir ese episodio. Véanse sus *Obras Escogidas*, México, Fondo de Cultura Económica, 1987, Colección Letras Mexicanas, pp. 1038-1042. Puede leerse otra versión de la historia en Gutierre Tibón, *México en Europa*, México, Posada, 1979, pp. 110-115.

[46] AMAE, Delgado y Olazábal al Ministerio de Estado, despacho 29; México, 28 de febrero de 1926.

[47] Graham Greene, en su novela *El poder y la gloria*, ha retratado con fidelidad las repercusiones de tales acontecimientos. Desde luego, tratándose de un católico converso, Greene exhibe un prejuicio apenas disimulado contra los jacobinos mexicanos.

[48] El estudio clásico sobre el tema es, sin duda, el de Jean Meyer, *La Cristiada* (3 volúmenes), México, Siglo XXI, 1974.

[49] Véase, por ejemplo, F. Ravie, *Le Mexique Rouge*, París, G. Beauchesne, 1928; Francis McCullagh, *Red Mexico*, Londres, Brentano, 1928, o Francisco Gómez del Rey, *The Black Czar. Plutarco Elías Calles, Bolshevik Dictator of Mexico*, El Paso, Texas, Editorial El Diario del Paso, 1928.

[50] *El Debate*, Madrid, 30 de noviembre de 1926.

[51] Ricardo Pérez Monfort, ob. cit., pp. 45-46.

[52] *El Debate*, 22 de agosto de 1926.

[53] Archivo General de la Nación de México (en lo sucesivo, AGN), Legajo 292, Presidencia del Gobierno.

[54] AMAE, Legajo 2564, oficio 52, 15 de marzo de 1927.

[55] AMAE, despacho 157, marqués de Rialp al Ministerio del Estado, México, 30 de junio de 1928.

[56] AMAE, marqués de Rialp, resumen del despacho enviado al Ministerio del Estado, 31 de julio de 1928.

[57] *El Sol, Diario de la Mañana del Partido Comunista,* Madrid, 20 de julio de 1928.

[58] *El Debate,* 19 de julio de 1928; *ABC,* Sevilla, 20 de julio de 1928.

[59] *El Heraldo de Madrid,* 21 de julio de 1928.

[60] AMAE, Legajo 2565, marqués de Rialp al Ministerio del Estado, 10 de junio de 1929.

[61] AMAE, Legajo 2565, 9 de agosto de 1929.

[62] Publicado en Saltillo, Coahuila por una editorial patrioteramente llamada "Cuauhté-moc", como el último emperador azteca, sin fecha de publicación.

[63] José María Albiñana, *España bajo la dictadura Republicana. (Crónica de un período putrefacto.)* Madrid, Imprenta El Financiero, 1932.

[64] *El Debate,* 12 de mayo de 1929.

[65] Edith O'Shaughnessy, *A Diplomat's Wife in Mexico,* Nueva York, Harper and Brothers Publishers, 1916, pp. 93-96 y 176-178.

[66] J. H. Plenn, *Mexico Marches,* Indianápolis, Bobbs Merrill, 1939, pp. 68-69. Para una lista interminable de reclamaciones, véase Archivo Histórico de la Embajada de España en México, 1826-1939, Biblioteca Daniel Cosío Villegas, El Colegio de México, México, MP142Pt., micropelícula 141 (38).

II. EL AMIGO EUROPEO

[1] México fue el primer país americano y el segundo occidental en establecer relaciones diplomáticas con la Rusia soviética en 1924, cuando tanto los Estados Unidos como la mayor parte de las naciones europeas todavía mantenían bajo cuarentena al régimen bolchevique. En 1926, Alexandra Kollontai fue nombrada por Stalin ministra plenipotenciaria ante México –primera mujer en ocupar un cargo tan elevado en la diplomacia internacional–, dando lugar a nuevas acusaciones por parte de Washington de que México estaba derivando al comunismo. Se dice que el entonces secretario de Estado norteamericano, Frank Kellogg, presionó a México para que rompiera dicho vínculo. En cualquier caso, una vez rotas las relaciones diplomáticas con la Unión Soviética, el gobierno mexicano no habría de reanudarlas hasta 1943, a instancias de los Estados Unidos. Véase William Harrison Richardson, *Mexico through Russian Eyes, 1806-1940,* Pittsburgh, Pa., University of Pittsburgh Press, 1988; Héctor Cárdenas, *Las relaciones mexicano-soviéticas,* México, Secretaría de Relaciones Exteriores, 1974. y Lorenzo Meyer, ob. cit., pp. 135-37.

[2] Frank Sedwick, *The Tragedy of Manuel Azaña and the Fate of the Spanish Republic,* Ohio, State University Press, 1963.

[3] Friedrich Schuler, *Mexico between Hitler and Roosevelt,* ob. cit., p. 33.

[4] Los editoriales de *El Nacional* incluyeron a figuras tales como José Ortega y Gasset, Miguel de Unamuno, José Martínez Ruiz, Azorín, Luis de Zulueta, Manuel Azaña, etcétera.

[5] Salvador Novo, *La vida en México bajo la presidencia de Lázaro Cárdenas,* México, Empresas Editoriales, 1957, p. 348.

[6] Roberto Núñez y Domínguez, *Cómo vi la República española. Película impresionista,* México, Imprenta Mundial, 1933, pp. 58-59.

[7] Salvador de Madariaga, *Memorias (1931-1936),* Madrid, Espasa-Calpe, 1974, pp. 244-245.

[8] *Excélsior,* 15 de abril de 1931.

[9] "La República en España", en *La voz y la guitarra de Guty Cárdenas. El ruiseñor yucateco.* © Discos Corason, México (1993). Debo el hallazgo del corrido al inefable polígrafo y editor hispano-yucateco Juan García Oteyza.

[10] Félix F. Palavicini (ed.), *México: Historia de su evolución constructiva*, México, Distribuidora Editorial Libro, 1945, volumen 4, pp. 257-258.

[11] Roberto Núñez y Domínguez, ob. cit., pp. 78-80.

[12] Si bien heredado de los Fueros de Aragón, fue el jurista del siglo XIX Mariano Otero quien dio su sentido moderno al derecho de amparo. Véase Silvio Zavala, "Las próximas cortes españolas", en *El Nacional*, 29 de junio de 1931.

[13] *El Nacional*, 7 de junio de 1931.

[14] Julio Álvarez del Vayo, *The Last Optimist*, Londres, Putnam, 1950, p. 202.

[15] Ibíd., p. 204.

[16] Boletín Oficial de la Secretaría de Relaciones Exteriores 56, número 6 (1931). *El Nacional*, 20 de junio de 1931.

[17] PRO, FO 371, File 21472 A4932/10/26, O'Malley on board of HMS *Acquitania*, "Report to London", 24 de junio de 1938.

[18] John Cornwell, *Hitler's Pope. The Secret History of Pius XII*, Middlesex, Penguin, 2000.

[19] Arnaldo Córdova, *La Revolución en crisis. La aventura del maximato*, México, Cal y Arena, 1995, pp. 485-486.

[20] H. G. Wells, *Pocket History of the World*, Nueva York, Pocket Books Inc., 1941, pp. 330-333.

[21] Carlos M. Rama, *La crisis española del siglo XX*, México, Fondo de Cultura Económica, 1976, p. 134.

[22] Donald Sassoon, *One Hundred Years of Socialism: The West European Left in the Twentieth Century*, Londres, Tauris, 1996, pp. 55-56.

[23] Véase, por ejemplo, Barbara Stein, *La herencia colonial en América Latina*, México, Siglo XXI, 1974.

[24] Javier Tusell, *Historia de España en el siglo XX. II. La crisis en los años treinta: República y Guerra Civil*, Madrid, Taurus, 2003, p. 16.

[25] Hugh Thomas, ob. cit., pp. 76-77.

[26] *Anuario Estadístico, 1938*. México, DAPP/Dirección General de Estadística, 1939.

[27] Manuel Ortuño Martínez, "Cárdenas, México y España" en *Leviatán, Revista de Hechos e Ideas,* núm. 61, IIª época, Madrid, invierno de 1995, p. 140.

[28] Resulta interesante observar cómo, pese al hecho de que la República fue establecida como consecuencia de un cambio pacífico, muchos políticos republicanos de la época se hayan referido al cambio de régimen como "la revolución".

[29] Tanto la República española como la Revolución mexicana exhiben un grado de complejidad que descarta cualquier intento de definición fácil. Si bien la República puede ser caracterizada como liberal-progresista, la importante presencia del PSOE dentro de la coalición del Frente Popular llevó a muchos a tildar la alianza de socializante, o, incluso, de abiertamente comunista. Lo mismo puede decirse del PNR-PRM, un régimen en el que los liberales coexistían con los marxistas. Esta "culpa por asociación" contribuyó poderosamente a ganarle a ambos gobiernos una reputación de cofrades del comunismo, entre los círculos conservadores y el gobierno norteamericano, algo que estaban muy lejos de ser. Véase Douglas Little, "Anti-Bolshevism and American Foreign Policy", en *American Quarterly*, volumen 35, número 4, otoño 1983, pp. 376-390.

[30] Alguna vez, Diego Rivera señaló con ironía no exenta de razón: "México es una revolución burguesa con la jerga de Karl Marx". Citado por Frank L. Klukhohn, ob. cit., p. 220.

[31] Frederik Pike, ob. cit., p. 163.

³² Octavio Paz, *Las peras del olmo*, México, Fondo de Cultura Económica, 1957, p. 136.
³³ Michael Alpert, *A New International History of the Spanish Civil War*, Londres, Macmillan, 1994, p. 108.
³⁴ Luis Araquistáin, *La revolución mejicana. Sus orígenes, sus hombres, su obra*, Madrid, Editorial España, 1930.
³⁵ Antonio Ramos Oliveira, "La revolución en España. Nuevos documentos y revelaciones" (último capítulo del libro inédito *La revolución de Octubre* escrito en la cárcel), en *Revista Futuro*, tomo III, número 5, junio de 1935, pp. 443-444.
³⁶ *El Debate*, 12 de mayo de 1931.
³⁷ *ABC*, Madrid, 12 de mayo de 1931.
³⁸ Javier Tusell, ob. cit., pp. 94-95
³⁹ Salvador Novo, *La vida en México bajo la presidencia de Lázaro Cárdenas*, México, Empresas Editoriales, 1957.
⁴⁰ José Fuentes Mares, ob. cit., pp. 142-144.
⁴¹ Véase Julio Álvarez del Vayo, *Freedom's Battle*, Londres, Heinemann, 1940.
⁴² José Fuentes Mares, ob. cit., p. 145.
⁴³ María de los Ángeles Egido León, *La concepción de la política exterior durante la Segunda República*, Madrid, UNED, 1987, pp. 620-621.
⁴⁴ Daniel de la Pedraja, "La Admisión de los Estados de América Latina en la Sociedad de Naciones: El caso de México", en *Revista Mexicana de Ciencia Política*, número 57, UNAM, México, julio-septiembre de 1969.
⁴⁵ Manuel Ortuño Martínez, ob. cit., pp. 139-140.
⁴⁶ En 1998, el Congreso mexicano aprobó una ley que reconocía la doble nacionalidad. Para una visión integral del debate de 1931 sobre la ciudadanía hispanoamericana, véase Ricardo Pérez Monfort, "México y España. Apuntes de una discusión sobre la ciudadanía hispanoamericana en 1931", en *La Jornada Semanal*, México, 6 de junio de 1993.
⁴⁷ Véase Julio Álvarez del Vayo, "La República en España", en *El Nacional*, 18 de julio de 1931. Sobre las reacciones a la conferencia, véase José Córdoba, "Álvarez del Vayo, conferencista", en *El Nacional*, 20 de julio de 1931.
⁴⁸ José Fuentes Mares, ob. cit., pp. 142-143.
⁴⁹ *España bajo la dictadura republicana (Crónica de un período putrefacto)*, publicado en Madrid en algún momento en torno a 1932. Para un retrato del doctor Albiñana y las actividades de su partido protofascista véase Antonio Ruiz Vilaplana, *Sous la foi du serment*, segunda edición, París, Flory, 1938.
⁵⁰ AMAE, Álvarez del Vayo al Ministerio de Estado, despacho 41, México, 10 de marzo de 1932.
⁵¹ *Excélsior*, 24 de diciembre de 1932.
⁵² El mismo día, *El Nacional* informó sobre la proyectada visita de Estado. Álvarez del Vayo se refirió a ella declarando: "Existe un enorme interés ideológico dentro de los círculos obreros e intelectuales sobre México. Lo mismo puede decirse respecto de mi gobierno. Como ejemplo de estos sentimientos, debo mencionar la presencia actual en México de la Comisión de Amistad y Estudio y la futura visita de Estado del presidente Alcalá Zamora". Véase *El Nacional*, 12 de noviembre de 1932.
⁵³ AHSRE, EMESP, legajos 630-677.
⁵⁴ Manuel Azaña, *Memorias políticas, 1931-1933*, Barcelona, Grijalbo-Mondadori, 1996, p. 320.
⁵⁵ En 1934, México vendió bienes a España por un valor de 4.223.000 pesetas, mientras que le compró mercancías equivalentes a 12.263.000 pesetas. Si bien dicho intercambio parecería insignificante, México fue el único país latinoamericano cuyo comercio con Es-

paña creció en dicho período, pese al hundimiento del comercio internacional provocado por la crisis de 1929. Véase Frederik B. Pike, ob. cit., p. 4.

⁵⁶ AMAE, Legajo R950.

⁵⁷ Nuria Tabanera, "La Segunda República española y México (1931-1936)", *Historia 16*, enero de 1985, pp. 6-7.

⁵⁸ Julio Álvarez del Vayo, *Give Me Combat*, Boston, Little Brown, 1973, p. 209.

⁵⁹ Alberto Pani, *Apuntes autobiográficos. Exclusivamente para mis hijos*, México, Stylo, 1945, p. 417.

⁶⁰ Manuel Azaña, *Memorias políticas, 1931-1933*, ob. cit., p. 15.

⁶¹ Mary Bingham de Urquidi, *Misericordia en Madrid*, México, Bartolomeu Costa Amic Editor, 1975, p. 20.

⁶² Alberto Pani, ob. cit., p. 417.

⁶³ Ibíd., p. 418.

⁶⁴ Manuel Azaña, ob. cit., pp. 186-187.

⁶⁵ Alberto Pani, ob. cit., pp. 418-419.

⁶⁶ "Cada país puede adoptar la línea y política que prefiera ante un conflicto externo, pero Méjico exageró y ha exagerado su posición desde el fin de la Guerra Civil hasta el punto de incurrir en el absurdo de (siendo un país que reconoce la Doctrina Estrada de no intervención en los asuntos internos de otras naciones) reconocer, contra toda regla del derecho internacional, a un gobierno en el exilio". Fernando Schwartz, *La internacionalización de la Guerra Civil española*, Barcelona, Ariel, 1971, p. 126.

⁶⁷ *El Universal*, 19 de octubre de 1934.

⁶⁸ Fundación Pablo Iglesias, Madrid, correspondencia entre Plutarco Elías Calles y Francisco Largo Caballero 1932; correspondencia CROM-UGT.

⁶⁹ El Departamento de Estado expresó su indignación y exigió a España abandonar el proyecto. El secretario de Estado, Henry Stimson, comparó la medida con el asalto bolchevique al poder en Rusia. La disputa se extendió durante más de un año, y Azaña accedió a retirar el proyecto de confiscación sólo después de que Stimson amenazara con romper relaciones diplomáticas con España. Para un relato pormenorizado del episodio, véase Douglas Little, "Twenty Years of Turmoil: ITT, the State Department and Spain 1924-1944", en *Business History Review*, 53 (1979), pp. 449-472.

⁷⁰ Julio Álvarez del Vayo, *The Last Optimist*, Londres, Putnam, 1950, p. 226.

⁷¹ Jesús Silva Herzog, *Una vida en la vida de México*, México, Siglo XXI, 1975, pp. 165-166.

⁷² *El Universal*, 19 de julio de 1933. Para la reacción republicana a la solidaridad mexicana con los pilotos caídos, véase Manuel Azaña, *Diarios Robados 1932-1933*, Barcelona, Crítica-Grijalbo-Mondadori, 1997, anotación del 16 de julio de 1933, pp. 376-377.

⁷³ José Fuentes Mares, ob. cit., pp. 146-147.

⁷⁴ Frederik Pike, ob. cit., p. 79

⁷⁵ Friedrich Schuler, ob. cit., p. 139

⁷⁶ "Del Embajador de México a la Secretaría de Relaciones Exteriores", Madrid, 22 de noviembre de 1933, en AHSRE, III/243 (72-46)/2, III-125-42.

⁷⁷ Michael Alpert, *A New International History of the Spanish Civil War*, Londres, Macmillan, 1994, p. 108.

⁷⁸ *Informaciones*, 12 de diciembre de 1934.

⁷⁹ AHSRE, III/514(46) (04)/1; III-307-31.

⁸⁰ AMAE, Legajo R 965, expediente 14.

⁸¹ *El Universal*, 7 de octubre de 1934.

⁸² Manuel Azaña, *Memorias*, ob. cit., pp. 268 y 273-277.

⁸³ AMAE, Legajo R 962, expediente 9.

⁸⁴ El libro de Victoria Lerner, *La educación socialista en México*, México, El Colegio de México, 1979, es el estudio clásico sobre la educación socialista.

⁸⁵ Frederik B. Pike, ob. cit., pp. 294-295.

⁸⁶ *Excélsior*, 14 de noviembre de 1935 y 10 de diciembre de 1935.

⁸⁷ "Emiliano Iglesias a Eduardo Hay", 3 de diciembre de 1935, AHSRE, III/243 (46-72); AMAE, Legajo R 962, expediente 9.

⁸⁸ AMAE, Legajo R 962, expediente 8.

⁸⁹ En su calidad de secretario de Agricultura, Garrido Canabal importó un asno y un buey, a los que bautizó como El Papa y El Obispo, exhibiéndolos en diversas ferias ganaderas a lo largo del país. Sus Camisas Rojas organizaban cada fin de semana festivales culturales", denominados Sábados Rojos, en el Palacio de Bellas Artes de Ciudad de México, en los que el sacrilegio y la blasfemia eran lugar común. En uno de dichos actos el orador principal desafió a Dios a que probara su poder arrojando un rayo al edificio y "aunque el Todopoderoso desdeñó el reto, varios Camisas Rojas dejaron el teatro, por miedo a que el 'Inexistente' pudiera responder al desafío" (Fernando Benítez, *Lázaro Cárdenas y la Revolución Mexicana,* volumen 3, *El cardenismo,* México, Fondo de Cultura Económica, 1978, pp. 15-16).

⁹⁰ AMAE, Legajo R 962, expediente 9.

⁹¹ AMAE, Legajo R 712, expediente 42.

⁹² *El Debate*, 28 de febrero de 1935.

⁹³ AMAE, Legajo R 962, expediente 9.

⁹⁴ AMAE, Legajo R 962, expediente 12.

⁹⁵ *Excélsior*, 12 de junio de 1935; *El Universal*, misma fecha.

⁹⁶ Lorenzo Meyer ha sugerido que el objetivo del jefe máximo era desestabilizar al nuevo gobierno a fin de evitar que ganase la fuerza y la confianza necesarias para desafiarle. Véase Lorenzo Meyer, *Los inicios de la institucionalización: La política del Maximato*, México, El Colegio de México, 1978, pp. 294-295.

⁹⁷ AMAE, Legajo R 962, expediente 9.

⁹⁸ José C. Valadés, *Historia general de la Revolución Mexicana,* tomo 9: *Un presidente substituto*, México, SEP/Ediciones Gernika, 1985.

⁹⁹ Luis González, *Los días del Presidente Cárdenas*, México, Clío, 1997, p. 62.

¹⁰⁰ AMAE, Legajo 712, expediente 41.

¹⁰¹ AMAE, Legajo R 962, expediente 9.

¹⁰² *Excélsior*, 29 de mayo de 1936.

¹⁰³ Félix Gordón Ordás, *Mi política fuera de España*, México, Talleres Gráficos Victoria, 1965, pp. 153-154.

¹⁰⁴ Ibíd, p. 155.

III. EL MISMO COMBATE

¹ Véase, por ejemplo, "The Other Spains. Spanish America and the War", en *The Times*, Londres, 24 de agosto de 1937.

² Arnold J. Toynbee *et al., Survey of International Affairs 1937*, volumen 2: *The International Repercussions of the War in Spain*, Londres, Oxford University Press, 1938, pp. 210-211.

³ "Mexican Eyes on Spain. Temptations to Generals", en *The Times*, Londres, 4 de noviembre, 1936.

⁴ Evelyn Waugh, *Robbery Under Law. The Mexican Object-Lesson*, Londres, 1939, pp. 37-38.

⁵ *The Times*, 4 de noviembre de 1936.

[6] José C. Valadés, ob. cit., pp. 18-30.

[7] Gilberto Bosques, *The National Revolutionary Party of Mexico and the Six Year Plan.* México, Partido Nacional Revolucionario, 1937.

[8] Lorenzo Meyer *et al.*, *Los inicios de la institucionalización 1928-1934,* en *Historia de la Revolución Mexicana* (tomo 12), México, El Colegio de México, 1981, y José C. Valadés, ob. cit., pp. 109-110.

[9] El PSI surgió de las comunidades agrícolas radicalizadas de los estados de Puebla, Veracruz y Tabasco y reflejó el descontento de muchos revolucionarios de izquierda con el viraje del régimen a la derecha. Véase Romana Falcón y Soledad García, *La semilla en el surco. Adalberto Tejeda y el radicalismo en Veracruz, 1883-1960,* México, El Colegio de México, Gobierno del Estado de Veracruz, 1986, pp. 134-137.

[10] Lázaro Cárdenas, *Obras I. Apuntes 1913-1940,* México, UNAM, 1972, p. 229.

[11] John W. Sherman, *The Mexican Right,* Westport, Praeger, 1997, pp. 33-34.

[12] Villarreal había participado en la rebelión del general Gonzalo Escobar en 1929, último capítulo en una sucesión de intervenciones militares en la vida política de México. El gobierno aplastó la insurrección con la ayuda de los Estados Unidos y movilizando fuerzas agrarias y obreras. Véase John W. Dulles, *Yesterday in Mexico. A Chronicle of the Revolution, 1919-1936,* Austin, University of Texas Press, 1961, pp. 218-263.

[13] Diversos editoriales de *El Universal* y de *Excélsior* condenaron los desórdenes de una huelga general que había degenerado en franca insurrección. Informes de la ejecución por horca de 22 monjas por parte de los insurrectos en Sama de Langreo, la supuesta quema de varios conventos, la proclamación del comunismo libertario en diversas poblaciones y la tentativa de secesión de Cataluña, entre otros acontecimientos, debieron ser, seguramente, ofensivos para los lectores de estos diarios. Véase *Excélsior* y *El Universal,* 5-18 de octubre de 1934.

[14] El gobierno de México solicitó al gobierno de Lerroux clemencia para el sindicalista y político socialista Ramón González Peña, quien había sido condenado a muerte tras la fallida revuelta. Para un cuadro de la respuesta oficial mexicana a la Revolución asturiana, véase Félix Palavicini, *México. Historia de su evolución constructiva,* México, Distribuidora Editorial del Libro, 1945, p. 261.

[15] *El Nacional,* 2 de diciembre de 1934.

[16] *The New York Times,* 20 de marzo de 1935. "La retórica del presidente Cárdenas es lenguaje de la revolución proletaria, los discursos oficiales abundan en la fraseología de la lucha de clases, mientras que los aparadores de las librerías están repletos de literatura marxista".

[17] John W. Dulles, ob. cit., p. 626. Compárense estas prácticas jacobinas con procesos similares en España en Hugh Thomas, ob. cit., p. 231.

[18] *Ibíd.*, p. 630.

[19] El artículo enmendado prescribía que sólo el Estado estaba facultado para impartir educación básica y secundaria. Además, la educación brindada por el Estado sería "socialista" y excluiría cualquier tipo de formación religiosa. Finalmente, la nueva educación habría de: "combatir el fanatismo y el prejuicio, organizando sus enseñanzas y actividades de tal manera que la juventud pueda adquirir una noción racional y precisa del universo y de la vida social".

[20] Alfonso Taracena, *Historia extraoficial de la Revolución Mexicana,* México, Jus, 1972.

[21] Eduardo J. Correa, *El balance del cardenismo,* México, Talleres Linotipográficos Acción, 1941, p. 31.

[22] La crueldad de los ataques era provocadora, pues los educadores eran desorejados o mutilados; muchos murieron linchados por turbas. Véase John Sherman, ob. cit., p. 43.

²³ En Ciudad de México, por citar un ejemplo, existían 48 escuelas privadas, con cerca de 7.000 alumnos, comparadas con 599 escuelas públicas con poco más de 200.000 alumnos. Véase José C. Valadés, ob. cit., p. 69.

²⁴ Jean Meyer, *La Cristiada, I. La guerra de los Cristeros*, México, Siglo XXI, 1973, pp. 353-381.

²⁵ Soledad Loaeza, *El Partido Acción Nacional, la larga marcha 1939-1994: la oposición leal y partido de protesta*, México, Fondo de Cultura Económica, 1999, pp. 22-37 y 45-49.

²⁶ Raquel Sosa, *Los códigos ocultos del cardenismo*, México, Plaza y Valdés-UNAM, 1996.

²⁷ Joe Ashby, *Organized Labor and the Mexican Revolution under Lázaro Cárdenas*, Chapel Hill, University of North Carolina Press, 1965, pp. 24-2. Véase también José C. Valadés, ob. cit., p. 182.

²⁸ Héctor Aguilar Camín y Lorenzo Meyer, *In the shadow of the Mexican Revolution: Contemporary Mexican History, 1910-1989*, Austin, University of Texas Press, 1993, pp. 142-144.

²⁹ Eric Hobsbawm, *Extremes. The Short Twentieth Century, 1914-1991*, Londres, Abacus, 1995, pp. 147-148.

³⁰ Partido Comunista Mexicano, *La nueva política del PCM*, México, Frente Cultural/PCM, 1936, pp. 8-22.

³¹ Betty Kirk, *Covering the Mexican Front. The Battle of Europe versus America*, Norman, University of Oklahoma Press, 1921, pp. 140-143.

³² Miguel A. Velasco, "El Partido Comunista durante el período de Cárdenas", en Gilberto Bosques *et al.*, *Cárdenas*, México, 1975, p. 38.

³³ Néstor Sánchez Hernández, *Un mexicano en la guerra de España*, Oaxaca, edición de autor, 1996, p. 94.

³⁴ *The Times*, 4 de noviembre de 1936.

³⁵ *El Nacional*, 19 de julio de 1936.

³⁶ *El Nacional*, 25 de julio de 1936.

³⁷ *Excélsior*, 22 de julio de 1936.

³⁸ *ABC*, Madrid, 13 de agosto de 1936.

³⁹ Hugh G. Campbell, *La derecha radical en México*, México, SepSetentas, 1976, pp. 125-128.

⁴⁰ Hugh Thomas, ob. cit., p. 166.

⁴¹ Félix Gordón Ordás, ob. cit., pp. 141-147.

⁴² T. G. Powell, ob. cit., p. 56.

⁴³ Manuel Azaña, *Memorias de guerra 1936-39*, ob. cit., pp. 390-392.

⁴⁴ AHSRE, expediente III-764-1.

⁴⁵ Ibídem.

⁴⁶ *El Nacional*, 30 de julio de 1936.

⁴⁷ *Excélsior*, 27 de julio de 1936.

⁴⁸ Véase "Introducción", nota 22.

⁴⁹ Véase, por ejemplo, Alberto Enríquez Perea (comp.) *México y España: solidaridad y asilo político 1936-1942*, México, Secretaría de Relaciones Exteriores, 1990, pp. 11-39.

⁵⁰ Tziv Medin, *Ideología y praxis política de Lázaro Cárdenas*, México, Siglo XXI, 1972, pp. 190-191 y 195-200.

⁵¹ Isidro Fabela, *Neutralidad*, México, Biblioteca de Estudios Internacionales, 1940, p. 273.

⁵² T. G Powell, ob. cit., p. 58.

⁵³ Artículo 89 de la Constitución mexicana de 1917.

⁵⁴ Lázaro Cárdenas, *Obras 1. Apuntes*, 1972, I, p. 354.

⁵⁵ Ibíd., p. 355.

⁵⁶ Dante Puzzo, *Spain and the Great Powers 1936-1941*, Nueva York, Columbia University Press, 1962, p. 134.

57 Cfr. Edwin Lieuwen, *Mexican Militarism. The Political Rise and Fall of the Revolutionary Army 1910-1940*, Alburquerque, The University of New Mexico Press, 1968, pp. 127-128; con T. G. Powell, ob. cit., pp. xi-xii.

58 Frank Kluckhohn, *The Mexican Challenge*, Nueva York, Doubleday, 1939, pp. 243-245. Véase asimismo Evelyn Waugh, ob. cit., pp. 182-195.

59 Isidro Fabela, ob. cit., pp. 22-25.

60 *Memoria de la Secretaría de Relaciones Exteriores, 1934-1935 y 1935-1936*, 2 volúmenes, México, 1939, volumen 2, pp. 89-117.

61 *El Universal*, 15 de abril de 1931, p. 3.

62 AHSRE, Expediente III-765-1 (4ª parte), informe confidencial.

63 Arnold Toynbee, ob. cit., p. 212.

64 Samuel Guy Inman, *Latin America. Its Place in World Life*, Chicago, Willett, Clark and Co., 1937, pp. 301-302.

65 Ramón Tamames, *La República. La Era de Franco*, Madrid, Alianza, 1979. Frank Sedwick, *The Tragedy of Manuel Azaña and the Fate of the Spanish Republic*, Ohio, State University Press, 1963.

66 Carlos. M. Rama, *La crisis española del siglo XX*, México, Fondo de Cultura Económica, 1976, p. 113.

67 AHSRE, III/618 (44-0) 16-22 de octubre de 1936.

68 Marina Casanova, *La diplomacia española durante la Guerra Civil*, Madrid, Ministerio de Asuntos Exteriores, Biblioteca Diplomática Española, Sección Estudios, número 13, 1996, p. 168.

69 Juan Simeón-Vidarte, *Todos fuimos culpables. Testimonio de un socialista español*, México, Fondo de Cultura Económica, 1973, p. 601.

70 Luis I. Rodríguez, *Ballet de sangre. La caída de Francia*, Ediciones del Nigromante, 1942, pp. 140-142.

71 Alberto Enríquez Perea (comp.), *Alfonso Reyes y el llanto de España en Buenos Aires*, México, El Colegio de México, Secretaría de Relaciones Exteriores, 1998, p. 174.

72 *The New York Times*, 25 de abril de 1938.

73 Daniel Cosío Villegas, *Memorias*, México, Grijalbo, 1976, pp. 163-166.

74 Alberto Enríquez Perea, *Daniel Cosío Villegas y su misión en Portugal, 1936-1937*, México, El Colegio de México/Secretaría de Relaciones Exteriores, 1998, pp. 127-135.

75 Mónica Quijada, *Aires de República, aires de cruzada: la Guerra Civil española en Argentina*, Barcelona, Sendai Ediciones, 1991, pp. 63-65.

76 Alberto Enríquez Perea (comp.), *Alfonso Reyes...*, ob. cit., p. 116.

77 William Cameron Townsend, ob. cit., pp. 185-186.

78 Patricia W. Fagen, ob. cit., p.136.

79 Alejandro Gómez Maganda, *España sangra*, Barcelona, Comissariat de Propaganda de la Generalitat de Catalunya, 1937, p. 77.

80 André Malraux, *L'espoir*, París, Gallimard, 1937, y Mary Bingham de Urquidi, *Misericordia en Madrid*, México, B. Costa-Amic, 1975, pp. 295-296.

81 *El Sol*, 24 y 29 de noviembre de 1937.

82 *ABC*, Madrid, 14 de noviembre de 1936.

83 *Excélsior*, 12 de diciembre de 1936.

84 Vera Foulkes, *Los niños de Morelia y la escuela España-México. Consideraciones analíticas sobre un experimento social*, México, UNAM, 1953.

85 Daniel Cosío Villegas, *Memorias*, ob. cit., pp. 169-178.

86 Jesús Méndez, "Foreign Influences and Domestic Needs in Intellectual Institution Building: The Gestation of the Casa de España/Colegio de México," en *Secolas Annals; Journal of the South-Eastern Council of Latin American Studies*, volumen 21, marzo de 1990, pp. 5-23.

[87] Claude Bowers, *My Mission to Spain: Watching the Rehearsal for World War II*, Londres, Victor Gollancz, 1945, pp. 12-14.

[88] *Excélsior*, 29 de julio de 1936.

[89] *El Nacional*, 25 de agosto de 1936.

[90] Arnold Toynbee, ob. cit., p. 272.

[91] Rodolfo Reyes, *La bi-revolución española*, volumen 3 de *Memorias políticas*, México, Jus, 1948, p. 460.

[92] Mary Bingham de Urquidi, ob. cit., p. 317.

[93] Javier Rubio, *Asilos y canjes durante la Guerra Civil española*, Barcelona, Planeta, 1979, pp. 23-40.

[94] "Cuando el número de refugiados es excesivo, el derecho de asilo cae por su propia base." Luis Araquistáin, AHREM, Archivo de la Embajada de México en Francia, caja número 217.

[95] Andrés Iduarte, *En el fuego de España*, México, Joaquín Mortiz, 1978, p. 230.

[96] Mary Bingham, ob. cit.; David Wingeate Pike, *Les Français et la Guerre d'Espagne*, París, Publications de la Sorbonne-Presses Universitaires de France, 1975, p. 250.

[97] *ABC*, Madrid, 6 de diciembre de 1936.

[98] Aurelio Núñez Morgado, *Los sucesos de España vistos por un diplomático*, Buenos Aires, Talleres Gráficos Argentinos L. J. Ross, 1944.

[99] Arnold J. Toynbee, *op. cit.*, pp. 388-390.

[100] AHREM, "Asilados españoles en la Embajada de México", 1936, pp. 34-35.

[101] Andrés Iduarte, ob. cit., p. 231.

[102] Alfonso del Amo García, *Catálogo general del cine de la Guerra Civil*, Madrid, Cátedra/Filmoteca Española, 1996, p. 699.

[103] Cfr. Salvador Novo, ob. cit., pp. 34-35; David Alfaro Siqueiros, ob. cit., p. 360 y T. G. Powell, ob. cit., p. 86.

[104] AHSRE, expediente III-764-1 (2ª parte), Denegri a Cárdenas, 8 de enero de 1937.

[105] AHSRE, "Informe confidencial sobre la actuación del Sr. Embajador en esta Embajada de México en España", 11 de junio de 1937, y "Memorándum relativo a la gestión del Sr. Embajador Ramón P. Denegri al frente de la Embajada de México en España".

[106] Mary Bingham de Urquidi, ob. cit., p. 261.

[107] Manuel Azaña, *Memorias de Guerra*, ob. cit., p. 170.

[108] Ibíd.

[109] La edición de las *Memorias de Guerra 1936-1939* de Azaña se refiere equivocadamente a Denegri como Tejeda, cuando este último fue nombrado embajador de México ante España en 1938, pp. 169-170.

[110] AHSRE, III/510 (46-00/2, III-1246-6). No resulta claro si se trataba del capitán Vicente Santiago Hodgson, mencionado por Azaña como "antiguo Jefe del Buró de Inteligencia, colaborador de Valdivia y recompensado por Lerroux con la Dirección General de Seguridad" (en Manuel Azaña, ob. cit., p. 16), o del Capitán Agustín Santiago Romero, mencionado por Paco Ignacio Taibo II como uno de los principales represores tras el levantamiento de 1934.

[111] Mary Bingham, ob. cit., p. 459.

[112] Ibíd. Véase también AHSRE, "Denegri a la Secretaría de Relaciones Exteriores", 1 de abril de 1937.

[113] Manuel Azaña, ob. cit., p. 340.

[114] *El Heraldo de Madrid*, 20, 22 y 24 de noviembre de 1937, y *El Sol*, 25 y 27 de noviembre de 1937.

[115] *Excélsior*, 8 de diciembre de 1936.

[116] *El Machete*, 5 de diciembre de 1936.

[117] Blanca Lydia Trejo, *Lo que vi en España*, México, Polis, 1940, p. 79.

[118] Ibíd.

[119] David Alfaro Siqueiros, ob. cit., p. 116.

[120] Ibíd., pp. 65-66.

[121] Ibíd., pp. 341-342.

[122] AHREM, expediente 10-1611, fol. 23-113, 6 de marzo de 1938.

[123] Lorenzo Meyer, *México y los Los Estados Unidos en el conflicto petrolero, 1917-1942*, México, El Colegio de México, 1972, pp. 359-381.

[124] *The Times*, 15 de mayo de 1938.

[125] Lázaro Cárdenas, *Obras, I. Apuntes 1913-1940*, 12 de mayo de 1938, p. 394. El texto íntegro de las notas británicas se encuentra en AHSRE, L-E 600 y 601.

[126] David E. Cronon, *Josephus Daniels in Mexico*, Madison, University of Wisconsin Press, 1960, p. 190.

[127] Eduardo Villaseñor, *Memorias-Testimonio*, México, Fondo de Cultura Económica, 1974, pp. 116-118.

[128] Lázaro Cárdenas, *Obras I. Apuntes 1913-1940*, 17 de julio de 1938, p. 397.

[129] Frank Kluckhohn, ob. cit., p. 296.

[130] Friedrich Schuler, ob. cit., pp. 102-107.

[131] La condena mexicana al *Anschluss* irritó profundamente a la diplomacia alemana. El ministro alemán en México intentó explicar la posición de Cárdenas en los siguientes términos: "La nueva autoestima de México, que ha exhibido de manera imprudente en Ginebra, alentada sin duda por la llamada política del 'Buen Vecino', bien puede llegar a un extremo, en el que el general Cárdenas se sienta tentado a codirigir el destino del mundo para complacer a su público cautivo de izquierda," en AHSRE, C-6-2-4 (2), Diarios de Rudt von Collenberg, marzo de 1938.

[132] Lázaro Cárdenas, *Apuntes*, 22 de marzo de 1939, p. 429.

[133] Luis I. Rodríguez, *Ballet...*, ob. cit., p. 234.

IV. ARRIESGADA GENEROSIDAD

[1] Félix Gordón Ordás, ob. cit., p. 769. "Memoria escrita por el Comandante José Melendreras de la Comisión Militar de compras enviada a Norteamérica y México" en Francisco Olaya Morales, *El oro de Negrín*, Móstoles, Ediciones Madre Tierra, 1990, p. 418.

[2] Hugh Thomas, ob. cit., p. 797. Véase también "Mexican Sale of Arms to Spain at $1,500,000," en *The New York Times*, 2 de enero de 1937.

[3] T. G. Powell, ob. cit., p. 74.

[4] Entre fines de julio y octubre de 1936, 868 vuelos habrían de llevar a 14.000 hombres más artillería y 500 toneladas de equipo militar a la España continental en lo que constituyó el primer puente aéreo de la historia. Véase Ángel Viñas, *La Alemania nazi y el 18 de julio*. Madrid, Alianza, 1974.

[5] Michael Alpert, *A New International History...*, ob. cit., p. 22.

[6] Isidro Fabela, *Cartas al Presidente Cárdenas*, México, 1947, p. 29.

[7] AHSRE, expediente III-764-1.

[8] AHSRE, telegrama número 42 del ministro Adalberto Tejeda al secretario de Relaciones Exteriores Eduardo Hay, 26 julio, 1936.

[9] Ibíd., Cárdenas a Tejeda.

[10] AHSRE, Tejeda a Hay, París, 29 julio, 1936.

[11] Public Records Office, Kew (en lo sucesivo, PRO), Foreign Office (FO), 371 W9883/ 9549/41.

[12] *The Times*, 22 al 25 septiembre de 1936.

[13] Pierre Cot, *Les évènements survenus en France, 1933-1945: Les témoignages*, vol. 1, núm. 2344, pp. 215-229. (Audición de Leon Blum, 23 de julio de 1947.)

[14] Hugh Thomas, ob. cit., p. 305. Gerald Howson, *Arms for Spain,* Londres, John Murray, 1998, p. 25.

[15] Fernando Schwartz, *La internacionalización de la Guerra Civil española, julio de 1936-mayo de 1937,* Barcelona, Ariel, 1971, p. 56; Miguel Sanchís, *Alas rojas sobre España,* Madrid, Publicaciones Nacionales, 1956, p. 11.

[16] Lázaro Cárdenas, *Obras I. Apuntes 1913-1940,* volumen 1, México, UNAM, 1972, pp. 354-355.

[17] Gerald Howson, ob. cit., p. 103.

[18] *L'Action Française*, París, 14 de septiembre de 1936.

[19] Norman J. Padelford, *International Diplomacy in the Spanish Civil Strife*, Nueva York, MacMillan, 1939, pp. 53-118.

[20] *Le Temps*, París, 25 de octubre de 1936.

[21] Ministère des Affaires Étrangères B/28/1, París, 24 de octubre de 1936. Contrebande d'armes par le Vapeur *Jalisco*. Désignation des pièces.

[22] Marshburn, 18 de septiembre de 1936. MID NARA WDC, 7456 G2R MID 2657 G 768/111.

[23] Juan Simeón-Vidarte, *Todos fuimos culpables,* ob. cit., p. 566.

[24] Elena Garro, *Memorias de España 1937,* México, Siglo XXI, 1992, pp. 127-128. *The New York Times* investigó brevemente estas insinuaciones. Véase *The New York Times*, 4 y 5 de junio de 1937.

[25] Se pueden encontrar fotografías e inventarios de los cargamentos mexicanos de armas en los siguientes volúmenes: Pierre Héricourt, *Les soviets et la France fournisseurs de la révolution espagnole*, París, Baudinière, 1938; Servicio de Recuperación de Material de Guerra, *Catálogo de material cogido al enemigo. Exposición de Guerra,* San Sebastián, 1938 (III año triunfal).

[26] *Excélsior*, 2 de agosto de 1936.

[27] *Excélsior* y *El Universal,* 17 de agosto de 1936.

[28] "Formula seria protesta la Confederación de la Clase Media por una intromisión", en *Excélsior*, 18 de agosto de 1936.

[29] Raquel Sosa, *Los códigos ocultos del cardenismo,* México, UNAM/Plaza y Valdés, 1997, pp. 112-113.

[30] Félix Gordón Ordás, ob. cit., p. 618.

[31] Edwin Lieuwen, *Mexican Militarism. The Political Rise and Fall of the Revolutionary Army 1910-1949,* Albuquerque, The University of New Mexico Press, 1968, pp. 127-128.

[32] Lázaro Cárdenas, *Obras I. Apuntes, 1913-1940,* volumen 1, México, UNAM, 1971, p. 354.

[33] Ibíd.

[34] Ibíd., pp. 621-622.

[35] Lázaro Cárdenas, ob. cit., p. 354.

[36] Gabriel Cardona, *La Batalla de Madrid, Noviembre, 1936-Julio, 1937,* Madrid, Historia 16/Caja de Madrid. 1996.

[37] *Excélsior*, 24 de agosto de 1936.

[38] Ibíd.

[39] Ibíd.

[40] *Excélsior*, 21 de agosto de 1936.

[41] *El Nacional,* 26 de agosto de 1936.

[42] AHSRE, Ramón M. de Pujadas al Secretario de Relaciones Exteriores, Ciudad de México, 13 de agosto de 1936.

[43] AHSRE, "La Junta de Defensa Nacional a la Secretaría de Relaciones Exteriores", Burgos, 21 de agosto de 1936.

[44] Véase, entre otros, *The New York Times*, 3 de septiembre de 1936; *The Times*, 4 de septiembre de 1936.

[45] *El Nacional*, 6 de octubre de 1936.

[46] *El Nacional*, 7 de octubre de 1936.

[47] *Excélsior*, 4 de octubre de 1936.

[48] Vicente Rojo, *Así fue la defensa de Madrid. Aportación a la historia de la guerra de España*, México, Era, 1969, pp. 42-43. Hugh Thomas le atribuye la derrota de un ejército bien equipado de 20,000 marroquíes al pueblo de Madrid, ob. cit., pp. 409-412.

[49] El 28 de septiembre de 1936, Toledo cayó en manos de los nacionales y la milicia huyó dejando atrás la totalidad del contenido de la fábrica de armas. Ver Hugh Thomas, ob. cit., p. 363.

[50] Juan Simeón-Vidarte, *Todos fuimos culpables*, ob. cit., pp. 426-428 y 787-788.

[51] George Orwell, *Homage to Catalonia*, Middlesex, Penguin, 1988.

[52] Frank Jellinek, *The Civil War in Spain*, Londres, Victor Gollancz Ltd., 1938, p. 489.

[53] Manuel Azaña, "Artículos sobre la guerra de España" en *Obras Completas*, volumen 3, México, Oasis, 1967, p. 489.

[54] Santiago Álvarez, *Historia política y militar de las Brigadas Internacionales*, Madrid, Compañía Literaria, 1996, p. 288.

[55] Frank Jellinek, ob. cit., p. 489.

[56] Michael Alpert, ob. cit., p. 108.

[57] Alberto Enríquez Perea (recopilador), *Alfonso Reyes y el llanto de España en Buenos Aires 1936-1937*, México, El Colegio de México/Secretaría de Relaciones Exteriores, 1988, pp. 28-30.

[58] AHSRE (Embajador mexicano en Brasil), "José Rubén Romero a la Secretaría de Relaciones Exteriores", expediente III 548-2.

[59] AHSRE, "Denegri a la Secretaría de Relaciones Exteriores", III 1510 (46) "37/1", 10 febrero de 1937.

[60] Por Lisboa circulaba extensamente una hoja volandera con el bosquejo de una mujer, alegoría de España, apuñalada con dagas que claramente desplegaban los nombres de México y la Unión Soviética. Véase AHSRE, III 516 (46-0) p. 731 No. 10, "Cosío Villegas a Eduardo Hay", 7 de noviembre de 1936.

[61] AHSRE, III-510 (46) 36-III-766-1.

[62] Brígida Von Mentz *et al.*, *Los empresarios alemanes, el Tercer Reich y la oposición de derecha a Cárdenas*, volumen 2, México, Centro de Investigaciones y Estudios en Antropología Social, 1988, pp. 86-88.

[63] *Dortmunder Zeitung*, 1 de abril de 1937, citado en AHSRE: "Azcárate a la Secretaría de Relaciones Exteriores", III-510 (46) 37-III-769-3.

[64] AHSRE, II-766-2: Alemania, actitud ante la rebelión de España, Rüdt von Collenberg al secretario de Relaciones Exteriores Eduardo Hay, 3 de febrero de 1937.

[65] "Al encubrir el tráfico ilegal para los comunistas, México está trastornando la paz europea", Dino Grandi, embajador italiano en Londres, en *Giornale d'Italia*, 24 de marzo de 1937, p. 1. Véase también *Popolo d'Italia* e *Il Messagero*, misma fecha: "México, un país que notoriamente se ha convertido en el agente principal del contrabando de material de guerra soviético y francés y de voluntarios a España, favoreciendo así, abiertamente, a la anarquía roja".

[66] Para una relación minuciosa de las relaciones anglo-mexicanas en la primera mitad del siglo XX, con abundantes referencias a la arrogancia imperial británica en contra de la

Revolución mexicana, véase Lorenzo Meyer, *Su Majestad Británica contra México*, México, El Colegio de México, 1993.

⁶⁷ PRO, FO 371/20634. Véase también AHSRE III-510 (46) 37-3-770-5.

⁶⁸ Claude Bowers, ob. cit., pp. 60-62; Richard P. Traina, *American Diplomacy and the Spanish Civil War*, Bloomington, Indiana University Press, 1968, pp. 153-155.

⁶⁹ *The New York Times*, 1 de enero de 1937.

⁷⁰ *The New York Times*, 3 de enero de 1937.

⁷¹ Friedrich Schuler, ob. cit., pp. 127-128.

⁷² *El Nacional*, 3 de enero de 1937.

⁷³ *The New York Times*, 4 de junio de 1937, p. 11.

⁷⁴ Gerald Howson, *Arms for Spain*, ob. cit., p. 172; Gordón Ordás, ob. cit., p. 770.

⁷⁵ *Daily Worker*, Nueva York, 1 de diciembre de 1936.

⁷⁶ Ministère des Affaires Étrangerès, B/281 No. 10; M. Henri Goiran, Ministre de la République Française au Mexique à Son Excellence Monsieur le Ministre des Affaires étrangerès, París, 15 de febrero de 1937.

⁷⁷ AHSRE, III 1510 (46) 37/1b, "Valencia a la Secretaría de Relaciones Exteriores", 5 de febrero de 1937; "La Secretaría de Relaciones Exteriores a Denegri", III 1510 (46) 37/1, 16 de febrero de 1937.

⁷⁸ *Excélsior*, 30 de diciembre de 1936.

⁷⁹ Félix Gordón Ordás, ob. cit., pp. 709-712.

⁸⁰ Ibíd., p. 736.

⁸¹ PRO FO 371/21320 W 1507.

⁸² Félix Gordón Ordás, ob. cit., p. 740.

⁸³ Ibíd., p. 744

⁸⁴ Félix Palavicini, ob. cit., p. 265.

⁸⁵ Gerald Howson, ob. cit., p. 167.

⁸⁶ Hugh Thomas, ob. cit., p. 337.

⁸⁷ Richard P. Traina, *American Diplomacy and the Spanish Civil War*, Bloomington, Indiana University Press, 1968, p. 78.

⁸⁸ José Melendreras en Francisco Olaya, ob. cit., p. 414.

⁸⁹ Richard P. Traina, ob. cit., p. 78.

⁹⁰ Félix Gordón Ordás, ob. cit., p. 759.

⁹¹ *The New York Times*, 28 de diciembre de 1936; *Washington Post*, misma fecha.

⁹² *The New York Times*, 30 de diciembre de 1936.

⁹³ *Excélsior*, 2, 3 y 4 de enero de 1937.

⁹⁴ Félix Gordón Ordás, ob. cit., p. 757.

⁹⁵ Gerald Howson, *Arms for Spain*, ob. cit., pp. 182-183.

⁹⁶ Hugh Thomas, *The Spanish Civil War*, ob. cit., p. 427.

⁹⁷ Cfr. *The Times*, 6 de enero de 1937, con *Excélsior*, 30 de diciembre de 1936, y Hugh Thomas, ob. cit., p. 426.

⁹⁸ *Excélsior*, 14 de enero de 1937.

⁹⁹ *El Nacional*, 17 de enero de 1937.

¹⁰⁰ Gerald Howson, ob. cit., p. 183.

¹⁰¹ T. G. Powell, ob. cit., pp. 72-73.

¹⁰² http://www.fuerzasarmadas.mex.com.

¹⁰³ *El Universal* y *Excélsior*, 7 y 8 de febrero de 1937.

¹⁰⁴ Félix Gordón Ordás, ob. cit., p. 751.

¹⁰⁵ José Luis Paz Durán, *28 meses a bordo del Canarias, 1936-39*, La Coruña, Edicios do Castro, 1991, p. 118.

[106] Félix Gordón Ordás, ob. cit., p. 747.

[107] *Excélsior*, 9 de marzo de 1937; *El Universal*, misma fecha.

[108] *El Nacional*, 1 de marzo de 1937

[109] Michael Alpert, *La Guerra Civil española en el mar*, Madrid, Siglo XXI de España, 1987, pp. 216-217.

[110] Ibíd., p. 218.

[111] *Excélsior*, 19 de julio de 1937.

[112] Valentín Campa, *Mi Testimonio. Memorias de un comunista mexicano*, México, Ediciones de Cultura Popular, 1978, p. 126. Véase también "Mexicanos fueron vejados y muertos por el traidor Franco", en *El Nacional*, 29 de julio de 1937.

[113] "Queipo confiesa que la captura del *Cantábrico* fue una soberana plancha," en *El Nacional*, 5 de abril de 1937.

[114] José Luis Paz Durán, ob. cit., p. 119.

[115] Félix Gordón Ordás, ob. cit., p. 747.

[116] *El Nacional*, 29 de julio de 1937; *El Universal*, 31 de julio de 1937.

[117] AHSRE, "Denegri a la Secretaría de Relaciones Exteriores", III 1510 (46) 37/1, 7 de marzo de 1937.

[118] Ángel Viñas, *La Guerra Civil...*, ob. cit.; Isidro Fabela, ob. cit., p. 161; Gerald Howson, ob. cit., p. 153.

[119] Juan Simeón-Vidarte, *Todos fuimos culpables,* ob. cit., p. 589.

[120] "Catorce instituciones checas mantuvieron lazos estrechos con organizaciones en México. El ministro checo en México ofreció varias conferencias en instituciones culturales mexicanas y donó y organizó diversos conciertos con músicos checos. Como agradecimiento, Cárdenas le puso el nombre de Jan Masaryk a una importante avenida en Ciudad de México", en Friedrich Schuler, ob. cit., p. 139.

[121] Véase, entre otros, AHSRE, III-165 (316).

[122] Francisco Olaya, *El oro de Negrín*, ob. cit., p. 82.

[123] Gerald Howson, ob. cit., p. 154.

[124] Véase Marina Casanova, *La diplomacia española durante la Guerra Civil,* Madrid, Ministerio de Asuntos Exteriores, Biblioteca Diplomática Española, Sección Estudios, número 13, 1996.

[125] AMAE, RE-60, Informe 25.

[126] AMAE, RE-60, Informe 24.

[127] Isidro Fabela, *Cartas al Presidente Cárdenas*, ob. cit., p. 45.

[128] Ibíd., pp. 47-48.

[129] Ibíd., pp. 52-54.

[130] Romana Falcón y Soledad García, *La semilla en el surco. Adalberto Tejeda y el radicalismo en Veracruz, 1883-1960*, México, El Colegio de México / Gobierno del Estado de Veracruz, 1986, pp. 377-378.

[131] AHSRE, III-166-15, Compra de pistolas y equipo militar en Alemania.

[132] PRO, FO 371 14177.

[133] AHSRE, III-746-1, Ministro Adalberto Tejeda al secretario de Relaciones Exteriores Eduardo Hay, París, 10 de octubre, 1936.

[134] AHSRE III/510 (46) "37", Tejeda a Hay, París, 10 de octubre de 1936.

[135] AHSRE III/146 (46) 1, Torres Bodet a Eduardo Hay, Bruselas, 3 de febrero de 1938.

[136] Gerald Howson, ob. cit., pp. 261-167.

[137] *El Nacional*, 2 de septiembre de 1937.

[138] Ibíd. Véase también *El Universal*, 3-6 de septiembre de 1936, y *Excélsior*, 2-6 de septiembre de 1936.

¹³⁹ *El Hombre Libre*, 1937.

¹⁴⁰ AHSRE, "La nota mexicana", III 1510 (46) "36"/4050, 30 de marzo de 1937.

¹⁴¹ *The New York Times*, 5 de noviembre de 1937.

¹⁴² El cargamento consistía de 15.000 rifles Mauser, 111 ametralladoras Vickers y 40 millones de cartuchos de 7,65 mm, 80 ametralladoras ligeras Bergman y Schneider, ocho cañones de campaña de 75 mm con sus correspondientes 6.450 casquillos de proyectil, seis cañones de campaña Krupp de 7,65 cm M-16 y 1.792 granadas de metralla, cuatro cañones Krupp de 60 cm y 1.208 casquillos de proyectil, 30 morteros de trinchera de 105 mm y 6.000 granadas de mortero. Ver Félix Gordón Ordás, ob. cit., p. 769.

¹⁴³ AHSRE, III/146 (46) 1, Narciso Bassols a Eduardo Hay, 8 de diciembre de 1938; III-1325-5, Eduardo Hay a Narciso Bassols, 19 de enero de 1939.

¹⁴⁴ Gerald Howson, ob. cit., pp. 146-152.

¹⁴⁵ Véase, entre otros, Marcelino Domingo, *El mundo ante España: México ejemplo*, París, La Technique du Livre, 1938; Julio Álvarez del Vayo, *The Last Optimist*, Londres, 1950; Juan Simeón-Vidarte, *Todos fuimos culpables*, ob. cit., Ángel Osorio y Gallardo, *La España de mi vida. Autobiografía*, Buenos Aires, 1945.

¹⁴⁶ Luis Araquistáin, "La doctrina de México sobre la agresión encubierta", en *Excélsior*, 23 de octubre de 1945.

V. ESCRITORES, ARTISTAS, COMBATIENTES

¹ Éste fue el caso, entre otros, del piloto mexicano Luis Monter Cerrillo, quien llegó a España principalmente para alejarse de su esposa y de sus cuatro hijos y evitar pagar su manutención. Véase, Archivo Histórico de la Secretaría de Relaciones Exteriores, III/510 (46)37/1.

² David Alfaro Siqueiros, *Me llamaban el Coronelazo*, México, Grijalbo, 1977, p. 348.

³ El estadounidense Thomas G. Powell considera que sólo la quinta parte de los mexicanos que se alistaron en las filas republicanas vivieron para contar sus historias después de que terminó el conflicto. Véase T. G. Powell, *Mexico and the Spanish Civil War*, ob. cit., p. 103.

⁴ Un grupo de artistas, escritores y pintores se reunió para crear una organización con el fin de combatir el fascismo, la guerra y el imperialismo a través del arte y la unidad de clase. La LEAR afirmaba ser la sección mexicana de la Unión Internacional de Escritores y Artistas Revolucionarios, creada en 1930 en la Unión Soviética. Entre sus fundadores destacan Leopoldo Méndez, Gabriel Fernández Ledesma, Germán List Arzubide y Rufino Tamayo.

⁵ Stephen Spender, *World within World*, Londres, 1951, p. 212.

⁶ U.S. National Security Agency, Proyecto Venona, 3/NBF/T712.

⁷ Octavio Paz, *Itinerario*, México, Fondo de Cultura Económica, 1993, p. 62.

⁸ Mark Falcoff y Frederik Pike, *The Spanish Civil War: American Hemispheric Perspectives*, Lincoln, University of Nebraska Press, 1982, p. 116.

⁹ Silvestre Revueltas, *Silvestre Revueltas por él mismo*, México, Era, 1998, p. 99.

¹⁰ Ibíd., p. 102.

¹¹ Néstor Sánchez Hernández, *Un mexicano en la Guerra Civil española y otros recuerdos*, Oaxaca, México, Carteles Editores, 1977, p. 232.

¹² *El Heraldo*, Madrid, 17 de septiembre de 1937.

¹³ Silvestre Revueltas, ob. cit., pp. 108-109.

¹⁴ Octavio Paz, ob. cit., pp. 61-62.

[15] Ibíd., 62-63.

[16] Octavio Paz, ob. cit., pp. 51-52.

[17] Ibíd., p. 67.

[18] Elena Garro, *Memorias de España*, 1937, pp. 58 y 73; Silvestre Revueltas, ob. cit., pp. 97 y 101.

[19] Ibíd., p. 119.

[20] Ibíd., pp. 105-107 y 75-79.

[21] Blanca Lydia Trejo, *Lo que vi en España*, México, Polis, 1940, pp. 61-78.

[22] John W. Sherman, *op.cit.*,p. 120.

[23] Mijail Koltsov, *Diario de la Guerra de España*, París, Ruedo Ibérico, 1963.

[24] Carlota O'Neill, *Una mexicana en la guerra de España*, México, Populibros de La Prensa, 1964.

[25] Ibíd., p. 116.

[26] Archivo Histórico de la Embajada de España en México, II-a-General 142, Ciudad de México, 19 de octubre de 1937. Del encargado de negocios Loredo Aparicio al secretario de Relaciones Exteriores Hay.

[27] Daniel Cosío Villegas, *Memorias*, México, Grijalbo, 1976, p. 156.

[28] Ibíd., p. 158.

[29] Ibíd., p. 160.

[30] Andrés Iduarte, *En el fuego de España*, México, Gobierno del Estado de Tabasco, ICT Ediciones, 1993, p. viii intro.

[31] Es interesante observar cómo los medios conservadores españoles tendían a escribir Méjico con "j" en lugar de con "x", mientras que los diarios españoles liberales se inclinaban por lo opuesto. Se sobreentiende que para los mexicanos de izquierda o los mexicanos nacionalistas, la primera modalidad era más que ofensiva.

[32] Edelberto Oscar Acevedo, *Carlos Pereyra, Maestro de América*, Sevilla, Escuela de Estudios Hispanoamericanos/CSIC, 1986.

[33] *El Nacional*, 23 de febrero de 1939.

[34] Norman J. Padelford, *International Diplomacy in the Spanish Civil Strife*, Nueva York, Macmillan, 1939, pp. 73-74.

[35] Miguel A. Velasco, "El Partido Comunista durante el período de Cárdenas", en Gilberto Bosques *et al.*, *Cárdenas*, México, 1975, p. 37.

[36] Valentín Campa, *Mi testimonio. Memorias de un comunista mexicano*, México, Ediciones de Cultura Popular, 1978, pp. 127-128.

[37] Andrés García Lacalle, *Mitos y verdades. La aviación de caza en la guerra española*, México, Oasis, 1973.

[38] Carlos Lázaro, "Latinos en España", en *Avion Revue*, núm. 214, Madrid, abril de 2000, p. 83.

[39] Ibíd.

[40] Indalecio Prieto proporcionó la lista a petición del gobierno mexicano. Incluía sólo a los oficiales mexicanos contratados por el Ministerio de Defensa y no a los voluntarios, que posiblemente se alistaron en las Brigadas Internacionales. AHSRE, expediente III-764-1 (2ª parte) documento 4, número 0601, Expediente 46-0/239 (S-5).

[41] David Alfaro Siqueiros, *Memoria relativa a la hoja de servicios del suscrito*, en Archivo Siqueiros, Ciudad de México.

[42] David Alfaro Siqueiros, *Me llamaban el Coronelazo*, ob. cit., p. 336.

[43] *El Universal*, 24 de noviembre de 1938; Juan Simeón-Vidarte no sólo menciona a este batallón mexicano sino que inventa un supuesto "Batallón Lázaro Cárdenas". Véase su *Todos fuimos culpables*, ob. cit., pp. 546 y 807.

[44] Carl Geiser, *Prisoners of a Good Fight. The Spanish Civil War 1936-1939*, Westport, Connecticut, Lawrence Hill & Co., 1986, p. 253.

[45] Andreu Castells, *Las Brigadas Internacionales*, Ariel, Barcelona, 1974, p. 377.

[46] Información citada en *Excélsior*, 5 de mayo de 1937, p. 2-A. La misma fuente establecía que había otros 590 sudamericanos sin hacer distinción de sus nacionalidades.

[47] Michael Alpert, *El ejército republicano en la Guerra Civil*, Madrid, Siglo XXI de España, 1989, pp. 345 y 351.

[48] Andrés Iduarte, ob. cit., p. 193.

[49] *El Sol*, 24 de septiembre de 1937. En ese mismo número, el periódico, que en aquel entonces era comunista, elogió a Juan B. Gómez, a Ruperto García y a "varios otros" soldados mexicanos.

[50] Aun después de la guerra, Gordón Ordás negó categóricamente que la embajada española hubiera participado en el reclutamiento de hombres para las fuerzas republicanas. Véase Gordón Ordás, ob. cit., p. 350. Sabemos con certeza, por ejemplo, que la embajada española directamente le pidió a la Secretaría de la Defensa de México los servicios del capitán Félix Guerrero. Véase AHSRE III/510(46)37/10 III-770-3. La embajada de España en México reclutó a varios estadounidenses y canadienses. Un piloto estadounidense describe en sus memorias la manera en la que la embajada de España en Ciudad de México lo reclutó para que prestara sus servicios en la Fuerza Aérea Republicana; véase F. G. Tinker, *Some Still Live. An Airman's Adventures in the Spanish War*, Londres, Lovat Dickson, 1938, pp. 9-10. El mismo Marcelino Domingo reconoció haber hecho todo lo necesario para convencer a los jóvenes de irse a España y alistarse en el ejército republicano. Véase su *El mundo ante España, México ejemplo,* París, La Technique du Livre, 1938.

[51] Valentín Campa, ob. cit., p. 113.

[52] Roberto Vega González, *Cadetes mexicanos en la Guerra de España*, México, Compañía General de Ediciones, 1954.

[53] Ibíd., p. 49.

[54] Ibíd., p. 113.

[55] Ibíd., pp. 136-137.

[56] Ibíd., p. 177.

[57] Ibíd., p. 139.

[58] Ibíd., p. 187.

[59] Ibíd., p. 201.

[60] *Excélsior*, 15 de julio de 1941.

[61] Néstor Sánchez Hernández, ob. cit.

[62] Ibíd., pp. 128-129.

[63] Ibíd., p. 144.

[64] Ibíd., p. 219.

[65] T. G. Powell, ob. cit., p. 98.

[66] Philip Stein, *Siqueiros. His Life and Works*, Nueva York, International Publishers, 1994, p. 109.

[67] Esta analogía se invocó con frecuencia para justificar la ayuda mexicana a la República. Véase *El Nacional* y *Excélsior*, 23 de enero de 1939.

[68] *Excélsior*, 29 de julio de 1939.

[69] Ibíd.

[70] Véase nota 53.

[71] Alicia Ortiz Rivera, *Juan Sánchez Navarro. Biografía de un testigo del México del siglo XX*, capítulo 5.

⁷² Carlos Lázaro, "Latinos en España", en *Avion Revue*, número 214, Madrid, abril de 2000, p. 82.

⁷³ John W. Sherman, ob. cit., pp. 117-126.

VI. DEMASIADO PARECIDOS

¹ Luis González, ob. cit., p. 116.

² Public Records Office (PRO), Kew, Foreign Office (FO), 371 20532, Ministro Rodney Gallup de la Legación Británica en Ciudad de México a Anthony Eden, FO, 9 de agosto de 1936.

³ PRO Kew, FO A8119/196/26 confidencial Centroamérica y Sudamérica, Murray a Eden, Ciudad de México, 30 de septiembre de 1936.

⁴ José Fuentes Mares, ob. cit., p. 161.

⁵ *El Universal*, 30 de julio de 1936.

⁶ *Excélsior*, 27 de julio de 1936.

⁷ "El Ejecutivo de la Unión tendrá la facultad exclusiva de hacer abandonar el territorio nacional, inmediatamente y sin necesidad de juicio previo... Los extranjeros no podrán de ninguna manera inmiscuirse en los asuntos políticos del país." *Constitución Política de los Estados Unidos Mexicanos*.

⁸ *El Nacional*, 3 de agosto de 1936.

⁹ Ibíd.

¹⁰ *Excélsior*, 3 de agosto de 1936.

¹¹ Hugh G. Campbell, ob. cit., p. 60; John Sherman, ob. cit., p. 104.

¹² AGN, Fondo Lázaro Cárdenas 556/1, Daniel Ríos Zertuche a Cárdenas, México, 10 de agosto de 1936.

¹³ *Excélsior*, 12 de agosto de 1936.

¹⁴ Véase Arnaldo Córdova, *La política de masas del cardenismo*, México, Era, 1974. En una divergencia importante de estudios anteriores, Córdova indicó que lejos de ser una revolución social, la Revolución mexicana era meramente política con matices populistas. Lo que surgió fue un Estado estilo Leviatán capaz de neutralizar a sus adversarios y de controlar a la sociedad.

¹⁵ Raquel Sosa, *Los códigos ocultos del cardenismo*, México, UNAM/Plaza y Valdés, 1996, pp. 221-222.

¹⁶ *Últimas Noticias*, 12 de noviembre de 1936; *ABC*, Sevilla, 14 de noviembre de 1936.

¹⁷ Moisés González Navarro, *Los extranjeros en México y los mexicanos en el extranjero, 1821-1970*, volumen 3, México, El Colegio de México, 1994, p. 28.

¹⁸ Juan de Dios Bojórquez, *La inmigración española de México*, México, 1932, pp. 1-13.

¹⁹ Manuel Fernández Boyoli y Eustaquio Marrón de Angelis, *Lo que no se sabe de la rebelión cedillista*, México, Grafi-Art, 1938, apéndice.

²⁰ Allan Chase, *Falange. El ejército secreto del Eje en América*, La Habana, Editorial Caribe, 1944, pp. 159-160.

²¹ *Excélsior*, 5 y 7 de noviembre de 1937; *El Universal*, 6 de noviembre de 1937. AMAE, Legajo R996, expediente 20.

²² AGN, expediente 551/14, y Evelyn Waugh, ob. cit., pp. 39-40.

²³ *La Prensa*, 21 de mayo de 1938.

²⁴ J. H. Plenn, *Mexico Marches*, ob. cit., p. 91.

²⁵ *La Prensa*, 19 de mayo de 1938.

²⁶ *Manchester Guardian*, 31 de agosto de 1938.

²⁷ *The New York Times*, 30 de enero de 1938.

[28] David Cronon, ob. cit., pp. 210-211.

[29] Nathaniel y Sylvia Weyl, ob. cit., p. 300.

[30] Manuel Fernández Boyoli y Eustaquio Marrón de Angelis, ob. cit., p. 190.

[31] J. H. Plenn, ob. cit., pp. 331-333, y Tziv Medin, ob. cit., p. 116.

[32] Confederación de Trabajadores de México, *CTM, 1936-1941*, México, 1941, pp. 16-30.

[33] Arnaldo Córdova, *La política de masas del cardenismo*, ob. cit., p. 176.

[34] Jorge Alberto Lozoya, *El Ejército Mexicano*, México, El Colegio de México, 1970, p. 65.

[35] Jorge Alberto Lozoya, ob. cit., p. 65.

[36] Partido de la Revolución Mexicana, Pacto Constitutivo, declaración de principios, programa y estatutos, México, 1938.

[37] Jorge Alberto Lozoya, ob. cit., pp. 65-66.

[38] Edwin Lieuwen, *Mexican Militarism. The Political Rise and Fall of the Revolutionary Army. 1910-1940*, Alburquerque, University of New Mexico Press, 1968, p. 126.

[39] Juan Simeón-Vidarte, *Ante la tumba de Cárdenas*. México, México, Editorial Valle de México, 1971.

[40] *Excélsior*, 9 de julio de 1938.

[41] National Archives of the United States (NAUS), Informe del Departamento de Estado. Conversación entre Cloyd Clevenger y Gibson Washington, 13 de mayo de 1938, SD, NARA, WDC, 812.00 Revolutions 284.

[42] Debo esta información al amable consejo de Gerald Howson.

[43] *The New York Times*, 26 de mayo de 1938.

[44] *El Nacional*, 2 de abril de 1939.

[45] *El Universal*, 3 de abril de 1939.

[46] *Excélsior*, 5 de abril de 1939.

[47] AGN, Fondo Lázaro Cárdenas, Expediente 120/1482, Unión Nacional de Veteranos de la Revolución, "Carta a Villaseñor", 14 de septiembre de 1936.

[48] Allan Chase, ob. cit., p. 172.

[49] Hugh G. Campbell, *La derecha radical en México*, México, SepSetentas, 276, 1976, p. 44.

[50] Jean Meyer, *Le Sinarquisme: un fascisme mexicain? 1937-1947*, París, Hachette, 1977, pp. 106-147.

[51] Ibíd., p. 114.

[52] Ibíd., pp. 270-271.

[53] Harold E. Davis, "Enigma of Mexican Sinarquism", en *Free World* V, mayo de 1943, pp. 410-416; Donald J. Mabry, *Mexico's Acción Nacional: A Catholic Alternative to Revolution*, Syracuse, NY, Syracuse University Press, 1973, pp. 32-35.

[54] Allan Chase, ob. cit., p. 171.

[55] Soledad Loaeza, ob. cit., pp. 60-62.

[56] Ibíd.

[57] PRO FO, 1936; 371/19793 "Activities of Golden Shirts Organization" A2307/196/26.

[58] *Excélsior*, 1 de enero de 1936.

[59] Cfr. Juan J. Linz, "Some Notes Toward a Comparative Study of Fascism in Sociological Historical Perspective", en Walter Laqueur, *Fascism A Reader's Guide*, Middlesex, Penguin, 1976, pp. 13-80.

[60] *Excélsior*, 21 de noviembre de 1935; *El Universal*, 21 y 22 de noviembre de 1935.

[61] Manuel Fernández Boyoli y Eustaquio Marrón de Angelis, ob. cit., p. 212.

[62] Manuel Fernández Boyoli y Eustaquio Marrón de Angelis, ob. cit., pp. 221-223.

[63] *Hispanidad*, 7 de marzo de 1941.

[64] Betty Kirk, ob. cit., p. 145.

[65] J. H. Plenn, *Mexico Marches*, ob. cit., p. 210.

[66] Eric Suaffer, *Un mexicano en las garras de Franco*. México, Tepaliztli, 1961, pp. 37-40.

[67] Marcelino Domingo, *El mundo ante España. México ejemplo*, ob. cit., p. 40.

[68] *El Nacional*, 6 de febrero de 1937.

[69] Betty Kirk, ob. cit., p. 245.

[70] Allan Chase, ob. cit., p. 173.

[71] Anna Macías, *Against All Odds: The Feminist Movement in Mexico to 1940*, Westport, Connecticut, Greenwood Press, 1982, p. 139.

[72] Nathaniel y Sylvia Weyl, ob. cit., p. 353.

[73] Ibíd., pp. 353-354.

[74] Luis González, ob. cit., p. 119.

[75] Ibíd., pp. 120-121. Salvador Novo, ob. cit., pp. 18-19.

[76] John W. Sherman, ob. cit., p. 23.

[77] Ibíd., p. 44.

[78] Javier Tusell, *Historia de España en el siglo XX. II: La crisis de los años treinta: República y Guerra Civil*, Madrid, Taurus, 2000, p. 58.

[79] Ibíd., p. 59.

[80] Ward W. Morton, *Women Suffrage in Mexico*, Gainesville, Florida, The University of Florida Press, 1962, p. 23.

[81] John W. Sherman, ob. cit., p. 137.

[82] Félix Gordón Ordás, *Mi política fuera de España*, p. 739.

[83] Yolanda Argudin, *Historia del periodismo en México desde el virreinato hasta nuestros días*, México, Panorama Editorial, 1987, p. 123.

[84] Confederación de Trabajadores de México, *CTM 1936-1941*, México D.F., Talleres Tipográficos Modelo, 1941, p. 615.

[85] María del Carmen Ruiz Castañeda *et al.*, *El periodismo en México*, México, UNAM-ENEP-Acatlán, 1981.

[86] Nathaniel y Sylvia Weyl, ob. cit., p. 321.

[87] J. H. Plenn, *Mexico Marches*, ob. cit., p. 68.

[88] La carta completa puede leerse en Clara Lida, *La Casa de España en México,* México, El Colegio de México, Jornadas 113, 1988, pp. 27-28.

[89] *El Hombre Libre*, 5 de enero de 1938. Véase también J. H. Plenn, *Mexico Marches*, ob. cit., p. 68.

[90] Jean Meyer, *La cristiada*, México, Siglo XXI, 1973.

[91] John Cornwell, *Hitler's Pope...*, ob. cit., pp. 112, 263.

[92] *Lettre Apostolique adressée aux éveques mexicains*, 2 de marzo de 1937.

[93] *Manchester Guardian*, 20 de abril de 1938.

[94] Citado por Dante Puzzo, ob. cit., p. 166.

[95] Thomas G. Powell, ob. cit., p. 111.

[96] Betty Kirk, ob. cit., p. 135.

[97] *El País*, Madrid, 10 de marzo de 2001.

[98] Alexander M. Zaragoza, *The Monterrey Elite and the Mexican State. 1880-1940*, Austin, University of Texas Press, 1988.

[99] Ibíd., pp. 160-167; Hugh G. Campbell, *La derecha radical en México*, pp. 155-158.

[100] *The New York Times*, 6 de febrero de 1936.

[101] *The New York Times*, 7 de febrero de 1936.

[102] Manuel Fernández Boyoli y Eustaquio Marrón de Angelis, ob. cit., p. 213.

[103] Ibíd., p. 272.

[104] Ibíd., p. 157. Saragoza apoya su afirmación con base en fuentes de la inteligencia de los Estados Unidos, ob. cit., p. 183.

VII. EL TRIUNFO DE LA REACCIÓN

[1] Juan Simeón-Vidarte, *Todos fuimos culpables,* ob. cit., p. 765-768.

[2] Ibíd., pp. 786-789.

[3] Félix Gordón Ordás, ob. cit., p. 780.

[4] *Excélsior,* 5 de enero de 1939.

[5] *Excélsior,* 17 de enero de 1939.

[6] Inmaculada Cordero Olivera, "Exilio español e imagen de España en México", en *Leviatán, Revista de Hechos e Ideas.* Madrid, Pablo Iglesias, invierno de 1995, número 62, segunda época, p. 125.

[7] *Excélsior,* 3 de junio de 1939.

[8] Mauricio Fresco, *La emigración republicana española: una victoria de México,* México, Editores Asociados, 1950, p. 29.

[9] *El Universal,* 18 de enero de 1939. *El Nacional,* misma fecha.

[10] *El Nacional,* 31 de enero de 1939.

[11] Marcelino Domingo, *El mundo ante España,* ob. cit., p. 254.

[12] Isidro Fabela, *Cartas al Presidente Cárdenas,* ob. cit., p. 127

[13] "Acta de Entrega de la Embajada de España", AHSRE, III-166-21 Clas. III/101.5 (46-0) /10114.

[14] *Excélsior,* 3 de abril de 1939.

[15] Hugh Thomas, ob. cit., p. 757.

[16] Aunque tanto el registro como la tripulación eran ostensiblemente españoles, el barco era de bandera de los Estados Unidos. Véase *Excélsior,* 31 de marzo de 1939.

[17] *Excélsior,* 1 de abril de 1939.

[18] Salvador de Madariaga, *España. Ensayo de historia contemporánea,* Buenos Aires, Sudamericana, 1950, p. 589.

[19] *El Nacional,* 19 de febrero de 1939.

[20] Patricia Fagen, ob. cit., pp. 37-38.

[21] Ibíd., pp. 38-41

[22] *El Nacional,* 12 de abril de 1939.

[23] Félix F. Palavicini, ob. cit., p. 265.

[24] *Excélsior,* 22 de abril de 1939.

[25] *El Nacional,* 26 de mayo de 1939; *Excélsior,* misma fecha.

[26] Lois E. Smith, *Mexico and the Spanish Republicans,* ob. cit., p. 237.

[27] *El Nacional,* 14 de junio de 1939.

[28] *El Nacional,* 24 de mayo de 1939.

[29] Ibíd., 4 de junio de 1939.

[30] *Excélsior,* 9 y 26 de julio de 1939.

[31] *The New York Times,* 2 de diciembre de 1937.

[32] *Excélsior,* 24 de mayo de 1939.

[33] *Excélsior,* 3 de abril de 1939.

[34] Moisés González Navarro, ob. cit., pp. 164-165.

[35] Véase Patricia Fagen, ob. cit., pp. 38-39.

[36] *Excélsior,* 23 de mayo de 1939. Véase también Alfonso Taracena, *La revolución desvirtuada,* México, Costa-Amic, 1967, pp. 85, 94 y 160.

[37] Nathan L. Whetten, *Rural Mexico,* Chicago, University of Chicago Press, 1948, p. 496.

[38] *El Nacional,* 2 de septiembre de 1939.

[39] Ibíd.

[40] Es necesario destacar que en 1939 en México había un déficit demográfico. En este sentido, la migración española también podía servir para "reabastecer las fuentes agotadas

de la nacionalidad mexicana". Véase Secretaría de Gobernación, *Manual del Extranjero*, México, 1939, pp. 190-192, y Gilberto Loyo, *La política demográfica de México*, México, Talleres Tipográficos de S. Turanza del Valle, 1935.

41 *Excélsior*, 9 de julio y 3 de agosto de 1939; 10 de enero de 1940.

42 En total, 1.718 refugiados llegaron en esos cuatro barcos. Véase *El Universal*, 3 de abril, 2 y 15 de octubre y 18 de diciembre de 1941, y Félix Palavicini, ob. cit., p. 276.

43 Félix Palavicini, ob. cit., p. 223.

44 Mauricio Fresco, ob. cit., p. 112.

45 Ricardo Pérez Monfort, ob. cit., p. 125.

46 Julio Álvarez del Vayo, *Give Me Combat*, ob. cit., p. 214.

47 Frank L. Kluckhohn, ob. cit., p. 228.

48 Luis González, ob. cit., p. 168.

49 Véase, por ejemplo, William O. Scroggs, "Mexican Anxieties", en *Foreign Affairs*, volumen 18, número 2, enero 1940, p. 272.

50 Isidro Fabela, *Neutralidad*, Biblioteca de Estudios Internacionales, México, 1940, p. 273.

51 Betty Kirk, ob. cit., p. 257.

52 Barry Carr, *Marxism and Communism in Twentieth-Century Mexico*, Lincoln, University of Nebraska Press, 1992, p. 299.

53 Según el PCM, estas fuerzas intentaban crear un ambiente propicio a las represalias y los ataques en contra de las organizaciones obreras en general y de los comunistas mexicanos en particular. Para una crónica completa del atentado contra la vida de Trotski, véase, *El Universal*, 26 de mayo de 1940. Para la versión del PCM sobre la conspiración, véase *El Popular*, 20 de junio de 1940.

54 AGN, Fondo Lázaro Cárdenas del Río, expediente "Trotski".

55 *El Popular*, 20 de junio de 1940.

56 Olivia Gall, *Trotski en México y la vida política en el período de Cárdenas, 1937-1940*, México, Era, p. 317.

57 Un ruso que dirigía las operaciones militares de sabotaje y guerrilla en territorio nacionalista, también conocido como Etington. Véase Hugo Thomas, ob. cit., p. 389, n. 3.

58 "Mensaje del Presidente de la República a los trabajadores en relación al asesinato de León Trotski", en Lázaro Cárdenas, *Mensajes, discursos, declaraciones y otros documentos*. México, Siglo XXI, 1978, tomo I, pp. 440-441.

59 Luis I. Rodríguez, *Ballet...*, ob. cit., pp. 138-140.

60 Ibíd., pp. 169 y 233-235.

61 Acuerdo Franco-Mexicano del 22 de agosto de 1940, en AHSRE, Archivo de la Embajada de México en Francia, caja núm. 292. La nota contenía cuatro cláusulas. La primera reiteraba la voluntad mexicana de traer a todos los españoles que vivían en territorio francés y en las colonias. El segundo punto evocaba la larga tradición humanitaria de Francia. El tercer punto subrayaba que México se haría cargo de todos los gastos de transportación. En el cuarto y último punto, México le pedía a Francia que colaborara en la empresa de la "más grande emigración que jamás hubiera cruzado el océano Atlántico".

62 Testimonio oral de don Gilberto Bosques Saldívar en *Desdeldiez, Boletín del Centro de Estudios de la Revolución Mexicana "Lázaro Cárdenas"*, noviembre de 1993.

63 AHSRE, Archivo de la Embajada de México en Francia, caja núm. 309; Mauricio Fresco, ob. cit., pp. 42-44.

64 Luis I. Rodríguez, *Misión de Luis I. Rodríguez en Francia. La protección de los refugiados españoles julio a diciembre de 1940*, ob. cit., p. 240.

65 Ibíd., p. 244.

66 Luis I. Rodríguez, *Misión...*, ob. cit., p. 262.

[67] Véase capítulo 3.

[68] Luis I. Rodríguez, *Misión...*, ob. cit., pp. 276-277.

[69] Gilberto Bosques, ob. cit., pp. 73-76.

[70] Ariel José Contreras, *México 1940: Industrialización y crisis política*, México, Siglo XXI, 1983. Albert Michaels, "The Crisis of Cardenismo", en *Journal of Latin American Studies*, 2, 1970, pp. 51-79. Stanley R. Ross (ed.), *Is the Mexican Revolution Dead?*, Nueva York, Knopf Borsoi Book Co., 1966.

[71] Virginia Prewitt, *Reportage on Mexico*, Nueva York, E. P. Dutton & Co., Inc., 1941, pp. 194-203.

[72] William Cameron Townsend., ob. cit., p. 337.

[73] Ibíd., p. 105

[74] Olivia Gall, ob. cit., pp. 218-222.

[75] Fernando Benítez, ob. cit., p. 208.

[76] Albert Michaels, "The Crisis of Cardenismo", en *Journal of Latin American Studies*, 2, 1970, pp. 51-79; Nora Hamilton, *The Limits of State Autonomy: Post-Revolutionary Mexico*, Princeton, Princeton University Press, 1982, p. 254.

[77] Luis Gonzáles y González, *Los días del Presidente Cárdenas*, ob. cit., p. 230.

[78] *El Universal*, 19 de septiembre de 1938.

[79] Compárese Friedrich Schuler, ob. cit., pp. 27-28, con Tziv Medin, ob. cit., pp. 204-206; y con Lorenzo Meyer, *México y los Estados Unidos en el conflicto petrolero (1917-1942)*, México, El Colegio de México, 1972, p. 263.

[80] Ibíd., pp. 225-226.

[81] *El Universal*, 26 de julio de 1940 y 13 de agosto de 1940.

[82] Soledad Loaeza, ob. cit., pp. 146-148.

[83] Josephus Daniels, *Shirt-Sleeve Diplomat*, Raleigh, University of North Carolina Press, 1947, pp. 350-351.

[84] National Archives of the United States RG 812.00/30472, Blocker, "Letter to Secretary of State", 19 de julio de 1937.

[85] NAUS, RG59, Box 3958, 812.00/31457 "Confidential Memorandum", 12 de septiembre de 1940.

[86] NAUS, T-120, Roll 143Fr 84760, Stohrer/Madrid, "Telegram to AA", 5 de octubre de 1940; Informe del FBI, "Spanish Government Influence in the Mexican Presidential Election, 1940", 1941.

[87] John W. Sherman, ob. cit., p. 187.

[88] *The New York Times*, 25 de junio de 1940.

[89] *El Hombre Libre*, 5 de julio de 1940.

[90] Véase *The New York Times*, 2 de diciembre de 1940.

[91] *El Nacional*, 2 de mayo de 1940.

[92] FBI, 3 de octubre de 1940, citado por Friedrich E. Schuler, ob. cit., p. 189.

[93] Betty Kirk, ob. cit., p. 245.

[94] *La Prensa*, 19 de septiembre de 1940.

[95] Véase Betty Kirk, ob. cit., p. 148.

[96] J. J. Linz, "An Authoritarian Regime: Spain", en S. N. Eisenstadt (ed.), *Political Sociology*, Nueva York, Basic Books, 1971, p. 522.

[97] "Acta taquigráfica de la tercera sesión efectuada el 19 de junio de 1945 de la Comisión 1 de la Conferencia de San Francisco" en Luis Miguel Díaz y Jaime G. Martín, ob. cit., p. 320.

[98] Ibíd., p. 322.

[99] *El Universal*, 18 de agosto de 1945; *Excélsior*, 18 y 19 de agosto de 1945.

[100] *El Nacional,* 29 de agosto de 1945.

[101] José Gutiérrez-Ravé, *Las Cortes errantes del Frente Popular,* Madrid, Editora Nacional, 1953, pp. 183-195.

[102] Alfonso Junco, *México y los refugiados, las cortes de paja y el corte de caja,* México, Jus, 1959.

[103] Solamente México, Guatemala, Israel, Uruguay y el bloque soviético votaron en contra de la resolución.

[104] *The Observer,* Londres, 23 de noviembre de 1952.

[105] "Las ejecuciones una vileza", Cancela México todo trato con España. Pide a la ONU su expulsión, en *Excélsior,* 29 de septiembre de 1975.

[106] Ciertamente, Echeverría había sido secretario de Gobernación cuando el gobierno de Gustavo Díaz Ordaz (1964-1970) reprimió sangrientamente al movimiento estudiantil mexicano de 1968. El hecho de que portavoces de un "régimen fascista" profirieran imputaciones condenatorias de represión en contra del Presidente de un Estado "revolucionario" sólo sirvió para agravar más la crisis entre los dos países. Para alegatos en contra de Echeverría, véase *Arriba,* 30 de septiembre de 1975, y *Ya,* 1 de octubre de 1975.

[107] *Excélsior,* 19 de marzo de 1977.

BIBLIOGRAFÍA

FUENTES PRIMARIAS

Archive du Ministère des Affaires Etrangers, Quai d'Orsay, París.

Archivo de la Defensa, Secretaría de la Defensa Nacional, México D.F.

Archivo de la Guerra Civil española, sección Prensa del Movimiento (Imagen de México), Salamanca.

Archivo del Ministerio de Asuntos Exteriores de España, Madrid.

Archivo General de la Nación (AGN), México D.F., Fondo Lázaro Cárdenas del Río.

Archivo Histórico de la Embajada de España en México, 1826-1939 (AHEEM), Biblioteca Daniel Cosío Villegas, El Colegio de México, México D.F.

Archivo Histórico Diplomático Genaro Estrada de la Secretaría de Relaciones Exteriores (AHSRE), México.

Hemeroteca Municipal de Madrid, Conde Duque, Madrid.

Hemeroteca Nacional, México D.F.

National Archives of the United States (NAUS), Washington D.C.

Public Records Office, Kew, Foreign Office.

FUENTES SECUNDARIAS

Abascal, Salvador, *Lázaro Cárdenas. Presidente comunista*, México, Tradición, 1988.

Aguilar Camín, Héctor y Lorenzo Meyer, *In the shadow of the Mexican Revolution: Contemporary Mexican History, 1910-1989*, Austin, University of Texas Press, 1993.

Alpert, Michael, *A New International History of the Spanish Civil War*, Londres, Macmillan, 1994.

–. *La Guerra Civil española en el mar*, Madrid, Siglo XXI de España, 1987.

Álvarez del Vayo, Julio, *Freedom's Battle,* Londres, Heinemann, 1940.

–. *Give Me Combat. The Memoirs of Julio Álvarez del Vayo*, prólogo de Barbara W. Tuchman, Boston, Little Brown, 1973.

–, *The Last Optimist*, Londres, Putnam, 1950.

Alvear Acevedo, Carlos, *Lázaro Cárdenas: El hombre y el mito*, México, Jus, 1961.

Amo García, Alfonso del, *Catálogo General del Cine de la Guerra Civil,* Madrid, Cátedra/Filmoteca Española, 1996.

Argudín, Yolanda, *Historia del periodismo en México desde el virreinato hasta nuestros días,* México, Panorama, 1987.

Ashby, Joe, *Organized Labor and the Mexican Revolution under Lázaro Cárdenas,* Chapel Hill, University of North Carolina Press, 1965.

Azaña, Manuel, "Artículos sobre la guerra de España", en *Obras Completas,* volumen 3, México, Oasis, 1967.

–, *Memorias políticas, 1931-1933. Memorias de guerra 1936-1939* (2 vols.), Barcelona, Grijalbo-Mondadori, 1996.

Bassols, Narciso, *Obras,* México, Fondo de Cultura Económica, 1979.

Baumann, Gerold Gino, *Extranjeros en la Guerra Civil española,* Lima, Perú, 1979.

Beals, Carleton, *The Coming Struggle for Latin America,* Londres, Jonathan Cape, 1939.

Beard, Charles A., *American Foreign Policy in the Making, 1932-1940. A Study in Responsibilities,* New Haven, Yale University Press, 1946.

Benítez, Fernando, *Lázaro Cárdenas y la Revolución Mexicana,* vol. 3: *El Cardenismo,* México, Fondo de Cultura Económica, 1978.

Bingham de Urquidi, Mary, *Misericordia en Madrid,* México, B. Costa-Amic, 1975.

Bojórquez, Juan de Dios, *La inmigración española de México,* México, 1932.

Bosques, Gilberto, *The National Revolutionary Party of Mexico and the Six Year Plan,* México, Partido Nacional Revolucionario, 1937.

Bowers, Claude, *My Mission to Spain,* Londres, Victor Gollancz, 1945.

Campbell, Hugh, *La derecha radical en México,* México, Sepsetentas, 1976.

Cardona, Gabriel, *La Batalla de Madrid. Noviembre, 1936 - julio, 1937,* Madrid, Historia 16/Caja de Madrid, 1996.

Carr, Barry, *Marxism and Communism in Twentieth-Century Mexico,* Lincoln, University of Nebraska Press, 1992.

Carr, Raymond, *The Spanish Tragedy,* Londres, Weidenfeld and Nicholson, 1977.

Casanova, Marina, *La diplomacia española durante la Guerra Civil,* Madrid, Ministerio de Asuntos Exteriores, Biblioteca Diplomática Española, Sección Estudios, núm. 13, 1996.

Cattell, David, *Soviet Diplomacy and the Spanish Civil War,* Berkeley, University of California Press, 1957.

Centro Republicano Español de México, *México y la República española. Antología de Documentos,* México, Centro Republicano Español de México, 1978.

Chase, Allan, *Falange: The Axis Secret Army in the Americas,* Nueva York, G. Putnam's Sons, 1943 [trad. cast. *Falange. El ejército secreto del Eje en América,* La Habana, Caribe, 1944.]

Confederación de Trabajadores de México, *CTM, 1936-1941,* México, 1941.

Contreras, Ariel José, *México 1940: industrialización y crisis política,* México, Siglo XXI, 1983.

Cornwell, John, *Hitler's Pope. The Secret History of Pius XII,* Middlesex, Penguin, 2000.

Correa, Eduardo J., *El balance del cardenismo,* México, Talleres Linotipográficos Acción, 1941.

Cortada, James W., *Spain in the Twentieth-Century World. Essays on Spanish Diplomacy, 1898-1978,* Westport, Connecticut, Greenwood Press, 1980.

Cosío Villegas, Daniel, *Memorias,* México, Grijalbo, 1976.

Cot, Pierre, *Les évènements survenus en France (Rapport fait au nom de la commission parlementaire chargé d'enquêter sur les évènements survenus en France, 1933-1945): Les té-*

moignages, volumen 1, número 2344, pp. 215-229. (Comparecencia de M. Leon Blum, 23 de julio de 1947.)

Cothran, Dan, *Political Stability and Democracy in Mexico, The "Perfect Dictatorship"?,* Westport Conn, Praeger, 1994.

Cronon, David, *Josephus Daniels in Mexico,* Madison, University of Wisconsin Press, 1960.

Daniels, Josephus, *Shirt-Sleeve Diplomat,* Raleigh, University of North Carolina Press, 1947.

Davis, Harold Eugene *et al., Latin American Diplomatic History. An Introduction,* Baton Rouge, University of Louisiana Press, 1990.

Denegri, Ceide, *Tragedias de la retaguardia: Estampas vivas del dolor de España,* Madrid, Pueblo, 1937.

Denegri, Ramón P., *Panorama social, político y militar de España: desde la rebelión de julio hasta la fecha,* México, Editorial México Nuevo, 1937.

Díaz, Luis Miguel y Jaime G. Martini, *Relaciones diplomáticas México España (1812-1977),* Porrúa, México, 1977.

Domingo, Marcelino, *El mundo ante España: México ejemplo,* París, La Technique du Livre, 1938.

Dulles, John W.F., *Yesterday in Mexico,* Austin, University of Texas Press, 1961.

Egido León, María de los Ángeles, *La concepción de la política exterior española durante la Segunda República,* Madrid, UNED, 1987.

Enríquez Perea, Alberto (compilación e introducción), *Alfonso Reyes y el llanto de España en Buenos Aires,* México, El Colegio de México/SRE, 1998.

–. *Daniel Cosío Villegas y su misión en Portugal, 1936-1937,* México, El Colegio de México/SRE, 1998.

Fabela, Isidro, *La política internacional del Presidente Cárdenas: antecedentes histórico-jurídicos de la expropiación petrolera; intervenciones diplomáticas,* México, Jus, 1975.

–. *Neutralidad,* México, Biblioteca de Estudios Internacionales, 1940.

–. *Cartas al Presidente Cárdenas,* México, 1947.

Fagen, Patricia, *Exiles and Citizens, Spanish Republicans in Mexico,* Austin, University of Texas Press, 1973.

Falcoff, Mark, y Frederik Pike, *The Spanish Civil War: American Hemispheric Perspectives,* Lincoln, University of Nebraska Press, 1982.

Falcón, Romana y Soledad García, *La semilla en el surco. Adalberto Tejeda y el radicalismo en Veracruz, 1883-1960,* México, El Colegio de México/Gobierno del Estado de Veracruz, 1986.

Fernández Boyoli, Manuel y Eustaquio Marrón de Angelis, *Lo que no se sabe de la rebelión cedillista,* México, 1938.

Foulkes, Vera, *Los niños de Morelia y la escuela España-México. Consideraciones analíticas sobre un experimento social,* México, UNAM, Facultad de Derecho, 1953.

Fresco, Mauricio, *La emigración republicana española: una victoria de México,* México, Editores Asociados, 1950.

Fuentes Mares, José, *Historia de un Conflicto: México-España. El Tesoro del Vita,* Madrid, CUS, 1975.

Gall, Olivia, *Trotski en México y la vida política en el período de Cárdenas, 1937-1940,* México, Era, 1991.

Garro, Elena, *Memorias de España, 1937,* México, Siglo XXI, 1992.

Graham, Helen, *The Spanish Republic at War,* Cambridge, Cambridge University Press, 2002.

Gómez Maganda, Alejandro, *España sangra,* Barcelona, Comissariat de Propaganda de la Generalitat de Catalunya, 1937.

González, Luis, *Los días del Presidente Cárdenas,* México, Clío, 1997.

González Calleja, Eduardo y Fredes Limón, *La Hispanidad como instrumento de combate. Raza e imperio en la prensa franquista,* Madrid, CSIC, 1988.

González Navarro, Moisés, *Los extranjeros en México y los mexicanos en el extranjero 1821-1970,* volumen 3, México, El Colegio de México, 1994.

Gordón Ordás, Félix, *Mi política fuera de España,* México, Talleres Gráficos Victoria, 1965.

Greene, Graham, *The Lawless Roads,* Londres, 1939.

Gutiérrez Rave, José, *Las cortes errantes del Frente Popular,* Madrid, Editora Nacional, 1953.

Hamilton, Nora, *The Limits of State Autonomy: Post-Revolutionary Mexico,* Princeton, Princeton University Press, 1982.

Hay, Eduardo, *Discursos pronunciados en su carácter de Secretario de Relaciones Exteriores (1936-1940),* México, 1940.

Héricourt, Pierre, *Les soviets et la France fournisseurs de la révolution espagnole,* París, Baudinière, 1938.

Hobsbawm, Eric, *Age of Extremes. The Short Twentieth Century, 1914-1991,* Londres, Abacus, 1995 [trad. cast. *Historia del siglo XX,* Barcelona, Crítica, 1998.]

Howson, Gerald, *Arms For Spain,* Londres, John Murray, 1998.

Iduarte, Andrés, *En el fuego de España,* México, Joaquín Mortiz, 1978.

Illades, Carlos, *Presencia española en la Revolución Mexicana (1910-1915),* México, Facultad de Filosofía y Letras de la UNAM/Instituto de Investigaciones doctor José María Luis Mora, 1991.

Jackson, Gabriel, *The Spanish Republic and the Civil War,* Princeton, Princeton University Press, 1965.

Jellinek, Frank, *The Civil War in Spain,* Londres, Victor Gollancz Ltd., 1938.

Junco, Alfonso, *México y los refugiados, las cortes de paja y el corte de caja,* México, Jus, 1959.

Katz, Friedrich, *The Secret War in Mexico. Europe, the United States and the Mexican Revolution,* Chicago, The University of Chicago Press, 1981.

Kelley, Francis Clement, *Blood-drenched Altars,* Milwaukee, 1935.

Kenny, Michael *et al., Inmigrantes y refugiados españoles en México. Siglo XX,* México, Ediciones de la Casa Chata, 1979.

Kirk, Betty, *Covering the Mexican Front. The Battle of Europe vs. America,* Norman, University of Oklahoma Press, 1942.

Kluckhohn, Frank, *The Mexican Challenge,* Nueva York, Doubleday, 1939.

León Portilla, Ascensión H. de, *España desde México. Vida y testimonio de trasterrados,* México, Universidad Nacional Autónoma de México, 1978.

Lida, Clara, *La Casa de España en México*, México, El Colegio de México, Jornadas 113, 1988.

Lieuwen, Edwin, *Mexican Militarism. The Political Rise and Fall of the Revolutionary Army 1910-1940*, Albuquerque, The University of New Mexico Press, 1968.

Lloyd Mecham, J., *The United States and Inter-American Security, 1889-1960*, Austin, The University of Texas Press, 1965.

Loaeza, Soledad, *El Partido Acción Nacional, la larga marcha 1939-1994: la oposición leal y partido de protesta*, México, Fondo de Cultura Económica, 1999.

Loredo Aparicio, Rafael, *La piedad de Franco*, México, Costa-Amic, 1946.

Loyo, Gilberto, *La política demográfica de México*, México, Talleres Tipográficos de S. Turanza del Valle, 1935.

Lozoya, Jorge Alberto, *El Ejército Mexicano*, México, El Colegio de México, 1976 (2ª edición).

Mabry, Donald J., *Mexico's Acción Nacional: A Catholic Alternative to Revolution*, Siracusa (N.Y.), Syracuse University Press, 1973.

Macdonald, N.P., *Hitler Over Latin America*, Londres, Jarrolds Publishers Ltd., 1940.

MacGregor, Josefina, *México y España. Del Porfiriato a la Revolución*, México, Instituto Nacional de Estudios Históricos de la Revolución Mexicana, 1992.

Macías, Anna, *Against all Odds: The Feminist Movement in Mexico to 1940*, Westport Connecticut, Greenwood Press, 1982.

Madariaga, Salvador de, *España. Ensayo de historia contemporánea*, Buenos Aires, Sudamericana, 1950.

Malraux, André, *L'Espoir*, París, Gallimard, 1937.

Medin. Tzvi, *Ideología y praxis política de Lázaro Cárdenas*, México, Siglo XXI Editores, 1972.

Medina, Luis, *Del cardenismo al avilacamachismo. Historia de la Revolución Mexicana*, El Colegio de México, 1978.

Meyer, Jean, *Le Sinarquisme. Un Fascisme Mexicain? 1937-1947*, París, Hachette, 1977.

—. *La Cristiada, I. La guerra de los Cristeros*, México, Siglo XXI, 1973.

Meyer, Lorenzo, *Los inicios de la institucionalización: La política del Maximato*, México, El Colegio de México, 1978.

—. *México y los Estados Unidos en el conflicto petrolero (1917-1942)*, México, El Colegio de México, 1972.

Montilla y Montilla, Manuel, *Héroes sin rostro. La Guerra Aérea Republicana (1937-1939)*, México, Costa-Amic, 1982.

Morton, Ward W., *Women Suffrage in Mexico*, Gainesville, The University of Florida Press, 1962.

Núñez y Domínguez, Roberto, *Cómo vi la República española. Película impresionista*, México, Imprenta Mundial, 1933.

Núñez Morgado, Aurelio, *Los sucesos de España vistos por un diplomático*, Buenos Aires, Talleres Gráficos Argentinos L. J. Ross, 1944.

Novo, Salvador, *La vida en México en el período presidencial de Lázaro Cárdenas*, México, Empresas Editoriales, 1957.

Olaya Morales, Francisco, *El oro de Negrín*, Móstoles, Madre Tierra, 1990.

321

−. *La intervención extranjera en la Guerra Civil española*, Móstoles, Madre Tierra, 1990.

−. *La Comedia de la No Intervención en la Guerra Civil española*. Madrid, G. Del Toro Editor, 1976.

O'Neill, Carlota, *Una mexicana en la guerra de España: Documento vivido y escrito*, México, La Prensa, 1964.

Ortega, Teófilo, *¿Adónde va el siglo? Rusia, México y España*, Madrid, 1931.

Ortiz Rivera, Alicia, *Juan Sánchez Navarro. Biografía de un testigo del México del siglo XX*, México, Grijalbo, 1997.

O'Shaughnessy, Edith, *A Diplomat's Wife in Mexico*, Nueva York, Harper and Brothers Publishers, 1916.

Padelford, Norman J., *International Diplomacy in the Spanish Civil Strife*, Nueva York, Macmillan, 1939.

Palavicini, Félix F. (ed.), *México: Historia de su evolución constructiva*, México, volumen 4, Distribuidora Editorial Libro, 1945.

Pando Navarro, Concepción, *Las Relaciones entre España y México durante la Segunda República* (tesis de licenciatura), Murcia, Universidad de Murcia, 1985.

Pani, Alberto, *Apuntes autobiográficos. Exclusivamente para mis hijos*, México, Stylo, 1945.

Partido Comunista Mexicano, *La nueva política del PCM*, México, Frente Cultural/ PCM, 1936.

Partido de la Revolución Mexicana, *Pacto Constitutivo, declaración de principios, programa y estatutos*, México, 1938.

Patte, Richard, *The Catholic Renewal in Mexico,* Washington, The Catholic Association for International Peace, 1940.

Payne, Stanley, *Spain's First Democracy: The Second Republic*, Madison, University of Wisconsin Press, 1993.

Paz Durán, José Luis, *28 meses a bordo del Canarias, 1936-1939,* La Coruña, Edicios do Castro, 1991.

Perea, Héctor, *La rueda del tiempo,* México, Cal y Arena, 1996.

Pérez Monfort, Ricardo, *Hispanismo y Falange. Los sueños imperiales de la derecha española,* México, Fondo de Cultura Económica, 1992.

Pike, David Wingeate, *Les Français et la Guerre d'Espagne*, París, Publications de la Sorbonne-Presses Universitaires de France, 1975.

Pike, Frederik B., *Hispanismo, 1898-1936. Spanish Conservatives and Liberals and their Relations with Spanish America,* Notre Dame (Indiana), University of Notre Dame Press, 1971.

Plenn, J. H., *Mexico Marches,* Nueva York, The Bobbs-Merrill Company, 1939.

Pope Atkins, G., *Latin America in the International Political System,* Boulder, Westview Press, 1995.

Powell, T. G., *Mexico and the Spanish Civil War*, Albuquerque, University of New Mexico Press, 1981.

Preston, Paul, *Las tres Españas del 36*, Barcelona, Plaza y Janés, 1997.

Prewitt, Virginia, *Reportage on Mexico,* Nueva York, E. P. Dutton & Co., Inc., 1941.

Puzzo, Dante A., *Spain and the Great Powers. 1936-1941,* Nueva York, Columbia University Press, 1962.

Quijada, Mónica, *Aires de República, aires de cruzada: La Guerra Civil española en Argentina,* Barcelona, Sendai, 1991.

Quintanilla, Luis, *A Latin American Speaks,* Nueva York, Macmillan, 1943.

Rama, Carlos M., *La crisis española del siglo xx,* México, Fondo de Cultura Económica, 1974.

Rama, Carlos M., *Historia de las relaciones culturales entre España y la América Latina,* México, Fondo de Cultura Económica, 1982.

Revueltas, Silvestre, *Silvestre Revueltas por él mismo,* México, Era, 1998.

Reyes, Rodolfo, *La bi-revolución española,* en *Memorias políticas,* volumen 3, México, Jus, 1949.

Richardson, William Harrison, *Mexico through Russian Eyes, 1806 1940,* Pittsburgh, University of Pittsburgh Press, 1988.

Rodríguez, Luis I., *Ballet de sangre,* México, Ediciones del Nigromante, 1942.

–. *Misión de Luis I. Rodríguez en Francia. La protección de los refugiados españoles, junio a diciembre de 1940,* introducción de Rafael Segovia y Fernando Serrano, México, El Colegio de México/Secretaría de Relaciones Exteriores/CONACYT, 2000.

Ross, Stanley R. (ed.), *Is the Mexican Revolution Dead?,* Nueva York, Knopf Borsoi Book Co., 1966.

Rubio, Javier, *Asilos y canjes durante la Guerra Civil española,* Barcelona, Planeta, 1979.

Ruiz Castañeda, María del Carmen *et al., El periodismo en México,* México, UNAM-ENEP-Acatlán, 1981.

Sánchez, Néstor, *Un mexicano en la Guerra Civil española,* Oaxaca (México), 1996.

Sanchís, Miguel, *Alas rojas sobre España,* Madrid, Publicaciones Nacionales, 1956.

Saragoza, Alexander M., *The Monterrey Elite and the Mexican State. 1880-1940,* Austin, The University of Texas Press, 1988.

Sassoon, Donald, *One Hundred Years of Socialism: The West European Left in the Twentieth Century,* Londres, Tauris, 1996.

Schuler, Friedrich E., *Mexico between Hitler and Roosevelt. Mexican Foreign Relations in the Age of Lázaro Cárdenas, 1934-1940,* Albuquerque, University of New Mexico Press, 1998.

Schwartz, Fernando, *La internacionalización de la Guerra Civil española, julio de 1936-mayo de 1937,* Barcelona, Ariel, 1971.

Secretaría de Gobernación, *Manual del Extranjero,* México, 1939.

Secretaría de Relaciones Exteriores, *Memoria de la Secretaría de Relaciones Exteriores, septiembre de 1936 a agosto de 1937* (2 vols.), México, 1937.

–. *Memoria de la Secretaría de Relaciones Exteriores, septiembre de 1937 a agosto de 1938,* México, 1938.

–. *Memoria de la Secretaría de Relaciones Exteriores, septiembre de 1938 a agosto de 1939,* México, 1939.

–. *México y España: solidaridad y asilo político. 1936-1942,* México, Secretaría de Relaciones Exteriores, 1990.

Sedwick, Frank, *The Tragedy of Manuel Azaña and the Fate of the Spanish Republic,* Ohio, State University Press, 1963.

Senado de la República, *México y el Mundo. Historia de sus Relaciones Exteriores,* vol. 4, México, 1991.

Servicio de Recuperación de Material de Guerra, *Catálogo del material cogido al enemigo. Exposición de Guerra. San Sebastián, agosto de 1938,* San Sebastián, 1938 (III año triunfal).

Sevillano, Francisco Virgilio, *La diplomacia mundial ante la guerra española. Crónica basada en una colección de documentos diplomáticos y políticos, producidos por las potencias,* Madrid, Editora Nacional, 1969.

Sherman, John W., *The Mexican Right. The End of Revolutionary Reform, 1929-1940,* Westport, Praeger, 1997.

Simeón-Vidarte, Juan, *Todos fuimos culpables,* México, Fondo de Cultura Económica, 1975.

–. *Ante la tumba de Lázaro Cárdenas,* México, Ediciones del Valle de México, 1971.

Siqueiros, David Alfaro, *Me llamaban el Coronelazo,* México, Grijalbo, 1977.

Skocpol, Theda, *States and Social Revolutions: A Comparative Analysis of France, Russia and China,* Nueva York, Cambridge University Press, 1980.

Smith, Lois Elwyn, *Mexico and the Spanish Republicans,* Berkeley, University of California Press, 1955.

Sosa, Raquel, *Los códigos ocultos del cardenismo,* México D.F., Plaza y Valdés-UNAM, 1996.

Spender, Stephen, *World within World,* Londres, 1951.

Suaffer, Erik, *Un mexicano en las garras de Franco* (edición del autor), México, 1961.

Tamames, Ramón, *La República. La Era de Franco,* Madrid, Alianza Universidad, 1979.

Taracena, Alfonso, *Historia extraoficial de la Revolución Mexicana,* México, Jus, 1972.

–. *La revolución desvirtuada,* México, Costa-Amic, 1966.

Thomas, Hugh, *The Spanish Civil War,* Londres, Penguin Books, 1986.

Tinker, F. G., *Some Still Live. An Airman's Adventures in the Spanish War,* Londres, Lovat Dickson, 1938.

Torres, Juana Olimpia G., *España... tal como la vi: Impresiones,* México, Cultura, 1959.

Townsend, William Cameron, *Lázaro Cárdenas. Mexican Democrat,* Michigan, George Wahr Publishing Co., 1952.

Toynbee, Arnold J.; Katherine Duff *et al., Survey of International Affairs 1937,* vol. 2: *The International Repercussions of the War in Spain (1936-1937),* Londres, Oxford University Press, 1938.

Traina, Richard P., *American Diplomacy and the Spanish Civil War,* Blooomington, Indiana University Press, 1968.

Trejo, Blanca Lydia, *Lo que vi en España,* México, Polis, 1940.

Trend, J. B., *México. A New Spain with Old Friends,* Cambridge, Cambridge University Press, 1941.

Treviño, Luisa y Daniel de la Pedraja, *México y España. Transición y cambio,* México, Joaquín Mortiz, 1983.

Turner, Frederick C., *The Dynamics of Mexican Nationalism,* Chapel Hill, The University of North Carolina Press, 1968.

Tusell, Javier, *Historia de España en el siglo XX. II: La crisis de los años treinta: República y Guerra Civil,* Madrid, Taurus, 2000.

Vega González, Roberto, *Cadetes mexicanos en la Guerra de España,* México, Compañía General de Ediciones, 1954.

Viñas, Ángel, *La Alemania nazi y el 18 de julio,* Madrid, Alianza, 1974.

–. *La Guerra Civil 50 años después,* Barcelona, Labor, 1985.

Volland, Klaus, *Das Dritte Reich und Mexiko. Studien zur Entwicklung des deutsch-mexikanischen Verhältnisses 1933-1942 unter besonderer Berucksichstung der Ölpolitik*, Francfort, Lang, 1976.

Von Mentz, Brígida *et al.*, *Los empresarios alemanes, el Tercer Reich y la oposición de derecha a Cárdenas*, volumen 2, México, Centro de Investigaciones y Estudios en Antropología Social, 1988.

Waugh, Evelyn, *Robbery Under Law. The Mexican Object-Lesson*, Londres, Chapham & Hall, 1939.

Weyl, Nathaniel y Sylvia, *The Reconquest of Mexico*, Londres, Oxford University Press, 1939.

Whetten, Nathan L., *Rural Mexico*, Chicago, University of Chicago Press, 1948.

ARTÍCULOS EN REVISTAS ACADÉMICAS

Carmona Nenclares, F., "Hispanismo e Hispanidad", en *Cuadernos Americanos*, mayo-junio de 1942.

Cordero Olivera, Inmaculada, "Exilio español e imagen de España en México", en *Leviatán. Revista de Hechos e Ideas*, invierno de 1995, número 62, segunda época, Madrid, Pablo Iglesias.

Davis, Harold E., "Enigma of Mexican Sinarquism", en *Free World* V, mayo de 1943.

Gil, Enrique, "Repercusions of the Spanish Crisis en Latin America", en *Foreign Affairs*, número 3, volumen 15, abril de 1937, pp. 547-554.

Halperin, Mauricio, "Mexico Shifts Her Foreign Policy", en *Foreign Affairs*, 19, octubre de 1940, pp. 207-221.

–. "Inside Mexico. There are parallels to the struggle in Spain, but Mexico goes forward", en *Current History*, febrero de 1937, pp. 41-47.

Hotton, Graham, "The New Old Crisis in Mexico", en *Foreign Affairs*, 16, 1938.

Hull, Cordell, "The Results and Significance of the Buenos Aires Conference", en *Foreign Affairs*, julio de 1937.

Jessop, Philip C., "The Spanish Rebellion and International Law", en *Foreign Affairs*, enero de 1937, volumen 15, número 2, pp. 260-279.

Little, Douglas, "Twenty Years of Turmoil: ITT, the State Department and Spain 1924-1944", en *Business History Review*, 53, 1979, pp. 449-472.

–. "Anti-Bolshevism and American Foreign Policy, 1919-1939: The Diplomacy of Self-Delusion", en *American Quarterly*, volumen 35, núm. 4, otoño de 1983, pp. 376-390.

Lore, Ludwig, "Intervention in Spain", en *Current History*, volumen 2, XLV, noviembre de 1936, pp. 41-47.

–. "Europe vs. the U.S. in Latin America", en *Foreign Affairs*, julio de 1937.

Méndez, Jesús, "Foreign Influences and Domestic Needs in Intellectual Institution Building: The Gestation of the Casa de España/Colegio de México", en *Secolas Annals, Journal of the Southeastern Council of Latin American Studies*, volumen 21, marzo de 1990, pp. 5-23.

Michaels, Albert, "The Crisis of Cardenismo", en *Journal of Latin American Studies,* 2, 1970, pp.51-79.

Ortuño Martínez, Manuel, "Cárdenas, México y España", en *Leviatán. Revista de Hechos e Ideas,* 61, Madrid, Fundación Pablo Iglesias, otoño de 1995.

Peterson, M. J., "Political Use of Recognition: The Influence of the International System", en *World Politics,* volumen 34, 3, abril de 1982, pp. 324-352.

Prewett, Virginia, "The Mexican Army. The Political Fall of the Revolutionary Army?", en *Foreign Affairs,* 19, 1941.

Ramos Oliveira, Antonio, "La revolución en España. Nuevos documentos y revelaciones" (último capítulo del libro inédito *La revolución de octubre,* escrito en la cárcel), en *Revista Futuro,* volumen 3, número 5, junio de 1935.

Scroggs, W. O., "Mexican Anxieties", en *Foreign Affairs,* volumen 18, número 2, enero de 1940, pp. 266-280.

Southworth, Herbert Routledge, "The Spanish Phalanx and Latin America", en *Foreign Affairs,* volumen 18, número 1, octubre de 1939, pp. 148-152.

Tabanera, Nuria, "La Segunda República española y México (1931-1936)", en *Historia 16,* enero de 1985.

Welles, Sumner, "The New Era in Pan-American Relations", en *Foreign Affairs,* abril de 1937.

PRENSA

Excélsior, México D.F., 1931-1940, 1945 y 1975-1977.

El Hombre Libre, México D.F., 1937-1938.

El Nacional, México D.F., 1936-1939.

El Universal, México D.F., 1931-1940.

La Prensa, México D.F., 1936-1939.

Omega, México D.F., 1936-1938.

Últimas Noticias, México D.F., 1938-1939.

ABC, Madrid, 1936-1939.

ABC, Sevilla, 1936-1939.

El Sol, Madrid, 1931-1937.

El Heraldo, Madrid, 1936-1939.

The New York Times, Nueva York, 1936-1940.

Washington Post, Washington D.C., 1936-1939.

The Times, Londres, 1936-1938.

The Manchester Guardian, Manchester, 1936-1939.

Le Temps, París, 1936-1937.

AGRADECIMIENTOS

*D*eseo agradecer la ayuda de Gerald Howson, quien mucho ayudó a la realización de este libro. Muchas gracias también al profesor Paul Preston, con quien trabajé en mis años como estudiante en Londres, y a quien debo un sinfín de sugerencias, consejos y orientaciones. No sobra decir que las virtudes que el libro pueda contener les son atribuibles, en tanto que los posibles errores son de mi exclusiva responsabilidad. Estoy en deuda, también, con el profesor Michael Alpert, por sus consejos y su amistad; con el profesor Georges Couffignal, la doctora Marie-Thérèse Texeraud, Micaela Chávez, Luis Alberto de la Garza, Carlos Lázaro, Magda y Gloria Benuzillo, Hernán Gómez Bruera, Jaime Serrano Berea, José Méndez y Juan García Oteyza, por su apoyo, muchas contribuciones y valiosas sugerencias en la preparación de la versión final del libro. Debo una mención y reconocimiento aparte a Laura Vidal y a Paola de Maria y Campos, cuyas aportaciones a este libro han sido determinantes. Para ambas mi mayor gratitud.

Esta investigación no hubiera sido posible sin la generosa ayuda brindada por la Universidad Nacional Autónoma de México y el Central Research Fund de la Universidad de Londres.

ÍNDICE ONOMÁSTICO

Campa, Valentín 195, 199, 200, 267, 306
n. 112, 308 n. 36, 309 n. 51
Campesino, El 207
Canarias 171, 172, 173
Cancino, Julio 196, 199
Capelo, Luis 218
Cárdenas, Guty 55
Cárdenas, Lázaro 12, 13, 14, 15, 16, 17,
18, 19, 20, 22, 23, 24, 25, 26, 27, 37,
60, 64, 69, 73, 74, 76, 78, 81, 83, 84,
85, 86, 87, 88, 89, 90, 91, 93, 94, 96,
97, 98, 99, 100, 101, 102, 103, 105, 107,
108, 109, 110, 111, 112, 113, 114, 116, 117,
118, 119, 120, 124, 125, 126, 127, 128,
129, 131, 132, 133, 134, 135, 136, 137,
139, 140, 141, 143, 146, 147, 148, 150,
151, 152, 153, 155, 157, 158, 167, 168,
169, 174, 177, 179, 180, 181, 182, 190,
191, 195, 200, 202n., 210, 214, 216, 218,
219, 220, 221, 222, 223, 224, 225, 226,
227, 228, 231, 232, 234, 235, 236, 237,
239, 240, 241, 242, 243, 244, 245, 247,
248, 250, 251, 252, 253, 255, 256, 257,
258, 259, 260, 262, 264, 265, 266,
268, 269, 270, 271, 272, 273, 274, 275,
276, 277, 278, 280, 281, 282, 283, 284,
287 n. 10, 291 n. 17, 298 n. 10, 298 n.
16, 299 n. 54, 301 n. 104, 302 n. 125,
302 n. 128, 302 n. 131, 302 n. 132, 303
n. 16, 303 n. 32, 303 n. 35, 306 n.
120, 314 n. 58
Carlos III 31
Carlos V 287 n. 2
Carranza, Venustiano 35, 45, 76
Carrero Blanco, Luis 124
Carretero, Anselmo 192
Carrillo, Alejandro 211
Casal, Pau 186
Casares Quiroga, Santiago 115
Casas, Pérez 186
Casino Español de México 30, 223, 230
Castillo Nájera, Francisco 164
Castillo, José 121
Castro Valle, Alfonso 270, 273

Castro, Américo 36
Cayón y Cos, Francisco 222
CCM, *véase* Confederación de la Clase
Media
CEDA, *véase* Confederación Española de
Derechas Autónomas.
Cedillo, Saturnino 202, 202n., 224, 225,
227, 229, 252
Cervantes 152
Cizek, general 177, 178
Clevenger, Cloyd 165, 166, 229, 311 n. 41
CNT, *véase* Confederación Nacional de
Trabajadores.
Cockroft, James D. 291 n. 28
Codovilla, Vittorio 267, 269
Cólogan y Cólogan, Bernardo Jacinto
32, 35, 291 n. 17
Colón, Cristóbal 79
Collado, Emilio Llanes 208
Collar, Joaquín 79
Collenberg, Rüdt von 155, 231, 302 n.
131, 304 n. 64
Comandante "Carlos" 153, 267
Companys, Lluis 208, 270
Cóndor, Legión, *véase* Legión Cóndor
Conesa, María 127
Confederación de la Clase Media
(CCM) 104, 147, 221, 222, 238, 279
Confederación de Trabajadores de
México (CTM) 87, 91, 100, 103, 104,
131, 147, 204, 210, 211, 216, 217, 218,
220, 226, 227, 231, 236, 246, 251, 252,
261, 262, 263, 268, 277, 278, 311 n. 32,
312 n. 84, 318
Confederación Española de Derechas
Autónomas (CEDA) 100, 122, 244
Confederación Nacional de
Trabajadores (CNT) 78, 132, 217, 262n.
Confederación Patronal de México
(COPARMEX) 250, 252
Confederación Regional Obrera
Mexicana (CROM) 296 n. 68
Confederación Revolucionaria de
Partidos Independientes (CRPI) 95

Prieto, Indalecio 105, 208, 211, 258, 259,
308 n. 40
Prieto, Luis 163, 177, 244
Primo de Rivera, Miguel 41, 44, 47, 48,
49
PRM, *véase* Partido de la Revolución
Mexicana
PRUN, *véase* Partido Revolucionario de
Unificación Nacional
PSOE, *véase* Partido Socialista Obrero
Español
PSUC, *véase* Partido Socialista Unificado
de Cataluña
Puche, José 259
Puente, Enrique 259
Puig Casauranc, José María 73
Pujadas, Ramón María de 84, 85, 86,
87, 88, 106, 107, 151, 223, 303 n. 42
Pujol, Antonio 208, 210, 268

Quadragesimo Anno 250
Quanza 264
Queipo de Llano, Gonzalo 132, 152,
154, 173, 306 n. 113
Quer y Boule, Luis 81, 84
Quintanilla, Luis 157, 284, 323

Rakosi, Batallón 205, 208
Ramos Oliveira, Antonio 66, 295 n. 35,
326
Raymond 142
Razo, Juan 208
Razón y Fe 82
Renau, José 197
Revista de Ambos Mundos 67
Revueltas, José 102
Revueltas, Silvestre 186, 187, 307 n. 9,
307 n. 13, 308 n. 18, 323
Reyes, Alfonso 36, 116, 119, 121
Reyes, Bernardo (nieto del general) 273
Reyes, Bernardo, general 36, 121, 251,
290 n. 17
Reyes, Fernando 212, 213
Reyes, Roberto 212, 213

Reyes, Rodolfo 36, 37, 112, 121, 122, 193,
301 n. 91, 323
Ribbentrop, Joachim von 277
Rico, Pedro 124
Riestra Díaz, Genaro 230, 232, 239
Ríos Zertuche, Daniel (general) 219, 310
n. 12
Ríos, Fernando de los 53, 141, 142, 162,
163
Riquelme, Manuel 272
Riva Palacio, Jacinto 218
Rivas-Cheriff, Cipriano 37, 271, 272,
273, 291 n. 29
Rivera, Diego 37, 131, 266, 294 n. 30
Robles, Margarita 243
Roces, Wenceslao 119
Rocha, Joel 251
Rodríguez, Abelardo L. 74, 78, 80, 94,
236
Rodríguez, Luis I. 137, 165, 211, 270, 271,
272, 273, 274, 275, 300 n. 70, 302 n.
133, 314 n. 59, 314 n. 64, 314 n. 66,
315 n. 68, 323
Rodríguez, Nicolás 219, 229, 236, 237,
238, 252
Roel, Carlos 208
Rojo, Vicente 153, 304 n. 48
Romero, Agustín Santiago 301 n. 110
Romero, José Rubén 117, 304 n. 58
Rona 181
Roosevelt, Elliot 281
Roosevelt, Franklin D. 19n., 22, 23, 24,
62, 92, 128, 129, 135, 136, 156, 157,
158, 166, 168, 169, 193, 225, 281n.
Ruano, Juan José 229
Rubio, Julián María 21
Ruiz Marín, Tito 206, 208
Ruiz Vilaplana, Antonio 295 n. 49
Ruiz, Leobardo 130, 131, 201

Saavedra Lamas, Carlos 126, 154
Saavedra y Magdalena, embajador
español 40, 292 n. 40
Sada, Luis 251

Sáenz de Sicilia, Gustavo 237
Saint Dominique 264
Sainz Sanz, Agustín 162
Salas y López, Pablo 251
Salazar, Antonio 115, 224
Samuano López, Daniel 76
Sánchez Albornoz, Claudio 115
Sánchez Barcáitzegui 152
Sánchez Hernández, Néstor 204, 205,
  206, 207, 208, 209, 268, 299 n. 33,
  307 n. 11, 309 n. 61, 323
Sánchez Juárez, Pablo 213
Sánchez Navarro, Juan 213, 214
Sánchez Pontón, Luis 283n.
Sánchez Tapia, Rafael 274, 277, 281
Sanjurjo, José 79
Santa Anna, Antonio López de 289 n. 1
Santamaría, capitán 170
Sanz y Tovar, Gaspar 176
Schreiter, Helmut Oskar 234
Semana 246
SERE, *véase* Servicio de Emigración para
  los Republicanos Españoles
Serpa Pinto 264
Serrano Andónegui, David 268
Serrano Berea, Jaime 327
Serrano Suñer, Ramón 203
Serrano, Chivo 199
Serrano, Francisco 242
Servicio de Emigración para los
  Republicanos Españoles (SERE) 259,
  260, 264, 265
Sierra, Justo 31
Sil 159, 164
Silva Herzog, Jesús 58, 69, 79, 296
  n. 71
Silvia 181
Simeón-Vidarte, Juan 114, 145, 153, 228,
  255, 300 n. 69, 303 n. 23, 304 n. 50,
  306 n. 119, 307 n. 145, 308 n. 43, 311
  n. 39, 313 n. 1, 324
Sinaia, buque 260
Siqueiros, David Alfaro 37, 133, 186,
  189, 196, 197, 198, 209, 210, 268, 301

n. 103, 302 n. 119, 307 n. 2, 308 n. 41,
  308 n. 42, 324
Socialista, El 66
Sol, El 45, 66, 67, 199, 291 n. 29, 293 n.
  57, 300 n. 81, 301 n. 114, 309 n. 49,
  326
Solórzano, Ricardo 173
Soto Reyes, Ernesto 221
Spagne 57
Spirit of Saint Louis 80
Stalin, José 131, 190, 242, 266, 277, 289
  n. 35, 293 n. 1
Stimson, Henry 296 n. 69
Suárez, Adolfo 283

Talavera, Antonio 210
Talavera, Leonardo 208
Tamayo, Rufino 307 n. 4
Tarazona, Francisco 196
Tayaba, Salvador 148
Tejeda, Adalberto 95, 96, 114, 133, 134,
  141, 142, 143, 145, 175, 180, 208, 256,
  258, 260, 301 n. 109, 302 n. 8, 302 n.
  9, 302 n. 10, 306 n. 133, 306 n. 134
Tello, Manuel 289 n. 36
Temps, Le 144, 303 n. 20, 326
Thaelmann, Brigada 206, 208
Times, The 92, 93, 168, 297 n. 1, 297 n. 3,
  297 n. 5, 299 n. 34, 302 n. 124, 303 n.
  12, 304 n. 44, 305 n. 97, 326
Tirpitz, Von 192
Torices, capitán 209
Torres Bodet, Jaime 37, 76, 180, 285,
  306 n. 135
Transocean 247
Trejo, Blanca Lydia 132, 189, 190, 302 n.
  117, 308 n. 21, 324
Triana, Jesús 161, 162, 182
Trotski, León 131, 132, 133, 188, 197, 267,
  268, 269, 275, 277, 314 n. 53, 314 n.
  54, 314 n. 58

Uad Kort 212
Ubico, Jorge 51, 224

COLECCIÓN ARMAS Y LETRAS